Liselotte Welskopf-Henrich

Heimkehr zu den Dakota

Otto Maier Verlag Ravensburg

Die Söhne der großen Bärin

Band 1 **Harka** RTB 849

Band 2 **Der Weg in die Verbannung** RTB 871

Band 3 **Die Höhle in den Schwarzen Bergen** RTB 874

Band 4 **Heimkehr zu den Dakota** RTB 875

Band 5 **Der junge Häuptling** RTB 876

Band 6 **Über den Missouri** RTB 877

Als Ravensburger Taschenbuch erschienen 1983
Lizenzausgabe mit Genehmigung des Altberliner Verlags

Umschlaggestaltung: Walter Emmrich, unter Verwendung
von Fotomaterial der Agentur Hausmann, Gauting

Gesamtherstellung: Mohndruck, Gütersloh
Printed in Germany

5 4 3 2 1 87 86 85 84 83

ISBN 3-473-38875-0

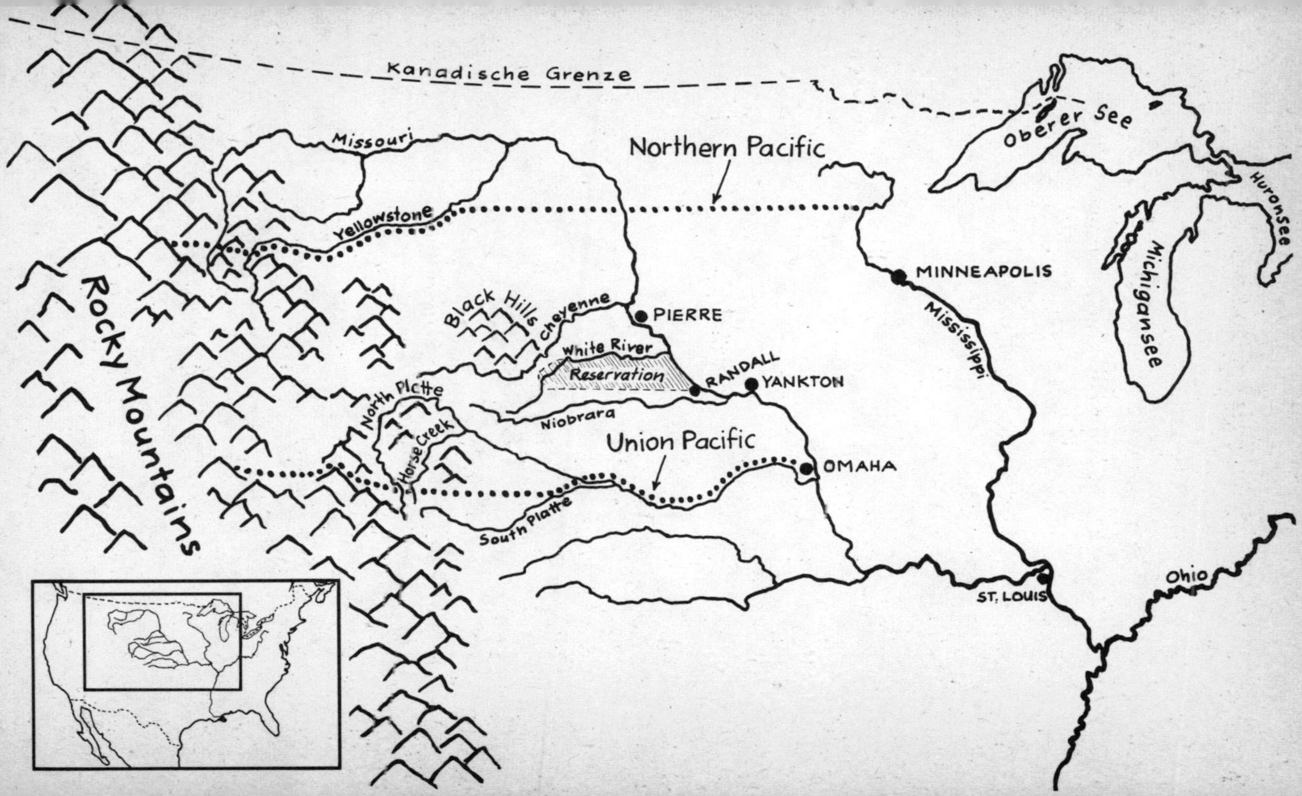
Kanadische Grenze
Oberer See
Huronsee
Michigansee
Northern Pacific
Missouri
Yellowstone
MINNEAPOLIS
Mississippi
Rocky Mountains
Black Hills
Cheyenne
PIERRE
White River
Reservation
RANDALL
YANKTON
North Platte
Horse Creek
Niobrara
Union Pacific
OMAHA
South Platte
ST. LOUIS
Ohio

Das Abschiedsfest

Es war Morgen, und Joe Brown saß in seiner Barackenkammer. Diese Baracke war ein gutes Stück weiter westwärts aufgeschlagen als drei Jahre zuvor, und es führte schon ein Eisenbahngleis bis zu dem Baulager, zu dem die Baracke gehörte. Ein Materialzug wurde erwartet; er sollte in der bevorstehenden Nacht ankommen und am Tage darauf wieder zurückfahren.

Brown war allein in der Kammer, saß auf seinem Feldbett und rauchte schon die dritte Zigarre. Seine Arbeit hatte er abgeschlossen und alle Pläne und Berechnungen dem Nachfolger übergeben. Er hatte an diesem letzten Tag seines Aufenthaltes an der Präriestrecke der im Bau befindlichen Union Pacific nichts mehr zu tun. Am kommenden Tage wollte er mit dem Materialzug die bereits fertige Strecke nach Osten zurückfahren. Er hatte eine Berufung in die Zentrale der Bauleitung erhalten, um an maßgebender Stelle an dem Endspurt um die Fertigstellung der Bahn mitzuwirken. Es standen bis dahin sowohl technisch als auch organisatorisch noch sehr wichtige Aufgaben bevor. Die Bahnstrecke wurde gleichzeitig von Osten und von Westen her gebaut; in den Rocky Mountains sollten sich die Strecken treffen, und da sie an zwei verschiedene Baugesellschaften im Wettbewerb vergeben worden waren, nahmen das Tempo und die Rücksichtslosigkeit, mit denen gebaut wurde, zuweilen groteske Formen an. Joe Brown traute man die nötige Energie und auch die notwendige Erfahrung zu; man hatte sich seiner erinnert.

Joe studierte das Schreiben, mit dem er berufen wurde, noch einmal und steckte es weg. Er war nicht gewohnt, nichts zu tun zu haben; der eine einzige Tag der Untätigkeit wurde ihm bereits am Morgen zuviel. Seinen Nachfolger hatte er eingeführt, und wenn er auch gern gewußt hätte, ob dieser seine Obliegenheiten in Browns Sinne wahrnahm, so kam er sich bei dem Wunsch zu kontrollieren doch lächerlich vor. Er wußte nicht, was er mit den Stunden anfangen sollte, die für ihn nicht frei, sondern nur leer waren. Henry war nicht verfügbar. Er bereitete die Abschiedsfeier vor, die am Abend für Joe Brown stattfinden sollte. Der Leiter des Lagers, Taylor, war beschäftigt. Die Ingenieure hatten alle zu tun. Die Kundschafter waren auf der Strecke unterwegs, um den erwarteten Materialzug gegen etwaige Angriffe der Indianer zu sichern. Alle machten sich nützlich, nur Joe Brown saß in seiner Kammer und rauchte. Er kam sich vor wie ein Gefangener, der nicht arbeiten durfte. Durch die unablässige Anspannung der letzten Jahre waren seine Nerven überreizt. Er wäre imstande gewesen, sich schon am frühen Morgen zu betrinken, wenn ihm nur jemand Branntwein gebracht hätte. Aber Daisy, die Kellnerin, schien ihn auch schon vergessen zu haben. Er reiste morgen ab, und sie mußte sich künftig die Trinkgelder anderer zahlungskräftiger Kunden sichern.

Joe Brown spuckte aus. Er spuckte ohne Bedenken auf den Boden, denn er brauchte ja nur noch eine Nacht in dieser Kammer zu schlafen! Falsch; er brauchte überhaupt nicht mehr in dieser Kammer zu schlafen, die kommende Nacht wurde durchgefeiert. Und dann stieg er mit Henry in den Zug, der ostwärts fuhr . . . zu der Stadt, und in der Stadt war ein Büro mit Vorgesetzten, die noch nie den Wilden Westen gesehen hatten . . . Und in der Stadt wohnte die Familie, die Joe kaum mehr kannte . . .

Brown spuckte noch einmal, machte dann das Fenster auf und schaute hinaus. Es war windig und staubig draußen, und er wußte, daß er in der Stadt diesen Wind und diesen Staub der Prärie vermissen würde.

Nun hatte Daisy ihn doch erspäht und seinen Wunsch erraten. Ihr Gesicht war am Fenster der Küche erschienen, und gleich darauf kam sie mit einer Flasche Whisky zu dem Fenster von Browns Kammer. Sie war sehr jung, hatte eine fettige Haut, und ihr Haar war lange nicht gewaschen, aber ihre Augen waren lustig und ihre Nase kurz und keck.

„Jetzt schon trinken?" fragte sie, als sie dem Ingenieur die Flasche gab und das Geldstück dafür einkassierte, nicht ohne einen Blick darauf geworfen und festgestellt zu haben, daß Joe heute freigebig war.

„Abschiedsschmerz, Daisy."

„Ich heiße nicht Daisy. Für dich schon gar nicht. Vicky heiße ich."

„Vicky paßt nicht zu dir. Daisy . . . der Whisky tötet den Abschiedsschmerz. Hol dir auch einen Becher!"
„Das Trinken gewöhne ich mir noch nicht an, das ist was für die alten Herren. Ich kenne noch keinen Abschiedsschmerz und brauche keinen Brandy, um ihn zu töten."
„Als ich so jung war wie du, war ich auch so frech. Die Jahre gehen hin."
„Wenn du heute abend auch solche Trauerlieder singst, wird's aber langweilig!"
Joe trank aus der Flasche. „Heut abend kommt's doch nicht auf mich an. Das ist nur eine Gelegenheit, damit sie alle saufen können!"
„Wenn's dabei bleibt, ist es ja gut."
„Wieso soll es nicht . . . Was willst du damit überhaupt sagen?"
„Ich habe die letzte Messerstecherei noch nicht vergessen. Blut, das mag ich nicht sehen. Es wird mir schlecht dabei. Wenn ich nur daran denke, wie der Mackie gebrüllt hat, als ihm die Klinge überm Ohr saß wie dem Schreiber der Bleistift . . . Ich könnte gleich noch mal speien."
„So zarte Saiten auf deiner Geige? Willst du morgen mitkommen in die Stadt?"
„Aber nie und nimmer. Der Mackie . . ."
„Ach so. – Aber ich glaube auch nicht, daß es heute wieder so heiß hergehen wird. Wir fangen erst um Mitternacht zu trinken an, nachdem der Zug angekommen ist. Bis dahin müssen wir alle nüchtern bleiben. Von Mitternacht dann bis zum Morgen . . . hat sich ein richtiger Grenzer noch nicht mal warm gesoffen! Und die Sache mit der langen Lilly ist entschieden, Hahnenkampf-Bill hat allein ein Anrecht auf sie."
„Hoffen wir's, daß es dabei bleibt. Also bis Mitternacht!"
Daisy-Vicky kicherte schnippisch und lief zur Küche zurück.
Joe Brown nahm noch ein paar Schluck Whisky und erging sich dann im Freien. Er konnte nicht den ganzen Tag in der Bude sitzen. Als er lange beim Gleis stand und über die Strecke, die schon gebaut war, ostwärts zurückschaute, hörte er Hufschläge, und bald darauf tauchten Reiter auf, allen voran Jim, hinter ihm noch drei Mann, unter denen Joe den Hahnenkampf-Bill und einen kleinen, auch von weitem schon in seiner Kleidung

schmierig wirkenden Mann erkannte. Die Reiter hatten ihre Pferde abgetrieben. Sie kreuzten das Gleis und ritten zum Stationslager, wobei sie unmittelbar an Joe vorbeikommen mußten. Sie ließen die Tiere in Schritt fallen, und da Jim bei Joe Brown haltmachte, hielten alle an.
„Morgen", grüßte Red Jim. „Schon aufgestanden, der künftige Herr Chefingenieur der Union Pacific?"
„Aufgestanden", antwortete Joe. Er ging dabei auf Jims Ton ein. „Aber ganz überflüssigerweise! Die Schwellen unter dem Gleis, die Grashalme auf der Prärie oder die Bretter in der Bude zählen – kommt letzten Endes auf eins hinaus."
„Möcht ich auch mal sagen können, daß ich nicht zu arbeiten brauche. Aber du wirst sehen, es gibt wieder eine große Schweinerei! Ein Haufen versteckter Fährten . . ."
„Wollen die Dakota an meiner Abschiedsfeier teilnehmen?"
Jim lachte kurz auf, gekünstelt, ohne Übergang; es war mehr wie ein Hohnschrei. „Könnte sein! Die Dakota denken vielleicht, sie gehören wirklich dazu, und es fehlt dir etwas, wenn sie nicht kommen. Hast du nicht wieder mal Lust auf ein Fischgericht im Dakotaland?"
„Bleib mir drei Schritt vom Leibe mit solchen Witzen."
„Auf Wiedersehen um Mitternacht! Hoffentlich nicht früher. Ich habe Lust, gründlich und lange zu schlafen. Wenn der Zug nur erst da wäre! Dann wird mir leichter zumute sein." Jim trieb sein Pferd wieder an, die anderen folgten ihm, und Joe blieb allein beim Gleis zurück.
Jeder Indianerüberfall bedeutete nicht nur Gefahr, sondern auch Verzögerung. Es durfte aber nicht eine Stunde verloren werden, sonst hatte die Konkurrenz ihre Strecke eines Tages früher fertig, und der ausgesetzte Preis ging der Gesellschaft, für die Joe arbeitete, verloren. Joe strengte Augen und Ohren unwillkürlich schärfer an, obgleich das zur gegenwärtigen Tageszeit völlig unnütz war.
Als Red Jim auf dem Hauptplatz der Zelt- und Barackenstadt angelangt war, sprang er ab und verabschiedete zwei Mann. Diesen beiden gab er sein Pferd sowie das des Hahnenkampf-Bill mit. Bill bedeutete er mit einem Blick, er möge ihn begleiten.

Red Jim bewohnte eine Kammer für sich allein. Niemand wußte, wie er zustande gebracht hatte, was nicht einmal die Ingenieure oder der Leiter des Stationslagers erreichen konnte, aber es gab auch niemanden, der sein Vorrecht antastete. Die Kammer war winzig klein, doch hatte Jim sich sogar Doppelwände eingebaut. Wozu dies dienen sollte, wußte auch niemand. Wenn ihn je einer danach fragte, behauptete Red Jim, des Nachts so heftig zu träumen, daß er eine einfache Wand leicht einmal einschlagen könne. Die Tür zu Jims Kammer war verschließbar. Jim schloß auf. Das Fenster war mit einem Nesseltuch verhängt, das undurchsichtig war, aber für den Inhaber der Kammer Licht genug hereinließ. Der bartlose, rothaarige Scout ließ Bloody Bill zuerst eintreten, während er selbst die Tür noch in der Hand behielt.
„Setz dich schon hin", sagte er, „ich bringe noch einen."
Bill ließ sich auf das Bett nieder.
„Wen bringst du?" wollte er wissen. „Einen Drink?"
„Nein, du Whiskyfaß. Den Charlemagne."
„Was? Wen?"
„Du hast schon recht gehört. Er ist gestern eingetroffen."
„Und ich . . ."
„Und du, sein bester Freund, mußt das erst durch mich erfahren! So ist das Leben. Also, einen Moment!" Jim verschwand.
Bill knurrte und steckte sich eine Pfeife an. Er war eine Nacht und einen Tag auf Kundschaftsdienst gewesen und müde wie ein Hund. Wenn er schon nicht schlafen sollte, wollte er wenigstens trinken. Hoffentlich hegte Charlemagne den gleichen Wunsch! Das Wiedersehen nach so langer Zeit mußte begossen werden. Jim kam bald mit dem Erwarteten zurück und hieß ihn, sich zu Bill zu setzen. Dann holte er Fleisch und Branntwein unter seinem Bett hervor und teilte aus.
Als die drei geschmaust und getrunken hatten, fragte Bill seinen ehemaligen Kundschafterkollegen Charlemagne: „Wo kommst du denn auf einmal wieder her? Verschwindest plötzlich und tauchst wieder auf, kein Mensch weiß, wieso und warum! Sonderbare Figur bist du."
„Im Norden wurde mir's doch zu langweilig. Ich hatte auch Sehnsucht nach dir."

„Du denkst wohl, ich glaube dir alle Lügen. Meinst du, ich habe nicht gesehen, wie dich der zahnlose Ben, dieser Gauner, damals ausstaffiert hat? Das hat er doch nicht umsonst getan! Pferd, Büchse, Revolver, Kleider – und du konntest ihm nicht einen Cent dafür bezahlen!"

Red Jim grinste, überlegen, aber auch mißtrauisch. „Charlie", mischte er sich ein. „Was muß ich da hören? Ben hat dir mehr gegeben, als ich für dich bestellt hatte! Du hast versucht, Privatgeschäfte zu machen, mein Lieber. Dabei hast du die größte Dummheit deines Lebens begangen."

Charlemagne war es ungemütlich zwischen seinen beiden Partnern. Als sie anfingen, alte Geschichten aufzuwärmen, wünschte er sie alle beide in das Land, wo der Pfeffer wächst. Aber nachdem er sich wieder in den Süden gewagt hatte, mußte er auch die alten Freunde wieder in Kauf nehmen; es half nichts.

„Ich weiß nicht, wovon du redest", sagte er zu Jim.

„Dann will ich dir das erklären. Du bist's, der uns den Harry auf den Hals gehetzt hat. Wie konntest du denn nur auf den Gedanken kommen, den verdammten rothäutigen Bengel wieder von den Blackfeet wegzuekeln?! Ich hatte Vater und Sohn fein säuberlich getrennt – Top hier, Harry dort –, du flickst sie wieder zusammen. Etwas noch Dümmeres konntest du wirklich nicht machen! Du hast dir wohl eingebildet, du könntest dir den Harry angeln, so wie ich mir den Top?"

„Was? Ich hab doch nie . . ."

„Jetzt hör aber auf! Ich kenne die ganze Geschichte. Ich bin Tops Freund, vergiß das nicht! Und wenn du deines Lebens hier froh werden willst, Charlie mit dem Knebelbart, so versuche kein einziges Mal mehr, mir was vorzuflunkern. Mir nicht! Den Harry haben wir jedenfalls jetzt hier; wie 'ne Klette hängt er an seinem Alten und macht uns das Leben sauer. Irgend etwas muß geschehen, sonst kommen wir überhaupt nicht weiter. Fünf Jahre . . ."

„Was, fünf Jahre?"

„Seit fünf Jahren wird an dieser Bahn hier herumgemessen und herumgebaut", wich Jim aus. „Nächstes Jahr ist sie fertig. Dann kommt der große Strom . . . Vorher müssen wir unser Schäf-

chen im trockenen haben. Sonst können wir packen und gehen."
„Was für 'n Schäfchen denn?"
„Wenn ihr beide nicht so verdammt unzuverlässig wäret, könnte ich deutlicher werden. Ich sage euch nur soviel: Mit Top allein ließe sich jetzt was machen. Aber der Junge muß weg!"
Charlemagne und Bill, die rechts und links von Jim saßen, schauten den Mann in ihrer Mitte aus den linken beziehungsweise rechten Augenwinkeln an.
„Aha!" sagte Bill.
„Aha!" sagte Charles. „Also weiß der Top doch was. Aber warum hast du dir das Geld noch nicht allein geholt? Hattest doch fünf Jahre Zeit, und Top ist dein Freund!"
„Du redest, wie du's verstehst. Ich hab mir das selber angesehen. Top muß die Spinnfäden seiner dummen indianischen Ehrbegriffe zerreißen und mitmachen, sonst wird es nichts, und der Junge muß vorher aus dem Weg, denn er haßt mich und wird nie eine Silbe verraten. Soviel steht fest."
„Dann mach den Jungen kalt! Sollte dir doch nicht schwerfallen." Das war Bills Meinung.
„Hab dem Top versprechen müssen, daß ich seinen Jungen nicht anrühre."
„Du hast in deinem Leben auch noch immer Wort gehalten, was? Red Jim, der Gentleman!"
„Strenge doch den Rest deines Gehirns an, der noch nicht von Brandy überschwemmt ist! Wenn ich den Jungen umbringe, hab ich bei dem Alten verspielt. So geht es nicht, wie du dir das in deinem Hahnenkämpfergemüt vorstellst. Wir brauchen den Top! Ihn allein! Und ihn als Freund."
„Du mußt es wissen. Was gibst du aus, wenn wir den Jungen ohne Aufsehen beiseite räumen?"
„Ihr zwei allein bringt das nicht zustande."
„Oho! Den bezopften Bengel – siebzehn Jahre, das ganze Bürschchen . . . Den werd ich mit der linken Hand erledigen!"
„Unterschätze diesen jungen Indsman nicht, Hahnenkämpfer. Aber davon ganz abgesehen, er ist nicht allein, und deshalb schaffst auch du es nicht allein."
„Er ist ja nicht immer mit dem Vater zusammen."

„Aber er ist ein ganz raffinierter Bandenchef geworden, der Harry. Sonst wäre die Sache schon längst erledigt, das kannst du mir glauben."
„Der? Bandenchef? Davon müßt ich ja mindestens auch was gemerkt haben."
„Was du da sagst, beweist nur, daß der Harry klüger ist als du. Er arbeitet wie ein echter Indsman. Wie man einen Bund aufzieht, ohne daß einer was davon merkt, das verstehen sie. So an ein Dutzend Männer, die dem Harry auf einen Pfiff beistehen, hab ich schon herausgefunden. Es müssen aber noch mehr sein. Und unter uns gibt es irgendein Klatschweib – denn was ich mir auch vornehme, ein paar Stunden später weiß es Harry unter Garantie. Also haltet ihr beide wenigstens den Mund! Denn mit dem Messer ist er verdammt schnell, und seine Augen hat er überall."
„Hm!" knurrte Bill.
„Hm!" brummte Charles.
„Was soll also werden?" fragte Bill. „Wozu erzählst du uns den ganzen Roman?"
„Heute nacht, die Abschiedsfeier von Joe, das wäre so eine Gelegenheit. Ich kann noch nicht genau sagen wie, aber . . ."
„Nein." Bill war nicht einverstanden. „Doch nicht öffentlich!"
„Nur öffentlich. Bei einer Rauferei muß es passieren."
„Er kommt aber nicht zum Trinken. Wie willst du ihn herschaffen?"
„Das ist Joes Sache. Zur Abschiedsfeier! So unhöflich kann selbst ein Harry nicht sein, ganz davon wegzubleiben."
»Darf Joe etwas wissen?"
„Nein! Nie und nimmer!"
„Schon faul. Aber nehmen wir an, Harry kommt. Der Vater ist auch da!"
„Es muß um eine Sache gehen, bei der der Vater begreift, daß wir uns mit Harry auseinanderzusetzen haben."
„Die finde mal!"
„Ganz einfach."
„So?!"
„Ja. Du wirst nie lernen, Bill, einen Indsman zu beobachten. Top ist vernarrt in seinen Jungen, aber gerade darum gibt es einen

Punkt . . . einen Punkt, wenn daran gerührt wird, fängt der Alte an zu rasen."
„Und der ist?"
„Er mißtraut Harry. 'ne alte dumme Geschichte ist das, Top hat mir davon erzählt. Als es gegen die Bärenbande ging, die das Wasser und damit eine ganze Expeditionsgruppe von uns vergiftet hatte, wurde der Junge unzuverlässig und wollte seine Schwester oder seine Mutter warnen. Top und Harry stammen doch aus den Zelten der ‚Bärensöhne'. Top kann niemals mehr zurück; er ist verbannt, weil er mein Freund wurde. Er hat aber Angst, daß Harry ihn verläßt und wieder heimfindet . . ."
„Und uns verkauft und verrät? Genau das habe ich mir schon lange gedacht!"
„Sobald der Verdacht ausgesprochen wird, leuchtet er ein."
„Aber wer spricht ihn aus?" fragte Charlemagne.
„Keiner von uns!" rief Bill.
„Nein, keiner von uns", stimmte Jim zu. „Irgendein harmloses Gemüt."
„Der Mackie?" schlug Bill vor.
„Wenn er nicht ängstlich geworden ist", bedachte Jim. „Dein Messer hinterm Ohr, Hahnenkämpfer, stand ihm nicht gut."
„Aber darum hält er mich für stark. Dumm ist er auch."
„Ja, dumm ist er. Man braucht ihn nicht viel wissen zu lassen. Nur eben so viel, daß er im Suff behauptet, der Harry habe heimliche Verbindung mit der Bärenbande . . ."
„Hm! Nicht schlecht. Schätze, daß das sogar die Wahrheit ist. Eine Frage nebenbei: Warum hast du denn Joe solche Greuel von versteckten Spuren erzählt? Wir haben doch nichts gefunden, gar nichts! Nicht das geringste!"
„Die Spuren sind eben versteckt."
„Quatsch nicht. Was hast du für einen Zweck verfolgt?"
„Begreifst du das noch nicht?"
„Ach so. Es dämmert."
„Selbst bei dir!"
„Wie wird Harry reagieren, wenn Mackie ihm Verrat vorwirft?"
„Das trifft die Stelle, an der Harry empfindlich ist. Also reagiert er sofort mit der Kugel – oder mit dem Messer, je nach der Situation. Wir treten dann für den ermordeten Mackie ein."

„Das heißt, wir müssen zu mehreren sein und Harry schon vorher isolieren."
„Das ist das wichtigste. Sobald wir ihn erledigt haben, werden sich seine Freunde nicht weiter rühren. Denn sie halten nur zu ihm, weil sie ihre Vorteile dabei haben, denke ich. Ein Toter aber hat nichts mehr zu vergeben."
„Du kennst nicht alle seine Freunde."
„Nein, aber wir kennen uns untereinander. Acht oder zehn Mann unmittelbar zur Hand, das genügt."
„Und wenn er doch lebend davonkommt?"
„Lassen wir ihn als Totschläger festnehmen und schicken ihn morgen mit dem Zug zurück, vor die Gerichte. Mit Indsmen wird da nicht viel Federlesens gemacht, und im Gefängnis wird ein Indianer keine zwei Jahre älter."
Bill schüttete noch einen Brandy hinunter.
„Das ist aber der letzte", sagte Jim. „Sonst erzählst du zuviel."
„Der letzte vor Mitternacht, so wahr ich sechsundzwanzig Hahnenkämpfe bestanden habe! Vielleicht kommt heute noch der siebenundzwanzigste dazu!"
„Es wird Zeit! Du hast schon weidlich lange Pause gemacht. Aber jetzt ist genug geredet. Ihr wißt Bescheid."
Jim warf seine beiden Gäste hinaus, zog die Stiefel aus, weil er die Füße auslüften wollte, und legte sich auf das Bett. Während Red Jim einschlief, führte Bloody Bill seinen Komplizen Charlemagne in das riesige Proviantzelt, in dem Fässer und Kisten gestapelt waren. In einer freien Ecke hatte Bill hier mit zwei Mann sein Quartier aufgeschlagen. Die Ecke war mit Fässern und Kisten gegen Zudringliche abgegrenzt. Decken, Brandyflaschen, Bierkrüge, Fleischtöpfe, alles war hier zusammengetragen.
„Euer Hamsterloch!" Charles grinste.
„Unsere Fuchshöhle. Ich schlaf jetzt ein paar Stunden. Und du?"
„Bin noch nicht eingeteilt. Was kann man hierzulande mit ein paar Stunden anfangen?"
„Leiste doch dem Joe Gesellschaft. Hast du ihn schon begrüßt?"
„Nein. Er ist mir heute noch nicht über den Weg gelaufen."
„Dann mach das. Er hat immer Zigarren."
„Wär 'n Gedanke. Guten Schlaf!"

Charlemagne besichtigte das Proviantzelt noch etwas genauer und bummelte quer durch das geschäftige Treiben des Lagers. Von weitem schon sah er Joe, der immer noch beim Gleis stand. Der Wind hatte um die Mittagszeit nachgelassen, der Staub hatte sich gelegt. Der Himmel war aber nicht klar. Diesige Luft hatte sich verbreitet, und die Kette des Felsengebirges am Horizont glich eher einem Nebelstreifen als festgefügtem Fels.
Der Lange mit dem Knebelbart stand schon fast eine Minute neben dem Ingenieur, als dieser ihn endlich bemerkte. Joe Brown hatte sich ganz in seine Gedanken verloren gehabt.
„Ach ... du bist das!" sagte er nur und maß Charles, nicht eben freundlich, auch nicht ablehnend. Charlemagne war dem Ingenieur als Mensch völlig gleichgültig, aber er war eine der Figuren in einem gefährlichen Spiel gewesen, dessen Erfolg jetzt greifbar nahe bevorstand, und in dieser Erinnerung begrüßte Joe den Kundschafter, wie ein Stück Möbel etwa, das man einmal benutzt hat und das sich aus einer Rumpelkammer plötzlich wieder anfindet.
„Muß doch auch sehen, wie das hier zu Ende kommt, was wir zusammen angefangen haben." Charlemagne tat vertraulich. Joe Brown war das zuwider, aber er spendierte die erwartete Zigarre. „Ja, ja", sagte er dabei zerstreut. „Hoffentlich sind wir im letzten Jahr noch schnell genug."
„Sie gehen morgen schon wieder fort?"
„Mit dem Zug."
„Heute nacht wird doch Abschied gefeiert?" erkundigte sich Charles, obgleich er Bescheid wußte.
„Du bist natürlich auch eingeladen, Charlemagne."
„Wir vier müßten eigentlich beieinandersitzen: Sie und Henry und ich – nicht gerade nackend wie damals, aber doch als die vier ... nun, eben die vier ..."
„Die das Giftwasser nicht getrunken hatten, ja. Komm nur mit an unseren Tisch! Top, der uns vier dann gefunden hat, sollte auch dabei sein."
„Habe sagen hören, Tops Junge ist wieder zu ihm gekommen?"
„Schon lange wieder bei ihm. Den holen wir uns auch. Noch einmal die alten Zeiten feiern!"
„Wenn sie auch nicht gut waren."

Joe lächelte gezwungen.
Über die Prärie kamen wieder Reiter im Galopp herbei, eine zweite Kundschaftergruppe, die von einem jungen Indianer geführt wurde. Charlemagne musterte den Burschen. Er erkannte ihn erst kaum wieder. Harry war nicht nur größer geworden. Die letzten vier Jahre hatten ihn überhaupt verändert. Joe rief den Indianer an, der daraufhin auf seinem Grauschimmel zu dem Ingenieur heranritt, während seine Begleiter sich von ihm trennten und gleich den Zelten und Bretterbuden zustrebten. Wenn Charlemagne erwartet hatte, von Harry begrüßt zu werden, so sah er sich getäuscht. Der junge Indianer schaute nur Joe an, in Erwartung irgendeiner Bemerkung oder Frage des Chefs, und auch dem Ingenieur gegenüber verriet sich in seinen Zügen keine besondere Spannung oder Aufmerksamkeit.
„Ich gehe morgen, das weißt du, Harry", sagte Joe. „Sobald heute nacht der Zug da ist, feiern wir Abschied. Dein Vater und du, ihr seid auch meine Gäste."
„Die Nacht über bin ich wieder auf Kundschaft."
„Habt ihr die verdächtigen Spuren enträtselt?"
Der Indianer beantwortete die Frage nicht gleich, und durch dieses kurze Schweigen drückte er seine Überraschung aus. „Ich habe keine verdächtigen Spuren gesehen", sagte er schließlich.
Es war nun an Joe, überrascht zu sein. Auch er wartete einen Augenblick, bis er antwortete: „Um so besser. Dann mache dich doch heute nacht wenigstens für ein paar Stunden frei. Ich erwarte dich."
„Ich komme, wenn es möglich ist." Der junge indianische Scout ritt weiter.
Joe und Charlemagne schauten ihm nach. „Sie müssen mit seinem Alten reden", riet Charles. „Der bringt ihn mit."
Joe Brown machte eine abwehrende Handbewegung gegen den aufdringlich erscheinenden Vorschlag. Er war selbst im Stationslager oberste Instanz für den Kundschafterdienst, da er Prärieerfahrung besaß, und er wollte die Kräfte so einteilen, daß er die alten Präriehasen für zwei oder drei Stunden um sich versammeln konnte.
„Komisch", murmelte er nur noch. „Der eine fantasiert von

ganz großer Schweinerei, die zu befürchten steht, und der andere will überhaupt nichts gesehen haben."
„Sonderbar ist es wirklich", bekräftigte Charles.
Joe wollte Charlemagne loswerden. Er verließ daher seinen Standplatz am Gleis und ging zunächst wieder zurück auf seine Kammer. Dort fand er Henry vor.
Der junge Ingenieur war voller Lebendigkeit und Erwartung. „Heute nacht wird es großartig, Joe! Habe den Geiger abgesetzt, der sein Instrument immer wie mit einer Kratzbürste behandelte. Bei den Ballen und Säcken hab ich einen Zigeuner gefunden – Joe, das ist Klasse! Der wird spielen! Gekocht wird jetzt schon. Der Leitende rechnet einen Teil der Unkosten auf Spesen. Und morgen geht es endlich weg aus dieser traurigen Grassteppe hier. Wie ich mich freue!"
Joe lächelte so freundlich, wie er es mit seinem ledernen Gesicht noch vermochte. „Hauptsache, es freut sich einer, und wir schaffen es dann mit unserer Strecke. Der Preis nächstes Jahr muß uns gehören!"
„Muß er, Joe. Und nun entschuldige mich! Ich hab eine Menge zu tun. Nur eins noch rasch: Wen willst du an unserem Tisch haben?"
„Von den Respektspersonen, was sich nicht vermeiden läßt. Auf alle Fälle auch die alten Prärieläufer, die noch wissen, wie es uns einmal erging."
„Das heißt ... Hm! Weißt du ... der Hahnenkampf-Bill ist nicht gerade die Figur, die ich mir am Tisch wünsche. Tom ist nicht mehr da ..."
„Auch wahr. Rück zwei Tische nebeneinander. Wir und die Respektspersonen sitzen zusammen, am nächsten Tisch die alten Rowdies."
„Top auch?"
„Top und Harry."
„Harry wird wieder nein sagen. Er kann die Weißen nicht leiden."
„Dieser Querkopf, der mir einmal das Leben gerettet hat ..."
„Der – dir ...?"
„Alte dumme Geschichte." Joe wußte nicht, daß er die gleichen Worte gebrauchte wie kurz zuvor Red Jim. Er zögerte etwas und

entschloß sich dann weiterzusprechen. „Damals bei der Strafexpedition gegen die Bärenbande ist's geschehen. Harrys jüngerer Bruder, der noch in den Zelten lebte, ein halbes Kind, ging mit dem Messer auf mich los. Ich war darauf nicht gefaßt, aber Harry stieß ihn im letzten Augenblick nieder. Vielleicht haben ihn die Augen des Vaters dazu gezwungen. Lassen wir das!" Joe, der das Unverständnis und das Mißtrauen im Gesichtsausdruck des jungen Henry bemerkt haben mochte, brach ab. „Harry soll heute abend kommen", bestimmte er nur noch. „Sag ihm einen schönen Gruß von mir, und die Feier gehört zum Dienst."

„Gut, dann weiß ich Bescheid." Henry zog mit verwirrten Empfindungen ab, und zur Beruhigung versah er sich dabei noch mit einer Zigarre aus Joes Vorrat.

Schnellen Schrittes ging Henry zunächst noch einmal in die Küchenbaracke. Ein selbstbewußter Koch regierte hier die Kessel und die Küchenfrauen, unter denen sich auch drei Negerinnen und eine alte Indianerin befanden. Henry begegnete Charlemagne, der eines der weißen Küchenmädchen angesprochen hatte und trotz der hinausweisenden Blicke des Kochs zähe die Unterhaltung fortzusetzen trachtete.

„Also gut!" rief das Mädchen schließlich. „Aber jetzt mach, daß du hinauskommst!"

Charlemagne zwirbelte befriedigt seinen Knebelbart, nickte Henry wie einem alten Bekannten zu und stolzierte ab. Henry ließ sich vom Koch noch einmal bestätigen, daß dieser von der Lagerverwaltung alles Gewünschte erhielt, und verließ wieder die Küchenbaracke, um am Rande des Stationslagers das Indianerzelt aufzusuchen, das Top und Harry als Behausung diente. Henry schlüpfte durch den Zelteingang hinein. Er traf Harka an, der sich offenbar auf seiner Büffelhautdecke ausgestreckt gehabt hatte, jetzt aber den Hereinkommenden schon wieder stehend begrüßte. Henry, fünfundzwanzig Jahre alt, war um einen Kopf kleiner als der lang gewachsene siebzehnjährige Indianer. Der junge Ingenieur hatte sich sonst nicht mehr viel um den Kundschafter gekümmert. Er hatte ihm hin und wieder ein Buch verschafft, wenn Harry sich im Lesen üben wollte, und er hatte ihm Landkarten besorgt im Austausch gegen Felle. Aber das waren äußerliche, versachlichte Beziehungen geblieben. Jetzt, am letzten Tag, den Henry in der Prärie verbrachte, schaute er den Indianer etwas aufmerksamer an. Das Gesicht dieses Burschen war nicht das eines jungen Menschen. Die gut ausgebildete Stirn, die gebogene Nase und die gesamte Knochenbildung traten überdeutlich hervor, da das Gesicht mager war. Die Augenlider blieben immer gesenkt bis auf einen schmalen Spalt, der dem Sehvermögen, aber keinem Ausdruck Raum gab. Henry fühlte sich diesem jungen Mann gegenüber fremd. Die ungeklärten Vorstellungen und Gerüchte, „bester Kundschafter" oder „Verräter", „Lebensretter" und „Brudermörder", konnte der Jungingenieur in seine mehr flächenhafte als tiefe Denkweise und in seine plätschernden Gefühle nicht einordnen; er fand keinen Kontakt zu Harry.

„Joe Brown lädt dich und deinen Vater zu der Abschiedsfeier heute nacht ein. Diese Feier gilt als Dienst", sagte er in etwas schnoddrigem Ton. Der Indianer ging auf diesen Ton nicht ein. Er sprach kurz und gemessen.

„Im Dienst trinke ich nicht. Ich trinke überhaupt nicht. Es wird also Ärger geben, wenn ich komme, aber wenn Joe Brown es so haben will, werde ich da sein – falls auch mein Vater es wünscht."

„Wann kommt denn Top zurück?"

„Abends."

„Gut! Wir erwarten euch, sobald der Zug glücklich eingelaufen ist."

Henry ging lieber wieder hinaus, als er hereingekommen war. Er hatte nicht nur wenig Sympathie für Harry. Er hatte auch im Hintergrund des Zeltes ein Wesen sitzen sehen, vor dem ihm graute. Es schien eine Indianerin zu sein. Vielleicht war sie alt, vielleicht war sie noch jung. Ihr Gesicht wirkte weder menschlich noch unmenschlich; es wirkte außermenschlich. Ohren und Nase waren ihr abgeschnitten, die alten Wunden waren ungepflegt vernarbt. Ihre Wangen waren eingefallen, ihre Hände waren mager. Sie saß im Hintergrund wie eine Holzfigur, mit schwarzem Baumwolltuch verhängt. Der Ingenieur schüttelte sich unwillkürlich, als er das Zelt verlassen hatte.

Harry hatte ihn auch nicht ungern verschwinden sehen. Der

junge Indianer legte sich nicht wieder hin, sondern hockte sich auf seine Büffelhautdecke und überlegte. Als er mit sich ins reine gekommen war, verließ er das Zelt und ging zum Basar. Der Basar war ein einfacher Verkaufsstand, der in einer Baracke mit einem Schiebefenster eingerichtet war. Die Waren wurden in Kommission und sehr teuer verkauft. Da es keinen anderen Laden gab, drängten sich trotzdem die Kunden. Harry wartete mit gleichgültiger Geduld, bis alle, auch solche, die nach ihm kamen, bedient waren, verlangte dann das Quantum Pfeifentabak, das er stets zu kaufen pflegte, und zahlte mit kleiner Münze, die er einem indianisch gestickten Lederbeutel entnahm. Der Geldbeutel war auf der Innenseite zur Hälfte grün, zur Hälfte rot gefärbt.

Der Indianer hielt den geöffneten Beutel so, daß die Verkäuferin die grüne Seite sehen mußte. Das war eine stumme Frage, und die Verkäuferin, ein Indianermischling, jung, schwarzhaarig, braunhäutig, zeigte die Kette ihrer weißen Zähne, lachte und sagte im Dakotadialekt: „Die Großmutter hält die Ohren offen. Abends geht sie mit ihrem Enkel Wasser holen."

„Eh, klappt das Stelldichein?"

Harry hörte diese Frage hinter sich und erkannte auch sofort die Stimme. Das war Mackie.

„Warum? Wolltest du das Mädchen haben?" fragte er zurück.

„Nein, nein, habe mit Mestizen nichts im Sinn. Freut mich nur, daß du endlich irgendwo anbeißt."

Der junge Indianer lächelte ironisch, aber so, daß der andere es nicht sah, und ging. Er brachte seinen Tabak ins Zelt, gab ihn der verstümmelten Indianerin zum Aufbewahren, rauchte seine Pfeife und legte sich dann wieder schlafen. Bis zum Abend war noch lange Zeit.

Als er wieder erwachte und es schon dunkelte, kümmerte er sich um sein Pferd, das vor dem Zelt angepflockt war. Er machte es los und ritt weit vor das Lager bis zu einem Bach, der noch etwas Wasser führte. Er kam nicht ganz hinaus aus dem Bereich der Gerüche und Geräusche des Lagers, aber das Gewirr von Stimmen, das Klappern aus Küche und Vorratszelten, der Geruch aus großen Kesseln mit Einheitsessen, der Gestank von ungewaschenen Kleidern und Menschenkörpern kamen

doch nur noch schwach, mit ihren Ausläufern, zu den Wiesen und dem Ufer des Baches, an dem Harry jetzt sein Pferd saufen ließ. Der Abendwind wehte.
Im Westen lag noch ein heller Streifen über den ins Violette dunkelnden Bergen. Die ersten Sterne flimmerten an dem Himmel auf, den die Sonne verlassen hatte.
Die Großmutter, von der das Mestizenmädchen gesprochen hatte, war gekommen. Harry beobachtete unauffällig diese Indianerfrau, eine dick gewordene alte Frau, die tagsüber in der Küche arbeitete und auf diese Weise sich und ihr Enkelkind versorgte. Sie hatte das Kind mitgebracht, ein Mädchen von vier Jahren. Während das Kind sich im seichten Wasser puddelte, sprach die Alte in der Zeichensprache, aber nicht mit dem Kinde, wie jeder nicht eingeweihte Beobachter geglaubt haben würde, sondern zu Harry, den sie mit seinem indianischen Namen Harka ansprach. Sie ließ ihn wissen, daß Charlemagne ein junges Küchenmädchen mit weißer Haut zur Abschiedsfeier eingeladen und daß er angedeutet hatte, es werde bei der Feier viel zu essen und zu trinken geben und auch sonst hoch hergehen, und aus einigen Wendungen hatte die Alte geschlossen, daß einige der Männer etwas Böses gegen irgend jemanden planten.
Der junge Indianer spähte umher, und als er sich überzeugt hatte, daß er nicht beobachtet wurde, antwortete er, auch in der Zeichensprache: „Der blonde Bart soll mit allen unseren Brüdern kommen."
Die Alte verstand. Während Harka mit seinem Pferd noch am Bache blieb, rief sie das Kind, hieß es, sich wieder anzuziehen, und ging zum Lager zurück. Sie bewohnte mit den Negerinnen zusammen einen Gemeinschaftsraum neben der Küche. Dorthin brachte sie die Enkelin. Dann holte sie aus der alten Kiste, die sie sich als Aufbewahrungsort für ihre Habseligkeiten verschafft hatte, einen leinenen Mannskittel hervor, den sie geflickt hatte, und ging damit hinüber in die Schreibstube, in der die Lohnlisten geführt wurden. Ein blondbärtiger Mensch, der durch seinen Bart älter aussah, als er war, fegte die Schreibstube eben aus. Die Alte nahm ihm den Besen aus der Hand und stellte ihn an die Wand, sie legte den geflickten Kittel auf den

Schreibtisch und sagte zu dem Blondbärtigen: „Bringe zur Abschiedsfeier alle Freunde mit. Harry kommt."
Der junge Mann nahm seinen Kittel, dankte und verließ den Raum. Draußen zog er den Kittel über, schaute nach den Sternen, stellte fest, daß es noch sehr früh am Abend war und er genügend Zeit hatte, zwar nicht, um eine Stunde zu vergeuden, aber doch, um in Ruhe vorzugehen. Er schlenderte wie absichtslos zum Gleis, an den Abschnitt, an dem der erwartete Zug halten mußte, und traf dort einen Trapper, der, die Büchse im Arm, eine Art Aufsicht führte.
„Wir setzen uns mit Harry zusammen, heute nacht bei der Feier", sagte er nebenhin und erkundigte sich dann, was der Zug voraussichtlich für Ladung führen würde. Als die beiden in größerer Entfernung Red Jim auftauchen sahen, ging der Blondbärtige weg. Jim hatte ihn bis jetzt noch nicht wiedererkannt, aber er wollte ihm auch keine Gelegenheit geben, ihn aufmerksam ins Auge zu fassen. MacLean war vor drei Jahren bei einem Streik der Eisenbahnbauarbeiter um ein Haar Red Jims Revolver zum Opfer gefallen. Er war entlassen worden, hatte sich aber unter falschem Namen und verändert durch den inzwischen gewachsenen Bart wieder anwerben lassen. Der Mann in der Schreibstube betrachtete ihn als seinen Burschen und Diener und nutzte ihn weidlich als Aushilfe beim Listenschreiben aus. So wußte MacLean mit vielem Bescheid, was ihn nach Meinung der Lagerleitung sicherlich nicht das geringste anging. Von ihm hatte Harka auch erfahren, was Jim als Manager einer Kundschaftergruppe von sechs Mann als Löhnung für diese erhielt, und Jim mußte seitdem etwas mehr herausrücken. Die Auseinandersetzung war kurz und bündig verlaufen, und Jim haßte Harry dafür noch mehr.
Während der Blonde weiter im Lager umherstrich, war der junge Indianer zu seinem Zelt zurückgeritten. Er pflockte den Mustang wieder an. Auch der Schecke des Vaters stand schon da und graste. Mattotaupa war also von seinem Kundschafterdienst zurück. Als Harka in das Zelt eintrat, fand er den Vater schlafend. Er setzte sich und wartete, bis Mattotaupa nach drei Stunden von selbst wieder wach wurde. Die verstümmelte Indianerin kam aus dem Hintergrund, fachte das Feuer an und rö-

stete für Mattotaupa ein Antilopenfilet. Die Zweige knackten leise im Feuer, und das Fleisch am Spieß duftete gut. Mattotaupa saß Harka gegenüber an der Feuerstelle.
„Hast du etwas gefunden?" Mattotaupa sprach im Dakotadialekt. Er konnte annehmen, daß die Frau im Zelt ihn nicht verstand, denn sie stammte von den Seminolen.
„Nein, ich habe nichts gefunden", gab Harka Auskunft.
„Ich auch nicht. Es scheint, daß sie von den Angriffen jetzt ablassen."
Das Filet war gar; Mattotaupa fing an zu essen.
„Henry war hier", berichtete Harka. „Wir sollen beide zu der Abschiedsfeier von Joe kommen, sobald der Zug glücklich eingelaufen ist."
„Wir gehen hin."
„Ich trinke nicht. Sie werden mich dafür verspotten, und es wird Streit geben. Ist es nicht besser, ich bleibe im Zelt?"
Mattotaupa aß weiter, aber das Antilopenfleisch schmeckte ihm nicht mehr so gut wie anfangs. Der Ton, in dem Harka die Worte „Ich trinke nicht" ausgesprochen hatte, war ruhig, und dennoch war er für den Vater aufreizend gewesen. Denn Mattotaupa hörte darin die Frage mit: „Trinkst du?" Und ob sie nun gestellt war oder nicht, er stellte sie sich selbst und wurde nicht damit fertig.
„Die Sitten der Gastgeber zu verachten ist nicht Art eines Dakotakriegers", sagte er schließlich. „Es ist auch nicht gut, daß du dich gar nicht geübt hast. Die ersten Becher würden genügen, und du liegst unter dem Tisch."
Harka antwortete darauf nicht.
„Es waren vor drei Tagen Fremde hier, du weißt es", fing Mattotaupa ein anderes Thema an. »Ich habe etwas eingetauscht, und ich werde heute bei der Feier unsere Freunde auch einmal einladen."
Harka schwieg, aber sein Blick fragte: „Kannst du dich nicht anders auszeichnen?"
Mattotaupa erwiderte auf die nicht ausgesprochene Frage: „Unsere Väter waren Oglala, Leute, die ihre Habe freigebig austeilten. Ich bin kein Bettler, der immer nur nimmt, und ich denke, auch mein Sohn würde daran keinen Gefallen finden."

Harka sagte auch dazu nichts.
Nachdem Mattotaupa gegessen hatte, legte er sich noch einmal schlafen. Sein Dienst als Kundschafter begann erst am nächsten Morgen wieder. Bei Harka stand es anders. Für ihn war es Zeit, sich mit der Gruppe, die er führte, schon bereitzumachen. Mit dem einlaufenden Zug wollte er um Mitternacht wiederum zum Lager zurückkommen, und dann mochte Joe weiter bestimmen. Vielleicht fiel es dem Ingenieur bis dahin selbst ein, daß es doch besser sein würde, wenn Harka auch die zweite Hälfte der Nacht draußen blieb, um die Strecke sichern zu helfen.
Harka hatte sich mit den drei Mann, die zu seiner Gruppe gehörten, verabredet, daß sie nachts zu Fuß umherspähen wollten. Er ließ daher seinen Grauschimmel beim Zelt zurück. Am Halteplatz des Zuges traf er einen jungen Prärieläufer und die beiden Panikundschafter. Es gab nicht viel zu verabreden. Die vier waren aufeinander eingespielt. Sie kannten ihre Verständigungszeichen zu jeder Tages- und Nachtzeit, und sie wußten auch schon, welchen Abschnitt sie in dieser Nacht bewachen sollten. Daß Harka führte, obgleich er der jüngste war, hatte sich von selbst ergeben. Die anderen drei verließen sich am liebsten auf ihn, und der junge Prärieläufer, dem die Verantwortung offiziell zukam, hatte sie inoffiziell dem Indianer zugeschoben.
Als die vier sich auf den Weg machen wollten, zeigten sich Charlemagne und Mackie und hielten sie noch auf.
„Da ist er ja", sagte Mackie zu Charlemagne.
Charles wandte sich an Harry. „Junge, erkennst du mich gar nicht wieder?"
„Doch."
„Wie geht es dir denn?"
„Gut."
„Immer noch ein bißchen aufregende Gegend hier. Was macht denn die Bärenbande?"
„Keine Fährten."
„Keine Fährten? Ach, sieh an. Ob sie sich jetzt wirklich zurückziehen oder ob das nur eine List ist?"
„Guten Abend!" sagte Harry, ließ Charlemagne stehen und lief

mit seinen drei Kundschaftergefährten nordostwärts in die Prärie hinaus.
Charlemagne und Mackie schauten den vier Spähern nach, bis diese im welligen Terrain verschwanden. Auch dann blieb Charlemagne noch stehen, und Mackie, der hatte kehrtmachen wollen, fragte: „Gibt's noch was?"
„Hast du nichts bemerkt?"
„Was denn?"
„Wie der Rote plötzlich abbrach."
„Komisch sind die Indsmen immer."
„Er hätte doch antworten können. Aber nach der Bärenbande ist er nicht gern gefragt. Hast du das nicht bemerkt?"
„Kann ja sein. Was kümmert mich das!"
„Vielleicht wird es uns alle noch einmal kümmern, mehr als uns lieb ist."
„Verstehe dich nicht."
„Er stammt doch aus der Bärenbande. Weiß der Teufel, was er heute noch für Verbindungen dorthin hat."
„So, meinst du?"
„Ich will nichts gesagt haben. Aber wenn ich dran denke, wie die uns alle vergiften wollten, dann wäre mir ein anderer als Kundschafter schon lieber als ausgerechnet einer von diesem Stamm!"
Mackie spuckte aus. „Mir gefallen die Indsmen überhaupt nicht! Hab gehört, die sollen heute nacht bei der Feier auch dabei sein. Wozu das? Vielleicht ladet der Joe Brown auch noch einen Nigger ein!"
„Soweit kommt's. Wir müssen besser zusammenrücken."
Die beiden gingen wieder in das Lager.
Die Zeit verging. Gegen Mitternacht waren ungewöhnlich viele Männer, auch Frauen und Mädchen, auf den Beinen, um die Ankunft des Zuges zu erleben. Noch gingen auch die Materialzüge nicht regelmäßig. Manchmal hob der Sturm einen Zug aus dem Gleis, oder eine Büffelherde legte sich vor die Lokomotive, so daß kein Weiterkommen war. Die Indianer rissen, wenn es ihnen unbeobachtet gelang, die Gleise auf, denn sie hatten längst begriffen, daß die Lokomotive, dieses Geheimnistier, nur auf dem Gleispfad laufen konnte und auf Grasboden, ja

selbst auf einem staubigen Büffelpfad völlig hilflos war.
Der Zug sollte nicht nur Material, sondern auch Löhnung und Proviant bringen. Alles spähte nach dem Zuge aus. Als in der Stille der nächtlichen Wildnis das Rollen der Räder, das Stampfen der Kolben zu hören war, schossen die freudigen Rufe in der Station auf, und als die Lokomotive, dampfend und pfeifend, die letzte Biegung nahm, schlugen sich die Männer gegenseitig auf die Schultern und sich selbst auf die Schenkel, denn nun stand nicht nur fest, daß der Zug wohlbehalten ankam, sondern auch, daß Joes Abschied gebührend gefeiert werden konnte. Der Lokomotivführer bremste, der Zug hielt. Die Ausladekolonnen standen schon bereit und griffen sofort zu. Joe Brown hatte sich mit Henry und mit dem Leiter des Stationslagers, Taylor, zusammengefunden.
„Also am letzten Tage doch noch einmal etwas genau nach der Richtschnur gegangen", sagte der Ingenieur. „Dann können wir anfangen zu feiern! Kommt!"
In der Nähe der drei hatten noch zwei weitere Ingenieure gestanden, darunter Browns Nachfolger. Sie schlossen sich an, und die Gruppe ging langsam zu dem Hauptplatz und dem riesigen Zelt, das als Speiseraum und Wirtsstube diente. Einfache Tische und Bänke waren aufgestellt, in der Mitte des großen Raumes war ein Podium aufgebaut, und die Kapelle mit dem neuen Zigeunergeiger hatte sich bereits eingefunden. Als die Gruppe der angesehenen Personen eintrat, intonierten die Musiker einen Empfangstusch, und von verschiedenen Tischen dröhnten bereits Willkommensrufe. Das Zelt füllte sich rasch. Ein allgemeiner Lärm breitete sich aus, in dem jedes einzelne Geräusch nicht mehr nach seiner eigenen Natur, sondern nur noch als Lautverstärkung wirkte. Die Tische und Bänke waren so gestellt, daß rings an den Zeltwänden entlang ein äußerer Kreis führte. Davon durch einen Zwischenraum, einen Gang, in dem sich drei bis vier Personen nebeneinander bewegen konnten, getrennt, waren die Tische dann in einem großen inneren Rechteck angeordnet. Durch dieses führten für die Bediener nur schmale Gänge, netzförmig, längs und quer. Der Tisch für die Ingenieure und den Stationsleiter befand sich in der äußersten Reihe dieses Rechtecks, unmittelbar an dem breiten Gange,

an der oberen Schmalseite des Zeltes. An der unteren waren die Schanktische aufgestellt. Für den Tisch, an dem Joe Brown sitzen sollte, hatte jemand eine Tischdecke und Blumen herbeigeschafft. Das wirkte im gewohnten Milieu erstaunlich, vielleicht auch töricht, und Henry hatte davon nichts gewußt, tat aber jetzt so, als ob dies unbedingt sein müsse. Joe Brown in der Mitte, sein Nachfolger links von ihm, der Stationsleiter rechts, präsidierten. Sie hatten den breiten Gang im Rücken und konnten ungehindert bedient werden. Die anderen Ingenieure, der Buchhalter, der Kassierer, der für den Bahnbetrieb Verantwortliche, fanden ihre Namenskarten an diesem Tisch, an den sich keiner setzen sollte, den Henry nicht dafür vorgesehen hatte. Daisy-Vicky kam und fragte nach den Wünschen der Herren. Joe bestellte für den ganzen Tisch. Als sich der Ingenieur nach den Gefährten seiner Pionierzeit und nach der übrigen Prominenz der Kundschafter und Prärieläufer umsah, stellte er fest, daß für diese an den nächsten beiden Tischen, der Saalmitte zu, gedeckt war. Bloody Bill hatte sich schon eingefunden und seine lange Lilly mitgebracht. Auch Charlemagne tauchte auf, und Red Jim ließ sich sehen, groß, breitschultrig, neu in Leder eingekleidet, mit allen Waffen, ausgenommen die Büchse. Auch die beiden anderen Männer hatten Messer und Revolver bei sich. Dann kam Mattotaupa. Er hatte das Haar glatt gelegt und neu geflochten, und die Schlangenhaut, die um die Stirn lief, hielt am Hinterkopf zwei Adlerfedern, die der ehemalige Häuptling nur sehr selten anlegte. Er hatte einen schön gestickten Rock angezogen, der lose über den Gürtel hing. Die Stickerei zeigte nicht die bei den Dakota gebräuchlichen Muster und Farbzusammenstellungen. Der Rock war in einem Panidorf für Mattotaupa angefertigt worden. Das wußten die wenigsten, von den Weißen wußte es keiner. Mattotaupa war sehr groß und eine würdige und stolze Erscheinung, nicht nur durch seine Kleidung, sondern auch durch eine gestraffte Haltung, die er an diesem Abend annahm. Red Jim beobachtete den Indianer aus einiger Entfernung und fragte sich: Was ist plötzlich wieder in ihn gefahren? Er schaut um sich wie ein Häuptling, der Gäste empfängt; nicht wie ein Indsman, der als alter Kampfgefährte trotz einiger Bedenken wohl oder übel noch eingeladen wird. Auch Harka zeigte sich, ein paar Schritte hinter dem Vater zurück. Er war kaum mehr kleiner, aber noch jugendlich-schlanker als der Vater. Er hatte keinen Rock an, da er einen Sommerrock überhaupt nicht besaß, sondern nur den im Winter unentbehrlichen Pelzrock. Mattotaupa hatte wohl empfunden, daß aus Harkas Weigerung, sich einen Festrock für den Sommer arbeiten zu lassen, seine Verachtung für die weißen Männer sprach. Harka hatte in diesem Punkt eigensinnig auf seinem Standpunkt beharrt. Sein nackter Oberkörper war sehr gut eingefettet, nicht nur für den Kundschaftsgang, den er hinter sich hatte, sondern nochmals für die bevorstehende Feier. Er war glatt wie eine Schlange; keine Hand konnte ihn so leicht festhalten. Die Büffelhautdecke, die mit den Taten seines Vaters als Kriegshäuptling der Bärenbande bemalt war, hatte er über die Schulter um Brust und Rücken geschlagen. Niemand konnte ohne weiteres sehen, was für Waffen sich unter der Lederdecke verbargen. Seinen Platz wählte der junge Indianer so, daß er den Tisch mit Joe Brown und den Ingenieuren im Rücken hatte und die Grenzer alle vor sich. Er setzte sich noch nicht, da die meisten anderen sich auch noch nicht gesetzt hatten. Aber er stellte sich so an den Tisch, daß ihm der gewünschte Platz gesichert blieb.

Die Musik spielte; der Zigeunerprimas ging zu den Gästen in der Nähe des Podiums und sang zu seiner Geige. Die ersten fingen an zu lachen und zu trinken und mit ihren Bechern zu Joe hinüberzugrüßen. Dieser erhob sich und dankte. Eine Rede gedachte er nicht zu halten.

Mattotaupa ging zu Joe Brown und sagte ein paar leise Worte zu dem Ingenieur. Brown hob rasch den Kopf, erstaunt, erfreut, und winkte die Kellnerin her, deren fettige Haut schon Schweißtropfen absonderte, ehe der Betrieb richtig begonnen hatte. „Daisy“, sagte er, „für dich und deine Kollegen: An den beiden Tischen vor uns wird auf Tops Kosten getrunken. Verstanden?“

Das Mädchen schaute zweifelnd an dem Häuptling hinauf. „Wenn die das erst merken, an den zwei Tischen, Top, dann hast du morgen früh eine Rechnung, für die du dir eine Farm kaufen könntest! Kannst du so viel zahlen?“

Der Indianer lächelte wohlwollend, überlegen, öffnete den Lederbeutel ein wenig und ließ das Mädchen einen Blick hinein tun.
„Donnerwetter ... Top, du ... Wer hätte das geahnt!" Daisy-Vicky wurde über und über rot, und ihre Augen strahlten, als ob sie ein Wunder gesehen habe.
Mattotaupa gab ihr eine Münze im voraus. „Das ist für deine Arbeit", sagte er.
Das Mädchen war daraufhin sofort bei den beiden Tischen. Sie stellte sich neben Mackie, der Charlemagnes Nachbar geworden war.
„Bestellen bitte", sagte sie. „Top zahlt für alle!"
Die Mitteilung wurde mit Freudengeschrei und Hallo aufgenommen, und es hagelte Bestellungen, so daß Vicky zusammenrechnen und wiederholen mußte, um nichts zu vergessen. Charlemagne und Bill warfen Red Jim wieder vielsagende Blicke aus den Augenwinkeln zu, die Jim aber nicht bemerkte, da er selbst Top anstarrte. Harka jedoch fing die Blicke auf, während er Daisy-Vicky eben anwies, ihm eine Fleischmahlzeit zu bringen. „Sonst nichts", fügte er auf ihre Rückfrage hinzu.
Bier, Brandy und Becher kamen schnell auf den Tisch. Das Mädchen hatte sich noch zwei Kollegen zur Unterstützung herbeigerufen. Die Köpfe erhitzten sich bald. Es wurde viel Unsinn und viel Belangloses geredet, und die Männer tranken immer wieder Mattotaupa zu; er war auf einmal in viel stärkerem Maße der Mittelpunkt als Joe. Harka verzehrte sein Stück Braten. An der Unterhaltung, die ihn langweilte, beteiligte er sich überhaupt nicht. Mattotaupa hatte trotz allen Zutrinkens den ersten Becher Branntwein noch nicht geleert. Um sich einen zweiten eingießen zu lassen, kippte er den Rest aus dem ersten auf den Boden. Harka bemerkte das wohl; den meisten anderen entging es, da es schnell und geschickt geschah. Nach einer Stunde waren die meisten im Saale angetrunken. An einigen Tischen sangen die Gäste im Chor. Der Stationsleiter Taylor begann aus seinem Leben zu erzählen. Browns Nachfolger erläuterte kühne Perspektiven von drei Bahnen quer durch die Union. Henry schwärmte von dem Leben in der Stadt. Joe Brown soff still vor sich hin, er fühlte sich auf einmal überflüs-

sig. Da an dem Tisch von Top und Jim ein Platz frei wurde, setzte er sich zu diesen hinüber, und es dauerte nicht lange, da kam Taylor nach.
„Lassen wir die Greenhorns da hinten unter sich", sagte er, „ich muß Prärie um mich haben und Männer! So bin ich's gewohnt."
Die Männer ließen ihn erzählen, und wenn er an diesem Tisch auch keine aufmerksamen Zuhörer für seine Geschichte fand, so doch sachverständige. Mattotaupa war höflich genug, hin und wieder eine Zwischenfrage zu stellen, die bewies, daß er gefolgt war.
Red Jim war noch vollkommen nüchtern, obwohl er mehr als jeder andere trank. Bloody Bill stritt sich mit der langen Lilly. Er war immer eifersüchtig. Mackie begann zu prahlen, und Charlemagne bestärkte ihn darin.
Mattotaupa hatte noch nicht mehr als einen halben Becher wirklich getrunken. Harka wußte nicht, daß seine Gegenwart es war, die den Vater hinderte, sich selbst und den anderen nachzugeben. Es war das erstemal, daß Harka mit an einem Tische saß, an dem gezecht wurde, und Mattotaupa war entschlossen, dem Sohn eben dieses erste Mal zu beweisen, daß ein ehemaliger Häuptling freigebig sein könne, ohne sich unwürdig zu benehmen. Die Rolle, die Mattotaupa spielte, gefiel ihm selbst mehr und mehr. Er hatte schon lange nicht mehr im Mittelpunkt gestanden, früher aber täglich, und das Wohlgefühl, bewundert zu werden, brach bei ihm durch. Die Tischgenossen sparten nicht an Schmeicheleien.
Es war in der dritten Stunde nach Mitternacht. Harka teilte Joe Brown kurz mit, daß er gehen und in den letzten Nachtstunden, die für unvorhergesehene Indianerangriffe die gefährlichsten waren, den Kundschafterdienst in seinem Abschnitt wieder selbst versehen wollte. Der Ingenieur sagte nicht nein, denn Harka trug zur Unterhaltung sowieso nichts bei. Nachdem Joe einverstanden war, konnte Mattotaupa nicht widersprechen, und Harka wollte stillschweigend den Tisch verlassen.
In diesem Augenblick kam Mackie mit einem Becher auf ihn zu: „Einen Drink!"
„Trink selber aus", antwortete der junge Indianer und war in dem breiten Rundgang schon drei Tische vorbei, als Mackie

ihm, den Becher hochhebend, nachbrüllte: „Einen Drink, du verdammter Bursche! Willst du abschlagen?"
Harka dachte den Schreier auch weiterhin nicht zu beachten, aber da standen dem jungen Indianer bereits vier andere Kerle im Weg. Harka warf seinen Freunden an den Tischen einen raschen Blick zu. Sie hielten sich alle bereit, ihm beizuspringen. Der Indianer sah, daß die vier, die ihm in den Weg getreten waren, ihn nicht hindern konnten, aus dem Zelt hinaus zu gelangen, wenn er das wollte. Er brauchte nur seitlich über die Tische zu springen; keiner der Gäste, die an diesen Tischen saßen, würde schnell genug sein, um Harka zu halten. Eben weil er sich auf diese Möglichkeit verließ, zögerte er noch einen Augenblick.
„Ich schlage dir nichts ab. Ich trinke nichts. Trink du auf dein eigenes Wohl!"
Als er dies zu Mackie zurückrief, stand er in ganz entspannter Haltung, als ob er für den nächsten Augenblick keineswegs etwas Besonderes vorhabe.
„Dann geh doch, du Esel! Wenn du nicht weißt, was gut schmeckt!"
„Ja, geh doch zu deinen Dakota, wo du hingehörst!" brüllte Mackie plötzlich, ganz unvermittelt. „Es ist jetzt Zeit, daß sie die Brandpfeile abzuschießen beginnen!"
An den nächsten Tischen, an denen der Zuruf verstanden worden war, verstummten die Gespräche. Die Worte Dakota und Brandpfeile hatten im Bewußtsein aller, die sie vernahmen, wie ein Blitz eingeschlagen. Man befand sich in einem Zelt, und das Zelt stand in einer noch immer umkämpften Prärie. Gab es Verräter in den eigenen Reihen?
Harka sprang zurück, schneller fast als ein Gedanke. Er schlug Mackie schallend ins Gesicht, so daß dieser zur Seite taumelte, und stellte sich dann neben den Vater. Er hatte unter der büffelledernen Decke längst die Hand an der Waffe gehabt. Jetzt riß er den Revolver heraus, richtete ihn aber nicht auf Mackie, sondern auf Jim. „Pfeif sie zurück!" sagte er leise. „Oder ich schieße."
Red Jim wußte, daß er nichts mehr unternehmen konnte, was Harka entging, und er begriff, daß er erkannt war.

Er hob die Hände flach ein wenig hoch, zum Zeichen, daß er nicht zur Waffe greifen werde, und sagte laut: „Billy, bring doch den Mackie zur Vernunft! Jedesmal fängt dieses Roß an, Krakeel zu machen! Damals um deine Lilly, jetzt mit Harry. Schaff das besoffene Schwein hinaus!"
Bill verstand, wenn er die Wendung, die eingetreten war, auch sehr bedauerte. Er packte mit Charlemagne zusammen Mackie an, dessen Nase blutete, und die beiden schleiften das unglückliche Opfer ihrer Pläne aus dem Zelt. Daisy-Vicky lief jammernd hinterher.
„Stecke den Revolver weg!" befahl Mattotaupa seinem Sohn. Harka gehorchte; seine rechte Hand verbarg sich wieder unter der büffelledernen Decke. „Ich gehe also", sagte er gelassen. Er ging ungehindert. Seine Freunde lächelten ihm unauffällig zu. Mattotaupa, Jim und Joe setzten sich wieder.
„Was war denn das?" fragte Taylor, der Leiter des Stationslagers.
„Wildwest", erläuterte Joe. „Eine Geschichte mehr für Ihr Repertoire."
„Begriffen habe ich die Sache nicht ganz."
„Mackie war eben besoffen", meinte der Ingenieur. „Er hat selbst nichts mehr begriffen. Wie sollen wir es begreifen?"
„Aber es besteht doch keine Gefahr?"
„I wo!"
„War das nicht dein Sohn?" fragte Taylor Mattotaupa.
„Hau, mein Sohn."
„Der Bursche hat mir gefallen. Er trinkt nicht, weiß sich zu helfen und nimmt seinen Dienst ernst. Solche Leute brauchen wir."
„Also einen Drink ohne Harry, aber auf das Wohl von Harry!" rief Jim und ließ die Augen blitzen.
Mattotaupa konnte nicht umhin, in diesem Falle mitzutun. „Du denkst sehr groß", sagte er zu Jim in der Dakotasprache, so daß die anderen die Worte nicht verstanden. „Größer als mein Sohn."
„Was heißt sehr groß?" meinte Jim mit gut gespielter Generosität. „Der Junge ist nervös. Das kommt im Alter von siebzehn Jahren vor. Man muß dann nur die Ruhe bewahren."

Joe und Taylor zogen sich wieder an den Tisch zurück, an dem die anderen Ingenieure saßen.

„Nur eine einzige blutige Nase", meinte Henry. „Das ist ja diesmal glimpflich abgegangen."

Es wurde weitergetrunken. Bill tanzte mit Lilly. Vicky bediente wieder mit Beflissenheit. Sie hatte sich überzeugt, daß Mackie bald wieder auf den Beinen sein würde. Der einzige, der auch nachträglich noch beeindruckt schien, ja nachträglich sogar noch stärker beeindruckt schien als im Augenblick des schnellen Ablaufs der Ereignisse, war Mattotaupa. Er mäßigte sich nicht mehr so beherrscht im Trinken, sondern goß einen Becher schnell hinunter und ließ ihn gleich wieder nachfüllen.

„Was hast du denn?" fragte Jim.

„Nichts. Ich gehe auch noch einmal kundschaften."

„Seid ihr alle verrückt?!" protestierte Bill. „Abschied von Joe feiern wir nur einmal! Auf Kundschaft könnt ihr alle Tage gehen!" Aber Mattotaupa erhob sich. Er grüßte Joe höflich, zahlte bei Daisy die angelaufene Rechnung, sicherte ihr zu, daß er am Morgen die noch anfallende Zeche bezahlen werde, und ging langsam hinaus. Jim sah ihm nach, bis er aus dem Zelt verschwunden war. Dann sprang er auf und stürzte dem Indianer nach. Er traf ihn auf dem Wege zum Indianerzelt, wo Mattotaupa wohl den Festrock ablegen und das Pferd holen wollte.

„Top, willst du mir nicht sagen, was du vorhast?" fragte der Weiße, mit jenem tiefen Stimmklang, der um Vertrauen warb.

„Ich habe nichts vor, als auf Kundschaft zu gehen", antwortete der Indianer abwehrend.

„Glaubst du, es besteht Gefahr?"

„Joe sagte mir, du habest versteckte Fährten gefunden. Sie sind mir entgangen. Sie sind auch Harka entgangen. Aber Mackie sprach von Brandpfeilen. Wir dürfen nichts versäumen. Wo hast du die Spuren gesehen?"

„Es war nur so eine Andeutung. Am Nordwestende meines Kundschaftsreviers. Sie müßten eigentlich in Harrys Region hinübergelaufen sein. Du kannst nichts davon gesehen haben. Kommst du noch einmal zurück?"

„Sicher morgen mittag, wenn Joe mit dem Zug abfährt."

„Gut. Also beim Zug!"

Jim eilte in das große Zelt zurück. Mattotaupa begab sich zu seinem Tipi. Er sah schon von weitem, daß beide Mustangs noch davor angepflockt waren. Als er eintrat, war nur die schweigsame Indianerin anwesend. Die Glut in der Feuerstelle war gedeckt. Harrys Büffelhautdecke lag zusammengefaltet auf ihrem Platz. Er war dagewesen und war wieder gegangen. Die alte Flinte stand an ihrem Platz, aber den Bogen hatte Harka mitgenommen. Mattotaupa legte den Festrock ab. Er zog die Adlerfedern aus der Schlangenhaut und verwahrte sie, die Büchse aber nahm er an sich. Er verließ das Zelt und ging zum Gleis. Dort fand er kaum einen Menschen mehr vor. Alle die vielen Männer und auch die Frauen, die bei der Ankunft des Zuges zusammengekommen waren, auch die Entladekolonnen, die ihre Arbeit inzwischen getan hatten, waren zur Feier oder zu ihrer Nachtarbeit gegangen, und vielleicht hatten sich auch einige zum Schlafen zurückgezogen. Das Gelände war leer und still, und nur aus dem großen Zelt, dem Mattotaupa den Rükken kehrte, drang der Lärm der Musik und das Singen und Johlen der Feiernden.
Der Indianer ging das Gleis entlang ostwärts, ein kleines Stück nur, dann schlug er einen Bogen nach dem Lager hin, als ob er zurückkehre. Sobald er Stapel von Fässern und Brettern erreicht hatte, die ein gutes Versteck boten, verschwand er für mögliche Beobachter dahinter und begann seinen Kundschaftsgang wie eine Schlange im Grase.
Auf diese Weise konnte er nur verhältnismäßig langsam vorankommen, aber er hatte auch nicht vor, eine große Strecke zurückzulegen. Er wollte in Harkas Revier, zu dem die andeutungsweisen Feindspuren geführt haben sollten, eine Anhöhe gewinnen, die er sehr genau kannte, da die Geländeabschnitte der Kundschaftergruppen wechselten. Von dieser Anhöhe wollte er Ausschau halten und Harkas Späharbeit unterstützen. So sagte er im stillen zu sich selbst. Er sagte es sich immer wieder, aber er glaubte sich selbst nicht. Das Mißtrauen wühlte in ihm. Harka hatte berichtet, er habe keine Spuren gesehen, aber Jim hatte von Fährten gesprochen, die in Harkas Abschnitt hinüberliefen. War Harka je eine Spur entgangen, die er finden wollte? Mattotaupa marterte sich selbst mit dem Gedanken, daß

er mit seinem Verdacht nicht allein stehe. Mackie war betrunken gewesen, daran gab es keinen Zweifel. Aber Betrunkene sprachen aus, was sie nüchtern verschwiegen. Wie war Mackie zu seiner Beschuldigung gekommen? Was hatte er für Anhaltspunkte gehabt? Jim sagte darüber nichts. Er wollte den Vater schonen. Doch Mattotaupa wollte nicht geschont sein. Er wollte Gewißheit haben, volle, unbezweifelte Gewißheit. Er wollte wissen, was sein Sohn Harka in dieser Nacht tat.

Mattotaupa hielt Ausschau. Nach einer Stunde des Wartens etwa konnte er wahrnehmen, wie Harka im Dunkeln zu der nächsten Bodenwelle schlich, hinaufkroch und oben, von Grasbüscheln gedeckt, liegenblieb, um nach derselben Richtung zu spähen wie der Vater. Mattotaupas Herzschlag ging immer schneller. Hatte Harka irgendeine Verabredung, wollte er sich mit einem Feinde treffen? War seine Eile, die Feier zu verlassen, nicht wirklich verdächtig gewesen? War es nicht sonderbar, daß die Krieger der Bärenbande schon so lange nichts mehr unternommen hatten? Planten sie einen großen Streich vor Einbruch des Winters? Hatten sie die Ankunft des Zuges abgewartet, um gefüllte Vorratsräume und wohlversehene Materiallager in Brand zu stecken und zu verwüsten?

Dem Vater wurde es heiß bis unter die Haut. Seine Augen glühten. Der Branntwein und das Mißtrauen arbeiteten gleichzeitig in ihm. Er beobachtete, daß Harka sich bewegte. Der junge Kundschafter glitt den Hang der Anhöhe, auf deren Kamm er lag, an der für Mattotaupa nicht sichtbaren Seite hinab und blieb für lange Zeit verschwunden. Mattotaupa überlegte, ob er zu der Anhöhe, auf der Harka gelegen hatte, hinüberschleichen sollte. Aber der Platz, den Mattotaupa jetzt einnahm, bot im ganzen den weitesten Ausblick. So wartete er, ob er entdecken könnte, wo Harka sich wieder zeigte. Aber er konnte ihn bis zum Morgen nirgends mehr beobachten.

Es war Herbst, und die Nächte waren lang.

Als es dämmerte, lief Mattotaupa gebückt zu der Bodenwelle hinüber, die er im Auge gehabt hatte. Er sah noch die Spuren, wo Harka im Gras gelegen hatte. Er sah auch die Fährten, die den Hang hinabführten. Dann aber fehlte jede weitere Spur. Harka war ein guter Schüler seines erfahrenen Vaters, ohne

Zweifel, und er hatte als Kundschafter Tag für Tag nichts anderes zu tun als andere zu entdecken und sich selbst zu verbergen. In dieser Kunst war er ein fast nicht mehr zu übertreffender Meister geworden, obgleich oder vielleicht gerade weil er noch so jung war.

Da in der Nacht kein Überfall stattgefunden hatte, begann Mattotaupa etwas ruhiger zu denken und zu empfinden. Mackies schwere Beschuldigung gegen Harka hatte sich nicht unmittelbar bestätigt. Mattotaupa machte sich auf den Heimweg. Der Wind wehte stark, der Morgenhimmel war von Staubwolken verdüstert. Die Zeltwände blähten sich. Aus dem großen Speisezelt klangen noch immer die Geigen. Im Gras zwischen Zelten und Baracken lagen ein paar Betrunkene und schliefen ihren Rausch aus. Als Mattotaupa sich seinem Zelt näherte, sah er, daß die Pferde nicht davor angepflockt waren. Harka war wohl schon zurück und brachte die Tiere eben zum Bach, um sie saufen zu lassen. Mattotaupa ging in das Zelt. Die schweigsame Seminolin saß im Hintergrund. Über dem Feuer kochte Fleischbrühe im Kessel. Mattotaupa stellte seine Büchse an ihren Platz. Dann wurde er steif wie ein Gelähmter.

Neben der Feuerstelle, auf der hellen Lederdecke, lag sein eigener Revolver. Mattotaupa faßte nach dem Gürtel. Die Revolvertasche war leer. Nun wußte der Vater, was Harka getan hatte, als er verschwand und seine Spuren so sorgsam verbarg. Er hatte dem Vater den Revolver aus der Tasche geholt. Es war ein Meisterstreich. Mattotaupa hob den Revolver nicht auf. Er ließ ihn vorläufig liegen. Wenn Vater und Sohn noch in jenem unverbrüchlichen, jede Offenheit und Heiterkeit erlaubenden Vertrauensverhältnis gestanden hätten wie einst, so würde Mattotaupa jetzt gelacht, sich gefreut und jedermann erzählt haben, was er für einen vorzüglichen Kundschafter und künftigen Krieger herangezogen habe, der mit siebzehn Jahren schon den eigenen Vater überlistete.

Vielleicht konnte er der Sache diese gute Seite abgewinnen. Wenn Harka glaubte, daß der Vater ihn hatte unterstützen und prüfen wollen – nur seine Kundschafterfähigkeiten hatte prüfen wollen –, dann konnte Mattotaupa dem Sohne jetzt das Lob frei ins Gesicht sagen. Wenn Harka aber nach dieser Nacht annahm, daß der Vater ihn verdächtigte, so wie der betrunkene weiße Mann Harka verdächtigt hatte, dann ... Mattotaupa scheute sich davor, diesen Gedanken zu Ende zu denken. Es blieb ihm auch keine Zeit dazu. Er hörte den Sohn mit den Pferden kommen. Er hörte, wie Harka mit ein paar Beilschlägen die Pflöcke an anderer Stelle in die Erde trieb, damit die Mustangs einen neuen Weidekreis fanden. Dann schlüpfte der junge Indianer ins Zelt.

Mattotaupa hatte den Revolver noch immer nicht aufgehoben. Jetzt erst, vor Harkas Augen, bückte er sich, griff nach der Waffe und steckte sie zu sich, mit dem Versuch eines Lächelns, mit einer verborgenen Frage, ob der Sohn ihm erlaube, die Sache von dieser Seite aufzufassen.

Harka holte sich seine alte Büffelhautdecke und legte sich wortlos schlafen. Der Vater hatte nur einen Augenblick in das Gesicht des Sohnes geschaut, aber er wußte jetzt, was alles verloren war. Der alt gewordene Indianer zögerte, dann ging er aus dem Zelt hinaus in den Staubsturm. Er irrte im Lager umher und log sich vor, daß er kein Ziel habe. Doch lenkten seine Schritte immer näher zu dem großen Zelt, aus dem noch immer die Geige des Primas sang. Er gelangte zum Eingang, er ging hinein. Der Geruch von verschüttetem Bier, von kaltem Tabak, von erbrochenem Essen und Trinken schlug ihm entgegen. Die meisten Tische waren schon leer. Nur an einigen saßen noch die Unentwegten zusammen mit aufgedunsenen Gesichtern. Sie grölten heiser und unzusammenhängend und verlangten weiterzutrinken. Drei Kellner bedienten. Die Mädchen waren schon gegangen.

Mattotaupa schaute nach den Tischen, an denen die Ingenieure und die alten Prärieläufer gesessen hatten. Bloody Bill und seine lange Lilly hockten noch dort, außer ihm vier Mann. Red Jim, Joe, Henry, Taylor, Charlemagne, Mackie waren nicht mehr zu sehen. Als der Indianer langsam zwischen den Tischen hindurchging, begann der Zigeunerprimas einen wilden Tanz zu spielen. Mattotaupa kam nah an dem Podium der Kapelle vorüber, betrachtete den Geiger abwesend, wie über eine weite Entfernung hinweg, und warf ihm dann eine Goldmünze hin. Aus den Augen des Zigeuners schoß Feuer; die ganze Kapelle

spielte Sturm, und die reißende Melodie wirkte gespenstisch in dem riesigen leeren stinkenden Raum. Mattotaupa ließ sich auf die nächste Bank fallen.
Es war ihm gleichgültig, daß der Tisch davor von verschüttetem Bier triefte.
„Brandy!" rief er.
Die Kellner waren flink für diesen Gast. Während die Kapelle nur für ihn spielte, schüttete Top den Branntwein hinunter. Es schwindelte ihm, und er trank weiter. Er wußte nicht mehr, daß er von der Bank auf den Boden sank. Er war schwer, und seine Augen schlossen sich. Die drei Kellner warfen sich im Umherlaufen verstohlene Blicke zu. Allmählich zogen sie ihre Kreise enger um den vom Alkohol Eingeschläferten, endlich standen sie um ihn herum. „Zahlen muß er noch", sagte schließlich der eine.
Da merkten sie, daß sie nicht mehr drei waren, sondern schon fünf. Der Geiger und Bloody Bill hatten sich mit eingefunden. Bill nahm den Lederbeutel, den Top am Gürtel trug, leerte ihn und legte die Münzen auf den Tisch. „Teilen wir ehrlich?"
„Erst die Zeche!" sagten die Kellner und nahmen den größeren Teil an sich.
„Dann die Musik!" sagte der Geiger und griff nach dem Rest.
„Ihr Raub- und Diebesgesindel!" schrie Bill und wollte dem Zigeuner das Geld entreißen, aber da blitzte schon ein Stilett, und Bill zog die durchstoßene Hand fluchend zurück. Die lange Lilly kreischte im Hintergrund.
„Schaffen wir den Indsman heim", meinte einer der Kellner. „Das ist mitbezahlt!"
Während der Zigeuner und Bill zu einem Hahnenkampf ansetzten, bei dem alle Mittel erlaubt waren, schleppten zwei der Kellner den Indianer auf ihren Schultern weg und trugen ihn hinaus bis zu seinem eigenen Zelt. Dort warfen sie ihn neben den beiden Pferden ins Gras.
Als sie weggegangen waren und das Indianerzelt schon nicht mehr sehen konnten, schlüpfte Harka aus dem Tipi. Er holte den Vater, der noch immer nicht zu sich gekommen war, in das Zelt herein und legte ihn auf eine Decke. Dann setzte er sich an das Feuer und rauchte.

Die Seminolin saß im Hintergrund. Sie hatte sich so gesetzt, daß Harka ihr verstümmeltes Gesicht sah, wenn er vom Feuer aufblickte. Die Frau galt als stumm; vielleicht war auch ihre Zunge verstümmelt. Nie hörte jemand sie ein Wort sprechen. Auch Harka wußte nichts von ihr, als daß sie eine Seminolin war, die nach der Niederlage ihres Stammes in Florida in Sklaverei geraten und nach Beendigung des Bürgerkrieges frei geworden war. Sie hatte als Kesselschlepperin bei der Küche gearbeitet. Von dort hatte Harka sie mit Joes Erlaubnis und der Unterstützung des Blondbärtigen weggeholt, um für den Vater und sich jemanden zu haben, der das Zelt in der gewohnten Weise versorgte. An diesem Morgen, an dem sich das Licht durch Staubwolken und Lederplanen nur trübe ins Zelt kämpfte, schienen aus dem verstümmelten Gesicht zum erstenmal lebende Augen zu schauen. Allmählich fingen sie Harkas Blick und hielten ihn fest.

„Sprechen." Mühsam, rauh kam die lange nicht gebrauchte Stimme aus der Kehle und zwang sich in die fremde, die englische Sprache. Harka war in ganz anderen Gedanken gefangen gewesen, und vielleicht hatte er nie so wenig an die Verstümmelte gedacht wie in diesem Augenblick. Aber als sie ihn lange genug fest angesehen hatte und nun zu sprechen begann, war es so, als ob ein Wunder geschehe und ein Baum Sprache bekommen habe, und er mußte zuhören und antworten.

„Wer hat dich verstümmelt?" fragte er.

„Weißer Mann. Seminolen haben gekämpft."

„Ich weiß." Auch Harka formte an seinen Worten. „Sieben Sommer und Winter habt ihr gekämpft. Für jeden eurer Krieger, der den Tod fand, starben hundert weiße Männer."

„Nicht besiegt. Unser Häuptling verraten und gefangen."

„Euer Häuptling Osceola. Er starb als Gefangener der weißen Männer."

„Ja. Er ist tot, der Vater meines Vaters. Aber die tapfersten meiner Väter leben und kämpfen seit vierunddreißig Sommern und heute noch immer in den Sümpfen von Florida."

Die Frau, die vielleicht ein Mädchen war, stand auf. Eckig standen ihre Schultern unter der schwarzen Kattunbluse. Sie war groß und sehr mager, wie ein halbverhungertes herangewachsenes Kind oder eine verhärmte Mutter, wer wußte es? Ihr verstümmeltes Gesicht verzog sich in einem verzweifelten Haß. „Aber du, Harka Steinhart Wolfstöter, du kämpfst für die weißen Männer – für die Betrüger – die Mörder – die blutgierigen Kojoten!"

Harka stand auf. „Geh und hole Wasser!" sagte er.

Als die Seminolin in das Zelt zurückkam, fand sie Harka nicht mehr dort vor. Ihre Augen erloschen wieder, und ihre Lippen preßten sich von neuem fest zusammen. Sie wartete still und stumm. Stundenlang wartete sie. Dann stand sie plötzlich auf, zog die Decke unter dem Körper von Mattotaupa weg und goß ihm zwei Kübel kalten Brunnenwassers über den Kopf, in die Augen, in Mund und Nase. Top schüttelte sich. Er hob die Augenlider, betrachtete die Seminolin erstaunt, sah sich einen Augenblick um, als ob er nicht wisse, wo er sich befinde, sprang aber auch schon auf und rannte an den Bach, um sich zu baden. Während er den ganzen Körper in das kalte Wasser legte, versuchte er sich zu erinnern, was in der Nacht geschehen war. Sein Gedächtnis wiederholte ihm die Ereignisse, und als er endlich vor sich selbst nicht mehr glauben konnte, daß er geträumt habe, ging er zum Zelt zurück. Er legte seinen Festrock an und begab sich zu dem Platz, an dem der Zug hielt. Es ging schon gegen Mittag. Lärm und Leben herrschten wieder im ganzen Lager.

Alle, die sich über Mittag frei machen konnten, strömten zu dem Gleis, um die Abfahrt des Zuges und den Abschied Joe Browns und Henrys zu erleben.

Mattotaupa schaute nicht nach diesem oder jenem aus. Er wollte sich aber allen zeigen, einem jeden, wer es auch war. Er war sich bewußt, daß er zwei schwere Niederlagen erlitten hatte, eine gegenüber seinen eigenen Entschlüssen und Vorsätzen, sich nicht wieder zu betrinken, und die andere gegenüber dem Sohne. Er wollte aber den Kampf nicht aufgeben. Er wollte Achtung für sich verlangen und erzwingen, mit allen Mitteln, auf Biegen und Brechen. Seine hohe Gestalt blieb nicht unbemerkt. Joe, umgeben von einem Kreis Abschiednehmender, erspähte ihn und winkte ihn herbei. Mit gemessenen Schritten ging der Indianer auf den Ingenieur zu, der Kreis gab eine

Gasse frei, und Top begrüßte Joe in der eigentümlich zurückhaltend-würdevollen Art, die ihm noch immer anhaftete, wenn er nüchtern war.
„Hab gehört, du bist auf elende Weise bestohlen worden, Top?" Joe musterte das graue Gesicht des Indianers mit der Teilnahme eines Mannes, der solche Erlebnisse kannte.
„Nein. Ich habe einige Münzen verschenkt", log der Indianer in stolzer Haltung. „Den weißen Männern erschien es vielleicht etwas viel. Aber das hat nichts zu sagen."
„Bill und der Zigeuner haben sich gegenseitig beinahe umgebracht. Bill liegt auf seinen Decken und stöhnt, gepflegt von der langen Lilly. Der Zigeuner arbeitet wieder bei den Ballen und Kisten. Er darf nicht mehr aufspielen. Alles in allem aber doch noch ein glimpfliches Ende!"
Der Lokomotivführer ließ seine Maschine ungeduldig pfeifen. Er erhielt das Abfahrtszeichen. Joe kletterte in den Güterwagen, in dem Henry sich schon eingerichtet hatte. Die Räder begannen ostwärts zu rollen. In der staubigen Luft war der Zug bald nicht mehr zu sehen.
Abseits der Menge, die sich zu der Abfahrt eingefunden hatte, standen Red Jim und Charlemagne.
„Alles in allem", zog Charles die Bilanz, „haben wir uns gründlich blamiert, und der Vogel, den wir fangen wollten, ist uns entronnen."
„Er ist schnell, aber ich habe den längeren Atem." Jim tat einen Lungenzug und fügte hinzu: „Siehst du nicht den alten Top dort allein? Sein Geld ist er los. Ich will wetten, daß er es sich für Nuggets eingetauscht hatte. Nun muß er sich wieder Gold holen, wenn er weiter den großen Herrn spielen will. Der Versuchung widersteht er nicht. Ich kann mich an seine Spur hängen."
„Denke aber nicht, daß du mich dabei wieder abhängen kannst! Und was wird Harry machen? Die beiden haben wir nun doch nicht auseinandergebracht. Darauf kam es aber an!"
„Warte ab. Ich sagte dir ja, mein Atem ist länger. Top ist von neuem mißtrauisch geworden. Er hat versucht, dem Harry nachzuschleichen."
„Woher weißt du das?"

„Ich habe ja meine Augen! Was Mackie sagte, hat sicherer gewirkt als unsere Waffen."
„Du bist ein junger Kerl, Jim. Nicht mehr ganz so jung wie damals, als wir uns kennenlernten. Doch auf ein paar Sommer kommt's bei dir noch nicht an. Ich aber bin zehn Jahre älter, ich will nicht mehr zu lange warten."
„Wer Beute machen will, muß geduldig lauern; das ist die erste Jagdregel. Wenn du das nicht vermagst, steh gleich von allem ab."
„Du wirst mich nicht mehr los!"
„Scheint so. Aber ich warne dich. Harry hat beobachtet, daß du es warst, der dem Mackie zuletzt was eingeflüstert hat.«
„Du meinst . . .?"
„Ja, ich meine, daß es anderwärts sicherer für dich wäre als gerade hier. Für Mackies Leben gebe ich auch keinen Cent mehr."
„Und für deins?"
„Mich schützt Top, wenn ich nicht allzu große Dummheiten mache."
„Schuft bist du."
„Das kannst du nennen, wie du willst! Ich habe dich jedenfalls gewarnt. Schade, daß du den Zug verpaßt hast."
„Ich habe ein Pferd."
Während dieses Gespräch stattfand, war Harka noch einmal in sein Zelt zurückgekehrt, aber nur, um sich seine Büffelhautdecke zu holen. Er schnallte sie dem Grauschimmel um, ritt in die Prärie hinaus und suchte an diesem Tage mit seinem Mustang zusammen einen Schlafplatz im Freien. Er konnte das verstümmelte Gesicht der Seminolenfrau, ihren wieder stumm gewordenen Haß und die Lippen mit den wieder verstummten Fragen nicht sehen, und er wollte seinem Vater an diesem Tage nicht mehr begegnen. So schlief er mit seinem Mustang draußen in Staub und Gras, holte sich abends im Zelt ein Stück Fleisch zu essen und begab sich dann wieder zu dem Spähdienst, zu dem er sich verpflichtet hatte.

Union Pacific

Es war Frühling. Seit dem Tage, an dem Joe mit dem Materialzug ostwärts fuhr, waren einundeinhalbes Jahr vergangen. Seit einem Jahr war die erste Überlandbahn vollendet, und die Züge fuhren von Chicago bis San Francisco. Ein Zug befand sich auf der Strecke im einsamen grasbewachsenen Hochland des Westens. Die Lokomotive dampfte, die Räder rollten. Der Heizer, schwarz berußt, hockte neben dem Lokomotivführer, der die Strecke beobachtete und die Steuerhebel stellte. Das Geräusch der rollenden Räder wurde durch die Schwellen und durch die Nahtstellen der Gleise rhythmisch eingeteilt. An einem Fenster des Personenwaggons, mit dem Blick nach Norden, saß ein schweigsamer Fahrgast. Seine Haare waren weich, silbergrau, ziemlich lang gehalten. Ihr schöner Glanz fiel auf. Das Gesicht war schmal, die Stirn wohlgebildet. Obgleich die Haut leicht gebräunt war, hatte sie einen durchsichtigen Schimmer, wie körperliche Leiden ihn erzeugen. Die blauen Augen hatten sich seit Stunden keinem der Mitreisenden zugewandt, sondern blickten unverwandt hinaus in die weite Landschaft. Manchmal rührte sich die rechte Hand, als ob sie einen Umriß beschreiben wollte. Es war eine Hand mit schlanken Fingern, aber dies war nicht das bemerkenswerteste daran; es war eine Hand mit einer Ausdrucksfähigkeit, wie sie sonst nur das Gesicht eines nachdenkenden Menschen hat. Der Reisende war in Leder gekleidet, in ein sehr feines, weiches und teures Leder, aber der Anzug wirkte doch so, als ob sein Besitzer vorhabe, demnächst den Zug als Beförderungsmittel aufzugeben und ein Pferd zu besteigen. Zu der Zartheit, vielleicht sogar Kränklichkeit des Körpers bildeten eine solche Kleidung und die Möglichkeit eines solchen Vorhabens einen eigentümlichen Kontrast, der schon lange des Interesse der Mitreisenden erregte.

Die Plätze in der Nachbarschaft dieses schweigsamen Passagiers nahmen eine Familie von drei Personen und außerdem zwei Herren ein, von denen der eine vielleicht zehn oder fünfzehn Jahre älter war als der andere. Trotz des tagelangen Beisammenseins war noch keine allgemeine Unterhaltung zustande gekommen, und das lag nach Auffassung der dreiköpfigen Familie an zwei Personen außerhalb ihres Kreises, eben an jenem grauhaarigen Fahrgast und zum zweiten an dem älteren der beiden Herren. Dieser Gegenüber war stämmig; seine Schultern waren breit, seine Hautfarbe gesund. Aber um seine Mundwinkel zogen sich, bei den Nasenflügeln ansetzend, tief eingekerbte Falten.

Es war Nachmittag geworden. Durch das Fenster war zu sehen, wie der Wind draußen das Gras in Wellen trieb, so daß die Prärie wie ein windbestrichenes Meer wirkte. Am Himmel segelten Wolken westwärts.

„Pa!" rief der Junge, das Zentrum der dreiköpfigen Familie. „Antilopen!" Er sprang auf und stellte sich an das Fenster, aber als er recht in Augenschein nehmen wollte, was er entdeckt hatte, machte er schon eine neue Wahrnehmung. „Ma! Ein Indianer! Ein Indianer!"

„Ein Indianer, ein Indianer!" äffte der Vater nach.

„Setz dich bitte."

Douglas setzte sich, denn auch der indianische Reiter, den er gesehen hatte, war seinen Augen inzwischen entschwunden.

Der stille Fahrgast am Fensterplatz rührte sich. Seine Mienen wurden lebhafter; es war, als ob er in Gedanken mit sich selbst spreche. Auch der stämmige Herr schien von einem Tauwind erfaßt; er verzog die Mundwinkel, so daß die Falten sich noch tiefer legten. Die Blicke des Grauhaarigen und des Stämmigen trafen sich in diesem Augenblick, und es stellte sich sofort ein Einverständnis her.

„Auch schon mal hier an dieser gefährlichen Ecke gewesen?" fragte der Stämmige.

„Gelegentlich", gab der Grauhaarige unbestimmte Auskunft.

„Noch mal hier in der Gegend aussteigen?"

„Ja."

„Ich auch. Es ist ein Magnet, so ein Land."

„Das ist's."

Damit schien das Interesse der beiden am Gespräch wieder erloschen. Um so mehr fühlte sich der Vater des Jungen verpflichtet, auch ungefragt seine Ansichten laut auszusprechen. „Gefährliche Ecke, meinen Sie? Das ist nur noch ein kurzer Übergangszustand! In ein paar Monaten sind die Indsmen be-

reits zu Paaren getrieben und befinden sich auf der Reservation, wo sie hingehören. Es ist auch höchste Zeit, daß die verlausten, versoffenen Banditen Zivilisation lernen."
Douglas musterte den Stämmigen. Was sagst du jetzt? fragten seine jungen Augen. Die Antwort kam jedoch von anderer Seite.
„Die freien Indianer sind weder verlaust noch Banditen", erwiderte der grauhaarige Herr leise, aber bestimmt. „Ich habe sehr gute und sehr aufrichtige Freunde unter ihnen gefunden. Sie brauchen nichts als Zeit und Ruhe und Freiheit, um ihre Fähigkeiten zu entwickeln. Ihr Schicksal ist eine Tragödie."
„Gestatten Sie . . . Tragödie? Wir sitzen nicht im Theater, sondern wir machen Amerika. Die Bahn hier zum Beispiel ist schon vor dem gesetzten Termin vollendet worden. Wir haben nirgends und an niemanden Zeit zu verschenken. Wer sich nicht schnell anpassen kann, geht eben unter."
„Ein solcher Vorgang, mein Herr . . ."
„Finley."
„ . . . Herr Finley, kann am Rande auch für nicht unmittelbar Beteiligte sehr unangenehm werden."
„Bitte beunruhigen Sie meine Frau nicht!"
„Das liegt nicht in meiner Absicht." Der Grauhaarige lehnte sich wieder in seine Ecke zurück. „Die Indianer würden Ihre Gattin auch nicht weiter belästigen."
Die Lokomotive pfiff. Das Land draußen lag einsam und leer. Die erste Dämmerung des Frühlingstages ermattete die Kraft der Farben; am Horizont schienen Prärie und Himmel ineinander zu verschwimmen.
Der grauhaarige Herr wollte sich aus dem Gespräch zurückziehen.
Douglas lehnte die Schokolade ab, die die Mutter ihm reichlich anbot. Herr Finley nahm sich jedoch ein Stück und wurde sehr lebhaft.
„Was mich betrifft", bemerkte er wieder ungefragt, „so bin ich Republikaner. Ich war immer Republikaner, ein stählerner Republikaner, und bin stets für die Freiheit und sogar für das gleiche Recht der Farbigen eingetreten. Aber hier handelt es sich gar nicht um weiß, schwarz oder rot, sondern um Mörder oder

Bürger beziehungsweise um Eisenbahn oder keine Eisenbahn. Die Entscheidung ist klar."
„Das Land hier ist den Indianern als ihr Gebiet garantiert worden."
„Was hat das mit der Eisenbahn zu tun?"
„Darüber hat normalerweise der Eigentümer des Landes zu befinden."
„Wir fahren auf dem Territorium eines Staates der Union!"
Der grauhaarige Herr antwortete darauf nicht mehr, sondern schaute wieder zum Fenster hinaus.
Douglas benutzte die Pause, um sich von neuem einzuschalten. „Weißt du noch, Pa, in Minneapolis, im Zirkus? Damals wagte es der Häuptling in der Manege auch, eine solche Rede zu halten!"
„Jawohl, und die Vorstellung endete mit einem Mord an dem Inspizienten und der Aufklärung eines Kassenraubs."
Der Grauhaarige fuhr zusammen.
„Verzeihen Sie, wissen Sie noch den Namen des Zirkus und das Jahr, in dem das geschehen ist?"
Douglas übernahm die Antwort. „Frühjahr 1864. Der Zirkus hieß Myers."
„Mein Name ist Morris. Ich habe in Omaha im Herbst 1863 miterlebt, daß der Griff in die Zirkuskasse entdeckt wurde. Können Sie mir sagen, wie er sich aufklärte?"
„Ein Cowboy mit Namen Jim wurde gefaßt", erklärte Herr Finley, „ist aber in derselben Nacht wieder entflohen und untergetaucht."
„Was hatte es mit dem Mord an dem Inspizienten auf sich?"
„Ein indianischer Artist mit Namen Top hat den Inspizienten erschossen und wurde ebenfalls flüchtig. Die ganze Dakotatruppe ist damals ausgebrochen und in die Wildnis geflohen."
„So . . . ach . . . so."
„Bitte . . . Sie verzeihen . . ." Frau Finley beugte sich vor, um den Fremden anzusprechen. „Ich möchte nicht neugierig erscheinen. Aber . . . Ihr Name ist Morris? Sind Sie vielleicht der berühmte Maler, der sich vornehmlich Indianer als Modelle gewählt hat?"
„Das letzte trifft zu."

„Dann ... ist Ihre Sympathie verständlich! Von Angesicht zu Angesicht entdeckt man doch in jedem Menschen ... nun, noch etwas Menschliches. Ich erinnere mich sehr genau an diese großartige und entsetzliche Vorstellung in Minneapolis. Der Dakotahäuptling, der dann den Mord begangen hat, war eine imponierende Erscheinung." Herr Finley, der keine imponierende Erscheinung war, warf seiner Gattin einen kritischen Seitenblick zu, den sie aber nicht wahrnahm. „Es trat damals auch ein Indianerjunge auf, sogar als Schulreiter ..."

„Ja!" rief Douglas. „Er sah aus wie der Sohn eines Lords!"

Der grauhaarige Maler schien noch ernster und trauriger zu werden, als er die ganze Fahrt über gewesen war. „Was aus diesen Menschen geworden sein mag!" sagte er und machte dann eine Handbewegung, als müsse er die Worte wieder auslöschen, die zuviel von seinen Empfindungen verraten konnten.

Douglas starrte ihn an. „Ich weiß auch noch, wie die beiden Indianer hießen. Top und Harry."

„Wie?!" Der Ausruf kam nicht aus dem Munde des Malers, sondern aus dem des stämmigen Herrn, der gleich dem Maler die bisherige Fahrt über schweigsam gewesen war. „Top und Harry?"

„Gewiß." Douglas fühlte sich nicht nur beachtet, sondern schon als Mittelpunkt des Interesses.

„Kennen Sie diese Indianer auch?" fragte der Maler den Stämmigen.

„Ja – Brown ist übrigens mein Name, Joe Brown."

„Nun muß ich fragen: der berühmte Joe? Der Ingenieur, der hier auf dieser Strecke als Pionier gearbeitet hat?"

„Ein Ingenieur, das stimmt."

Douglas war elektrisiert. „Von der vergifteten Expeditionsgruppe damals?"

Joe Brown lächelte mit einem undefinierbaren Ausdruck. „So ist's. War nicht weit von hier – der Zug fährt jetzt etwa diese Strecke."

„Und Sie kennen Top und Harry?" nahm der Maler das Gespräch wieder an sich. „Wann haben Sie diese beiden zuletzt gesehen, wenn ich fragen darf?"

„Top zum letztenmal vor eineinhalb Jahren – Harry vor einigen Minuten. Er war der Reiter, den Douglas über die Prärie jagen sah."
Der Zug ratterte weiter. Als die Behelfsstation in Sicht kam, war es Abend. Douglas stand am Fenster. Da der Zug einen Bogen fuhr, sah der Junge schon von weitem die riesigen Zelte, die Bretterbuden, die Stapel von Ballen und Fässern auftauchen. Es herrschte ein lebhaftes Treiben bei diesem provisorischen Lager, das noch aus der Bauzeit stammte und als Umschlagplatz mitten in der Wildnis diente. Der Zug hielt auf der Station. Fenster und Türen öffneten sich, aber es stiegen nur drei Personen aus: Morris, Brown und dessen junger Begleiter, der von ihm mit „Henry" angesprochen wurde.
Es dauerte nicht lange, bis der Zug sich wieder in Bewegung setzte. Für die Augen der Zurückbleibenden wurden Lokomotive und Wagen klein und kleiner; das Wunderwerk menschlichen Erfindungsgeistes erschien im Abenddämmer bald nur noch wie eine Schlange, dann wie eine Raupe, die sich durch die Grassteppe wand, und endlich war es ganz verschwunden. Morris, Brown und Henry blieben unwillkürlich zusammen. Sie hatten alle nur sehr wenig Gepäck bei sich. Der Wind blies ihnen ins Gesicht. Die großen Zelte bauschten sich. Staub wirbelte von dem graslosen Platz an der Station neben dem Gleis auf. Stimmen riefen, Pferdehufe trappelten, aber das alles war nichts als ein winziger Lärm in einem Meer von Stille ringsum. Von Westen her grüßten die Schattenrisse des Felsengebirges. Die ersten Sterne leuchteten auf.
„Ich werde erwartet", sagte Morris und schaute sich um. Er entdeckte den, den er suchte, nicht, aber dieser entdeckte ihn, und Morris' Augen leuchteten auf.
„Langspeer! Da bist du!" Damit begrüßte der Maler einen Indianer, der sehr sorgfältig und sauber gekleidet war und eine kostbare Kette um den Hals trug.
„Mein weißer Bruder Weitfliegender Vogel Geheimnisstab hat mich gebeten, heute am Abend mit zwei Pferden und zwei Maultieren hier auf ihn zu warten. Ich habe gewartet."
„Du hast mich erwartet, du Getreuer! Hast du schon Quartier für uns?"

„Ja."
„Kann ich meine beiden Bekannten hier, Brown . . ."
„Joe bitte, nachdem wir aus dem Zug ausgestiegen sind."
„Also meine Bekannten Joe und . . . Henry war der Name? Joe und Henry mitnehmen?"
„Das wird möglich sein."
Zu viert machte man sich auf den Weg. Der Indianer führte zu einer Bretterbude, die etwas komfortabler aussah als die anderen, deren Wände aber, wie sich im Innern rasch herausstellte, den Luftzug durch zahlreiche Ritzen durchließen. Morris fröstelte.
„Ich bin sonst nicht für das Trinken", gestand er, „aber nach der langen Fahrt, nach dem Genuß der Reden des Herrn Finley und in dieser Zugluft hier, mit der die Prärie in die unzulängliche Zivilisation der Baracke pustet, wäre eine Flasche Whisky als Erwärmung und Vorbeugung doch nicht zu verachten."
Joe lächelte. „Wir machen mit. Einverstanden, Henry?"
„Wie immer."
Joe und Morris gingen schon zu dem Gastraum, während Langspeer, der Indianer, mit Henry zusammen das Gepäck fortbrachte. Die beiden verhandelten mit dem Wirt über eine zweite Schlafkammer, erhielten sie auch für einen Wucherpreis und verstauten die Sachen. Langspeer nahm beide Schlüssel an sich und erklärte, daß er selbst bei den Räumen bleiben und aufpassen wolle. Henry solle zu den anderen in den Gastraum gehen. Nach einigem Hin und Her setzte der Indianer seinen Willen durch.
Henry begab sich allein in den Wirtsraum zu Morris und Joe und entschuldigte das Fernbleiben Langspeers.
„Ich hatte es nicht anders erwartet", erklärte der Maler. „Langspeer trinkt keinen Tropfen Alkohol und vermeidet jede Gastwirtschaft. Es ist bei ihm Prinzip. Zu viele seines unglücklichen Volkes sind am Branntwein zugrunde gegangen."
„Er ist Sioux?" fragte Brown.
„Cheyenne. Ich habe ihn persönlich durch meine Petition aus der Reservation befreit, und er ist mein ständiger Begleiter."
Da es keinerlei andere Ablenkung in der Wildnis gab, fand sich abends alles zum Trinken in einer großen neuen Gastwirt-

schaftsbaracke zusammen. Der Wirt selbst, Kellner und Kellnerinnen eilten umher, um zu bedienen. Schon jetzt waren mehrere Gäste angetrunken. In der gegenüberliegenden Ecke wurde musiziert, und eine Tänzerin zeigte sich, um anzudeuten, daß sie später ihre Künste darbieten werde. Der Maler schaute umher und suchte gewohnheitsmäßig nach Charakteren und Typen, die ihn interessieren könnten. Aber mochte es nun seine Müdigkeit, der Anblick der armseligen und wenig stabilen Bretterwand, die schlechte Musik, der Tabaksqualm oder der Biergeruch ausmachen, er fand kein Gesicht und keine Gestalt, die ihn fesselten.

Joe Brown schien anderer Stimmung zu sein.

„Sie sind zu lange nicht hier gewesen“, sagte er zu Morris. „Darum sind Sie jetzt betrübt, daß sich alles verändert hat. Reißen Sie sich aus den Erinnerungen heraus!“

„Ich war Jahre hindurch magenkrank. Aber Sie haben recht, der Sprung ist zu groß. Früher wurde ich in diesen Gegenden von Top, der damals noch als Häuptling seinen Namen Mattotaupa trug, im Zelt mit Büffellende bewirtet und hörte am Abend die Flöten in den Wiesen. Jetzt sitze ich in einer schnapsstinkenden Bude, trinke selbst Branntwein und lasse meine Ohren von diesem unfähigen Geiger martern.“

„Man könnte auch anders akzentuieren, nach meinen persönlichen Erfahrungen.“ So meinte Joe, wieder mit jenem Lächeln, durch das seine Falten sich noch tiefer und schärfer prägten. „Früher wurden meine Gefährten hier durch die lautlosen Pfeile von Tashunka-witkos Kriegern umgebracht, jetzt ruiniere ich mich nach eigenem Dafürhalten und Maße mit Bier und mit Branntwein, den ich mir noch bestellen werde. Übrigens sind die Zelte und die Büffel aus den Landstrichen hier keineswegs verschwunden. Es ist eine zu elende, rauhe, mehr staubige als fruchtbare Gegend, und es haben sich noch kaum Siedler gefunden, die den Indianern solche Jagdgründe ernsthaft streitig machen. Die Bahn bedeutet erst einen sehr dünnen Strich der Zivilisation quer durch ein im übrigen unbeschriebenes Blatt der Wildnis.“

„Das eben habe auch ich gehört, und ich will versuchen, mit meinem Pinsel noch einiges von den alten Sitten und Gewohn-

heiten festzuhalten, ehe die eingeborenen Herren des Landes ganz verschwinden müssen."
„Eine friedliche und löbliche Aufgabe. – Hallo!" Brown rief nach einem Kellner, aber da dieser im Augenblick beschäftigt war, kam statt dessen ein Mädchen zum Bedienen an den Tisch.
„Auch wieder mal da, Joe? Brandy?"
„Ja, Brandy. Wie geht's dir, Daisy?"
„Heiße immer noch Vicky; daß du dich daran nie gewöhnen kannst!"
„Vicky paßt nicht zu dir. Habe ich dir immer gesagt. Also Daisy! Was macht das Geschäft?"
„Werde nicht reich dabei. Reich wird nur der Wirt."
„Keinen guten Mann gefunden?"
„Mann schon, aber gut . . . Gut und Mann, das paßt nicht zusammen. Nur bei einem, da war's anders." Das Mädchen schluckte Speichel, und Brown bestellte daraufhin: „Bring Brandy für uns beide!"
Diese Bestellung wurde rasch ausgeführt. Henry hatte schon für einen Stuhl gesorgt, und das Mädchen setzte sich.
„Also, wie steht's und geht's?" erkundigte sich Brown nochmals.
Morris, dem das Mädchen unappetitlich war, weil es eine fettige und geschminkte Haut hatte, begriff, daß Brown und Henry von ihr über alles unterrichtet werden wollten, was sich in den eineinhalb Jahren, in denen sie nicht mehr am alten Platze gearbeitet hatten, zugetragen haben mochte. Die Kellnerin wußte sicher über die Vorgänge im Stationslager ebensogut Bescheid wie ein Kundschafter über die Fährten in einem Landstrich. Vielleicht war sie auch eher unappetitlich als schlecht, und Joe, der den Bahnbau mitgemacht hatte, mochte an solche Gestalten viel mehr gewöhnt sein als Morris.
Das Mädchen nahm Joes wiederholte Frage auf und schüttete den zweiten Brandy hinunter. Sie war trinkfest geworden. „Taylor I, den du gekannt hast, ist weggegangen. Seit ein paar Monaten haben wir Taylor II, den Lockenhaarigen, als Stationsleiter." Das Mädchen kicherte.
„Über den gibt's manchmal was zu lachen?" fragte Henry.
„Für uns hier gibt's manches zu lachen, Junge! Dem Hahnen-

kampf-Bill seine müßt ihr euch nachher ansehen, die lange Lilly, was aus der geworden ist!"
„Was gibt's sonst Neues?"
Das Mädchen war bereits beim dritten Becher.
„Seit wann säufst du denn, Daisy?"
„Seit die Bahn geht und man die Leute sieht, die leben können! Das ist doch ein Dreck hier, in dem man sich abschuftet. Gold hätte man finden müssen! Mit dem Sacramento ist nicht mehr viel los, aber in den Black Hills, heißt es, könnte noch was gefunden werden."
„Was gibt's sonst Neues?"
„Der Junge, der Harry, der sorgt schon für üble Neuigkeiten."
„Wieso? Früher ging doch alles gut."
„Laß mich bloß mit Harry zufrieden! Taylor II kriegt bald einen Schlag . . ."
„Warum?"
„Einen Schlag kriegt der, wenn Harry es so weiter treibt. Mit dem Zigeuner zusammen soll er dem blonden Anarchisten zur Flucht verholfen haben, als sie den verhaften wollten. Das sagen alle, beweisen kann es keiner. Ein ganz Verfluchter ist der junge Rote."
„Knapp neunzehn Jahre ist er alt", sprach Morris leise, mehr zu sich selbst.
„Mit dem kann einem das Lachen vergehen. Wie heißen Sie? Morris?"
Der Maler nickte und schob unter der Hand noch ein Geldstück über die Tischplatte. Er hätte es nicht auf eine so diskrete Art zu machen brauchen, denn Daisy-Vicky betrachtete es als selbstverständlich, daß ihre Zeit von den Gästen bezahlt wurde. Sonst hätte sie dem Wirt und den Kollegen gegenüber nicht verantworten können, so lange an einem Tisch zu bleiben.
„Harry ist ein verdammter Bursche. Ein Mordhirsch ist der geworden. Skalphaare trägt er an den Nähten, aber nicht nur schwarze."
Joe und Morris wechselten einen erstaunten Blick. „Was soll das heißen?"
„Das war so. Drei von uns haben sich mit ihm gestritten. Wie man sich so streitet. Verdammte Rothaut oder räudiges

Schwein, was Ähnliches haben sie zu ihm gesagt. Sie sind alle drei verschwunden. Aber er hat Skalphaare an den Nähten, nicht nur schwarze. Das stumme Scheusal, das er in seinem Zelt hat, die Seminolendirne, näht sie ihm an und freut sich noch. Ich will Daisy heißen, wenn die braune Locke nicht eine Locke von meinem Mackie ist. Den hat er ermordet." Das Mädchen schluckte, als ob es heulen wollte. „Und jetzt haben sie alle Angst vor ihm und seiner Bande, und er macht, was er will. Den Stationsleiter trifft der Schlag, wenn das so weitergeht!"
„Was hat denn der Stationsleiter mit euren internen Auseinandersetzungen zu tun?"
„Du bist mir ein Gemütsmensch! Auch noch aus der guten alten Grenzerzeit. Der Taylor II, der hat neulich mal den Harry einen Faulpelz und einen Heimtückischen geheißen, weil er nie auf die Anordnungen hört, sondern macht, was er will, wenn sich nicht gerade der Vater dazwischen mischt. Aber das kommt auch nur noch selten vor. Und jetzt hat er Angst, unser Lockenkopf, daß er als nächster dran ist." Joe und Morris waren sehr ernst geworden.
„Sind die beiden Indianer in der Nähe?"
„Was weiß denn ich! Die sind überall und nirgends."
An den Nebentischen rührten sich die Gäste, die bedient sein wollten. Das Mädchen sah auch seine Aussicht auf weitere Trinkgelder schwinden und ging.
Joe trank einige Schluck Bier. „Harry hat sich also auf seine Weise durchgesetzt", sagte er.
Der Maler schaute nach der Bretterwand, als ob dort irgendein Bild hinge, das nur er sehen könne. „Ich habe ihn als Knaben bei den Zelten seines Stammes gekannt. Harka wurde er damals gerufen. Er war ein ungewöhnliches Kind, kühn und selbständig denkend."
„Sie hatten überhaupt einen guten Eindruck von der Bärenbande?"
„Den besten."
Das Gespräch wurde abgerissen, denn die Musik begann lauter zu spielen, und die ersten Paare tanzten.
Joe richtete seine Aufmerksamkeit auf diese. „Wenn mich nicht alles täuscht – wahrhaftig, der Hahnenkampf-Bill! Seine Lilly

ist noch dürrer und kesser geworden. Dort, Henry, das Weibsstück!"
„Pfh . . ." Henry begann zu lachen. „Für ein Witzblatt", sagte er.
„Schau dir nur den Bill an! Wie ein Auerhahn – ein wenig angeschossen!"
„He! Halt's Maul! Klapp deine verzierte Schnauze zu!" Die Drohung kam vom Nebentisch, wo ein junger Kerl über den Durst getrunken hatte. „Bill ist mein Freund!"
„Schon recht", erwiderte Henry friedlich und trank sein Bier aus.
Der andere aber befand sich in dem Zustand der Angetrunkenheit, in dem er Streit suchte. Er erhob sich und kam an den Tisch von Henry, Joe und Morris herüber. „Der Bill ist mein Freund! Verstanden?"
„Schon recht. Dein Freund! Setz dich wieder hin."
„Mann! Mein Freund! Der Hahnenkampf-Bill." Er hielt Henry die Faust unter die Nase.
Joe hatte schon die Hand am Revolver. Morris wollte zahlen und aufstehen, aber weder ein Kellner noch der Wirt zeigten sich. Der Geiger kratzte die Saiten seines unglücklichen Instruments. Hahnenkampf-Bill tanzte und stampfte verzückt mit seiner langen Lilly.
„Schön tanzt er! Verstanden!"
„Ich verstehe dich ganz gut, Freund. Bin nicht schwerhörig. Du brauchst nicht zu brüllen."
„Was sagst du . . . Ich brülle nicht! Bin ich ein Ochse?"
„Aber nein. Du bist kein Ochse."
„Ich bin kein Ochse! Sage das nicht noch einmal!" Die Faust zuckte zum Schlag.
Joe riß den Revolver heraus, aber ehe er schoß, war ein Kellner da, drehte den Angetrunkenen mit einem gewandten Griff um und schob ihn mit einem Stoß, den er ihm mit dem Knie ins Kreuz gab, zu seinem eigenen Tisch zurück. Dort setzte er ihn auf den Stuhl.
Morris winkte, daß er zahlen wollte, und der Kellner kam jetzt, um das Geld entgegenzunehmen.
„Gehen wir?" fragte der Maler den Ingenieur.
„Gehen wir!"

Die drei erhoben sich, um die Gaststube zu verlassen. Sie hatten alle von der Fahrt noch genügend Proviant bei sich, um in ihren Schlafkammern in Ruhe etwas zu essen.
Draußen stürmte es, hoch wirbelten die Staubwolken. Die Zeltwände blähten sich stärker. Es war kaum mehr jemand im Freien zu sehen außer einigen Wachen bei den Ballen, den Fässern, den Pferden. Aus den Buden schimmerte aber überall noch Licht. Die Gruppe der drei näherte sich der Baracke, in der sie untergebracht waren, und Morris begann sich zu verabschieden. Da hob Henry plötzlich den Kopf, als ob er auf etwas lausche. „Horcht!"
Alle drei strengten ihr Gehör an. Sie vernahmen auch deutlich, worauf Henry aufmerksam machen wollte. Ein Pferd näherte sich im Galopp, in gehetztem gestrecktem Galopp. So trieb niemand sein Tier nur aus Mutwillen an. Der Reiter tauchte in dem Stationslager auf. Es war ein Indianer. Er galoppierte zu einer etwas kleineren, stabileren Bretterbude, offenbar der Unterkunft des Stationsleiters, nahm sich nicht einmal die Zeit, das Pferd anzuhalten, sondern sprang vom galoppierenden Tier ab und eilte im Lauf in die Baracke des Stationsleiters.
„Da ist etwas los!" sagte der Ingenieur. „Laßt uns einen Augenblick warten. Indianer pflegen sich mit ihren Berichten kurzzufassen. Wir gehen dann zum Stationsleiter hinein. Mein Name dürfte genügen. Er wird Auskunft geben."
Der Indianer blieb aber doch länger in der Baracke, als Joe vermutet hatte. Das Pferd, mit dem er gekommen war, stand mit bebenden Flanken in der Nähe. Joe, Morris und Henry gingen zu dem Tier. Es war indianisch aufgezäumt, mit dem Zügel, der um den Unterkiefer befestigt war, und der Haarschlinge am Rist. Es trug weder Sattel noch Decke.
„Ich bin verrückt, oder ich erkenne diesen Mustang wieder, obwohl es Nacht ist und ich ihn viele Jahre nicht gesehen habe", meinte Morris.
„Ich kenne ihn auch", bemerkte Henry.
„Ich auch", sagte Joe. „Das ist Harrys Grauschimmel."
Die drei ließen das Tier stehen und begaben sich wieder zu der Baracke, in der der Indianer verschwunden war. Vor der Tür hielten sie an. Eine Stimme drang durch die Bretterwand her-

aus, eine Stimme, die lästerlich schalt und fluchte. Sonst war nichts zu hören.
Joe überlegte. „Ich gehe hinein. Vielleicht verstehe ich von dem, was hier im Busch ist, etwas mehr als dieser unausgereifte Bretterbudenchef Taylor II, den nach zuverlässigen Zeugenaussagen sowieso bald der Schlag trifft."
Joe öffnete die Tür. Mit seinem Eintreten fauchte auch der Wind in den kleinen Raum, der von einer Petroleumlampe erleuchtet wurde. Neben einem einfachen Tisch stand der Stationsleiter. Seine Schläfenadern waren angeschwollen, seine Stirn war rot angelaufen, die Schweißperlen standen ihm am Ansatz der lockigen Haare; die Finger der rechten Hand hatte er zur Faust geballt und hämmerte damit auf die Tischplatte. Ihm gegenüber stand der Indianer. Der junge Indsman war fast zwei Meter groß, schlank; seine braune Haut wirkte im schwachen Licht der Lampe dunkel. Er hatte die schwarzen Haare geteilt und in Zöpfe geflochten, die ihm von der Schulter fielen. Eine Schlangenhaut hielt die Haare aus der Stirn. Er trug keine Feder, keine Kette, überhaupt kein Zeichen eines Sieges, eines Ranges oder einer Jagdbeute außer den Skalphaaren an den Nähten seiner ledernen Gamaschenhosen. Der Oberkörper war nackt. Im Gürtel steckten der Revolver und der Dolch.
Der junge Indianer lehnte sich an die Wand und betrachtete den zornigen Mann vor sich, wie ein Naturforscher eine neue Spielart eines altbekannten Reptils betrachtet.
„Joe Brown, Ingenieur", stellte sich der Eintretende dem Stationsleiter vor und kreuzte gleichzeitig seinen Blick mit dem des Indianers, damit ausdrückend, daß er ihn wiedererkenne.
Der Stationsleiter verstummte, aber der Mund blieb ihm noch halb offenstehen, da er mitten im Wort abgebrochen hatte.
„Brown, Ingenieur", wiederholte Joe.
„Wie kommen Sie denn hier herein?"
„Durch die Tür, wenn Sie erlauben, und auch wenn Sie es mir nicht erlauben."
„Gar nichts erlaube ich! Was soll hier noch werden, wenn jeder drauflosregiert! Wir sind nicht im Kongreß, sondern auf der Union Pacific in der Prärie ... Den Zug anhalten! Mann! Seid ihr alle wahnsinnig geworden! Nimm dein Pferd, du verrückter

Indsman, und reite im Galopp zurück. Der Zug fährt sofort weiter!"
„Ich reite nicht zurück."
„So möge der Teufel dich reiten, und zwar in die Hölle! Ich schicke einen andern!" Der Stationsleiter wischte sich den Schweiß von der Stirn und wollte den Raum schnell verlassen.
Der Indianer trat ihm in den Weg. „Der weiße Mann mag ..."
„Der weiße Mann mag dich nicht, du eingebildeter Bursche! Wer kommandiert denn hier, du oder ich?"
„Heute nacht wahrscheinlich ich." Der Indianer sprach ungerührt und spöttisch, was den Stationsleiter noch mehr aufbrachte.
„Scher dich aus dem Weg! Mich hier mit Gewalt festhalten – und den Zug anhalten –, du verfluchte Rothaut!"
Joe trat zwischen den Wütenden und den Indianer. „Immer ruhig, bitte!" Er wandte sich um. „Harry, du kennst mich. Sag, hast du den Zug angehalten? Und warum?"
„Mein Vater hat sich mit Fackeln auf das Gleis gestellt und den Zug angehalten, weil die Büffel und die Dakota unterwegs sind. Die Büffel würden den Zug fest einklemmen, wenn er zwischen sie gerät, mindestens für die Nacht bis zum Morgen. Es ist besser, der Zug bleibt unbeweglich."
Der Stationsleiter stöhnte auf. „Das ist doch alles Unsinn! Büffel unseren Zug anhalten! Unmöglich! Wann hat es denn das gegeben!"
Joe unterbrach den Stationsleiter mit einer ungeduldigen Handbewegung. „Es war notwendig, den Zug unter diesen Umständen anzuhalten. Sie haben wohl noch nie eine Büffelherde gesehen! Harry, wo sind die Dakota unterwegs?"
„Sie kommen auf dieses Lager hier zu."
„Aus welcher Richtung?"
„Rings."
„Dein Vater ist beim Zug geblieben, um dort zu helfen?"
„Hau."
Der Ingenieur faßte den Stationsleiter ins Auge. „Ich übernehme hier die Verantwortung, ich, Joe Brown! Der Name dürfte Ihnen bekannt sein. Geben Sie sofort allgemeinen Alarm!"

Harry winkte ab.
„Was ist?“ fragte der Ingenieur, nun auch gereizt.
„Es ist noch Zeit für eine List.“
Joe schwankte. Dann sagte er doch: „Sprich rasch!“
„Laßt die Musik weiterspielen und die Mädchen weitertanzen. Holt nur die besten Männer heraus. Wenn wir uns lange genug arglos verhalten, werden die Dakota die Bretterbude überfallen, in der die Männer sich berauschen, und wir können die Angreifer fassen. Das ist besser, als wenn sie uns rings aus dem Dunkel beschießen. Wenn die Dakota eingedrungen sind, können wir sie umzingeln, so wie sie uns jetzt zu umzingeln meinen. Wir werden auf diese Weise rascher mit ihnen fertig und können noch dem Zug Hilfe schicken, wenn es notwendig wird.“
„Gibt es hier Männer, auf die wir uns bei einem solchen Streich unbedingt verlassen können?“
„Hau. Wenige, aber einige gibt es.“
„Du holst sie?“
„Hau.“
„Dann gehe ich in die Trink- und Tanzbude, wo gekämpft werden wird. Einverstanden? Wir treffen uns dort wieder, wenn es die Zeit noch erlaubt.“
„Hau.“
„Und ich?“ rief der Stationsleiter. „Und ich? Brown! Sie haben Grenzerfahrung! Was soll ich tun?“
„Sie pusten Ihre Ölfunzel aus und halten sich in Ihrer Bude im Dunkeln bereit mit ein paar handfesten Kerlen zusammen, die Harry schickt.“
„Wir müssen mit Brandpfeilen rechnen“, sagte der Indianer.
„Also die Brunnen besetzen und die Wasserfässer füllen. Schlimmstenfalls gießen wir auch das Bier aus . . .“
Der Stationsleiter sank auf seinen Stuhl und untersuchte, ob sein Revolver geladen war.
Joe und der Indianer verließen den Raum. Vor der Tür trafen sie den Maler und Henry. Joe unterrichtete die beiden. Der Indianer wollte sich nach dem letzten Wort, auf das er schon in Ungeduld verratender Haltung gewartet hatte, sofort auf seinen Weg machen, als ihn die Erwiderung des Malers noch festhielt.
„Ich besitze das Totemzeichen eines großen Dakotahäuptlings“,

sagte Morris, „unter dessen Schutz ich somit stehe. Ob es nicht möglich wäre zu verhandeln, ehe das Blutvergießen beginnt?"

Der junge Kundschafter wollte auf diesen Vorschlag, so überraschend er für alle kam, eingehen. Joe aber schnitt ihm das Wort kurz ab: „Du bist nicht gefragt, Harry, und zum Verhandeln ist es in dem jetzigen Stadium überhaupt zu spät. Es ist eine große Büffelherde in der Nähe. Die Dakota rasen sicher in der Befürchtung, daß wir ihnen wieder einmal die Büffel wegschießen könnten. Vielleicht läßt sich mit den Leuten reden, sobald wir gesiegt haben. Damit sie endlich Vernunft annehmen und meine Bahn hier in Ruhe lassen!"

„Ich gehe mit Langspeer zu einem Brunnen", erklärte der Maler. „Wir halten uns dort zum Wasserschöpfen bereit. Ich schieße nicht auf die Dakota; das verbietet mir mein Freundschaftsverhältnis."

„Macht, was ihr wollt." Joe war nervös. „Ich jedenfalls sorge dafür, daß alle unsere Männer ihre Waffen bereithalten, auch die in der Tanzbude, und daß alle erfahren, auf wen sie zu hören haben."

Er gab Harry einen Wink, zu tun, was besprochen worden war, und der Indianer verschwand im Dunkel zwischen Zelten und Buden.

Die Nachricht von dem bevorstehenden Kampf verbreitete sich im Stationslager wie ein Lauffeuer. Unruhe, ungewöhnliches Umherlaufen waren nicht zu vermeiden. Joe konnte den Geiger nicht überreden, unter solchen Umständen weiterzuspielen. Harry mußte verständigt werden. Er griff ein und schickte den Zigeunerprimas, mit dem Bill seinen letzten Hahnenkampf ausgefochten hatte. Die beiden Hahnenkämpfer maßen sich feindselig, aber als die Geige zu singen begann, fand Bill sich doch bereit, mit der langgewachsenen Lilly zusammen weiterzutanzen und dadurch noch vier beherzte Paare bei Musik und Tanz festzuhalten. Totenbleich und schwitzend vor Angst, schenkte der Wirt einen Brandy nach dem anderen aus und kassierte mit den Kellnern und Kellnerinnen zusammen, so schnell es sich nur irgend machen ließ. Er war ungewiß, wo die Kasse am sichersten sein könnte, und schleppte sie dahin und dorthin, bis er sie endlich wieder an den alten Platz brachte. Der Alkohol flößte den schon halb betrunkenen Gästen größeren Mut ein, und sie erfüllten die Bretterbude mit Verwünschungen und mit wildesten Versicherungen, was sie den verdammten Rothäuten alles antun wollten. Unterdessen waren die Brunnen mit zuverlässigen Grenzern besetzt worden, und es wurden so viele Fässer wie möglich gefüllt.

Joe und der junge Indianer trafen sich wieder bei der Tanzbude. Harry hatte sich seine zwanzig Männer zusammengesucht. Der kampfgewandte Kellner war darunter und ein alter Trapper, mit dem Harka sich vor Jahren nach einer großen Büffeljagd über die Beute verständigt und zusammengefunden hatte.

„Wenig", sagte Joe. „Wie viele Dakota kommen?"

„Hundert bis hundertzwanzig." Harry sprach leise und sehr schnell. „Ich werde eine List anwenden müssen. Ich habe eine Kriegspfeife, wie die Dakotahäuptlinge sie benutzen, um im Kampf das Zeichen zum Angriff oder zum Rückzug zu geben. Ich schleiche mich jetzt hinaus. In der Nacht können mich die Dakota nicht von ihren eigenen Kriegern unterscheiden. Ich werde sie in Verwirrung bringen, indem ich zu früh zum Angriff pfeife und dann mitten im Kampfe zum Rückzug."

„Ob das gutgeht? Aber du trägst deine eigene Haut zu Markte, und uns kann kein Schaden entstehen. In Ordnung . . .!"

Der Indianer war den Augen der Weißen gleich wieder entschwunden. An einem der größten Brunnen, in der Nähe der Schank- und Tanzbude, saßen Morris, Henry, Langspeer und drei weitere Mann. Sie hatten sich in den Schatten gehockt, so daß sie weder vom Mondlicht noch von einem Schimmer aus der im Innern beleuchteten Bude getroffen wurden. Sie versuchten, den Gesang der Zigeunergeige und die heiseren Schreie des Hahnenkampf-Bill und seiner Tänzerin aus ihrem Gehör auszuschalten. Sie versuchten zu horchen und zu spähen, aber es gelang ihnen schlecht. Langspeer, der Cheyenne, hatte von allen noch das feinste Gehör und das schärfste Auge.

„Sie sind nahe", sagte er nach einiger Zeit zu Morris. „Ich spüre es."

Alle Nerven waren angespannt, alle Muskeln und Sehnen bereit. Ein unheimliches Surren ging durch die Luft. Dann flammten die ersten Brandpfeile auf dem Dach der Baracke auf.

In demselben Augenblick schrillte eine Pfeife nördlich des Lagers, und eine kräftige, weittragende Stimme erhob gellend den Kriegsruf der Dakota: „Hi-jip-jip-jip-hi-jaah!"
Ringsumher, aber doch noch ziemlich entfernt, antwortete das Kriegsgeschrei dem Häuptlingsrufe: „Hi-jip . . . jaah!"
Die Tanzmusik brach ab, die Schreie des Hahnenkampf-Bill und seiner Tänzerin verstummten. Henry und seine drei – ihm nicht näher bekannten – Gefährten am Brunnen hatten die Büchsen und Flinten im Anschlag. Von Norden her schien der erste und wütendste Angriff zu erfolgen. Eine Gruppe gespenstischer Gestalten sprang durch das Dunkel. Da waren sie schon im Lager und drangen in Richtung des Brunnens und der Schank- und Tanzbude vor. Ein einzelner Anführer war ihnen weit voran. Henry und die drei Grenzer am Brunnen feuerten. Der Anführer fiel mitten aus einem Sprung zu Boden und überschlug sich dabei. Zwei weitere Indianer stürzten.
„Der erste war Harry", sagte Langspeer zu Morris.
„Sie haben ihn erschossen!" Morris hob den Arm vor die Augen. Der Cheyenne aber sah, daß Harry wieder aufsprang und den weiter heraneilenden Angreifern voran die Schankbude erreichte. Die Dakota liefen am Brunnen vorbei, ohne sich überhaupt um die Schützen dort zu kümmern. Sie drangen hinter dem jungen Kundschafter, ihrem vermeintlichen Anführer, sofort in die Schankbude ein. Dort erschallte noch einmal das schrille Signal der Kriegspfeife. Dann entstand ein fürchterlicher Tumult, so daß die Wände zusammenzubrechen drohten. Das Dach begann zu brennen.
„Löschen!" schrie Henry.
Er wollte ein Faß in Bewegung setzen, aber ein neuer Feind tauchte am Brunnen auf, ein Indianer, das Schlachtbeil in der Hand; in seinem Haarschopf steckten Falkenfedern. Henry erhielt einen Schlag und stürzte.
Morris sah schon das Beil über seinem eigenen Schädel schweben. „Geheimnisstab!" schrie er auf. „Ich bin Geheimnisstab! Schone deinen weißen Bruder, Tashunka-witko!"
Der Indianer warf das Beil einem der fliehenden Grenzer in den Nacken und stürmte weiter. Zwei Dakotakrieger, die ihm folgten, nahmen die Feuerwaffen der Brunnenverteidiger mit.

In der Bretterbude, in der der Kampf im Gange war, befand sich Joe. Er hatte gesehen, wie die ersten Feinde die Tür öffneten und hineinfluteten wie Wasser, das einen Staudamm durchbrochen hat. Er erkannte auch Harry, der diese Gruppe führte und nun im hellen Licht von den Irregeführten als ihr Feind erkannt werden mußte. Harry war der einzige der Indianer, der nicht mit den Kriegsfarben bemalt war. Er hatte sich umgewandt und stieß den Dakota, der sich unmittelbar hinter ihm befand, mit dem Messer nieder.
„Kojot und Verräter!" brüllten die nächsten auf und versuchten, sich gemeinsam auf ihn zu stürzen.
Von ringsher fielen aber jetzt die Weißen über die eingedrungenen Indianer her, von denen die meisten keine Feuerwaffen hatten und Pfeil und Bogen im Nahkampf nicht gebrauchen konnten. Sie besaßen nur Messer und Keule und waren auch taktisch im Nachteil. Sie wurden zurückgedrängt. Durch die Schüsse und das Kampfgedränge wurden die Lampen zertrümmert. Es wurde dunkel in der Baracke, was den Indianern wieder zugute kam. Dann fielen die ersten brennenden Schalbretter der Decke herunter, und die Verwirrung vermehrte sich noch.
Draußen, vor der Bude, blies eine Häuptlingspfeife zum Rückzug. Joe wußte jetzt selbst nicht mehr, ob dies ein echtes oder vorgetäuschtes Signal war. Konnte Harry aus dem Hause hinausgelangt sein? Vielleicht durch das Dach? Die Indianer, die das Rückzugssignal vernommen hatten, kämpften mit aller Macht, um der Umklammerung im Saal zu entkommen. Aber an der Tür trafen sie auf neue Gegner, die sie wieder in den Saal hineindrängten. Das waren die zwanzig entschlossenen Kerle, die Harry zusammengerufen hatte. Die Bretterwand hielt dem Getümmel nicht mehr stand. Sie brach ein, und das zum Teil brennende Dach stürzte auf die Kämpfenden herunter.
Morris betrachtete sich vom Brunnen aus die Lage und sah ein, daß ein Löschen der brennenden Bretter im Gedränge der schießenden, schreienden, sich packenden und wälzenden Männer völlig unmöglich war. Auch Langspeer war dieser Meinung, und die beiden bückten sich zu Henry, der beim Brunnen noch am Boden lag. Sie stellten fest, daß er noch am Leben war; das

Beil mußte ihn mit der Flachseite getroffen haben. Da Gewehr- und Revolverkugeln durch die Luft pfiffen, warfen sich Morris und Langspeer zu Boden. Die beiden vernahmen Joes kräftige Stimme, die durch den Höllenlärm drang, und sie hörten eine zweite, befehlende Stimme, die eines Indianers.
„Tashunka-witko!" rief Langspeer dem Maler ins Ohr. „Er will Harry haben, tot oder lebendig! Er fordert ihn heraus, sich ihm zum Kampf zu stellen, und er fordert seine Krieger auf, Harry zu töten oder gefangenzunehmen. Dann wollen sich die Dakota zurückziehen. Ihr Angriffsplan ist gescheitert."
Niemand benutzte mehr die Kriegspfeife. Die Dakota hatten die List begriffen, der sie zum Opfer gefallen waren. Die Kämpfenden hatten inzwischen die brennenden Bretter ergriffen, um sie als Waffe gegeneinander zu benutzen. Dabei erloschen die Flammen allmählich. Joe brüllte zum Angriff. Tashunka-witko befahl den Rückzug.
Die Kämpfenden kamen allmählich auseinander. Das allgemeine Gedränge zerteilte sich in kleinere Gruppen. Keuchend noch vor Anstrengung und Erregung hatten die Männer doch schon wieder den Atem, um zu fluchen und zu drohen. Immer noch knallten Schüsse, und Morris blieb vorsichtshalber am Boden liegen, zog auch Langspeer zu sich her, als dieser sich erheben wollte. „Laß!" sagte er. „Wir haben uns herausgehalten, und wir wollen nicht jetzt noch Blut vergießen."
Das Geschrei und der Kampf zogen sich aus dem Lager hinaus. Es schien den Dakota zu gelingen, sich von den Weißen abzulösen. Endlich wurde es still. Morris atmete leichter. Er haßte das Morden.
Joe tauchte beim Brunnen auf. Er schien zu bluten und trank durstig und hastig. „Was ist mit Henry?" fragte er.
„Schlag auf den Kopf, aber er lebt noch."
Joe ließ sich erschöpft zur Erde fallen, aber nur für ein paar Sekunden. Schon war er wieder auf, um die Männer, die noch kampffähig waren, zu sammeln und auf Wache einzuteilen. Ein Trupp von Wagemutigen sollte sich zu Pferd aufmachen und dem Zug zu Hilfe eilen, der wahrscheinlich ebenfalls bedroht war. Für diese Aufgabe meldeten sich vor allem Teilnehmer aus dem Trupp der zwanzig, die Harry ausgesucht hatte.

Joe kam noch einmal zum Brunnen zurück. „Hat einer von euch Harry gesehen?" fragte er in die Dunkelheit und dem noch nicht aufgelösten Durcheinander.
„Zu Anfang . . ."
„Unsinn. Jetzt, meine ich."
„Nein."
„Wo kann er denn nur stecken! Unter den Toten ist er auch nicht!"
„Vielleicht gefangen?"
„Der ergibt sich nicht. Der weiß doch, was ihm dann blüht." Joe lief wieder weg. Morris und Langspeer hörten, wie der Reitertrupp davongaloppierte, um dem Zug zu Hilfe zu kommen. Es war durchaus möglich, daß entflohene Feinde in der Finsternis der Prärie draußen noch mit Pfeil und Bogen lauerten; darum verhielten sich die meisten im Lager ruhig und blieben so gut wie möglich in Deckung. Morris und Langspeer machten sich aber auf, um den schreienden und stöhnenden Verwundeten, Männern und Frauen, zu helfen, soweit sie es vermochten. Viel konnten sie nicht tun, es mangelte an allem. Die Baracke des Stationsvorstehers, wo sich das Sanitätsmaterial befunden hatte, war erbrochen und durchwühlt. Taylor II saß erschöpft auf einer übriggebliebenen Treppenstufe und strich sich über den lockigen Skalp, der ihm erhalten geblieben war.
Bei der ersten Hilfe für die Verwundeten ließ es sich nicht vermeiden, daß Morris und Langspeer sich zeitweise trennten, um möglichst rasch an mehreren Stellen zu helfen. Die Lampen in Zelten und Baracken waren alle zerstört oder gelöscht, das Feuer erlosch. Es wurde ringsum dunkel, die Augen mußten sich wieder daran gewöhnen, den spärlichen Schimmer der Sterne aufzunehmen und die Finsternis aufmerksam zu durchdringen. Morris und Langspeer verloren sich mehrmals und verständigten sich dann wieder durch Zurufe.
Bei einem Verwundeten, dem Morris helfen wollte, hatte er ein merkwürdiges Erlebnis. Er hatte zwischen den Trümmern der eingestürzten Bretterbude einige Tote gefunden, zwei Weiße, der eine davon war eine Frau, und vier Indianer. In der Nähe der vier toten Dakota lag noch ein verletzter Indianer, der vergeblich aufzukommen versuchte. Morris wollte sich seiner anneh-

men, konnte sich aber mit dem Mann nicht verständigen und traf auf erbitterten Widerstand. Da er auf diese Weise dem anderen nicht zu helfen vermochte, selbst aber in Gefahr kam, ließ er ab und zog sich aus den schwelenden Trümmern zurück. Dabei kam ihm jemand entgegen, jemand oder ein Etwas; es lief wie ein Mensch, starrte den Maler aus dem Dunkel, aber mit einer Fratze an, die ihn zurückschauern ließ. Als er ein paar Schritte weitergelangt war, schaute er sich noch einmal um, weil er seinen eigenen Sinnen nicht traute, und meinte, von einem Gespenst geträumt zu haben. Da beobachtete er, wie die Gestalt mit dem Fratzengesicht dem Verwundeten aufhalf. Es huschte noch ein Indianer herbei, der im vollen Besitz seiner Kräfte zu sein schien, und dann waren die beiden samt dem Schwerverletzten verschwunden. Morris wußte nicht genau, wie und wohin.

Er rief nach Langspeer, und als er mit diesem zusammen nochmals durch die Trümmer ging, war nicht nur der Verwundete, sondern es waren auch die vier gefallenen Dakota verschwunden.

„Vielleicht gibt es unter uns hier einige, die den Dakota helfen, ihre Verwundeten und Toten wegzuschaffen", mutmaßte der Cheyenne. „Sonderbar. Aber schließlich, warum sollten sie nicht? Ich glaube, es ist besser, wir haben morgen keine Gefangenen hier. Der Mob würde sie zerreißen."

Morris und Langspeer arbeiteten an ihrem Hilfswerk weiter und blieben jetzt immer enger zusammen. Es war noch nicht viel Zeit verflossen, als beide aufhorchten.

Ein dumpfes, mächtiges, unheimliches Dröhnen erfüllte Luft und Boden. Es schien näher zu kommen.

„Die Büffel!" schrie Langspeer. „Die Büffel!"

Eine Stimme kreischte, als ob einer den Verstand verloren habe. Langspeer suchte nach den Pferden. Sein eigenes und das des Malers fand er zwar nicht mehr, aber er griff dafür zwei andere am Zügel und führte sie zu Morris herbei. „Wenn die Büffel hierher kommen", sagte er, „müssen wir Pferde haben, sonst sind wir verloren."

„Gott behüte, die Büffel werden doch nicht . . . Wir können auch Henry nicht im Stich lassen!"

Das Dröhnen nahm nicht ab. Es schien, als bebte der Boden eine endlose Zeit. Doch nahm die Herde nicht Richtung auf die Station.
„Irgend jemand jagt die Büffel", sagte Langspeer. „Sonst galoppieren sie nicht mitten in der Nacht."
„Vielleicht entschädigen sich die Dakota durch Jagdbeute für ihre Verluste hier. Konkurrenz können wir ihnen bei dieser Herde nicht mehr machen. Das hat Tashunka-witko doch erreicht."
Als es endlich zu tagen begann, hätten die Menschen auf der Station am liebsten vor Freude geschrien wie eine Herde Affen bei Sonnenaufgang, denn jetzt erst fühlten sie sich vor feindlichen Pfeilen sicher. Aber bei Tageslicht wurden auch die Schäden, die entstanden waren, erst in vollem Maße übersehbar. Die Toten wurden zusammengetragen. Die Verletzten stöhnten und bettelten um Wasser und Hilfe für ihre Wunden. Bleich, übernächtigt war Morris unterwegs, um an Menschenleben zu retten, was noch zu retten war. Die lange Lilly hatte das Schicksal ereilt. Halb verkohlt lag sie auf den Resten des Tanzbodens. Bill hockte bei der Toten, murmelte Flüche und wickelte sein Halstuch, das er um die blutende Hand gebunden hatte, eben wieder auf. Morris erbot sich, die Hand zu verbinden.
„Wenn ich den Harry zu fassen kriege, den Verräter", murmelte Bill, während er Morris die Hand hinhielt, „dann hat das Schwein nichts mehr zu lachen."
„Harry war es, der uns rechtzeitig gewarnt hat", sagte der Maler.
„Der? Die Indsmen hat er gegen uns angeführt! Und wie!"
„Nein, nein, Bill, er hat sie mit Gefahr seines Lebens in die Falle gelockt!"
„Schöne Falle! Da!" Bill wies auf die Tote. „Da! In der Falle umgekommen! Aber ich weiß, was ich tun werde!"
„Um Gottes willen, Bill! Sprich erst mit Joe!"
„Ach, der! Kommt hergelaufen, und schon will er das Kommando führen! Nichts als Unglück bringt der uns! Damals das Gift, jetzt den Überfall."
Morris hielt es für das beste, sich nicht weiter mit Bill auseinanderzusetzen. Nach einer solchen Kampfnacht mochten wohl

vielen die Nerven reißen, und verrückte Parolen mochten umgehen, bis das vernünftige Urteilsvermögen wieder einkehrte. Der Maler band das Halstuch kunstgerecht um Bills verletzte Hand und ging.
Der Wind wehte und beugte das Gras in langen Wellen. Sand und Asche stäubten immer noch auf. Taylor II stand mit ein paar Bahnbediensteten beim Gleis und schaute die Schienen entlang nach Westen. Er wartete auf Nachricht von dem Zug. Joe war nicht im Lager. Er hatte sich dem Trupp angeschlossen, der dem Zug nachgeritten war. Morris und Langspeer suchten von ihren Habseligkeiten zusammen, was noch zu finden war. Die Pferde waren verloren, ausgebrochen oder von den Dakota erbeutet. Dagegen fanden sich die Maultiere wieder ein.

Während sich alle diese Vorgänge im Stationslager abspielten, durchlebten auch die Bediensteten und Fahrgäste des Zuges keine ruhigen Stunden. Als Morris, Joe und Henry am Abend ausgestiegen waren, um im Stationslager Quartier zu nehmen, hatte es sich Familie Finley möglichst bequem gemacht. Douglas stand wieder am Fenster, futterte nebenbei die Schokolade, die er jetzt nicht mehr verschmähte, und dachte sich, angeregt durch die letzten Gespräche mit Joe und Morris, aufregende Abenteuer aus, die er natürlich siegreich und möglichst als Retter seiner Familie und des ganzen Zuges bestand. Als es früh Nacht wurde und die Sterne über der Prärie aufleuchteten, schnarchte Herr Finley in der Ecke.
Plötzlich ging ein scharfer Ruck durch den Zug. Die Räder standen still. „Was ist denn?" fragte Ann Finley den Jungen am Fenster. „Hier kann doch nicht schon wieder eine Station sein?"
„Ist auch keine." Douglas freute sich über die Abwechslung, die durch das unvorhergesehene Ereignis eintrat. „Ma, vor der Lokomotive winkt einer mit Brandfackeln."
„Allmächtiger!"
Herr Finley hörte auf zu schnarchen, öffnete blinzelnd die Augen, klappte den Unterkiefer, der ihm heruntergesunken war, wieder mit dem Oberkiefer zusammen und knurrte: „Könnt ihr denn keine Minute Ruhe geben!"
„Aber um Gottes willen, George! Brandfackeln!" Frau Finley

packte hastig alles zusammen, was sie auf der langen Reise ausgepackt hatte.

„Der Zug brennt? Aber Ann, du hast wohl schlecht geträumt." Die Pfeife war in Gang, Herr Finley tat zwei Züge. „Wo sind wir denn eigentlich?"

„Im Wilden Westen, Pa!"

„Dummer Junge! Ich sehe übrigens keine Brandfackeln."

„Der Mann ist damit zur Lokomotive gegangen, und da hat er sie ausgelöscht."

„Ach, der wollte unterwegs einsteigen! Auch 'ne Methode, das muß ich sagen! Wirklich ‚fair west'. Aber dann wird es ja bald weitergehen."

Es ging jedoch nicht weiter.

„George, wir müssen uns doch erkundigen, was los ist!"

„Wieso denn? Das Bahnpersonal hat uns zu unterrichten."

Viele Passagiere flüsterten unruhig. Dann gingen zwei der Bahnangestellten durch den Waggon und gaben bekannt, daß nicht der geringste Grund zur Aufregung bestehe. Eine riesige Büffelherde passiere die Gleise. Der Zug müsse leider warten, bis die Tiere abgezogen seien. Die meisten Fahrgäste nahmen diese Mitteilung mit stoischer Ruhe hin und richteten sich wieder bequem ein, um die angesagten Wartestunden möglichst angenehm zu überdauern. Herr Finley jedoch, der sich prominent und als sehr erfolgreicher Geschäftsmann fühlte, betrachtete das Verhalten der Büffel und das Zurückweichen der Union Pacific, an der er beteiligt war, als eine Art persönliche Kränkung.

„Das ist ja ... das ist ja ... Also ich habe überhaupt keine Ausdrücke mehr!" schrie er den Vertreter des Bahnpersonals an. „Warum fahren wir nicht weiter? Wem müssen Sie Haftpflicht bezahlen, wenn Sie einen Büffel überfahren? Oder wollen Sie Büffel jagen? Ich habe keine Worte mehr! Ich habe keine Stunde zu verschwenden. Wer ist denn hier das Rindvieh, die Büffel oder wir?"

„Die Büffel, Sir."

Die Zugangestellten hatten Herrn Finley auf der langen Fahrt kennengelernt. Erst war er ihr Alpdruck gewesen, dann hatten sie sich darauf eingestellt, durch Ruhe mit ihm fertig zu wer-

den. „Wollen Sie gestatten, Sir, daß ich Ihnen die Herde zeige?"
„Ich steige nicht aus."
„Wird nicht unbedingt nötig sein. Ich stelle Ihnen mein Fernglas zur Verfügung."
„Solche Scherze können Sie mit meinem Jungen machen, aber nicht mit mir!"
Douglas ergriff die Gelegenheit. „Bitte!" Er ließ sich das Glas geben und die Richtung zeigen. Bald fand er die Herde. „Pa! Ma! Pa! Ma! Das ist toll! Alles ist schwarz, alles wimmelt von Büffeln, wie Ameisen in einem Ameisenhaufen. Können wir nicht etwas näher heranfahren?"
„Davor eben sind wir gewarnt worden. Wenn wir erst in den Büffeln drinstecken, gibt es kein Vor und kein Zurück!"
„Wollen Sie mir vielleicht noch verraten", schalt Herr Finley, „wozu die Union Pacific gebaut worden ist? Als Aussichtspunkt in einem Naturschutzpark oder als Eisenbahn?"
„Im Sommer kommt Buffalo Bill auch hierher, Sir, dann wird mit den Büffeln aufgeräumt. Das ist das letzte Mal, daß wir steckenbleiben, wahrhaftig!"
„Schwacher Trost, mein Lieber. Ob wir nun die letzten sind, die steckenbleiben, oder die vorletzten, jedenfalls stecken wir fest! Aber die Maschine bleibt unter Dampf?"
„Selbstverständlich. Die Dakota . . ."
„Wer?"
„Ich meine . . ."
„Was meinen Sie?"
„Eigentlich nichts."
„Dakota haben Sie gesagt!" stellte Douglas fest.
„Ach so, ja. Dakota jagen gerne Büffel."
„Ham' wir auch schon mal gehört. Vielleicht jagen sie bei der Gelegenheit auch gleich unseren Zug?"
„Nicht unbedingt anzunehmen, Herr . . ."
Ann Finley bekam einen Hustenanfall.
„Haben wir Verbindung mit der Station?"
„Noch nicht."
„Wer war denn das, der uns angehalten hat?"
„Ein Beauftragter der Station."
„So, so. Wenn wir in diesem Jahr noch weiterfahren sollten, set-

zen Sie es in die Zeitung!" Herr Finley räkelte sich in seiner Fensterecke in der Absicht, wieder einzuschlafen. „Noch eins!" bemerkte er zuvor. „Finden sich nicht ein paar Leute, meinetwegen von der Station oder vom Zugpersonal oder unter den Fahrgästen, die mal in diese Büffelherde hineinknallen und sie zum Laufen bringen?"

Der Bahnbedienstete wurde verlegen. Sein Kollege hatte inzwischen alle anderen Passagiere mit seiner Auskunft befriedigt und kam eben zurück. Auf einmal waren aber aufgeregte Rufe zu vernehmen, deren Sinn Herr Finley erst erfaßte, als Douglas aufschrie: „Ein Feuerschein am östlichen Horizont! Das muß das Stationslager sein!"

Frau Finley stöhnte und hustete unbeachtet vor sich in.

„Dann wird es Zeit, daß wir mit allen, die eine Waffe bei sich haben, die Verteidigung des Zuges organisieren!" Die beiden Bahnbediensteten schauten sich gegenseitig an und blickten dann gemeinsam auf Herrn Finley.

„Meine Herren, ich bin kein Fallensteller noch ein Pelzjäger! Ich bin auch über die Vierzig hinaus! Suchen Sie sich andere Schützen. Es ist ein Skandal, daß Sie hier nicht einmal die persönliche Sicherheit der Fahrgäste garantieren können! Ein Skandal ist es! Douglas, geh sofort vom Fenster weg! So! Ann und Douglas, ihr legt euch flach hin. Ich aber werde mein Leben teuer verkaufen! Wo bleibt denn dieser Beauftragte der Station, der uns angehalten hat, dieser Mann mit den Fackeln?! Er wird doch wahrscheinlich mehr wissen, als daß eine Büffelherde im Wege liegt!"

„Sofort, mein Herr. Der Zugleiter übernimmt die Verantwortung!"

Die beiden Bahnangestellten stiegen aus, um zur Lokomotive zu laufen. Herr Finley kramte. „Ann, wo hast du meinen Revolver hingepackt?"

„Ganz unten in der Tasche mußt du suchen."

„Typisch. Das nächste Mal packe ich wieder selbst. Ann, so weine doch nicht. Ich kann nicht sehen, wenn du weinst. Du bist die beste, du bist die einzigartige Frau, und ich verteidige dich wie mein eigenes Leben! Da ist er ja, ein Glück! Auch die Munition . . ."

Douglas wurde ungeduldig.
„Pa, die anderen Männer haben schon ihre Flinten bereit!"
„Aber sicher, Junge. Amerikaner lassen sich nicht so leicht unterkriegen! Diesen Rothäuten, denen werden wir es zeigen!"
Der eine Bahnangestellte kam wieder zu Herrn Finley, diesmal in Begleitung eines hochgewachsenen Indianers. Der Indianer hatte das Haar, durch das sich graue Strähnen zogen, in Zöpfe geflochten. Das Stirnband aus Schlangenhaut hielt am Hinterkopf zwei Adlerfedern. Das Gesicht war nicht bemalt und wirkte gealterter als die kräftige, braunhäutige Gestalt. Im Gürtel steckten Messer und Revolver. Die Büchse trug der Indianer in der Hand.
„Das ist Top, ein erfahrener Scout des Stationslagers", sagte der Bahnangestellte. „Wir können uns auf ihn verlassen!"
Frau Finley saß erschöpft auf ihrem Platz und starrte auf den Bahnangestellten und den Indianer, um aus der Ruhe, die von den beiden ausstrahlte, und aus den Worten des Weißen wieder Mut zu schöpfen. Aber plötzlich riß sie die Augen auf, sprang in die Höhe und halb ohnmächtig wieder zurücksinkend flüsterte sie: „Das ist er! Das ist er! Der Mörder!"
Der Bahnangestellte betrachtete die aufgeregte Frau und dann den Indianer.
Herr Finley räusperte sich. „Meine Frau ist reichlich nervös", sagte er, und dabei zuckten seine Mundwinkel. „Sie verwechselt zwei Personen. Gehen Sie nur. Es ist alles in Ordnung."
Der Angestellte und der Indianer entfernten sich, nachdem sie noch einmal gemahnt hatten, alles im Dunkeln zu lassen und sich nicht beim Fenster aufzuhalten.
Als die Familie wieder unter sich war, hauchte Ann: „Wie entsetzlich! Er ist es doch! Er ist es bestimmt!"
„Nun sei bloß still, Ann. Wie kannst du den Indianer, der vor dir steht, einen Mörder schimpfen! Er ist sehr gut bewaffnet, und wir sind in der Prärie. Die Bahnangestellten, das siehst du ja, taugen überhaupt nichts. Nicht einmal ein paar Büffel wagen sie zu vertreiben."
„Dann ist es ja noch viel schrecklicher. Er wird uns doch nicht aus Rache umbringen. Laß ihn noch einmal rufen! Ich stelle meine Äußerung richtig! Ich habe ja auch wirklich nicht gese-

hen, ob er den Inspizienten damals erschossen hat. Es war nur so ein Gerücht . . ."
„Eben. Aber laß das jetzt bitte beiseite! Du machst sonst alles nur noch schlimmer." Herr Finley war sehr gefaßt. „Ich habe ja bereits richtiggestellt."
„Er ist es aber", sagte Douglas. „Ich habe ihn auch wiedererkannt. Ob er unseren Zug und die Station an die Dakota verraten hat? Er führte doch damals so aufrührerische Reden!"
„Jedenfalls bitte ich euch beide, dich, Douglas, und dich, Ann, eurerseits überhaupt keine Reden zu führen, ehe wir nicht in Sicherheit sind! Für ein verfolgtes Insekt ist es am besten, sich zu verstecken."
„Es sind doch genug Männer mit Flinten im Zug!" begehrte Douglas wieder auf. „Du siehst ja, sie haben sich schon alle zusammengefunden."
„Aber nicht, um sich eure antiquierten Zirkusgeschichten anzuhören!"
Herr Finley vermochte in der gegebenen Situation zwar weder zu schlafen noch zu schnarchen, aber aus Protest gegen das Verhalten seiner Familie schloß er die Augen und lehnte den Kopf an.
„Setze dich lieber vom Fenster weg!" bat seine Frau. „Die Außenwand kann von einer Kugel durchschlagen werden!"
Der Angeredete gab keine Antwort mehr.
Der Zug wartete und wartete. Die Maschine blieb unter Dampf. Müdigkeit überfiel die Fahrgäste; sie begannen abwechselnd zu wachen und zu schlafen.
Der Feuerschein im Osten, in Richtung der Station, war erloschen.
Als Douglas sich wieder aus dem Schlafe aufraffte, hörte er in der nächtlichen Stille Hufgetrappel. Sein Vater saß nicht mehr an seinem Platz. Da keine Gefahr mehr zu bestehen schien, hatte er sich zu der Truppe der bewaffneten Verteidiger des Zuges begeben. Die freudigen Rufe, die von dieser Gruppe her ertönten, ließen auch Douglas und seine Mutter Ann wissen, daß die ankommenden Reiter Verbündete waren. Douglas spähte hinaus. Einen der Reiter erkannte er: „Herr Brown! Herr Brown!"

Der Ingenieur wandte den Kopf und winkte dem Jungen zu. „Schon ausgeschlafen? Ist doch noch dunkel!"

Douglas lauschte auf Gesprächsfetzen, die er auffangen konnte. Die Station war also überfallen worden! Ein dumpfes, mächtiges Dröhnen ließ alle aufhorchen.

„Die Büffel!" schrie Joe sofort. „Die Büffel kommen in Bewegung!" Die Männer spähten mit Ferngläsern. Top, der sich bei ihm eingefunden hatte, verschmähte das Hilfsmittel. Seine Augen genügten ihm auf solche Entfernung.

„Die Dakota jagen!" sagte Mattotaupa zu Joe. „Wenn sie die Station nicht bedroht hätten, würden unsere Männer diese Büffel gejagt haben."

„Allerdings. Ist Harry übrigens hierhergekommen? Wir vermissen ihn."

Die Wirkung dieser Mitteilung auf den Vater konnte Joe nicht beobachten. Der Zugleiter nahm den Ingenieur jetzt in Anspruch.

„Können wir weiterfahren?"

„Können wir – aber nicht sofort. Wenn der letzte Büffel entflohen ist, müssen wir noch die Gleise kontrollieren, denn was so eine Büffelherde anrichten kann, das ist unabsehbar."

„Bald kommt Buffalo Bill mit seiner Repetierbüchse, und die Büffel verschwinden von der Prärie."

„Die Büffel kurzerhand ausrotten, das ist auch nicht das richtige. Dann können wir für den nächsten großen Indianeraufstand das Datum schon ansetzen."

„Die Büffel wegschießen, damit die Wilden auch verschwinden müssen. Das ist das richtige! In welchem Jahrhundert leben wir denn?!"

„Die Indianer in einem anderen als wir. Das ist es eben."

„Lassen wir das. Steht ihr uns zur Verfügung, bis wir wieder flott sind?"

„So lange bleibe ich samt dem ganzen Trupp."

„Gut."

Der Zugleiter suchte aus dem Zugpersonal die Leute aus, die sich auf Gleiskontrolle und Gleisbau verstanden. Bei den Verhältnissen, mit denen man bei der Fahrt durch die Wildnis rechnen mußte, war sowohl in bezug auf Werkzeuge als auch auf

Menschen Vorsorge für alle Fälle getroffen. Bewaffnet machten sich die Leute auf. Joe schloß sich als Ingenieur dieser Gruppe an und bat Mattotaupa, ebenfalls mitzukommen. Beim Zug mochten die Flintenmänner jetzt genügen. Die Gruppe, die auf der Büffeljagdstrecke die Gleise prüfen wollte, hatte noch eher mit Gefahren und möglichen letzten Angriffen der Dakota zu rechnen.

In der frühen Jahreszeit waren die Nächte lang; doch zeigten sich schon die Anzeichen der Morgendämmerung, als Joe und Mattotaupa sich mit der Gruppe zur Gleiskontrolle aufmachten. Beritten waren nur der Ingenieur und der Indianer. Sie schwärmten umher, während die anderen zu Fuß am Gleis entlanggingen. Die Strecke bis zu dem „Büffelweg" konnte schnell zurückgelegt werden, da hier keine Schäden zu vermuten waren. Erst als der Abschnitt erreicht wurde, in dem die Herde weithin alles zertrampelt hatte, begann die systematische Überprüfung, und bald stellte sich heraus, daß Reparaturen notwendig waren.

Mattotaupa ritt mit Joe zu einer Bodenwelle, die Überblick gewährte, und spähte mit dem Ingenieur zusammen rings über das Land. Der Wind wehte immer noch kräftig. Es war nichts zu entdecken, was Verdacht erregen konnte. Vom Gleis her waren das Hämmern und die Rufe der Männer zu vernehmen, mit denen sie sich verständigten.

„Trennen wir uns und reiten die Runde je im Halbkreis", sagte der Indianer zu Joe. „Ich traue den Dakota nicht. Es ist mir zu ruhig."

„Einverstanden, obgleich ich deine Bedenken nicht teile. Sie haben große Verluste gehabt."

„Ihr konntet sie fassen?"

„Harry hat im Finstern ihren Kriegshäuptling gespielt und sie uns in die Hände geliefert. Es war trotzdem nicht einfach, aber ich glaube, selbst Tashunka-witko hat von uns genug. Harry hat übrigens großartig gekämpft."

„Tashunka-witko?" Das war der Name, der Top getroffen hatte.

„Ja, dein alter Feind. Jetzt möchtest du dich wohl am liebsten sofort an seine Fersen hängen?"

„Hau."

„Geht aber nicht, Top, geht nicht. Heute jedenfalls nicht. Du siehst, wie es steht. Wir haben für einen solchen Fall doch nicht genug erfahrene Männer hier. Du bist unser Kundschafter und darfst nicht auf Privatjagd gehen."
Mattotaupa tat einen hörbaren Atemzug, erwiderte aber nichts. Joe wußte nicht, wie empfindlich sich der Indianer von den Worten des Ingenieurs getroffen fühlte.
„Reiten wir also je im Halbkreis?"
„Hau."
Die beiden trennten sich, um ringsum zu spähen. Als sie sich wieder trafen, hatte keiner etwas gefunden oder bemerkt. Die notwendigen Reparaturen schienen schnell voranzuschreiten. Es waren erst zwei Stunden vergangen, als Joe und Mattotaupa wieder gerufen wurden. Die Gruppe gab dem Zug die verabredeten Zeichen, daß die Fahrt fortgesetzt werden konnte. Vorsichtig, nur mit halber Kraft, dampfte die Lokomotive heran und zog die Wagen hinter sich her. Es war ein sonniger Tag. Braungrüne Prärie, von Goldstrahlen erfüllter Himmel, fernes, noch verschneites Gebirge erfreuten das licht- und farbenhungrige Auge.
Der Lokomotivführer hielt den Zug an, so daß das Gleispersonal einsteigen konnte.
„Fahren Sie weiter mit?" fragte der übernächtigte Zugleiter Joe Brown.
„Danke. Ich bleibe hier."
Türen klappten zu, Fenster wurden geschlossen. Douglas winkte dem Ingenieur noch einmal. Dann wurde das Abfahrtssignal gegeben. Die Kolben arbeiteten, die Räder drehten sich, erst langsam, dann schneller. Der Zug fuhr. Das rhythmische Geräusch seiner Fahrt klang in der Stille rings laut, dann wurde es in der Entfernung leiser. Der Zug erschien den Zurückbleibenden kleiner und kleiner, schließlich verschwand er am schimmernden Horizont.
„Nun aber hoffentlich auf Nimmerwiedersehen!" sagte Joe. „Ich hätte gestern abend nicht gedacht, daß ich dieser Maschine und Herrn Finley in der Nacht schon wieder begegne!"
„Reiten wir gleich zurück zur Station?"
Joe schaute sich bei den anderen Angehörigen des Trupps, den

er von der Station mitgebracht hatte, fragend um. Auf einigen Gesichtern stand ein Schmunzeln. „Erst ein kleines Frühstück. Der Zugleiter hat uns eine Belohnung zurückgelassen!"
Der Ingenieur sah das Faß Bier, den Branntwein und den Kasten mit Schinken und Brot.
„Also erst die Siegermahlzeit! Meinetwegen."
Die Männer ließen sich gut gelaunt in der Runde nieder. Auch Joe und Top nahmen Platz. Einige hatten Becher bei sich, so daß es an Trinkgefäßen nicht ganz fehlte. Das Faß wurde angezapft.
„Auf das gemeinsame Wohl!" Joe hob den Becher, trank und gab ihn dann an seine Nachbarn rechts und links, die aus demselben Trinkgefäß mithalten mußten. Schinken und Brot wurden ebenfalls verteilt. Einige aßen, aber Bier und Brandy fanden den größeren Zuspruch. „Schade, daß Harry nicht dabei ist", sagte Joe.
„Der? Der macht doch nie mit!" bemerkte der Mann, der links neben Joe saß. Es war der Kellner, der den streitlustigen Freund des Hahnenkampf-Bill noch zur rechten Zeit beiseite gestellt hatte. Joe ging auf die Bemerkung nicht ein. Er trank nochmals. Das Bier war kalt und schmeckte gut. Die Mägen waren leer. Der Alkohol wirkte. Die Zungen lösten sich.
Mattotaupa sprach Joe an. „Du willst mich nicht gehen lassen, mein weißer Bruder?"
„Aber du willst auf Biegen und Brechen Tashunka-witko jagen?"
„Ist das nicht auch eine Aufgabe für einen Kundschafter, euren größten Feind ins Gras zu legen?"
„Du kannst es so auffassen. Was wird aber Taylor II dazu sagen?"
„Du wirst ihm erklären, daß ich das Richtige tue! Ich bleibe nicht wochenlang weg, nur einige Tage."
„Vielleicht findet sich Harry noch ein, so daß wenigstens einer von euch beiden am Platz ist. Wo treibt sich denn Jim herum? Ich denke, er ist der Manager der Kundschaftergruppe. Besteht die eigentlich nur noch aus euch beiden?"
„Ja. Die weißen Männer fühlen sich sicher, und Jim hat den Mann mit dem Lockenkopf beredet, daß dieser ihn für einige Wochen gehen ließ."

„Komischer Kauz. Der Jim, meine ich. Taylor II ist ein Idiot."

„Du willst uns verlassen, Top?" rief der kampfgewandte Kellner. „Schade, schade! Du, unser gutes Stück! Einen Drink auf Top!"

Die Männer hoben die Becher und reichten sie rundum. Der Indianer wurde dadurch das Ziel der Aufmerksamkeit.

„Top, wenn du so lange von uns weggehen willst, mußt du vorher einen ausgeben! Dann machen wir Taylor II fertig, und er wird einverstanden sein."

Mattotaupa betrachtete sich die Runde. Es waren nicht die schlechtesten Männer der Station, die sich für den Ritt zum Zug bereit gefunden hatten. Sie alle schauten Top jetzt erwartend und freundlich an, und eine dunkle, unbewußte Erinnerung stieg wieder einmal in ihm auf, Erinnerung an jene vergangenen Tage, als er, Kriegshäuptling der Dakota, fast täglich Gäste in seinem Zelt gehabt und aus seiner großen Jagdbeute bewirtet hatte. Er war zur Freigebigkeit erzogen worden; sie hatte seinem Range und seinem Können angestanden; er fühlte sich wohl, wenn er andere bewirten konnte. Die Männer aber, bei denen er jetzt lebte, wollten nicht Bärentatzen oder Büffellende an seinem Zeltfeuer essen, sie wollten Bier, Branntwein und Geld. Das hatte Top seit dem Abschiedsfest von Joe begriffen. Er wußte, Geld, Branntwein und Bier waren bei solchen Männern der Weg, bewundert und beliebt zu werden – ein Weg, der noch sicherer zum Ansehen führte als selbst die kühnsten Leistungen im Spähdienst, von deren vollem Risiko viele auf der Station nichts mehr wußten. Es ekelte den Indianer im Grunde selbst vor dem Weg, den er beschritten hatte, aber er konnte das Wohlgefühl der persönlichen Geltung, in das er als kühner Knabe, als Anführer der Burschen, als Kriegshäuptling der Männer hineingewachsen war, nicht entbehren, und der einfachste Weg dazu war der verführerischste. Es gab nur einen, der ihn mit einem Blick aus dieser Zuflucht seines Selbstbewußtseins aufzustören vermochte, das war sein Sohn, und immer häufiger haßte er ihn dafür, obgleich er ihn verzweifelt liebte. Aber jetzt war Harka nicht in der Nähe.

„Hier können wir nichts ausgeben, weil es nichts zu kaufen gibt", sagte Joe.

„Aber wenn wir auf die Station zurückkommen! Dann wird noch mal gefeiert! Ja, topp, Top?"
„Topp!" versicherte der Indianer, der dieses Wortspiel schon gewöhnt war, lächelnd.
Das Faß wurde weiter angezapft und auch dem Branntwein zugesprochen. Manche begannen die Getränke zu mischen.
„Topp!" wiederholte Mattotaupa. „Aber erst, wenn Tashunkawitkos Skalp an meinem Gürtel hängt."
Joe blickte den Indianer von der Seite an, prüfend, unzufrieden. „Die Prärie ist groß. Hat sie nicht Platz für euch beide?"
„Sie hat nicht Platz." Top, dem bedrängende Erinnerungen aufstiegen, trank schneller.
„Was hat er dir angetan, Top?" forschte der Kellner und soff das Doppelte.
„Er ..." Top schaute vor sich hin und schien seine Umgebung zu vergessen. „Er hat mich einen Verräter gescholten. Meinen Sohn wollte er mir rauben ... Und als ich einmal in mein Zelt schlich, in mein eigenes Zelt, nach vielen Sommern und Wintern ... und als ich mit meiner Mutter sprach, da kam er und schlug mich nieder und fesselte mich ... Und meine kleine Tochter mußte mich befreien ..." Der Indianer war in seine eigene Sprache verfallen, und die Zuhörer verstanden seine Worte nicht mehr. „Aber Harka, mein Sohn, weiß davon nichts ..." sprach der verbannte Häuptling noch zu sich selbst, als ob er eine geheime Furcht beruhigen wolle. „Nie wird Harka von der Schande erfahren."
Top verstummte. Joe zuckte die Achseln; er hörte aus dem Ton des Indianers das Gefühl heraus, aber er liebte keine Sentimentalitäten und wurde ganz trocken. „Wenn das hier so weitergeht, kommen wir erst morgen zu der Station zurück. Länger warte ich aber auf keinen Fall. Dann binden wir die Bierleichen einfach auf die Pferde."
„Topp!" stimmte der Indianer zu. Durch den Alkoholgenuß wurde er schon gleichgültig gegen das, was ihm eben noch wichtig erschienen war.
Während der Trupp in der Prärie am hellen Tage zechte, machte man sich im Stationslager an die Aufräumungsarbeiten. Morris und Langspeer beteiligten sich daran nicht mehr. Der Baracken-

raum, den der Wirt ihnen zur Verfügung gestellt hatte, war unversehrt geblieben, während der Nachbarraum, den Joe und Henry hatten beziehen wollen, erbrochen und zerstört war. Der Maler ließ Henry in seinen Raum bringen, und Langspeer betreute den Ohnmächtigen, der eine schwere Gehirnerschütterung erlitten zu haben schien, auf der eigenen Lagerstatt. Morris lag auf der seinen, immer noch sehr blaß. Er wollte nichts zu sich nehmen als ein wenig Tee.
Draußen ging es lärmend zu. Ein Teil der Männer suchte die Umgebung nochmals nach Feinden und Fährten ab, konnte aber nur feststellen, daß alle Dakota aus dem Gesichtskreis verschwunden waren, und verkündete dieses Ergebnis mit derben Kommentaren. Für die Toten der Station wurden Gräber ausgeschaufelt. Die Verwundeten hatte man in das eine der großen Zelte gebracht, das noch stand, und hatte sie dort zwischen Ballen und Fässern gebettet. An einer neuen Baracke für den Stationsleiter Taylor II wurde gehämmert. Der Wirt hatte seine Kasse unter der Lagerstatt von Morris verstaut, da sie ihm dort jetzt am sichersten untergebracht schien.
Der Branntwein- und Bierausschank erfolgte provisorisch im Freien, hinter einer Barriere von Wasserfässern an einem schnell zusammengenagelten Brettertisch. Daisy half dem Wirt als erste. Allmählich fanden sich noch zwei weitere Hilfskräfte ein. Das Geschäft ging sehr gut. Hahnenkampf-Bill ersäufte seinen Kummer, sobald die einfache Bestattung der Toten beendet war, und der lockenhaarige Stationsleiter ließ sich eine abgefüllte Flasche bringen.
„Heute kann ich nicht trinken", wehrte der Maler ab, als Langspeer ihn fragte.
Als es Abend geworden war, klopfte es schüchtern an die Tür des Zimmers, das der Maler bewohnte. Morris bat zunächst nur leise herein, und das Klopfen wiederholte sich.
„Bitte!" rief Langspeer jetzt laut und deutlich.
Die Tür wurde behutsam geöffnet. Morris fuhr zusammen. Was er sah, war schwarz, darüber ein Gesicht ohne Nase, ein Kopf ohne Ohren. Morris dachte an die Erscheinung, die er des Nachts bei den verwundeten und toten Dakota erblickt hatte. Er nahm sich zusammen.

Eine Frauengestalt schob sich durch die Tür, die fremden Augen sahen sich um, wer alles im Zimmer sei. Dann blieb die Frau mit dem Rücken gegen die Tür gelehnt stehen. Über dem Arm hatte sie eine Lederdecke, in der Hand ein Bündel mit Sachen. Sie selbst war in Leder gekleidet wie eine freie Prärieindianerin, aber das Leder war schwarz gefärbt. Schwarz war bei den Indianern die Farbe der Trauer, der Buße, des Opfers. Aber sie pflegten Leder nicht im ganzen schwarz zu färben; hierin hatte die merkwürdige Frau die Sitten der Weißen nachgeahmt. Das Schwarz war stumpf, und auf den Maler wirkte es wie der Anblick des Todes, und doch war dieses Lederkleid das einzige, was die Verstümmelte zur Person machte, denn sie hatte es selbst gewählt.

„Was ist?" fragte Morris von seinem Lager her benommen. Er hatte die Hände unter dem Genick gekreuzt und den Kopf etwas vorgebeugt. Seine Augen waren aufgerissen.

„Wissen, was lynchen ist?"

Morris erschrak noch tiefer. „Bedroht dich jemand?"

„Das ist nicht wichtig. Aber sie wollen den Sioux lynchen." Die Indianerin flüsterte.

„Welchen Sioux?" Auch Morris sprach leise. „Doch nicht etwa meinen roten Bruder Langspeer hier?"

Die Indianerin schüttelte mit dem Kopf. „Nicht Langspeer."

„Wen denn?„

„Harka."

„Harry?" Der Maler erinnerte sich mit neuem Erschrecken seines Gesprächs mit Hahnenkampf-Bill. „Wo ist Joe Brown?"

„Zum Zug geritten. Er ist noch nicht zurück."

„Das ist übel. Wer hat denn diese Lynchparole ausgegeben?"

„Bloody Bill. Aber schon denken alle so. Massa Taylor II sagt, lynchen richtig, und Vicky sagt, lynchen gut. Alle trinken und sagen, Harry lynchen! Sie kochen eine Tonne Teer, wollen ihn mit heißem Teer beschmieren, daß ihm Haut und Fleisch verbrennen, und ihn mit Federn bekleben und jagen, bis er zusammenbricht und stirbt."

„Was für ein grauenhafter Wahnsinn. Man muß Harka warnen! Bis jetzt hat ihn noch niemand wieder gesehen?"

„Nein. Aber Pferd ist da. Dakota kommt zu seinem Pferd."

„Falls er noch am Leben ist. Langspeer, was machen wir? Du weißt, was Tashunka-witko gerufen hat! Das allein genügt, um zu beweisen, daß Harka uns nicht verraten hat!"
Die Seminolin schüttelte den Kopf. „Das wird kein Gericht sein, weißer Mann. Das ist Lynchen! Niemand fragt, niemand antwortet. Alle schreien, alle wollen morden. Kein gutes Wort wird angehört."
„Langspeer, was machen wir?! Wir müssen Harry warnen, wenn er noch am Leben – und wenn er nicht der Gefangene der Dakota ist. Wo ist Mattotaupa?"
„Vom Zug noch nicht zurückgekehrt."
„Können wir nicht die Männer mobilisieren, die Harry sich zum Kampf zusammengeholt hatte? Sie kennen doch die Zusammenhänge und müssen mit Harry freund sein."
„Sie sind beim Zug."
„Alle brauchbaren Menschen sind beim Zug! Wir müssen handeln, ehe Harry den Mördern in die Hände gerät. Was können wir tun?"
Der Cheyenne starrte vor sich hin. Schließlich meinte er: „Ich schreibe einen Brief auf Leder, und mit diesem jage ich den Grauschimmel in die Prärie. Wenn Harka überhaupt zurückkommt, findet er das Pferd und den Brief."
„Das wäre ein Weg."
„Bill paßt aber auf den Mustang auf", sagte die Seminolin, „und der Mustang lahmt stark. Harka hat ihn zu scharf geritten, um die weißen Männer auf der Station noch zur rechten Zeit zu warnen."
Morris spürte die Erbitterung und den Haß der Indianerin.
„Nun ihr wißt alles", sagte sie rauh. „Ich lasse euch diese büffellederne Decke hier; es ist Harkas Decke. Ich lasse euch diesen Bogen. Es ist Harkas Bogen. Ich lasse euch diese Adlerfedern. Es sind Harkas Adlerfedern. Ich lasse euch diesen Wampumgürtel für Harka; es ist ein Gürtel aus der Hütte des Häuptlings Osceola, den die weißen Männer verraten haben und sterben ließen. Harka kann die Botschaft verstehen. Ich lasse euch das alles hier."
Die Frau bückte sich und schob die Sachen unter Henrys Bett. Als sie das geordnet hatte, richtete sie sich auf und stand den

beiden Männern frei gegenüber. Morris vermied den Blick, der ihn aus dem entstellten Gesicht traf. Er sah die Hände der Seminolin, einfache, edle Hände. Die Indianerin ging zur Tür, und schon hatte sie den Raum auch so leise wieder verlassen, wie sie gekommen war.

Langspeer erhob sich wenig später. „Ich sehe mich draußen um."

In der Stunde, die er fortblieb, hörte der Maler draußen wüsten Lärm aufwallen und wieder abebben. Als der Cheyenne zurückkam, setzte er sich an den Rand von Henrys Lager, legte die Hände auf die Knie und hielt den Kopf gesenkt.

„Was ist, Langspeer?"

„Es steht schlecht, mein weißer Bruder Weitfliegender Vogel Geschickte Hand Geheimnisstab! Harkas Pferd lahmt und ist auch so umstellt, daß niemand es wegtreiben kann, ohne daß geschossen wird. Alle laufen mit Waffen umher und wollen Harry lynchen. Im Lager hier wäre er verloren. Sein Zelt ist zerstört. Sie wollten die Seminolin lynchen, aber sie hatte Gift genommen. Einer der Männer goß den heißen Teer über die Tote. Ich gehe jetzt hinaus vor die Station, als ob ich Wache halten wollte. Vielleicht findet mich Harry, oder ich sehe ihn, falls er zurückkehrt, und kann ihn noch warnen."

„Versuche das und überlege, wie wir Joe, Mattotaupa und den anderen Männern beim Zug Nachricht zukommen lassen können. Sie allein vermögen noch ein weiteres Unglück zu verhüten und diese betrunkenen Bestien hier umzustimmen oder wenigstens im Zaum zu halten."

Langspeer nickte und ging, nicht leichten Herzens. Morris hörte draußen das Grölen und die Rufe der Männer, die die Fortsetzung einer grausamen Lynchjustiz verlangten.

Es war Nacht. Der Wirt erschien noch einmal und schloß eine größere Summe Geldes in die Kasse unter dem Bett ein. Er schwitzte inzwischen nicht mehr vor Angst, sondern vor Geschäftseifer.

Daisy sah hin und wieder nach Morris und brachte ihm alles, was dieser für sich und Henry wünschen konnte. Sie hängte ein Tuch vor das Fenster, so daß niemand hereinschauen konnte, und brachte eine kleine Öllampe zum Brennen. Das Licht war

mild und wirkte als Gegensatz zu dem lauten und rüden Treiben draußen um den Schanktisch. Morris fühlte alle seine Nerven zittern, wenn er die viehischen Drohungen hörte, die die Männer gegen den jungen Indianer ausstießen, und wenn er an den Tod der verstümmelten Frau dachte.
Etwa um die elfte Stunde verabschiedete sich Daisy, und Morris dankte ihr und versicherte, daß er keinerlei Wünsche mehr habe. Henry war einmal zu Bewußtsein gekommen, hatte sich erstaunt umgesehen und war dann eingeschlafen.
Morris brütete vor sich hin und nahm hin und wieder einen Schluck Wasser.
Um Mitternacht klopfte es wieder an die Tür, und der Maler rief leise: „Bitte!"
Ein Türspalt tat sich auf. Ein Schlapphut, der Haar und Gesicht verdeckte, schob sich herein, dann die ganze Gestalt eines Cowboys im Lederanzug. Der Mann hatte eine Büchse bei sich. Der Eintretende zog die Tür lautlos hinter sich zu und setzte sich wie selbstverständlich an den Rand des Lagers, auf das Henry gebettet war, genau wie vorher Langspeer. Die Büchse stellte er zu Boden. Er hielt den Kopf gesenkt. Aber nun hob er ihn rasch und sah Morris im Schein der Öllampe an.
„Ha . . ." Morris sprach den Namen nicht ganz aus. „Du!"
„Ja. Wo ist mein Vater?"
„Noch beim Gleis draußen."
„Joe?"
„Noch beim Gleis draußen, mit den zwanzig zusammen, die im Kampf dein Spezialtrupp gewesen sind."
„Die weißen Männer hier haben die Leiche einer Frau geschändet und wollen mich lynchen."
„Kannst du dich verbergen, bis dein Vater, Joe und die anderen zurückkehren?"
„Das könnte ich, aber ich will es nicht. Ich gehe. Hast du verstanden? Wenn du meinem Vater irgendwo und irgendwann etwas mitteilen kannst, so sage ihm, daß ich fortgegangen bin, um die Proben zu bestehen, die mich zum Krieger machen. Ich werde nicht zu den Dakota gehen, sondern zu ihren Feinden, den Siksikau, in deren Zelten mein Vater und ich schon zu Gast gewesen sind. Ich werde dann noch einmal zurückkehren und

meinen Vater suchen. Ich will ihn als Krieger fragen, ob er bereit ist, sich von Red Jim zu trennen."
„Wo ist Jim? Was macht er? Ich habe ihn hier noch nicht gesehen."
„Den Winter über war er noch da, als Kundschafter wie wir, aber vor einigen Wochen ist er wieder einmal verschwunden. Wenn er sich nicht sehen läßt, pflegt er sich in den Black Hills umherzutreiben und nach Gold zu suchen."
„Er hat aber noch nichts entdeckt?"
„Nein, noch immer nicht." Der Indianer erhob sich.
„Harry, willst du nicht selbst deinen Vater unterrichten?"
„Ich werde es noch versuchen."
„Und . . . halt, Harka, einen Augenblick. Die Frau mit dem verstümmelten Gesicht hat eine büffellederne Decke, einen Bogen und sonst noch einiges für dich hierhergebracht. Wenn du selbst nachsehen willst – unter der Bettstatt, auf der du sitzt, liegt alles."
Der Indianer bückte sich und hatte seine alte bemalte Decke, den Bogen, zwei Adlerfedern und den Wampumgürtel gleich gefunden. Den letzten behielt er einen Augenblick in der Hand und betrachtete ihn sehr aufmerksam.
„Aus dem Zelte der Osceola", erklärte Morris. „So sagte die Frau. Sie war eine Seminolin?"
„Ja. Das war sie, und sie hat es nie vergessen. Der Gürtel enthält eine Botschaft. Wo ist Langspeer?"
„Draußen, wo er dich zu treffen hoffte. Du bist ihm nicht begegnet? Ich dachte, er hat dir die Kleider verschafft."
„Nein, die habe ich dem Manne ausgezogen, der eine tote Frau mißhandelt hat. Er wagte sich ein wenig zu weit vor das Lager und zu nahe an mein Messer."
Als der Indianer das sehr gleichgültig aussprach, blickte Morris ihn kummervoll an. „Harka, das Töten ist auch für dich ein Handwerk geworden."
„Hau, es gehört zu meiner Arbeit. Die roten Männer und die weißen Männer haben es mich gelehrt. Ich töte rote Männer, und ich töte weiße Männer, so sicher wie ich Büffel abschieße. Wer wollte mich noch achten, wenn ich dieses Handwerk nicht gut verstehen würde?"

„Wer bist du?“ fragte der Maler entsetzt. Es war dieselbe Frage, die Mattotaupa seinem Sohn Jahre zuvor gestellt hatte.
Über die Züge des jungen Indianers flog jener aufbegehrende Zynismus, der die letzte Waffe eines jungen Menschen gegen die Selbstvernichtung ist. „Mein Name ist Harry. Kundschafter bin ich und Bandenchef und gefährlich für alle, die ich zu hassen oder zu verachten gelernt habe.“
Das blasse Gesicht des Malers erfüllte so viel Traurigkeit, daß der Indianer ihn forschend ansah. „Bist du traurig, Weitfliegender Vogel Gelbbart Geheimnisstab?“
„Du siehst, ich bin kein Gelbbart mehr, wie du mich als Knabe noch nanntest. Ich bin ein Graubart geworden. Und ich bin traurig.“
„Warum? Hast du jetzt Angst vor mir? Oder ist es noch immer nicht gleichgültig für dich, was aus einer Rothaut wird?“
„Nein, Harka Nachtauge Steinhart Wolfstöter Bärenjäger, ich habe keine Angst vor dir. Es ist mir aber nicht gleichgültig, wofür du deine großen Gaben verschwenden mußt.“
Die Züge des Indianers verschlossen sich wieder ganz, und der Weiße auf seinem Lager erschrak von neuem, wieviel Bitterkeit und verzehrender Hochmut in dem Ausdruck dieses knapp Neunzehnjährigen lag.
„Erschrick nicht, wenn du bald einen Schuß hörst“, sagte der junge Indianer zu dem Weißen. „Ich töte mein Pferd, das zu müde für mich geworden ist und das ich jetzt nicht aus den Händen der weißen Männer befreien kann. Ich treffe gut, und der Grauschimmel wird nicht wissen, daß er stirbt.“
Harka schlug den Hutrand noch etwas tiefer herunter und verließ das Zimmer ruhig und unauffällig, wie er gekommen war. Nicht lange danach krachte ein Schuß. Ein paar halb Betrunkene schrien und schienen den Schützen zu suchen, dann war es wieder still.

Als es nach dieser Nacht dem Morgen zuging, dem zweiten nach der Kampfnacht, wachten die zwanzig in der Prärie draußen neben dem Gleis aus ihrem Rausch auf. Sie hatten Durst, aber kein Wasser und waren abgespannt.
Joe, der sein Maß zu kennen pflegte, war bei Sinnen geblieben

und hatte Wache gehalten. Er hatte Top nicht gehindert zu trinken, aber er hatte ihn gehindert, sich sinnlos zu betrinken, und so standen diese beiden jetzt sicher auf den Füßen und hielten auch mit klaren Augen Ausschau. Als dritter gesellte sich der Kellner zu ihnen, der von keiner Quantität Alkohol ganz umzuwerfen war. Alle aber rochen noch nach Branntwein und Bier, und Top war sein eigener Atem zuwider.
„Da kommt endlich einer, um uns zu berichten und uns zu holen!" sagte der Kellner und wies nach Osten. „Die auf der Station haben sich wohl auch toll und voll gesoffen, daß sie sich so lange überhaupt nicht um uns kümmern. Was nun, wenn die Dakota uns heute nacht kaltgemacht hätten?"
„Dann wäre ihnen ein großer Coup geglückt. Aber sie haben die Gelegenheit versäumt."
„So was passiert auch dem besten Mann! Ich könnte euch erzählen . . ."
„Still! Nachher!" mahnte Joe. „Wer ist das, der da kommt? Ist das nicht Harry?"
„Es ist mein Sohn", sagte Mattotaupa.
Der junge Indianer ritt einen Schecken. Die Lederdecke hatte er dem Tier umgeschnallt. Er galoppierte zu der Gruppe der drei heran. Knapp davor hielt er an und sprang ab. Er war wieder als Indianer gekleidet. Den Wampumgürtel hatte er angelegt. Seine Züge hatten einen Ausdruck, der noch hochfahrender und feindseliger wirkte, als die Männer es sonst an ihm gewohnt waren, und wenn er auch keinen Atemzug mehr tat als gewöhnlich, so wußte Mattotaupa doch, daß der Angekommene den Alkohol roch.
„Tashunka-witko hat den Angriff auf die Station geführt?" fragte Mattotaupa den Sohn, noch ehe dieser ein Wort gesagt hatte.
„Hau."
„Und dann?"
„Hat er die Büffel gejagt."
„Du hast ihn verfolgt?"
„Nein."
„Du hast Tashunka-witko nicht verfolgt? Warum nicht?"
Auf dieses „Warum" hin ging der junge Indianer innerlich in

Kampfstellung gegen den Vater. Er hatte sein Pferd, das er liebte, zuschanden geritten, um die weißen Männer zu warnen; er hatte die Dakota überlistet; sie würden von ihm sagen, er habe sie heimtückisch in eine Falle gelockt. Er hatte gekämpft, er hatte Dakotakrieger getötet, und neue Blutrache stand zwischen ihm und seinem Stamm. Aber er hatte sich Tashunka-witko nicht zum Kampf gestellt, als dieser ihn dazu herausforderte, nicht weil er in der Wut des Kampfes und dem gefährlichen Rausch des Kampferfolges noch den Tod gefürchtet hätte, sondern weil er den großen Häuptling nicht für die weißen Männer töten wollte. Er wollte es nicht, obgleich Tashunka-witko Mattotaupa beleidigt hatte. Harka hatte Tashunka-witko nicht verfolgt, er hatte aber einigen schwerverletzten Dakota noch zur Flucht verholfen. Er hatte auch Tote weggeschafft. Er wollte nicht Sieger sein, damit die Weißen mit den Leichen der Dakota ihren Mutwillen treiben konnten.
Es gab Männer, die einen unzähmbaren Mustang dadurch zähmen wollten, daß sie ihm am Nacken eine eiternde Wunde zufügten und sie nicht zum Heilen kommen ließen; wenn daran gerührt wurde, durchzuckte der Schmerz den ganzen Körper; doch gab es Outlaws, die sich auch dem nicht fügten. Das „Warum" hatte an Harkas eiternde Wunde gerührt, an den ungelösten Zwiespalt und die Hoffnungslosigkeit seines Lebens. Er fürchtete, daß der Vater ihn jetzt als Schwächling und Verräter bloßstellen wollte, und das vor anderen Männern. Harka war nicht mehr vierzehn Jahre alt, er war neunzehn. Auch vom Vater, der nach Brandy roch, würde er sich nicht mehr schmähen lassen.
Er hatte auf die Frage Mattotaupas nicht gleich geantwortet, weil er seine Gedanken und Empfindungen zusammenraffte. Der Vater mochte das Zögern als Nichtachtung oder als böses Gewissen verstehen, vielleicht als beides, und er wiederholte: „Du hast Tashunka-witko nicht verfolgt. Warum nicht?"
Jetzt saß der Stich, und auch Harka stieß zu:
„Warum nicht? Weil ich Tashunko-witko deiner Rache überlasse, Mattotaupa. Als dich Tashunka-witko in deinem eigenen Zelte gebunden hatte, hat dich deine kleine Tochter befreit. Die Weiberzungen sollen nicht erzählen dürfen, daß erst dein Sohn

kommen mußte, um dich zu rächen – noch ehe er ein Krieger war."
Mattotaupa erstarrte und erschlaffte wie ein Mensch, der tödlich verletzt ist. Ihn erstickte eine Frage. Er sprach sie nicht aus, aber der Sohn beantwortete sie:
„Mein Bruder Harpstennah hat mir gesagt, was geschehen ist, ehe er von meiner Hand sterben mußte."
Mattotaupa rang um Atem und rief endlich, mit verzerrtem Gesicht, in englischer Sprache: „Kommt, meine weißen Brüder, wir reiten zur Station! Ich bin euer Kundschafter und werde euch nicht verlassen, auch nicht um meiner Rache willen! Ich habe gesprochen, hau!"
„Auf die Station, dort laßt uns den Sieg noch einmal feiern!" schrie der Kellner. „Auch Harry lebt! Darauf spendiere ich einen Drink!"
Top fiel in sich zusammen und ging zu seinem Pferd; er vermied dabei, den Sohn anzusehen. Er hatte Tashunka-witko verfolgen wollen, aber da der Sohn es von ihm verlangte, stand er davon ab.
Harka ging zu seinem Schecken, schwang sich auf und ritt ohne Gruß weg. Joe schaute ihm lange nach.
„Was habt ihr nur immer miteinander", sagte der Ingenieur später zu Mattotaupa, als beide schon zu Pferde saßen und die übrigen aufsprangen, um den Ritt zur Station zu beginnen. „Zwei Kerle seid ihr, von denen jeder zehn oder zwanzig oder vielleicht sogar hundert andere aufwiegt. Aber wenn ihr zusammenkommt, streitet ihr, mit Worten oder auch ohne Worte. Das geht schon seit Jahren so. Dabei seid ihr doch aufeinander angewiesen. Reitet Harry jetzt Tashunka-witko nach?"
„Nein."
„Also auf Kundschaft?"
„Ich weiß nicht. Frag ihn, wenn er sich noch mal sehen läßt."
„Das klingt nicht sehr aussichtsreich!"
Die Pferde wurden zum Galopp getrieben; das Gespräch war damit beendet. Nach einem mehrstündigen Ritt, der an den Gleisen entlangführte, gelangte die Gruppe zum Stationslager. Die Reiter schwenkten die Hüte, und die Begrüßung war beiderseits laut und wortreich. Joe fand daran wenig Geschmack.

Nachdem er sein Pferd untergebracht hatte, ließ er sich von diesem und jenem das Wichtigste berichten und suchte dann Henry in der Kammer der Bretterbude. Es ging Henry nicht gut. Morris und Langspeer waren um ihn bemüht. Der Verletzte hatte nochmals erbrochen und lebte immer noch zwischen Ohnmacht, Dämmerzustand und Schlaf.
„Er soll vollständig ruhig liegenbleiben!" sagte Joe, zornig aus teilnehmender Besorgnis, aber sehr leise, um den Verletzten nicht aufzustören. „Wenn Tashunka-witko zuhaut, haut er eben zu. Es wäre schlimmer gewesen, wenn der Hieb mit der Schneide gesessen hätte."
„Ihr werdet um Henrys willen noch länger hierbleiben?" fragte der Maler.
„Muß ich wohl. Der Junge kann einem Sorgen machen."
„Die Kammer nebenan ist wieder zurechtgezimmert. Ich ziehe mit Langspeer dorthin und räume Ihnen hier mein Lager ein. Dann brauchen wir Henry nicht umzubetten."
„Meinen Dank!"
Der Umzug war schnell bewerkstelligt. Als Henry eingeschlafen war, ging Joe zu Morris und Langspeer hinüber, um ihnen von den Ereignissen beim Zug zu berichten und sich auch von ihnen erzählen zu lassen, was inzwischen auf der Station geschehen war.
„Ja, Harry lynchen", wiederholte Joe. „Deshalb ist der Bursche wohl fortgeritten! Hätte uns lieber ein Wort sagen sollen. Wir wären mit der Bande fertig geworden."
„Gewiß." Der Maler sah den Ingenieur nachdenklich an. „Aber glauben Sie wirklich, daß Harry sich gefürchtet hat?"
„Der fürchtet Tod und Teufel nicht, das habe ich heute nacht wieder gesehen. Aber der Undank mußte ihn kränken. In dergleichen Dingen war er immer empfindlich wie eine Nippesfigur."
„Joe, auch ein junger indianischer Kundschafter ist mehr als eine Figur. Er ist Mensch. Heute nacht hat Harry für ein paar Minuten die Rolle gespielt, die er sich seine ganze Kindheit hindurch erträumt hat; er war Kriegshäuptling der Dakota, Vorkämpfer in seinem Stamme; er hatte die Befehlspfeife an den Lippen. Dann wandte er sich um und stieß denen, die ihm ge-

folgt waren, das Messer ins Herz und in die Nieren. Glaubt ihr, daß er das getan hat, ohne daß in ihm selbst etwas zerriß?"
Joe zuckte die Achseln. „Er wollte es selbst so haben!"
„Meinen Sie? Er wollte verhandeln, als ich das vorschlug, aber Sie haben ihm das Wort abgeschnitten wie einem vorlauten Jungen."
„Hm! Na ja. Und dann hat er sich selbst moralisch zuviel zugemutet. Kann sein. Also doch Zwielicht! Wir haben schon zu hören bekommen, daß die toten und die verwundeten Dakota alle verschwunden sind und daß dieses Weib mit dem verstümmelten Gesicht, das in Harrys Zelt wohnte, Gift genommen hatte, als sie Männer sie zur Rechenschaft ziehen wollten."
Die drei Männer begannen zu rauchen, und es blieb einige Zeit still in der Kammer.
„Mattotaupas müßten wir uns annehmen", meinte der Maler endlich leise. „Ich habe ihm zu sagen, wohin sein Sohn geritten ist."
„Top sitzt drüben, spendiert und säuft wie toll bei der zweiten Siegesfeier. Er muß ganz und gar darüber verzweifelt sein, daß Harry ihn verlassen hat. Suchen Sie Top lieber morgen oder übermorgen auf, wenn er seinen Rausch ausgeschlafen und über seinen Kummer ruhiger nachgedacht hat."
„Ich weiß nicht", zögerte Morris, aber dann entschloß er sich doch, nach diesem Rat zu handeln.
Es war Abend. Morris und Langspeer ließen sich das Essen auf ihre Kammer bringen. Daisy-Vicky hatte diese Aufgabe übernommen. Sie wußte, daß sie sich Hände und Gesicht sehr sauber waschen mußte, um solchen Dienst versehen zu dürfen, und das tat sie auch regelmäßig und ohne es ein einziges Mal zu vergessen. Der Maler hatte sich an sie gewöhnt.
Joe sprach Daisy an. „Bringst du mir auch jeden Abend das Essen? Ich muß bei Henry bleiben."
„Nein, dir bringe ich es nicht. Das übernimmt eine andere."
„So? Meinetwegen. Was macht der lockenhaarige Herr in seiner Bretterbude?"
„Große Worte! Er ist's natürlich, der gesiegt und die Station und den Zug gerettet hat."
„Wird's ihm einer glauben?"

„Die, auf die es ihm ankommt, werden es ihm schon glauben."
„Er will Karriere machen?"
„Wird er auch."
„Viel Glück! Auf einen mehr oder weniger von der Sorte kommt's nicht an. Wir leben sowieso in schweinischen Zeiten. Pfui Deiwel!"
„Den Top entläßt er. Indianer will er nicht mehr sehen. Er hat's ihm schon gesagt."
„Was wird Mattotaupa machen?" fragte Morris.
„Der? Vorläufig saufen. Er will warten, bis Jim zurückkommt, oder er will ihn auch suchen gehen."
Vicky-Daisy zog sich zurück.
Der Maler schaute bedrückt vor sich hin. „Langspeer, willst du mir einmal die Skizzen geben? Wir hatten sie im Gepäck. Vielleicht sind sie noch da."
„Sie sind noch da, mein Bruder Weitfliegender Vogel."
Der Cheyenne packte eine große Mappe aus, die, mit einer Decke verhängt, an der Wand gestanden hatte.
„Ach, da sind sie!" Morris nahm ein Blatt nach dem anderen heraus.
„Hier, Joe, wer ist das?" Es handelte sich um eine Bleistiftskizze.
„Das ... Donner und Wetter! So hat Mattotaupa damals ausgesehen?"
„Ja, so sah er aus. Vor sieben Jahren, als ich sein Gast war. Ein stolzer Häuptling."
Joe vertiefte sich in die Bilder. „Sie haben recht", sagte er schließlich. „Wir müssen etwas für Mattotaupa tun. Ich gehe nun doch hinüber zur Siegesfeier, wenn mir auch schon beim bloßen Gedanken daran schlecht wird, als hätte mir einer lockige Haare zu fressen gegeben."
Joe verließ den Raum. Es war längst dunkel geworden. Da die alte Gastbaracke in Kampf und Feuer völlig zu Bruch gegangen war, bediente der Wirt mit Erlaubnis des Stationsleiters vorläufig wieder in dem großen Zelt, in dem die Kisten und Ballen noch etwas höher gestapelt waren, um für Tische und Bänke erneut Platz zu schaffen. Der frühere Geiger spielte wieder. Joe hörte den Bogen schon auf den Saiten kratzen, noch ehe er das

Zelt betrat. Er ließ sich Zeit und schaute noch ein paar Minuten, in sich versunken, in die Nacht hinaus. In der zentralen Bauleitung hatte er sich nicht wohl gefühlt, und hier gefiel es ihm auch nicht mehr. Aber er hatte schon gehört, daß eine weitere Überlandbahn gebaut werden sollte, unter schwierigsten Verhältnissen oben im Norden. Dort mußten sich noch Aufgaben für einen Pionier finden. Allerdings, seit dem Tage, an dem er mit drei Mann nackt durch die Prärie gewankt war, waren fünf Jahre vergangen, und jedes dieser Jahre wog doppelt im Verzehr der Kräfte. Joe Brown war älter geworden.
Er schrak zusammen, denn eine Hand hatte sich ihm mit einem kräftigen Schlag auf die Schulter gelegt. „Alter Freund!" rief eine volltönende Stimme. „Träumst du von großen Zeiten? Die jetzigen sind auch nicht zu verachten!"
„Du, Jim?"
„Hast mich nicht so rasch zurückerwartet, wie?" Red Jim ließ den Ingenieur los und stellte sich breitbeinig neben ihn. „Mich hat wohl mein sechster Sinn hierhergetrieben! Wer hat denn eure Station in Unordnung gebracht?"
„Dakota."
„Mann, die habt ihr einfach hereingelassen? Bei hundert Flinten und mehr? Ihr seid mir welche! Was machen Top und Harry?"
„Noch am Leben."
„Mehr nicht? Du bist wortkarg geworden, Joe. Hast du was gegen mich? Ich gehe einstweilen trinken. Morgen ist auch ein Tag. Wir sprechen uns noch!"
Red Jim ging mit schweren hohen Stiefeln zu dem Zelt, aus dem der Lärm der Musik und das laute Gelächter der Betrunkenen drangen. Er öffnete, und als er eintrat, war Joe ihm mit leisen Schritten nachgekommen und stand hinter ihm, ohne daß Jim ihn bemerkte. Joe Brown warf einen Blick ins Innere des Zeltes. Am zweiten Tisch saß Mattotaupa, umgeben von Männern, die ihr Trinken bezahlt haben wollten und dafür an bewundernden Worten nicht sparten.
„Top!" rief Red Jim, und seine Stimme durchdrang allen Lärm im Zelt.
„Jim!" kam die Antwort. Mattotaupa war aufgestanden. Seine Augen glänzten. „Jim, mein Bruder!"

Die Zeltwand am Eingang glitt zurück. Joe Brown war draußen stehengeblieben und ging so langsam, wie er gekommen war, zu der Kammer von Morris und Langspeer, in der er Lichtschimmer erkannte. Er trat ein und setzte sich auf den Rand der einen Lagerstatt, an den Platz, an dem Harry gesessen hatte. „Zu spät!" sagte er. „Jim ist da."

Morris und Langspeer beantworteten die Entscheidung, die der Zufall gefällt zu haben schien, erst mit Schweigen. Aber dann hob Morris doch den Kopf, sah erst Langspeer, dann Joe in die Augen und sagte: „Vielleicht nicht nur zu spät, sondern überhaupt unmöglich. Mattotaupa ist ein ganz anderer Mensch als zum Beispiel du, mein roter Bruder Langspeer. Er ist nicht auf einer Reservation aufgewachsen, sondern war Kriegshäuptling bei einer Gruppe der Teton-Oglala, einem besonders verwegenen und kriegerischen Stamm der Dakota. Könnte einer von uns mit Mattotaupa oder Mattotaupa auf die Dauer mit einem von uns zusammen leben? Das aber braucht er, den Zusammenhalt, wie er ihn in seinem Stamme hatte. Einen einzigen Menschen wenigstens brauchte er, der zu ihm gehört und sein Leben teilt. Es gibt nur zwei, mit denen Mattotaupa noch zusammen leben könnte, so wie er jetzt leben muß – verbannt aus seinem Stamm, als Kundschafter entlassen: Harka oder Jim. Harka ist gegangen. Also bleibt Jim."

„Das heißt: das Todesurteil", schloß Joe.

Adlerjagd

Harka Steinhart Nachtauge, von den weißen Männern Harry genannt, befand sich auf dem Wege zu den Siksikau. Er wollte nicht dieselbe Route wählen, auf der er Jahre zuvor in den Prärien nördlich des Missouribogens südwärts über die Black Hills und den Niobrara bis zum Quellgebiet des Platte gelangt war. Er hatte vielmehr die Absicht, das Gebiet der Dakotastämme überhaupt zu meiden und, westlich zum Felsengebirge ausbiegend, durch die Wohnsitze und Jagdgründe der Schoschonen und der Absaroka hinauf in den Norden zu den Quellflüssen des Missouri zu reiten. Die Landschaften, die er zu Pferd durchwandern wollte, waren ihm noch unbekannt. Er hatte sie auf Landkarten studiert, die für diese Gegenden noch lückenhaft und unzulänglich waren. Lesen, Schreiben und Kartenlesen hatte er schon als Zwölfjähriger bei einem weißen Manne auf dem Wege von Omaha bis Minneapolis gelernt und dann weiter geübt; Joe und Henry waren ihm dabei behilflich gewesen. Die Karten, die er besessen hatte, waren nun allerdings alle verloren. Das Wichtigste daraus hatte er im Kopf. Er wußte, daß eine Strecke von etwa tausend Kilometern zu bewältigen war. Da er das Umgehen von Bergen und andere mögliche Hindernisse in die Rechnung einbeziehen mußte, konnte er nicht früher als in etwa drei Wochen die Gegenden zu erreichen hoffen, denen er zustrebte.

Dort würde dann die Suche nach der Jagdgruppe der Siksikau, die von dem Häuptling Brennendes Wasser geleitet wurde, für ihn beginnen.

Der Schecke, den Harka ritt, war ein braves Tier von mittelmäßigen Kräften. Er mochte sechs Jahre alt sein, war zuletzt mit Sattel und Steigbügel geritten worden, früher aber ein Indianerpferd gewesen und reagierte auf jeden leichten Schenkeldruck schnell und sicher. Das tägliche Durchwandern weiter Strecken sagte dem Tier mehr zu als das Pferdeleben bei der Bahnstation; es wurde wieder munterer, und seine Leistungsfähigkeit nahm zu, obwohl sein Reiter viel von ihm verlangte. Doch spürte der Schecke auch, daß er einen Menschen auf seinem Rücken trug, der so gut wie ein Mustang gutes Wasser und Windschutz zur Nacht fand und der stets wußte, was er wollte. So lebten sich die beiden, Pferd und Mensch, schon nach wenigen Tagen zusammen ein.

Harka ernährte sich von der Jagd und hatte es dabei vor allem auf kleines Getier abgesehen, da er nicht viel Proviant mit sich führen, aber auch nicht zuviel Jagdbeute verludern lassen wollte. Daß erlegte Tier sorgfältig genutzt werden sollten und daß man nicht mehr Tiere tötete, als Fleisch und Häute gebraucht wurden, hatte er von Kind an gelernt. Die Vorberge waren wildreich, in den Wassern gab es genug Fische, und er wurde immer satt. Zuweilen machte er sich Feuer, zuweilen nicht. Zuweilen ritt er tags, zuweilen nachts, je nach dem Gelände, in dem er sich befand. Die Frühlingstage wurden schon wärmer. Er hatte seine Büffelhautdecke bei sich und vermißte kein Zelt. Nur wenn es zur Schlafenszeit stark regnete, suchte er Unterschlupf unter Felsen oder Bäumen. Hatte er Raubtierfährten gefunden, so schlief er wohl auch im Stehen, an einen Baum gelehnt, oder er band sich mit seinem Lasso oben im Geäst fest.

Als er mit dreizehn Jahren seinen großen Ritt vom nördlichen Missouri bis zur Südseite der Black Hills gemacht hatte, hatte er mit bewußter Aufmerksamkeit die fremde Umgebung täglich durchspäht und sein Vorgehen überlegt. Das tat er auch jetzt, aber viel schneller, da es ihm in jahrelangem Kundschafterdienst schon völlig zur Gewohnheit geworden war. Ein Zusammentreffen mit Schoschonen oder mit Absaroka vermied er, aber nicht deshalb, weil er Feindseligkeiten fürchtete; er wollte nur nicht aufgehalten werden.

Eines Tages hatte Harka jedoch überraschend eine Begegnung. Das war zu einer Zeit, als etwa die Hälfte seines langen Weges zurückgelegt war und er in den Bergen zum Quellgebiet des Gelbsteinflusses und seiner Nebenflüsse gelangte. Es hatte am Tage stark geregnet. Felsen, Gräser, die benadelten Zweige der hohen Bäume glitzerten von Nässe und spiegelten die erste zarte Abendröte. Ein Bach, aus dem Berge entspringend, rauschte über Erde und Steine hinab und besprühte grünende Moospolster. Viele Wildfährten zeigten, daß dieses Gewässer als Tränke beliebt war. Der junge Indianer hatte einige Stunden vorher eine frische Grizzlyspur entdeckt und wollte sich und sein Pferd in acht nehmen. Er ließ den Mustang saufen, trank selbst und wusch sich, weil er jetzt Ruhe und Zeit hatte, aber nicht wissen konnte, wie es am nächsten Morgen damit bestellt sein würde. Dann suchte er sich einen geeigneten Platz für die Nacht. Die Schatten der Bäume wurden schon lang, und der Himmel glühte im Abendrot. Harka fand schließlich am Hang einen alten Lawinenbruch. Die umgebrochenen Stämme waren schon vermodert, von den Wurzeln des Mooses und der Beerensträucher und einiger jung heranwachsender Bäume halb verzehrt. Hier wollte der junge Indianer die Nacht verbringen. Der Scheckenmustang begann an Zweigen zu knabbern. Harka knackte sich Haselnüsse, die noch vom vergangenen Herbst stammten. Es fiel ihm dabei ein, daß er als Knabe mit seinem Blutsbruder Stark wie ein Hirsch, dem Siksikau, auf einer Jagd, die aus einer geplanten Antilopen- zu einer Luchsjagd geworden war, auch eines Abends alte Haselnüsse geknackt und gegessen hatte. Fleisch hatte Harka an diesem Tag schon zum Frühstück verzehrt; das genügte.

Er genoß, wie jeden Abend seit seinem Aufbruch, die Ruhe und Einsamkeit. Der Lärm bei der Bahnstation war ihm verhaßt gewesen, ebenso wie die Gerüche dort. Ganz allein in der Wildnis fühlte er sich wohler. Er hatte niemandem zu gehorchen, niemand verlangte Rechenschaft von ihm. Er hatte keinen Freund, aber auch keinen Feind. Für einen wundgestoßenen Menschen hatte das Alleinsein etwas Verführerisches an sich. Sein Körper und sein Denken entspannten sich. Zum Grübeln blieb keine Zeit, da die Wildnis die ganze Aufmerksamkeit in Anspruch nahm.

Als Schlafplatz wählte Harka sich an diesem Abend einen alten gestürzten Baumriesen, dessen Stamm in der Mitte der Lichtung, noch ein wenig schräg ansteigend, gelagert war. Ein Astansatz gab eine gute Fußstütze. Wenn es notwendig wurde, konnte der Indianer von hier sehr leicht aufspringen, kämpfen oder auch flüchten. Das Regenwasser war abgesickert. Er schlug die Büffelhautdecke leicht um sich und behielt die Büchse im Arm. Der Stamm hatte einen Durchmesser von etwa fünf Metern. Es bestand keine Gefahr, daß Harka im Schlaf herunterfallen würde. Neben dem Stamm nächtigte der Mustang. Der junge Indianer war gewohnt, bei dem geringsten störenden Vorgang aufzuwachen. Das Piepsen zweier Fledermäuse und ein Eulenschrei blieben ihm gleichgültig; sie gehörten zu den üblichen Nachtgeräuschen in der Natur. Das Rascheln von Eidechsen und Vögeln im Gesträuch, das Gekrabbel der Käfer hatten in der Dunkelheit aufgehört. Über den Berggipfeln und der Lichtung ging der Mond auf. Der Indianer sah aber keinen Grund, sich vor dem fahlen Lichtschein zu verstecken. Menschen, die diese Gegenden bewohnten, konnten ihn ruhig fin-

den. Raubtiere nahmen ihn in der Nacht durch die Nase, nicht aber durch das Auge wahr.
Nach dem Regen duftete es köstlich im Walde. Harka schlief ein und schlief gut. Als er wieder aufwachte, hatte die Dämmerung noch nicht begonnen, doch der Stand der Sterne zeigte an, daß es dem Morgen zuging. Der Indianer öffnete die Augen und schaute sich um. Er konnte sich Zeit lassen. Erst als die Sterne verblaßten und Felsen und Bäume aus dem Nachtdunkel in Nebelgrau getaucht wurden, setzte er sich auf und griff nach einem Rest seines Fleischvorrats, um kalt zu frühstücken. Die Sonne brach hervor; ihre Strahlen fluteten zwischen Stämmen, Laub, benadelten Zweigen und Gestein auf die Lichtung. Der Erwachte fühlte die Sonnenwärme im Nacken. Während er langsam aß, lauschte er auf das Singen der Vögel, das Rascheln im Gesträuch, das Rauschen des kleinen Baches und sah hoch in den Lüften einen großen Raubvogel schweben. Dieser zog den Blick Harkas auf sich, und er vergaß alles andere darüber, als er erkannte, daß es ein Adler war, der seine Kreise hoch in den Lüften und allmählich näher zu der Lichtung zog. Die Flügel hatten eine mächtige Spannweite; es war ein ausgewachsenes großes Tier. Der Indianer beobachtete den Adler lange Zeit, bis er endlich damit rechnen konnte, daß der stolze Raubvogel sich auf Schußweite nähern würde. Harka nahm die Büchse aus dem Lederbezug. Eben in diesem Augenblick ließ ihn jedoch ein Geräusch vom Bergwald her aufhorchen. Steine kollerten. Sie kollerten in Menge und in Abständen, als ob sie von einem sich bewegenden Lebewesen losgerissen worden seien. Ehe Harka wußte, was vorging, wollte er sich nicht durch das Krachen eines Schusses verraten, und so nahm er die Büchse zwar aus dem Überzug, schoß aber noch nicht. Der Adler schwebte zu hoch, als daß er ihn mit einem Pfeil hätter herunterholen können.
Der Indianer glitt zwischen die Sträucher und huschte in Richtung der Geräusche näher zum Rande des Hochwaldes, der die Lichtung umgrenzte. Er lauschte und spähte. Was er weiterhin vernahm, waren ein Krachen und Knacken zwischen den Bäumen oben am Berghang. Diese Geräusche setzten sich fort und kamen der Lichtung rasch näher. Harka dachte sofort an den

Bären, dessen Spuren er am Vortage entdeckt hatte. Wenn es dieses Tier war, so lief es schnell und rücksichtslos. Entweder jagte es, oder es wurde gejagt. Ein Grizzly griff ohne weiteres großes Wild, selbst Büffel, an und fürchtete sich nicht vor Menschen.
Aus dem Wald erscholl ein schriller Hilfeschrei. Das war eine Kinderstimme, die Stimme eines kleinen Mädchens, das durch den Wald floh. Aus den Geräuschen, die das verfolgende Tier verursachte, und aus dem verzweifelten Schreien konnte Harka erkennen, daß das Tier schneller war als das Kind.
Er sprang in drei, vier großen Sätzen von Stamm zu Stamm über die verbliebene Strecke bis zum Waldrand, dann in den Wald hinein hangaufwärts. Das Kind hatte die Richtung geändert, wahrscheinlich wollte es instinktiv das Tier irreführen. Aber das Mädchen befand sich in einem Hochwald mit wenig Unterholz, und das Raubtier schien seine flüchtende Beute gleich wieder erspäht zu haben. Es ertönten indianische Jagdrufe. Die Männer, die sie ausstießen, waren jedoch viel zu entfernt, um rechtzeitig eingreifen zu können.
Harka erblickte schräg rechts zwischen den Bäumen den Bären, der das Kind verfolgte. Es war ein Graubär, wie er vermutet hatte, dieses gefährliche Raubtier in Prärie und Felsengebirge. Auch das Mädchen sah der Indianer jetzt. Der Bär war den letzten Bogen, den das Kind im Walde geschlagen hatte, nicht mehr mitgelaufen, sondern hatte ihn abgeschnitten. Mit wenigen Sätzen mußte er das Mädchen erreicht haben. Er fletschte die Zähne, und auch im Laufen wirkten seine Pranken mit den fingerlangen Krallen schreckenerregend. Zu fauchen hatte er keine Zeit und keinen Atem. Wo ihn nicht Stamm noch Gesträuch hinderten, lief er so schnell wie ein Mustang. Sein Kopf war verhältnismäßig klein, die Schnauze spitz. Der Körper war riesig.
Harka riß die Büchse an die Wange und schoß. Er konnte in diesem Augenblick weder Schädel noch Herz des Bären treffen, da das Raubtier zum Teil von Stämmen gedeckt war, aber er traf die Schnauze, und mit zerschmettertem Gebiß hatte das Tier jetzt nur noch die Pranken als Waffe. Die Pranken eines Graubären aber besaßen eine furchtbare Kraft. Erschreckt, vom

Schmerz aufgescheucht, ließ der Bär von der bisherigen Verfolgungsjagd ab und richtete sich hoch auf. Er faßte mit den Vorderpranken nach dem zerschmetterten Oberkiefer. Diesen Moment nutzte der Jäger. Er sparte die in den Wäldern schwer zu ersetzende Munition und ließ die Büchse, die er erst wieder hätte laden müssen, zu Boden fallen. Mit ein paar langen Sätzen hetzte er herbei und unterlief das Tier. Es überragte ihn und schlug sofort mit der Pranke zu. Harka stieß dem Raubtier gleichzeitig das zweischneidige Dolchmesser ins Herz. Ein Grizzly war unvorstellbar zäh, wenn nicht sein Lebensnerv unmittelbar getroffen wurde, aber der Stoß war nicht nur schnell, sondern auch kraftvoll und sicher geführt. Während der Indianer selbst noch unter dem Prankenschlag, der ihn im Nacken getroffen hatte, in die Knie ging, versagte auch schon die Kraft des Tieres. Harka konnte noch beiseite springen, ehe die Körpermasse von einigen Zentnern auf ihn stürzte. Der riesige Grizzly zuckte noch mit den Schultern und Pranken, dann streckte er sich. Er war tot.
Harka stieß einen Siegesruf aus, und auch das kleine Indianermädchen schrie hell und jubelnd auf. Eine Frauenstimme antwortete aus dem Wald, und die Jagdrufe von weit her wiederholten sich. Sechs oder sieben Männer schienen unterwegs zu sein. Harka schaute nur einen Moment auf das Tier zu seinen Füßen. Es war der erste Grizzly, den er selbst erlegt hatte. Beim Zeltdorf am Pferdebach hatte ein solcher Bär Gefiederten Pfeil, den Bruder Mattotaupas, zerfleischt, und Mattotaupa hatte diesen Bären dann erlegt. Er hatte damals Harka auf die Jagd mitgenommen, und der Knabe hatte das Raubtier unter Gefahr seines Lebens gereizt und für den Vater, der mit dem Messer anzugreifen gelobt hatte, aus dem Gebüsch gelockt. Darum hatte Harka schon mit zwölf Jahren den Beinamen Bärenjäger geführt. Später hatte er Braunbären, auch den gefährlichen Baribal, gejagt. Aber dies war der erste Grizzly, den er mit eigener Hand getötet hatte. Die Indianer betrachteten den Bären als ein Tier besonderer Art und glaubten, daß eine kluge menschliche Seele in ihm wohne. Einen Graubären zu erlegen galt soviel wie der Sieg über einen tapferen und gefährlichen Feind. Es kam nur sehr selten vor, daß ein Mann allein es unternahm und ver-

mochte, mit dem großen Raubtier fertig zu werden.
Harka holte sich seine Büchse, lud wieder, schaute zum Himmel und mußte feststellen, daß der Adler sich verzogen hatte. Wahrscheinlich war er durch den Schuß verscheucht worden. Der junge Indianer ging zu dem gestürzten Baumriesen, auf dem er geschlafen hatte, packte seine Sachen zusammen, nahm seinen Mustang und führte ihn aus dem Lawinenbruch hinaus in den Wald zu der Stelle, wo der erlegte Bär lag. Bei alledem mußte Harka feststellen, daß der Prankenschlag, den er im Nakken erhalten hatte, doch nicht ohne Folgen blieb. Das rechte Schultergelenk funktionierte schlecht, und er konnte nur mit großer Mühe und vielen Schmerzen den Kopf halb aufrichten.
Bei dem Bären fand er eine Frau und sieben Männer, deren Rufe er gehört hatte. Es waren indianische Krieger, nach Art der Indianer in Wald und Prärie gekleidet, bewaffnet mit Pfeil und Bogen, Keule und Messer. Die Haare trugen sie auffallend lang. Den einen unter ihnen hatte Harka sogar im Verdacht, daß er noch fremde Haare an die eigenen angeknüpft hatte, um die Zierde seines Hauptes künstlich zu verlängern. Zwei der Krieger trugen Adlerfedern im Schopf. Harka nahm an, daß er mit Absaroka, mit Krähenindianern, zu tun hatte.
Alle zusammen begrüßten den jungen Jäger freudig und mit bewundernden Rufen. Das kleine Mädchen, sicher nicht älter als sechs Jahre, hatte offensichtlich schon von den Vorgängen berichtet. Es stand mit der Frau zusammen bescheiden abseits und schaute mit großen runden Augen auf seinen Retter, diesen fremden Indianer, der anders aussah als die Krieger ihres Stammes und der ein Geheimniseisen, eine Büchse, besaß. Die Lederbekleidung des Mädchens und der Frau war sauber gearbeitet, die Gürtel, die Taschen, die Messerscheiden hübsch bestickt. Glatt geflochten fielen die Zöpfe auf die Schultern. Im Gesicht des Mädchens zuckte und zitterte es noch, Nachklang der Angst, die es ausgestanden hatte. Wahrscheinlich hatte es sich beim Beerensuchen zu weit von der Mutter fortgewagt und war von dem Raubtier, dem die Männer schon auf der Spur gewesen waren, überrascht worden.
Die Indianerfrau machte sich mit dem Kind auf den Weg, vermutlich zu den Zelten. Die Männer besahen den mächtigen Bä-

ren und ließen sich endlich bei der Jagdbeute nieder, um eine Pfeife zu rauchen. Harka setzte sich dazu und holte Tabak aus seinem Beutel, echten Tabak, der bedeutend anziehender duftete als die rote Weide, die die indianischen Männer rauchen mußten, seitdem alle Tabakanpflanzungen und alle dafür geeigneten Gegenden sich in den Händen der weißen Männer befanden. Harka bot von seinem Tabak an, und die Absaroka nahmen gern davon, zum eigenen Genuß und zur Ehre des toten Grizzlys. Da Harka die Sprache der Absaroka nicht kannte, diese aber keine andere Sprache verstanden, so konnten sich die Männer nur mit Zeichen verständigen. Einfache Fragen und Antworten ließen sich damit leicht erledigen. Harka kam aus Süden und wollte nach Norden. Er war von Geburt ein Dakota und hatte nichts als friedliche Absichten. Sein Name war Büffelpfeilversender. Er nannte nur diesen Namen, unter dem er nicht bekannt war.

Der junge Dakota führte die Pfeife mit der linken Hand, da er die rechte immer weniger gebrauchen konnte. Sein Nachbar, der Adlerfedern trug, wurde darauf aufmerksam. Die Haut war im Nacken und an der Schulter von den scharfen Bärenkrallen aufgerissen, aber das kümmerte Harka wenig, da die Haut leicht heilte. Er hatte jedoch keineswegs den Wunsch, längere Zeit mit steifem Hals und steifer Schulter bei den Absaroka zu bleiben und vielleicht einen dauernden Denkzettel von der Bärenjagd davonzutragen. Es war ihm klar, daß er besser eine zweite Kugel hätte drangeben als sich unter die Pranken des Grizzlys wagen sollen. Aber nur er selbst sagte sich das. Alle anderen würden preisen, das wußte er, daß ein Graubär mit dem Messer erlegt worden war, und zwar von einem jungen Manne, der erst neunzehn große Sonnen gesehen hatte und noch nicht in die Reihen der Krieger aufgenommen war.

Harka warf dem Adlerfedergeschmückten, der neben ihm saß, einen fragenden Blick zu, und dieser verstand. Vorsichtig untersuchte er die Verletzungen und packte dann zu, um den ausgerenkten Arm wieder in die richtige Lage zu bringen. Die Halswirbel zurechtzurücken, wagte er nicht. Aber nachdem Harka die Schultern beide wieder gleichmäßig, wenn auch noch nicht gleich leicht oder schmerzlos bewegen konnte, ruckte er selbst an Hals und Genick, warf den Kopf, und mit einem hörbaren Knack gewann der verschobene Wirbel seine richtige Stellung zurück. Der Adlerfedergeschmückte lächelte ein wenig, freundlich und anerkennend, und genoß weiter die Pfeife mit echtem Tabak.

Als die Frau, die mit dem Mädchen zu den Zelten gegangen war, mit einem weiteren Krieger zusammen zurückkam, brachte sie Pferd und Rutsche mit. Der erlegte Bär wurde aufgeladen. Das Tier wog soviel wie sieben Männer zusammen.

Der Weg mit der schweren Last dehnte sich. Als die rückkehrende Jagdgesellschaft das Bergtal erreichte, in dem sich die Zelte befanden, wußten die Bewohner längst, was geschehen war. Sie hatten sich am Rande des Zeltlagers versammelt, unter den Bäumen, auf der Wiese am Bach. In Gruppen standen die Frauen, die Mädchen, die Männer zusammen. Die Jungen und die Burschen eilten den Rückkehrenden weit entgegen, mit hellen Jubelrufen, voller Freude und voller Spannung darauf, das furchtbare Raubtier und seinen Bezwinger selbst zu sehen. Rings schwärmten sie um die Heimkehrenden, zu Fuß und auch zu Pferd.

Bei den Zelten waren es die Ältesten und der Zaubermann des Stammes, die den jungen erfolgreichen Jäger und seine Beute empfingen. Er wurde mit allen Zeichen des Willkommens begrüßt und von einem alten Würdenträger, dem Friedenshäuptling, gastlich ins Zelt geladen. Ein Junge übernahm es, das Scheckenpferd zu versorgen. Der Grizzly blieb inmitten des Dorfes auf einer Lederplane liegen. Drei Burschen übernahmen die Wache und scheuchten die Hunde, die den toten Bären verbellten und freßlüstern die Zähne zeigten. Einem toten Graubären wurde die gleiche Ehre erwiesen wie einem getöteten tapferen Feind.

Harka kam seit Jahren zum erstenmal wieder in ein Zeltdorf, und seit vielen Tagen zum erstenmal wieder in ein feuererwärmtes Zelt. Über dem Feuer brodelte Fleischbrühe in einem Kessel; sie dampfte und duftete. Als die Frau des Häuptlings den Gästen die Brühe in Schüsseln ausgeteilt hatte, begann sie Rehfleisch am Spieß zu rösten. Harka schämte sich durchaus nicht, kräftig zuzugreifen, denn er wußte, daß er seine Gastge-

ber bald selbst mit ausgesprochenen Delikatessen, mit Bärentatzen und Bärenschinken, bewirten konnte. Das Feuer flakkerte leise weiter und wärmte angenehm.
Im Zeichengespräch erfuhr Harka, daß es Sitte bei der Gruppe der Absaroka war, zur Versöhnung des Bärengeistes den Bärentanz zu tanzen, und daß die Krieger am nächsten Tage damit beginnen wollten. Harka teilte mit, daß dies der Sitte der Dakota entspreche und daß es sein, des Siegers, Wunsch sei, den toten Bären versöhnt zu wissen. Doch könne er selbst an dem Kulttanz nicht teilnehmen, da er noch kein Krieger sei.
Dies mußte er zweimal wiederholen, da alle Anwesenden meinten, ihn falsch verstanden zu haben. Er wirkte älter als er war. Wahrscheinlich glaubten die Männer, daß er schon vierundzwanzig oder fünfundzwanzig Sommer gesehen habe, und seine Kühnheit und Geschicklichkeit waren die eines Kriegers. Der alte Friedenshäuptling und der Zaubermann wechselten einen Blick, und der Zaubermann erklärte, er wolle am kommenden Morgen bekanntgeben, ob es die Geister gestatteten, daß in diesem denkwürdigen Falle ein Jäger, der noch nicht die Kriegerwürde besaß, an dem Tanz teilnehme.
Als die Gäste sich entfernten und Ruhe im Zelte eintrat, erhielt Harka einen vorzüglichen Schlafplatz mit vielen Decken, die er alle nicht gebrauchen wollte. Es machte ihm aber Freude, daß das kleine Mädchen, das er vor dem Bären gerettet hatte, mit seiner Mutter kurz vor dem Schlafengehen ins Zelt kam. Die Mutter war die Tochter des Friedenshäuptlings. Sie versicherte, daß sie aus den Krallen und Zähnen des Untiers für Harka die Kette arbeiten würde, die nicht nur als Siegeszeichen und Symbol von Kraft und Mut, sondern selbst als kraftspendend galt.
In der Nacht taten dem glücklichen Jäger beim Liegen Nacken und Schulter noch weh. Er schlief zwar, aber er träumte von dem Bären und wunderte sich, daß das Raubtier nicht vor ihm stand, als er aus dem Schlafe fuhr. Am nächsten Morgen erzählte er dies beim Zeltfeuer. Die Zuhörer schwankten zwischen Lachen und abergläubischer Furcht. Der Geheimnismann wurde unterrichtet. Er behauptete, von dem Traume gewußt zu haben, was Harka im stillen bezweifelte. Die Entscheidung des Zauberers ging dahin, der Bärengeist selbst sei gekommen und

habe die Teilnahme des Jägers am Bärentanz gefordert. Damit war diese Frage entschieden.
Die Teilnahme am Bärentanz bedeutete für Harka Steinhart Nachtauge eine große Ehre, aber auch eine große Anstrengung. Er erhielt das schönste Grizzlyfell, das ein Krieger des Dorfes besaß, um sich damit als Bär zu verkleiden. Er mußte es über Kopf und Schultern nehmen. Zehn Krieger nahmen an dem Kulttanz teil, der auf dem Dorfplatz stattfand und einige Stunden dauerte. Die Männer ahmten die Bewegungen und das Brummen des Raubtiers nach.
Harka verstand es ausgezeichnet, den Bären zu spielen, die täppischen und doch im gegebenen Augenblick geschickten und gefährlichen schnellen Bewegungen nachzuahmen, und er konnte täuschend ähnlich fauchen und brummen. Seine hohe Gestalt wirkte in dem großen Bärenfell furchterregend und stolz, und alle glaubten, daß der Bärengeist bei ihm sei. Scheu schauten die Kinder von ferne zu. Um die Mittagszeit beendete der Zauberer den Bärentanz. Erschöpft warfen die Tänzer die Felle ab. Der tote Grizzly, um dessen blutige zerschmetterte Schnauze die Fliegen summten, galt als versöhnt. Harka ging zum Bach, reinigte sich mit Sand und Wasser und setzte sich ins Zelt, um zu rauchen. Der Nacken schmerzte ihn viel mehr, als er je zugegeben hätte. Der Tanz war anstrengender für ihn gewesen als die Jagd. Dennoch war er auf eine ihm selbst nicht ganz erklärliche Weise befriedigt davon, daß er diesen Bären nicht getötet hatte, wie weiße Männer ein Schwein schlachten oder wie sie mit der Repetierbüchse in zehn Minuten fünfzig Büffel niederknallen. In der Ehrung für das tote große Tier lag eine nur dumpf bewußte, aber doch wirksame Ehrung für eine kraftvolle Form, die das Leben gefunden hatte. Der Bär beschäftigte Harka, der sich als einen der Söhne der „Großen Bärin" glaubte, in Gedanken mehr, als ihn im gesetz- und regellosen Treiben eines Grenzlagers an der Bahn die Tatsache beschäftigt hatte, daß er Beleidiger irgendwo abgefaßt und nach Sekunden als Sieger niedergestoßen hatte, um ihnen den Skalp zu nehmen. Er hatte auch nicht den Wunsch empfunden, die Geister solcher Männer zu versöhnen. Mochten sie hinter ihm her sein, wenn es sie gelüstete. Er fürchtete sie nicht.

Zwei jüngere Krieger fanden sich ein, um sich im Zelt mit Harka zu unterhalten. Da die Verständigung immer mit Zeichen vor sich ging, mußte man sich sehr kurz und einfach ausdrücken, konnte einander auch nicht viel berichten. Das war Harka, soweit es ihn selbst betraf, nur lieb. Er erfuhr von den jungen Männern zweierlei, was ihn besonders interessierte: einmal, daß der Horst des Adlers noch nicht aufgefunden war und daß der Raubvogel für einen Pfeilschuß immer viel zu hoch flog, daher auch nicht erlegt werden konnte, zum zweiten, daß nördlich des Jagdgebietes der Absarokagruppe ein Geisterpferd spukte, ein Hengst, der ohne Herde erschien und verschwand, und dessen Spur noch niemand hatte verfolgen können.

„Die Kugel, die ich bei der Bärenjagd gespart habe, wird dem Adler gelten", sagte der junge Indianer.

Vom Morgen des nächsten Tages an streifte er mit den beiden jungen Absaroka in der näheren und weiteren Umgebung des Zeltlagers umher. Die Wasser waren durchsichtig und klar und spiegelten die Sonnenstrahlen. Das Moos wurde goldgrün, die Tannen hatten helle Spitzen, das Laub sprießte, und die Vögel sangen. Auf sonnendurchwärmten Steinen saßen Eidechsen; sie huschten davon, sobald der Schatten eines Menschen auf sie fiel. Des Abends im Zelte gab es Bärenfleisch, erst das Hirn, die Leber und das Herz, die dem siegreichen Jäger allein vorbehalten waren, dann die Tatzen und Lendenstücke, endlich die Schinken. Täglich fanden sich zahlreiche Gäste ein, die aus der Beute bewirtet werden konnten. Das Fell war zum Trocknen aufgespannt. Die Hunde hatten die Gedärme schon zerrissen und verspeist.

Der alte Friedenshäuptling selbst überreichte Harka die Kette aus den Krallen und Zähnen des Bären; seine Tochter hatte sie gut gearbeitet. An einer Sehnenschnur waren abwechselnd je eine Kralle und ein Zahn aufgereiht; das Bruststück der Kette war aus den stärksten Krallen und Zähnen gearbeitet. Harka legte die Kette um den Hals und trug sie von da an stets.

Seine Schmerzen waren schon geringer geworden und seine Bewegungen wieder viel freier. Er träumte nicht mehr von dem Bären, sondern schon von der nächsten Jagdbeute. Der Adler hatte sich nicht mehr in der Nähe des Dorfes gezeigt. Frühere

Beobachtungen, von denen Harka erfuhr, deuteten darauf hin, daß er seinen Horst weiter nördlich hatte und nur hin und wieder auf einem Streifzug so weit südlich gelangte, daß die Zeltbewohner ihn hoch in den Lüften schweben sahen. Harka, der außer seiner Muttersprache schon die Sprache der Siksikau und die der weißen Männer erlernt hatte und im Erlernen anderer Sprachen dadurch geübt war, hatte sich gleich in den ersten Tagen einige wichtige Worte der Absaroka gemerkt und sich in der folgenden Zeit rasch so viel angeeignet, daß er sich mit Wort und Zeichen zusammen jetzt schon ziemlich ungehindert verständigen konnte. Er überredete die beiden jungen Absaroka, die sich zuerst im Zelte bei ihm eingefunden und dann mit ihm auf Streifzüge gegangen waren, auf die geplante Adlerjagd mitzukommen.

Es bedurfte nicht vieler Vorbereitungen. Das Pferd wollte Harka nicht mitnehmen, da es im Fels nicht zu gebrauchen war. Etwas Trockenfleisch, etwas Tabak, das genügte als Vorrat und Reserve. Die drei beabsichtigten bei der warmen Witterung auch nicht, ihre Decken mitzunehmen. Harka, der auf den kleinen Jagdstreifzügen stets den Bogen benutzt hatte, wollte diesen jetzt im Zelt lassen und nur die Büchse mit sich führen. Die drei Jagdlustigen, von denen keiner über dreiundzwanzig Jahre war, aßen sich am Abend vor dem Aufbruch noch gründlich satt, badeten und salbten sich mit Bärenfett und legten sich früh schlafen, da sie vor Mitternacht aufbrechen wollten. Der Nachthimmel schimmerte in seiner dunkelgroßartigen Pracht über Bergen und Tälern, über Wäldern und Wassern, als die drei jungen Männer aus dem Zelte schlüpften und sich auf dem Dorfplatz trafen. Die Pferde rührten sich ein wenig, auch der ausgeruhte Schecke Harkas. Ein Hund jaulte wie ein Wolf. Der Bach plätscherte. Die drei liefen im Dauerlauf am Bachufer, dann durch den Wald aufwärts. Als das Gelände steil wurde, mußten sie ihr Tempo mäßigen, aber noch immer liefen sie, tief in die Knie gehend, den Körper vorgebeugt, mit weitausgreifendem Schritt. Obgleich die Frühjahrsnächte in diesen Höhen kalt waren, wurde den jungen Jägern von der Anstrengung warm. Sie hatten keinen Weg. Streckenweise benutzten sie Wildpfade, dann mußten sie sich durch Krummholz und Gebüsch den Weg selbst bahnen. Einer der beiden Absaroka lief voran. Harka ging in der Mitte. Das erste Ziel war ein hoher Gipfel, von dem aus die Jäger weithin Ausschau halten konnten. Sobald sie aus der Waldregion herauskamen, pfiff der Nachtwind um die nackten Oberkörper und trocknete den Schweiß. Der Felsschotter rollte unter den Füßen weg, und sie mußten schnell springen wie Gemsen, wenn sie nicht bei jedem dritten Schritt wieder zwei zurückrutschen wollten. Schließlich war auch dieser mühsame Abschnitt bezwungen, und sie gelangten in festeres Gestein. Der Gipfel war nach der Nord- und Ostseite hin stark zerklüftet, nach Süden und Westen jedoch abgerundet. Der vorangehende Absaroka wählte die Westseite für den weiteren Anstieg. Der Wind wehte eisig kalt, und die Haut der drei zog sich fröstelnd zusammen, während im Körper die von der Bewegung erzeugte Wärme pulste.

Als sie nach stundenlangem Anstieg den Gipfel erreichten, schwand eben das Licht der Sterne. Der Wind nahm die Kraft des Sturmes an und rüttelte die Jäger mit solcher Gewalt, daß sie es vorzogen, sich zu Boden zu legen. Ihre Augen sahen das Erwachen des weiten Landes am Morgen. Die Sonne brach im Osten hervor, fern hinter den endlosen Prärien, die sich zu Füßen der Bergkette breiteten. Die Gipfel glänzten wie Gold, mit verschwenderischer Herrlichkeit fluteten überall die Farben im Licht. Bergeshöhe erhob sich neben Bergeshöhe, von Wetter und Wasser zerrissen, aber immer noch steil und kühn aufragend in die ersten Strahlen der morgendlichen Sonne. Grün breiteten sich Wälder und Täler. Das Rauschen des Windes in den Tannen und im Laube drang herauf bis zu den kahlen Höhen. Dohlen krächzten; ein Habicht schwebte über dem Walde, nicht höher flog er als der Gipfel, auf dem die drei jungen Jäger lagen und spähten. Auch sie hatten scharfe Augen, scharf wie ein Vogel. Die Sonnenstrahlen wärmten ihnen den Rücken. Sobald die Nachtkälte vertrieben war, lag es sich für abgehärtete Menschen gut hier oben. Ungeduldig war keiner der drei.

Sie lagen Stunde um Stunde in der Sonne, beobachteten den Habicht und eine Gruppe von Dickhornschafen, die an einem benachbarten Steilhang eine Salzlecke aufgesucht hatten und damit so eifrig beschäftigt waren, daß man sie mit Leichtigkeit

hätte abschießen können. Als sich die Dickhornschafe nach einer Stunde immer noch am selben Platz befanden, wollte den einen der Absaroka schon die Jagdlust übermannen. Aber ein tiefer, schluchtartiger Taleinschnitt lag zwischen den Jägern und den Dickhornschafen, und als der Krieger sich berechnet hatte, wie lange es dauern würde, bis er hin- und zurückgelangte, nahm er Abstand von dem geplanten Schuß.
Die Sonne war gestiegen, Täler, Berge und ferne Prärie lagen im Mittagsglast. Die Sicht war nicht mehr so klar. Im Dunste schwimmend, erschienen die Konturen undeutlicher. Das grasbewachsene Hochland war vom hellen Himmel kaum noch zu unterscheiden. Die Felsen waren warm geworden. An der Salzlecke ruhten die wilden Schafe. Der Wind hatte sich gelegt, und nur das Rauschen des Wassers drang noch zum Ohr der drei Indianer auf dem Gipfel. Sie hatten in den vergangenen Stunden mehrere Raubvögel gesichtet, aber der Adler hatte sich noch nicht gezeigt.
Die Sonne überschritt den Höhepunkt ihrer Bahn für diesen Tag. Sie senkte sich, erst kaum merklich, dann aber wurde es immer rascher sichtbar und fühlbar, wie sie nach Westen abstieg und ihre Strahlen an Kraft verloren. Der Nebel hatte sich verzogen. Die Umrisse der Berge zeichneten sich wieder scharf ab, Licht und Schatten gewannen neuartige Kontraste in ihrem stets wechselnden Spiel. Für die Augen der Indianer waren bis in weite Ferne viele Kleinigkeiten sichtbar.
Am nördlichen Horizont erschienen zwei Adler. Sie schwebten sehr hoch und zogen ihre Kreise nach der Prärie hin. Drei Augenpaare verfolgten die Adler mit Spannung. Die Sonne stand schon im Rücken der Beobachter, die Luft war rein, das Blickfeld weit und ohne Blendung. Auf der Prärie äste und spielte eine Antilopenherde; für das Auge der drei Jäger war das einzelne Tier winziger als der Kopf einer Ameise, aber sie täuschten sich auch auf solche Entfernungen nicht darüber, was sie sahen. Die Adler stießen beide im Sturzflug herab. Die Indianer glaubten, sie müßten das Rauschen in der Luft hören. Zu spät stoben die Antilopen auseinander. Jeder der beiden Adler hatte eine Beute in den Fängen. Wahrscheinlich waren es Jungtiere, in die sie ihre starken Krallen geschlagen hatten. Schnell wie

der Wind floh die verängstigte Antilopenherde auf der Grassteppe dahin und war bald nicht mehr zu sehen.
Harka war langsam aufgestanden, um das weitestmögliche Gesichtsfeld zu haben; er verfolgte den weiteren Flug des Adlerpaares. Wo sie mit ihrer Beute niedergingen, da mußte der Horst sein. Seine beiden Gefährten waren liegengeblieben, um alles zu vermeiden, was die mißtrauischen Vögel auf die Jägergruppe aufmerksam machen konnte.
Für einen Schuß war die Entfernung viel zu groß. So weit trug auch eine Büchse nicht. Harka konnte aber ohne Mühe beobachten, wie das Adlerpaar, die Beute in den Fängen, heruntergíng. Der Horst mußte sich auf einem der hohen Bäume oder auf einem der Felstürme der Vorberge befinden. Die Adler waren steil herabgeschwebt und dann hinter einem Gipfel für Harkas Augen verschwunden. Er setzte sich und sagte: „Morgen früh haben wir ihn." Er sprach in der Einzahl. Es ging den drei Jägern nur um die schön gezeichneten Schwanzfedern des männlichen Adlers. Die Jäger freuten sich, sie lachten, aßen von ihrem Proviant und rauchten.
An Schlaf war jetzt nicht zu denken. Die drei hatten sich den langen Tag über auch genügend ausgeruht, um eine Nachtwanderung zu beginnen. In gewandten und gewagten Sprüngen, mit dem Blick im voraus jeden guten Tritt erhaschend, eilten sie miteinander den Berg hinab, auf der Westseite, auf der sie heraufgekommen waren. Während die Sonne sich anschickte zu scheiden, die Vögel sich im Gezweig versteckten und die Raubtiere zu schleichen begannen, drangen die drei Jäger durch das Krummholz abwärts. Im Hochwald war es schon finster. Aber sie kannten alle die Richtung, die sie einhalten mußten, und die beiden Absaroka wußten auch mit den Eigenheiten des Geländes, mit den Wildpfaden, die man durch sonst undurchdringlichen Busch benutzen konnte, im großen und ganzen Bescheid.
Als die drei einen Bogen nach Nordwesten geschlagen hatten und den Bach erreichten, der aus der Schlucht unterhalb der Salzlecke abfloß, tranken sie durstig. Das Vorwärtskommen war von jetzt ab nicht allzuschwer. Die Strecke, die sie zu durchmessen hatten, war aber verhältnismäßig lang, und so hielten sie den Dauerlauf durch, um keine Zeit zu verlieren.

Nur hin und wieder legten sie eine Rast ein. Mitternacht war längst vorüber, als sie den Berg umgingen, der die Sicht auf den Adlerhorst versperrt hatte. Sie beeilten sich noch mehr.
Als sie einen Baum fanden, der recht für Späher gewachsen schien, über fünfzig Meter hoch, weit über den übrigen Wald aufragend, beschloß Harka, diesen zu erklettern und Ausschau zu halten.
Der erste Zweigansatz an dem Riesenstamme war sehr hoch, der untere zweiglose Teil des Stammes war schwer zu ersteigen. Harka stieg jedoch einem seiner Gefährten auf die Schultern, schwang dann das Lasso um den Stamm, so daß er, die beiden Enden fassend, einen guten Halt hatte, und begann am Stamme hinaufzulaufen, während er das Lasso immer wieder höher schlug. Es dauerte auf diese Weise nicht allzulange, bis er die untersten Zweige am Stamme erreichte und nun, geschmeidig und geschickt wie ein Luchs, in die Baumkrone hinaufdrang, bis er endlich im Wipfel saß. Seine Büchse hatte er in der Lederhülle bei sich. Nur diese Lederhülle hatte einen Riemen, mit der die Waffe über die Schulter gehängt werden konnte.
Noch war es Nacht. Zu Füßen des Gebirges dehnte sich in Mond- und Sternenlicht die Prärie, der die Indianer durch ihre Nachtwanderung bedeutend näher gekommen waren. Die dunklen Wälder an den Berghängen rauschten wieder im Wind, und der Wipfel, in dem Harka saß, schwankte stark. Aber er gewährte einen ausgezeichneten Rundblick.
Harka Steinhart Nachtauge Bärenjäger richtete seine Aufmerksamkeit vor allem auf ein zerklüftetes Felsenriff, das er nordwärts sofort entdeckt hatte. Es war von dem Baum, in dessen Wipfelgeäst der Indianer saß, etwas mehr als tausend Meter entfernt. Der Mondschein lag auf dem hellen Felsen. Wäre Harka ein Adler gewesen, er würde seinen Horst auf diesem schroffen, schwer zugänglichen Felsen gebaut haben, der sich wie ein Turm über Hängen und Wäldern erhob und den Blick über die Prärie weithin erlaubte.
Wenn er recht sah, hatte das Adlerpaar sich tatsächlich diesen Felsen als Platz zum Horsten gewählt. Harka glaubte etwas von den starken Ästen und jungen Baumstämmen zu erkennen, die die beiden Raubvögel hinaufgeschafft hatten. Vielleicht hatten

sie Junge im Horst sitzen. Ein Fels, der wie ein gestreckter Finger aufragte, verdeckte einen Teil des Horstes.
Tausend Meter waren zu weit für einen sicheren Schuß. Harka wollte näher an den Horst heran. Er gedachte es nicht dem Zufall zu überlassen, ob er zum Schuß kam oder nicht. Schnell kletterte er abwärts, lief mit Hilfe des Lassos am glatten Stamm ab und unterrichtete seine Gefährten. Es war keine Zeit zu verlieren, wenn der Moment, in dem die Adler des Morgens aufflogen, nicht versäumt werden sollte.
Die drei Indianer huschten am steilen Hang entlang. Harka hatte jetzt die Führung, und er eilte so schnell vorwärts, wie es das Gelände und die gebotene Lautlosigkeit überhaupt erlaubten. Als die drei Jäger unterhalb des Felsturmes anlangten, webte schon die erste Dämmerung zwischen den Stämmen und Büschen. Der Wald lichtete sich hier. Ein Wildwasser, das im Vorfrühling herabbrauste, jetzt aber nur noch Rinnsal war, hatte in jahrhundertelanger Arbeit große Steinmassen herabgeschleppt, Stämme gebrochen und das Geröll ausgebreitet. Von diesem Geröllfeld aus mußte man einen freien Blick auf den schroffen Felsen haben. Harka winkte seinen Gefährten, mit ihm dorthin zu kommen. Die drei versteckten sich hinter einigen großen Blöcken auf dem Geröll. Harka hatte die Büchse aus der Lederhülle genommen. Sie war geladen und schußbereit. Seine Begleiter hielten Bogen und Pfeil zur Hand. Die drei lagen etwa einhundertfünfzig Meter tiefer, als sich die Spitze des Felsens erhob. Den Horst konnten sie erkennen.
Mit schimmerndem Licht zerriß die aufgehende Sonne das Gewebe der frühen Dämmerung. Fels und Horst wurden von den Strahlen umleuchtet. Adlerflügel reckten und dehnten sich, mächtige Schwingen waren es. Der männliche Adler hatte am linken Flügel eine alte vernarbte Verletzung; sie wurde beim Dehnen des Flügels sichtbar. Zwei Flaumhälse und nackte Vogelköpfe mit aufgesperrten Schnäbeln erschienen über dem Nestrand. Das Adlerpaar hatte Junge.
Die Raubvögel hatten die Menschen im Geröll, hinter den Blökken erspäht. Der männliche Adler flog auf und schien von der Höhe über dem Nest sofort auf den Feind herabstoßen zu wollen. In diesem Augenblick bot der Adler den Schützen die Brust

und damit das beste Ziel. Aber wenn er getroffen stürzte, stürzte er in den Horst und war dann sehr schwer zu holen. Darum drückte Harka noch nicht ab. Sobald der Adler herabzuschießen begann, war es viel schwerer, ihn tödlich zu treffen, doch Harka traute sich auch diesen Schuß zu. Anders hatte sein Nebenmann gedacht. Ohne daß Harka ihn noch hindern konnte – denn er hatte sich ganz auf sich selbst und seine Büchse konzentriert –, schnellte der jüngere Absaroka den Pfeil ab. Alle diese Überlegungen und Handlungen hatten sich in Bruchteilen einer Sekunde abgespielt.
Der Adler war tödlich getroffen. Mit dem Pfeil in der Brust stürzte er und blieb an der Felsspitze hängen, die wie ein aufgerichteter Zeigefinger über den Horst ragte. Der weibliche Adler spreizte die Flügel über die Jungen und streckte den Schnabel kampfbereit vor, blieb aber im Horst, sprang auch nicht auf den Horstrand. Harka konnte das Adlerweibchen leicht abschießen; es genügte, den Kopf zu treffen. Aber hartnäckig gedachte er den Erfolg der Jagd noch so zu erreichen, wie ihn sich die drei vorgenommen hatten. Das männliche Tier sollte abgeschossen werden, das weibliche am Leben bleiben. Harka legte also die Hand auf den Pfeil, den sein Nebenmann jetzt angelegt hatte, und bedeutete dem Absaroka damit, daß er nicht schießen sollte. Dann legte Harka die Büchse beiseite und huschte vom Geröll aus, möglichst in Deckung, in den Wald hinein. Dort lief er aufwärts bis zum Fuße des Felsturmes. Der schroffe Fels war schwer zu ersteigen, am ehesten noch von der durch die weiteren Höhenzüge geschützten Westseite. Harka hörte, wie seine beiden Gefährten die Aufmerksamkeit des weiblichen Adlers durch ungefährliche Steinwürfe auf sich zogen. Der Dakota nahm das Dolchmesser blank zwischen die Zähne, um sich notfalls sofort verteidigen zu können. Dann begann er vorsichtig den Fels von der Westseite her zu erklettern. Er wollte den toten Adler holen, ohne daß die Jungen und die Adlermutter getötet zu werden brauchten. An seiner Größe, an der Zeichnung der Federn, an der alten Flügelhautverletzung hatte Harka den Adler wiedererkannt. Das war das Tier, mit dem er als Knabe einen harten Strauß ausgefochten und mit dem er sich befreundet hatte, solange es flügellahm war. Vermutlich hatte die Unruhe

des Bahnbaus das Tier verscheucht, und es hatte in den nördlichen Regionen neue Jagdgefilde und Horstplätze gefunden. Nun war es tot. Aber Harka wollte dafür sorgen, daß die starken Jungen aufwachsen konnten. Aus diesen Gründen, von denen seine Gefährten nichts ahnten, hielt er besonders starrsinnig am alten Jagdplan fest.
Die Adlerjungen erspähten den herumkletternden Indianer. Sie schauten unter den Flügeln der Mutter hervor und waren voll Unruhe. Aber das Muttertier achtete nur auf die beiden Angreifer im Geröll und auf ihr Verhalten.
Das Ersteigen des Felsens war schwierig. Das Gestein erwies sich als brüchig, und je höher Harka kam, desto weniger Halt fand er für die Finger und Zehen, und desto größer war die Gefahr, daß ein Steinchen kollerte und die Adlermutter aufmerksam wurde. Endlich hatte der junge Indianer den Ansatz des fingerartigen Felsens neben dem Horst erreicht. So leise und vorsichtig, als ob er einen Krieger beschleichen wollte, trat er mit den Zehen des linken Fußes auf. Mit dem rechten Fuß hatte er noch an der freien Felswand einen Tritt gefaßt. Er blieb unbeweglich und betrachtete den toten Adler, wie er an dem Felsenfinger hing. Zum Glück schien es nur eines geringen Anstoßes zu bedürfen, um ihn wegzuziehen. Der eine vernarbte Flügel hing zu Harka herab. Der junge Jäger hatte das Lasso griffbereit. Er faßte nach dem herabhängenden Flügel und zog den mächtigen Vogel herunter und zu sich her. Dabei lud er ihn gleich auf seinen Nacken und schlug das Lasso um die Beute und unter den Armen um seine Brust. Da geschah, was er gefürchtet hatte. Die Adlermutter bemerkte die Bewegung hinter ihrem Rücken und drehte sich um.
Noch ehe sie zuhacken konnte, duckte sich Harka und benutzte, wie er vorgesehen hatte, den toten Adler als Deckschild. Der erlegte Raubvogel hing ihm mit Rumpf und ausgebreiteten Flügeln über Kopf und Schultern. Harka stieg von der Plattform ab und konnte jetzt das Adlerweibchen nicht mehr sehen; auch sie sah ihn nicht mehr. Es schien aber, daß sie voll Zorn auf den sich abwärts bewegenden toten Vogel flog, denn Harka fühlte plötzlich die doppelte Last. Doch lag der tote Adler fest auf seinem Nacken und schützte ihn.

„Verdirb deinem toten Mann die Federn nicht, Adlerfrau", sagte er vor sich hin. „Im übrigen kannst du mit ihm machen, was du willst."

Es war sehr schwierig, mit dem Gewicht im Nacken, in krummer Haltung, mit vorgebeugtem Kopf, an dem Felsen abzusteigen. Harka brauchte Minuten, um wenige Meter abwärts zu gelangen. Das Adlerweibchen flog wieder auf. Obgleich für Harka die Last auf diese Weise erleichtert war, fürchtete er mehrmals abzustürzen. Er konnte sich aber noch eben halten. Als er schließlich wieder Boden unter den Füßen hatte, atmete er auf. Den Adler im Nacken, die ausgebreiteten Schwingen über Schultern und Arme haltend, rannte er wie ein Vogelmensch zum Wald.

Das Adlerweibchen stieß plötzlich herab und verfolgte ihn bis zu den ersten Bäumen, dann kehrte es wieder auf den Horst zu den Jungen zurück.

Harka ging zweihundert Schritte weit in den Wald hinein und setzte sich zwischen Stämme und Unterholz auf den Waldboden, den Adler im Nacken, dessen Kopf über dem seinen, die ausgebreiteten Flügel über den Armen und Schultern. Er rief seine Gefährten, und als diese ihn fanden, staunten sie. Er nahm den Vogel ab, trat zurück und winkte dem, der das Tier abgeschossen hatte, es sich als Beute zu nehmen. Die Pfeilspitze mit einem Stück des abgebrochenen Schaftes steckte in der Brust. Aber der Schütze schämte sich, daß er voreilig gewesen war, und wollte die kostbaren Schwanzfedern Harka überlassen. Die beiden konnten sich nicht einigen, wer den Vorrang verdiene, und beschlossen endlich, den erlegten Adler ins Dorf zu bringen und die Geschichte, wie er erbeutet worden war, des Abends am Lagerfeuer zu erzählen. Die Häuptlinge und Ältesten mochten dann weise entscheiden, was mit der Beute zu geschehen habe.

Die Adlermutter saß noch im Horst, die Flügel über die Jungen gebreitet.

„Sie zieht zum Herbst zwei neue Kriegsadler auf", sagte Harka.

Die drei jungen Indianer hatten Hunger und Durst; sie waren auch müde. So zogen sie sich ein Stück weiter in den Wald zurück und schliefen zunächst bis Mittag. Dann verfolgten sie die

Spur eines kleinen Bären, wurden seiner auch habhaft, machten ihm den Garaus, rösteten das Beste, was an ihm zu finden war, an einem bescheidenen Feuer und verpackten das übrige. In der hereinbrechenden Dunkelheit liefen sie noch ein Stück und ruhten wieder zwischen Mitternacht und Morgen. Dann fügten sich die beiden Absaroka Harkas Wunsch, noch einmal einen Aussichtspunkt zu erklettern, von dem aus die Wälder der Vorberge und die angrenzende Prärielandschaft überblickt werden konnte. Er hatte die Absicht, sich über seinen Weg zu den Siksikau, den er bald fortsetzen wollte, so gut wie möglich zu orientieren.
Der eine der beiden Absaroka, der das Gelände rings besonders gut zu kennen schien, führte wieder zu einem freiliegenden Gipfel. Dieser Gipfel war nicht so hoch wie jener, den die drei auf dem Herweg zuerst bestiegen hatten, lag jedoch besonders günstig für den Blick auf die Prärielandschaft. Die drei Jagdgefährten schleppten abwechselnd den großen erlegten Raubvogel. Sie liefen jetzt erneut sehr schnell.
Als sie den Aussichtspunkt erreichten, ging es schon wieder gegen Abend. Die Sonne strahlte noch von Westen her zwischen feuerumränderten Gipfeln hindurch. Die Abendschatten ließen Felsen und Bäume plastisch erscheinen. Die grünen Blätter leuchteten, so daß ihre Adern erkennbar wurden. Von dem Gipfel, der nur eben die höchsten Baumkronen kahl überragte, ging der Blick über die Wälder, auch durch ein Bachtal mit fruchtbar bewachsenen Ufern hinab zur weiten steppenartigen Prärie, auf der der Abendwind das Gras in langen Wellen trieb.
Die Indianer spähten. Sie sahen in der Ferne einen Büffelweg, den sie an den Tagen vorher nicht beachtet hatten; es war eine lange, kahl gefressene, zertrampelte Strecke, gleich einer Staubstraße durch die grasbewachsene Prärie. An einer Stelle war der Büffelweg durch Büffelbäder verbreitert. Lehmlachen, in denen sich die Tiere der Reihe nach, die stärksten voran, zu wälzen pflegten. Harka beobachtete die Prärie scharf, während seine Gefährten in ihrer Aufmerksamkeit nachließen.
„Horcht!“ sagte er.
Sie vernahmen nicht gleich, was er meinte, aber bald wußten sie es. Es donnerte durch den Boden bis herauf zu der Höhe. Büf-

fel? fragten sich alle zunächst, aber bald berichtigte Harka seine Gedanken.
„Mustangs!"
Gleich darauf erschienen sie auf der Prärie, um einen Waldausläufer herumbiegend, eine mittlere Herde in vollem Galopp, mit wehenden langen Schweifen, flatternden Mähnen. Ihre Hufe wirbelten Staub auf. Harka spähte aus, was die Tiere in Furcht gesetzt haben könnte. Aber schon machten sie auch halt, bäumten sich hoch auf, wechselten die Richtung und stoben ostwärts davon, vom Walde weg. Die Indianer verfolgten sie mit den Augen, bis sie am Horizont verschwanden.
„Die Tiere verhalten sich sonderbar", sagte Harka.
„Ssstt!" machte der eine seiner Gefährten. „Das ist der Zauber."
Harka hätte gern weiter gefragt, schwieg aber, denn er vernahm ein Geräusch im Wald, unten, nicht weit von der Prärie, nahe bei dem Bachtal, in das er hinunterblicken konnte. Er lauschte. Auch diesmal schien er zunächst der einzige zu sein, der aufmerksam wurde. Dann legte er seinem Gefährten, der etwas sagen, vielleicht zum Aufbruch mahnen wollte, die Hand auf die Schulter, und gleichzeitig bedeutete er durch zwei Finger vor den Lippen, daß alle schweigen sollten.
Aus dem Wald war ein einzelner Hengst zur Tränke an den Bach gekommen. Es war ein Falbe, mit dunkler Mähne und dunklem Schweif, gedrungen und kräftig gebaut. Selbst in der ruhigen Bewegung, mit der er jetzt zum Wasser ging und den Kopf senkte, um zu saufen, drückte sich eine verborgene Kraft aus. Harka spürte das Blut bis in die Finger pulsen, und ihm war, als ob seine Nerven surrten. Was für ein Pferd!
Als der Hengst seinen Durst gestillt hatte, hob er den Kopf und blieb für Sekunden unbeweglich. Harka starrte das Tier an. Es bezauberte ihn nicht nur der Bau des Tierkörpers, der Stolz seiner Haltung, die Eleganz der geringsten Bewegung, wie sie aus vollendeter Kraft hervorgeht. Die Abendsonnenstrahlen, die auf dieses Tier schienen, beleuchteten nicht irgendeinen guten Leithengst einer Herde, nicht irgendeinen schnellen Renner, nicht irgendein mutiges Pferd. Was da unten am Wasser stand, das war mehr und anders als . . .
Harka konnte seine Gedanken und Empfindungen nicht weiter-

führen. Der Hengst wandte sich, sprang am Wasser das Tal aufwärts, seine Hufe schlugen Erde und Steine. Es schien nicht, daß er verfolgt wurde. Es war, als ob er verfolgte. Wieder warf er sich herum. Er biß um sich, nach etwas Unsichtbarem. Harka konnte die Pferdeaugen erkennen. Sie waren in toller Wut verdreht. Wieder stieg der Mustang steil, schlug mit den Vorderhufen in die Luft. Der ganze Leib des Pferdes war eine Spannung. Die dunkle Mähne hing herab, der lange Schweif berührte die Erde. Das Tier hatte den Kopf hoch gehoben und zeigte wütend das Gebiß, als ob es in Luft und Himmel beißen wollte, als ob ein verzehrender Zorn es fräße. Dann ließ der Hengst sich herunter, schlug noch einmal hoch aus und nahm in einem Galopp ohnegleichen die abwärts führende Strecke des Tales. Er sprengte in das weite dämmernde Grasland hinaus, und es war, als ob er jetzt vor dem Unsichtbaren fliehe. Er jagte umher, er gewann einen Höhenrücken und zeigte seinen Schattenriß gegen den dunkelnden Himmel. Endlich verschwand er in der Ferne, in der Finsternis der Nacht, zwischen den Wellen der endlosen Prärie.

Was für ein Pferd! Harka fand lange kein Wort. Er schaute noch immer nach dem Grasland mit der Frage, ob er diesen Hengst noch einmal sehen würde. Aber der Mustang tauchte nicht mehr auf.

Schweigend machten sich die drei Jagdgefährten weiter auf den Heimweg. Die Luft war kühl, sie liefen schnell, und noch war die Mitte der Nacht nicht überschritten, als sie mit ihrer Beute die Zelte erreichten. Sie hatten sich dem Zeltdorf still genähert und die Pferdewachen ohne Aufsehen von ihrem Kommen verständigt. Die Lederzelte lagen im Dunkeln, die Feuer waren schon gedeckt, aber die Hunde wurden unruhig, und der alte Friedenshäuptling hatte einen leisen Schlaf. Als die beiden jungen Absaroka Harka bis zu dem Häuptlingszelt begleitet hatten, kam der Alte auch schon angekleidet heraus. Beim Anblick des prächtigen Adlers, der erlegt war, stieß er einen hellen Bewunderungsruf aus. Nun wurden auch die Frauen im Zelte wach, und als der Häuptling die Jagdgefährten hereinbat, begann das Feuer, behutsam geschürt, schon heller zu flackern. Die Heimkehrenden erhielten eine kräftige Mahlzeit und er-

zählten von der Adlerjagd. Aber ihre Stimmen waren seltsam belegt, und der Häuptling, der aufmerksam zugehört hatte, schaute schließlich einen nach dem anderen fragend an.
Die beiden jungen Absaroka hielten die Hand vor den Mund. Endlich berichtete aber doch der ältere der beiden: „Als wir heimkehrten, sahen wir das Geisterpferd, so nahe wie noch nie. Es hatte eine Herde Mustangs verscheucht und kam an einen Waldbach, um zu saufen. Dann tobte es und entschwand wieder."
Der Häuptling blickte auf Harka, als ob er dessen Ansicht hören wollte.
„Ich habe noch niemals ein solches Pferd gesehen", sagte der Dakota. „Es ist stärker und wilder als alle Mustangs, denen ich je begegnet bin, und es kämpft gegen irgendeinen unsichtbaren Feind. Wir können es nicht verstehen."
„Dieser Hengst kämpft gegen einen unsichtbaren Geist", flüsterte der Häuptling, „aber er kämpft auch gegen lebende Mustangs. Die Herden fürchten ihn. Er hat schon Leithengste totgebissen. Wir haben sie gefunden. Es ist Zauber!"
Nach dem merkwürdigen Erlebnis, das die gemeinsame Jagd abgeschlossen hatte, und bei der Müdigkeit, die alle spürten, hatte niemand Lust, das Gespräch in der Nacht fortzuführen. Die Jagdgefährten verabschiedeten sich und ließen den Adler bis zur Entscheidung am nächsten Tage im Zelte des alten Häuptlings liegen.
Als die Zeltbewohner schlafen gingen, legte sich auch Harka auf seine Decke. Aber er träumte in dieser Nacht wieder. Er träumte von dem Pferd, für das er eine geheime und unüberwindliche Zuneigung zu empfinden begann, wie zu einem großen Feinde, den man sich zum Freunde machen will. Das ausgestoßene, wilde, verhaßte und gefürchtete Dasein dieses Tieres erschien ihm wie ein Gleichnis des eigenen Lebens. Was wußten die Absaroka von ihm, Harka Steinhart Wolfstöter Bärenjäger, dem Sohn Mattotaupas, den die weißen Männer Harry nannten? Er hatte ihnen nicht einmal seinen wahren Namen gesagt. Als Büffelpfeilversender hatte er sich vorgestellt, und sie ahnten nicht, wer er in Wirklichkeit war. Harka hatte schon einen Namen bei den Bewohnern der Wildnis. Seine Taten waren

nicht mehr unbekannt zwischen Prärie und Felsengebirge, und wenn er unbehelligt bleiben wollte, durfte er sich weder Harry noch Steinhart Wolfstöter nennen. Gern wären die Absaroka bereit gewesen, den tüchtigen jungen Jäger bei ihren Zelten zu halten, ihn zum Krieger zu machen und ihm ein Mädchen zur Frau zu geben. Der alte Häuptling machte Andeutungen in dieser Richtung. Aber die kleine Gruppe im Bergtal fesselte Harkas Gedanken und Empfindungen nicht. Er wollte aufbrechen, um hoch hinauf in den Norden, in die rauhen Prärien zu wandern, wo er seinen Freund Stark wie ein Hirsch, mit dem er sich nach indianischer Sitte als „Blutsbruder" verbunden hatte, wiedersehen konnte. Mit ihm zusammen wollte er die Kriegerprobe bestehen. Dieses Ziel allein vermochte seine Vorstellungskraft noch auf sich zu ziehen.

Drei Tage nach der Heimkehr von der Adlerjagd verabschiedete sich der junge Dakota von den gastlichen Zelten. Die Schwanzfedern des Adlers nahm er wohlverwahrt mit, denn der junge Schütze, der das Tier vorzeitig erlegt hatte, übergab sie ihm als Geschenk, das er nicht zurückweisen durfte. Harka verglich die Federn mit den beiden, die er stets mit sich führte. Sie paßten zusammen, obgleich sie aus dem Gefieder ganz verschiedener Jahre stammten. Er hatte sich nicht getäuscht. Die alten Federn hatte der Grauschimmel dem Adler ausgerissen, als der Raubvogel Harka als Knaben angriff. Das Fell des Grizzly blieb im Zeltdorf; Harka trug die Kette aus Krallen und Zähnen. Das genügte ihm als Wahrzeichen und war ihm auf dem Ritt nicht zur Last.

Ehrenvoll verabschiedet von den Ältesten, ein Stück begleitet von Burschen und Knaben, verließ Harka die Zelte, um seine Wanderung zu den Siksikau fortzusetzen. Er war mit Proviant reichlich versehen, sein Schecke war ausgeruht und wahrhaft mutwillig. Der warme Sommer stand erst bevor. Harka eilte, um verlorene Zeit aufzuholen, aber er hastete nicht. Die Tage bei den Absaroka hatten die dunklen Eindrücke, unter denen er das Stationslager bei der Überlandbahn verlassen hatte, nicht verwischen können, aber doch in die Ferne gerückt. Sein Selbstbewußtsein war gesundet; er war wieder zu einem freien Indianer geworden.

Während er am Fuße der Berge, am Rande der Wälder nordwärts ritt, spähte er oft nach dem seltsamen Falbenhengst aus, aber er konnte ihn nirgends mehr entdecken.

Die Probe

Nordwestlich des oberen Missouris bewegte sich ein Wanderzug der Siksikau durch die Prärien, die sich zu den Bergwäldern hinzogen. Die Gruppe war nicht zahlreich. Die Männer und Frauen, die ihr angehörten, hatten alle einen abgehärteten Körper und einen ruhigen, überlegten und schwer zugänglichen Gesichtsausdruck. Jeder von ihnen schien dem anderen dadurch ähnlich, und dennoch verriet sich bei jedem im Blick, im Spiel der Mundwinkel, in der Haltung von Kopf und Schultern selbständige Entschluß- und Urteilskraft. Jeder von ihnen erschien fähig und würdig, sich selbst, in einem gegebenen Augenblick aber auch alle anderen zu vertreten. Was sich hinter diesem allgemeinen Schild von Zähigkeit, Überlegung und Selbstbeherrschung abspielen mochte, blieb dem Außenstehenden verborgen.
Als elfte in der Reihe des Wanderzuges ritt Sitopanaki. Sie wurde bald vierzehn Jahre alt und war ein erwachsenes Mädchen. Das Pferd vor ihr lenkte Spottdrossel, und Sitopanaki sah den ganzen Tag über die schwarzen Haare der Gefährtin, die bestickten Schulterteile der Kleidung und die Kindertrage mit dem Säugling darin, der schon begriffen hatte, daß Schreien nicht das geringste nützte, und der sich darein ergab, in die moosgepolsterte Trage eingebunden zu sein und nur Kopf und Ärmchen recht rühren zu können. Während der Wanderung wurde nicht gesprochen. Sitopanaki hatte mit ihrem Pferd nicht viel zu tun, denn es lief ganz von selbst in der Reihe. Sie schaute auf das Kind in der Trage, auf Spottdrossels sauber gescheiteltes Haar, auf die Spitzen der Speere, die die Männer mit sich führten. Sie schaute über die endlose Prärie und nach dem Himmel.

Gegen Abend wurde das Ziel der Wanderung erreicht. Es war der Platz, der für die nächsten Wochen der Standplatz der Zelte werden sollte. Er lag einen guten Tagesritt weiter westlich als die Landstriche, in denen die Gruppe noch vor einigen Jahren die Sommer zu verleben pflegte.
Sitopanaki, ihre Mutter und ihre Großmutter begannen, wie sämtliche Frauen und Mädchen, sogleich den Zeltbau. Der gewählte Platz für das Zeltlager erschien gut. Es war ein Wald vorhanden, in dem eine frische wasserreiche Quelle entsprang, die in einem kleinen Bach abfloß. An Holz und gutem Wasser, an Beeren und Wurzeln, an heilenden Kräutern fehlte es hier nicht. Das Grasland verlief gegen Osten in langen Wellen, nach Westen hin stieg es zu den großen Wäldern und dem hohen Felsengebirge auf. Von dem gewählten Lagerplatz aus konnten die Krieger zur Büffeljagd in die Prärie aufbrechen, aber auch ebensogut zur Jagd auf Bären, Hirsche und Elche in den Wäldern. Das Gras war grüner als auf der kahlen Steppe, und die Mustangs fanden Nahrung genug.
Die Stangen des Häuptlingszeltes waren aufgestellt und an den Spitzen verbunden. Die schweren Lederplanen wurden von den drei Frauen darumgelegt und mit Schnüren an den in die Erde getriebenen Pflöcken befestigt, so daß der Wind dem Zelte nichts anhaben konnte. Sitopanaki ging jetzt in den Wald, um Holz zu sammeln. Die Sonne war schon hinter den Wipfeln verschwunden. Es war kühl und schattig zwischen den Bäumen. Die junge Frau Spottdrossel begleitete das Mädchen. Auch sie mußte Holz für ihr Zelt herbeischaffen. Die beiden liefen bis zur Mitte des Wäldchens, zu der Quelle, und trafen dort Stark wie ein Hirsch, der seinen Fuchshengst zu den saftigsten und kräftigsten Kräutern geführt hatte. Spottdrossel merkte, daß die Geschwister miteinander sprechen wollten, und sie zog sich ein wenig zurück; es gab rings Holz genug, das sie aufsammeln konnte.
Zu der Quelle auf der Lichtung schaute noch der Abendhimmel herein, an dem die letzten sanft-rötlichen Wolkenstreifen im dunklen Blau verblaßten. Das Quellwasser schillerte. Draußen auf der Prärie heulten zwei Kojoten. Stark wie ein Hirsch lauschte auf dieses Geheul, als ob es ihn an einen anderen

Abend erinnerte, den er am Rande dieses Gehölzes, vor sieben Jahren verbracht hatte.
„Der Sommer ist da", sagte Stark wie ein Hirsch leise zu seiner Schwester, während im Walde die Schritte der Holzsammlerinnen hin und wieder einen dürren Zweig knackend zertraten, „der Sommer ist da, die Tage sind länger als die Nächte, das Gras wird schon bald dörren, und die jungen Büffel wachsen heran. Ehe der Sommer sich wieder neigt, werde ich ein Krieger sein. Der Zaubermann will die Geister befragen, und er wird den Tag bestimmen. Und Sitopanaki, meine Schwester, folgt sie bald einem unserer jungen Krieger in sein Zelt?"
„Wirst du, Bruder, eines unserer Mädchen zu dir ins Zelt holen, sobald du ein Krieger bist?"
„Nicht so bald; ich denke, nicht ehe ich zweiundzwanzig oder dreiundzwanzig Sommer gesehen habe."
„Bis dahin wird unsere Mutter mich noch zur Arbeit brauchen."
Stark wie ein Hirsch lächelte, ohne daß Sitopanaki das in der wachsenden Dämmerung noch wahrnahm, aber sie hörte das Lächeln aus seiner Stimme, als er antwortete: „Das wird sie. Sie braucht dich zur Arbeit. Du liebst keinen unserer Krieger? Auch nicht Nachtwandler, den Sohn von Kluge Schlange, der Tag und Nacht an dich denkt?"
„Ich bin noch jung genug und kann warten, ob ich lieben werde."
Die Wipfel begannen sich in einem leisen Winde zu neigen. Die Kojoten verstummten, da sie sich vor den Hunden fürchteten. Auf der Lichtung bei der Quelle, im Schutze der Bäume, webte noch die warme Luft des Sommertages.
„Vielleicht kehrt mein Blutsbruder Harka zu unseren Zelten zurück, ehe der Sommer endet", sagte Stark wie ein Hirsch. „Er wollte wiederkommen, um bei uns die Proben eines Kriegers zu bestehen. Wenn er noch lebt, so wird er eines Tages bei uns sein."
„Eines Tages, ja. Ich schaue jeden Morgen über die Prärie und jeden Abend nach dem Walde, so wie auch du, mein Bruder Stark wie ein Hirsch! Aber noch ist Harka Steinhart Büffeljäger nicht gekommen."
„Warten wir weiter."

Der Fuchshengst hob den Kopf. Er wollte zur Nacht zur Pferdeherde. Stark wie ein Hirsch gab dem Drängen des Tieres nach und führte ihn weg.
Spottdrossel kam zwischen den Bäumen hervor und gesellte sich wieder zu Sitopanaki. Sie gab dieser von ihrem Holz ab. Die beiden liefen schnell zu ihren Zelten, wo sie schon erwartet wurden. Die Zelte standen am Ostrand des Wäldchens. Sitopanaki und Spottdrossel trennten sich, jede schlüpfte in das eigene Zelt.
Die Häuptlingstochter machte Feuer in der Vertiefung in der Zeltmitte, die die Mutter schon genau abgemessen fertiggestellt hatte. Das Holz war trocken; es flammte und prasselte sogleich; Sitopanaki steckte das Fleisch für den Vater an den Spieß. Mutter und Großmutter hatten sich schon in den Hintergrund zurückgezogen. Dort spielte auch der kleine Bruder, der vor drei Jahren zur Welt gekommen war.
Als Häuptling Brennendes Wasser den Schlegel verzehrt hatte, aßen die Frauen mit dem Kind für sich, und schließlich kam Stark wie ein Hirsch in das Zelt und erhielt ebenfalls seine Abendmahlzeit. Er war kein Kind mehr, aber auch noch kein Krieger. Seine Zwitterstellung fiel in allem auf.
Vom Walde her erklang die einfache Melodie einer Flöte. Die Zeltbewohner wußten, daß es der Sohn von Kluge Schlange war, der sein Liebeslied für Sitopanaki spielte, und die Mutter beobachtete das Mädchen heimlich. Aber Sitopanaki schürzte nur verächtlich die Lippen und sagte: „Junge Männer sollten lieber daran denken, Elche und Graubären zu jagen, als jeden Abend die Flöte zu spielen", und sie legte sich auf ihr Nachtlager und träumte, was sie nur ihrem Bruder gestehen konnte.
Die folgenden Tage verliefen für die Insassen des Zeltdorfes ruhig und fröhlich. Eines Morgens holte Sitopanaki bei Sonnenaufgang mit Spottdrossel zusammen wie jeden Tag Wasser aus der Quelle für die Zelte. Der Tau lag noch auf den Gräsern. Die Tropfen schimmerten in allen Regenbogenfarben, als die Sonnenstrahlen auf die Lichtung eindrangen. Von der Nacht her war es noch köstlich kühl. Sitopanaki und Spottdrossel füllten die ledernen Wassersäcke. Die beiden waren die ersten aus dem Dorf, die sich aufgemacht hatten. Neben Sitopanaki trap-

pelte der kleine Bruder und versuchte Schmetterlinge zu fangen, die in der Sonne munter wurden.
Unter den Bäumen stand ein junger Mann und sah den Freundinnen zu. Er war stattlich und kräftig. Sitopanaki und Spottdrossel hatten ihn sofort erkannt. Nachtwandler war das, der Sohn von Kluge Schlange. Er war etwa zweiundzwanzig Jahre alt, seit vier Jahren schon in die Reihen der Krieger aufgenommen. Spottdrossel wollte etwas von der alten Spottlust überkommen, denn dieser junge Krieger, der zwischen den hohen Bäumen stand, war wirklich über die Maßen verliebt und konnte keinen Tag vorübergehen lassen, ohne Sitopanaki in den Weg zu laufen.
Die Häuptlingstochter beachtete ihn nicht; sie wich aber auch nicht aus. Mit Spottdrossel zusammen ging sie an dem jungen Mann vorüber, als ob er ein Baum wäre. Sie hörte, wie der Verschmähte hinter ihr herkam. Als die beiden Freundinnen wieder den Waldrand erreichten und über die Prärie schauen konnten, war die Weite erfüllt von Morgendunst und Sonnenlicht. Die Hundemeute war unruhig. Einige starke und mutige Tiere liefen in die Prärie hinaus. Den Grund für dieses Verhalten konnten die Mädchen rasch erkennen.
Über die grasige Ebene kam ein einzelner Reiter auf das Zeltdorf zu. Sitopanakis regelmäßiger Herzschlag unterbrach sich. Es war, als ob sich ihr Herzmuskel zusammenziehe und das Herz springen lasse, so daß es einmal heftig gegen die Rippen schlug. Sie senkte den Kopf, und ohne sich von Spottdrossel so freundlich wie sonst zu verabschieden, lief sie schnell in das Häuptlingszelt. Spottdrosssel aber war stehengeblieben und spähte nach dem Reiter auf der Prärie. Sie merkte, daß Nachtwandler neben ihr stand und gleich ihr Ausschau hielt. Der Reiter war schon deutlich zu erkennen. Er ritt ein Scheckenpferd, dem er eine Lederdecke umgeschnallt hatte.
Nachtwandler wandte sich stillschweigend zum Gehen, als er den Reiter erkannte. Von den Zelten her preschte jetzt Stark wie ein Hirsch auf seinem Fuchs dem Ankommenden entgegen. Auch dieser setzte sein Tier in Galopp. Die beiden trafen sich, rissen die Pferde hoch und grüßten sich mit der offenen Hand und hellen Rufen.

Dann sprengten sie zusammen zu den Zelten und hielten vor der Behausung des Häuptlings. Die Planen waren aufgeschlagen. Brennendes Wasser stand vor dem Zelteingang. Die jungen Männer sprangen ab, und der Häuptling begrüßte den wieder heimkehrenden Gast mit Ernst und Würde.
Spottdrossel konnte von ihrem Platz aus in das Häuptlingszelt hineinschauen, und sie blieb, den Wassersack in der Hand, noch ein wenig stehen. Auch Nachtwandler hatte, ein Dutzend Schritte entfernt, wieder haltgemacht und schaute zu dem Zelte hin. Der Gast dort legte die Büchse ab, und es schien, daß er sogleich eingeladen wurde, in dem Zelt zu bleiben. Er brachte seinen Schecken zur Herde, und dabei ging er an Spottdrossel und dann an Nachtwandler vorüber. Die junge Frau prägte sich jede Einzelheit seiner Erscheinung ein. Er war größer und sehniger als Nachtwandler. Er trug eine Kette aus Bärenkrallen und an den Nähten der Gamaschenhosen die Skalplocken der von ihm besiegten Feinde. Er sah älter aus als der zweiundzwanzigjährige Nachtwandler, obwohl er weniger Sommer gesehen hatte.
Es wurde für Spottdrossel Zeit, das Wasser ins Zelt zu bringen und ihren kleinen Buben zu versorgen. Einen letzten Blick warf sie hinüber ins Häuptlingszelt zu Sitopanaki. Das Mädchen hatte der Mutter das Wasser gebracht und ordnete nun die Dekken im Zelt, mit eckigen steifen Bewegungen, wie man sie noch nie an Sitopanaki gesehen hatte. Es war, als ob eine vor Schreck oder Freude Gelähmte sich bewegen wollte.
Spottdrossel nahm ihren Säugling aus der Trage, um ihn trinken zu lassen, und kochte Fleisch für ihren Mann, das er sich gut schmecken ließ. Für sich selbst machte sie ein Präriehuhn zurecht und aß mit ebensoviel Appetit. Dabei arbeiteten ihre Gedanken.
Im Zelte des Häuptlings aber strahlte die Freude des Sohnes Stark wie ein Hirsch über die Rückkehr des Blutsbruders nicht weniger hell und nicht weniger wärmend als die Morgensonne. Sie schien alles zu beleben und das Starre zu lösen. Häuptling Brennendes Wasser lächelte. Seine Frau holte das zarteste Rükkenstück einer Büffelkuh aus ihrem Fleischvorrat, um es als Frühstück für den Gast an den Spieß zu stecken.
Als Sitopanaki die Schüsseln zurechtstellte, waren ihre Bewe-

gungen wieder weich und leicht. Dem Zurückgekehrten selbst schmeckte es.

Als die Mahlzeit beendet war, der Gast sich gesättigt hatte und damit dem ersten Erfordernis der Gastfreundschaft Genüge getan war, kam es dem Häuptling und Herrn des Zeltes, Brennendes Wasser, als erstem zu, das Wort zu ergreifen. Er sprach: „Harka Steinhart Wolfstöter Büffeljäger, Sohn Mattotaupas! Du bist in unsere Zelte zurückgekommen. In den Sommern und Wintern, in denen du fern warst, hast du viele Feinde besiegt und den großen Grauen Bären getötet. Die Siegeszeichen, die du trägst, berichten uns das. Du hast gekämpft wie ein Krieger. Bist du schon ein Krieger geworden?"

Der Gast antwortete ebenso langsam und ernst, wie der Häuptling gesprochen hatte: „Noch bin ich kein Krieger geworden. Mein Messer, meine Pfeile, meine Kugeln haben viele Feinde besiegt, und ihre Skalpe gehören mir. Der große Graue ist meiner Kugel und meinem Messer erlegen. Aber um ein Krieger zu werden, bedarf es nicht nur des Sieges im Kampf und auf der Jagd, sondern der Mann, der diese Würde erlangen will, hat sich nach den Sitten, in denen ich erzogen bin, erst in der Einsamkeit auf sich selbst zu besinnen. Die Geister müssen im Traum zu ihm sprechen und ihm seinen Namen und seinen Schutzgeist nennen. Ein künftiger Krieger hat zu beweisen, daß er Hunger und Durst ertragen kann und sich zu beherrschen vermag. Es kann sein, daß das Große Geheimnis oder die Große Sonne noch ein besonderes Opfer von ihm annimmt."

„Harka Steinhart Wolfstöter, bist du bereit, in die Einsamkeit zu gehen, deinen Namen zu erfahren und, wenn das Große Geheimnis dies annehmen will, noch ein besonderes Opfer zu bringen?"

„Ja, ich bin es."

„So werde ich heute, wenn die Sonne sinkt, mit unserem Zaubermann sprechen und ihn fragen, ob er gewillt ist, dich, Harka Steinhart, mit meinem Sohne Stark wie ein Hirsch durch alle Proben gehen zu lassen, bis ihr Krieger seid. Lebt dein Vater noch?"

„Er lebt."

"Würde er bereit sein, auch wieder zu uns zu kommen?"

In Harkas Wangen stieg das Blut, von Erregung und einem schnelleren Herzschlag getrieben. „Brennendes Wasser", sagte er, „der Krieger mit Namen Kluge Schlange und dein Sohn Stark wie ein Hirsch werden dir gesagt haben, warum Mattotaupa und ich als sein Sohn eure gastlichen Zelte verließen. Du fragst, ob mein Vater zu euch zurückkehren wolle. Haben die weißen Männer nicht von euch oder von den Oberhäuptlingen der Siksikau gefordert, uns auszuliefern, weil mein Vater in Minneapolis diesen bissigen Kojoten mit Namen Ellis erschoß?"
„Die weißen Männer haben niemals nach deinem Vater oder nach dir gefragt. Es sind sechs Winter und fünf Sommer vergangen, seitdem dein Vater fortritt. Wenn die weißen Männer eine so lange Zeit hindurch weder in Frost und Schnee noch in Hitze und Dürre noch in der Zeit des grünen Grases noch in der Zeit der welkenden Blätter nach deinem Vater oder nach dir gefragt haben, so werden sie auch – denke ich – künftig nicht nach euch suchen. Allein kann ich diese Frage nicht entscheiden. Aber sobald du die Proben als Krieger bestanden hast, will ich zu unseren Oberhäuptlingen reiten und sie befragen, ob auch sie denken wie ich und zustimmen, wenn unsere Ratsversammlung beschließen sollte, deinen Vater und dich in unseren Stamm aufzunehmen."
„Charlemagne?" fragte Harka Steinhart. Er brachte nur noch diesen einen Namen heraus, so sehr erschütterte ihn die Erregung über das, was er hörte. „Charlemagne sagte mir, daß die Weißen mich als den ‚Sohn eines Mörders' in ihre Erziehungsgefängnisse holen wollten."
„Der weiße Mann mit Namen Charlemagne ist ein Lügner. Wir haben ihm nachgeforscht, als Kluge Schlange uns berichtete, daß du allein fortgeritten bist. Es wäre besser gewesen, dein Vater und du hättten nicht so schnell und ohne unseren Rat gehandelt! Die Männer der Siksikau bedenken alles gründlich! Es ist uns gelungen, mit Hilfe eines sehr klugen Scouts der weißen Männer, der Chef de Loup genannt wird, Charlemagne der Lüge zu überführen."
Harka dachte einen Augenblick nach. „Den Namen Chef de Loup habe ich noch niemals gehört", sagte er dann bestimmt.

„Es mag sein, daß Chef de Loup in den südlichen Prärien anders genannt wird. Bei den weißen Männern trägt er den Namen Tobias."
„Tobias? Ja. Mein Vater hat mit ihm zusammen einige weiße Männer aus den vom Sandsturm verwüsteten Prärien bis zum Fluß und dem Blockhaus des zahnlosen Ben gebracht."
„Daran scheint sich Chef de Loup nicht erinnert zu haben, denn er glaubte euch nicht zu kennen."
„Mein Vater hatte ihm seinen wahren Namen nicht genannt."
„Dann ist das erklärt. Du bist einverstanden, daß wir so verfahren, wie ich es vorgeschlagen habe?"
„Ja. Wenn der Geheimnismann mir erlauben wird, bei euch die Probe eines Kriegers zu bestehen, wenn ich sie bestanden habe, und wenn du, Häuptling Brennendes Wasser, die Zustimmung der Oberhäuptlinge der Siksikau erhältst, daß mein Vater und ich in euren Stamm aufgenommen werden, so will ich zu meinem Vater zurückreiten und ihm dies alles mitteilen. Mein Vater ist jetzt Kundschafter im Dienste der weißen Männer in den Prärien am oberen Platte-Strom."
Häuptling Brennendes Wasser zog die Mundwinkel ein wenig herab, vielleicht ohne es zu wissen, aber er äußerte kein Wort des Erstaunens oder des Mißfallens. Er fragte auch nicht, ob es Mattotaupa gelungen sei, sich an Tashunka-witko zu rächen. Es mußte dem Siksikau-Häuptling bekannt sein, daß Tashunka noch lebte, und da Harka die Frage nicht anschnitt, war der Schwarzfuß zu taktvoll und zu höflich, um von sich aus zu fragen.
Nachdem die Unterredung zwischen Häuptling Brennendes Wasser und seinem Gast auf diese Weise abgeschlossen war, kam Stark wie ein Hirsch zu Wort, um sein Anliegen vorzubringen. „Harka Wolfstöter", rief er, „du bist genau zur rechten Stunde gekommen! Ich habe in den vergangenen Tagen eine Elchfährte aufgespürt. Es ist ein starker Bursche, dieser Elch, und ich will ihn jagen. Er treibt sich in den Wäldern umher, zu jenen Berghängen hin, an denen wir als Knaben die Luchse erlegt haben! Kommst du mit mir?"
Harka sah den Häuptling fragend an.
„Es steht dem nichts entgegen, daß du mit meinem Sohn auf

Elchjagd gehst", entschied Brennendes Wasser. „Der Geheimnismann wird mit den Geistern sprechen wollen und seine Entscheidung kaum vor dem dritten Tage mitteilen."
„Bis dahin haben wir den Elch!" meinte Stark wie ein Hirsch. „Kommst du mit, Harka Wolfstöter?"
„Ja, ich komme mit."
„Willst du auch einen Speer haben?"
„Zur Elchjagd, ja."
Harka suchte sich aus dem Besitz des Häuptlings einen starken Speer aus. Als Schußwaffe wollte er nur den Bogen mitnehmen. Die Büchse dachte er im Zelt zu lassen. Sitopanaki hatte mit der Mutter zusammen schon den Proviant für beide Jäger zurechtgemacht und gab ihn jetzt dem Bruder und seinem Freund. Sie lächelte dabei ein wenig und ganz unbefangen. Schön war Sitopanaki nicht, aber schlank und harmonisch gebaut, von einer herben Zartheit und Sicherheit des Empfindens und auch der Bewegung, die wie Rhythmus und Melodie wirkten und um derentwillen sie ihren Namen trug, „Deren Füße singen, wenn sie geht".
Als die beiden jungen Männer das Zelt verließen, hielt Stark wie ein Hirsch noch einmal an. „Da, sieh!" sagte er zu Harka. Eine schwarze, langhaarige Hündin, dem Bau nach einem großen Präriewolf gleich, schleppte im Maul ein Junges herbei und legte es beim Eingang des Häuptlingszeltes nieder. Sie rannte fort und kam gleich darauf mit einem zweiten Jungen im Maule an. Mit ihrem Wurf zusammen legte sie sich selbst vor das Häuptlingszelt und blinzelte Stark wie ein Hirsch vertrauend zu. Der Häuptlingssohn schmunzelte. „Sie ist unser bester Hund", erklärte er Harka, „mit jedem großen Wolf nimmt sie es auf. Die beiden Söhne, die sie uns hierhergebracht hat, werden der Mutter hoffentlich einmal gleichen! – Nun", sprach er die Hündin selbst an, „bleib nur hier und warte, bis wir den Elch bringen! Dann hast du auch zu fressen und kannst deine Jungen kräftig säugen."
Harka nahm das eine der Jungen in die Hand; die Hundemutter beobachtete ihn scharf. „Solch ein Hund", sagte Harka, „wäre nicht schlecht als Begleiter, wenn ein Mann in der Prärie allein reitet."

„So mag sie dieses eine Junge für dich aufziehen, Harka Wolfstöter! Das andere gewöhne ich an mich."
Die beiden jungen Männer gingen zu den Pferden. Stark wie ein Hirsch bat den Blutsbruder, sich für die Jagd einen guten Mustang aus dem Besitze des Häuptlings auszuwählen. Das tat Harka gern, und die beiden begannen den Ritt. Viele Dorfbewohner waren aus den Zelten gekommen und schauten den Ausziehenden nach. Der Elch, stark, schnell und für den Menschen gefährlich, wurde meist im Winter gejagt, wenn er im Schnee einbrach, die Jäger aber die Schneeschuhe benutzen konnten, oder die Jäger überlisteten das Tier zur Brunstzeit, indem sie das Röhren nachahmten. Solche Vorteile konnten Harka und Stark wie ein Hirsch jetzt nicht wahrnehmen, und ihr Vorhaben erschien allen Zeltbewohnern sehr kühn und in seinem Erfolg ungewiß.
Die beiden jungen Männer ritten schnell. Gegen Mittag fanden sie die Fährte, von der Stark wie ein Hirsch gesprochen hatte. Der Elch war in schnellem Tempo in die Bergwälder hinaufgelaufen, und die beiden Jäger trieben ihre Pferde an. Sie gelangten zu einem Wildbach, dessen Wasser die Erde weggetragen und sich bis auf den Fels gefressen hatten. Von Stufe zu Stufe plätscherten die undurchdringlichen Wellen herab. Die Reiter erreichten jenen Platz, wo sie als Knaben gerastet und gebadet, wo damals ein Elch sie überrascht und sie des Nachts mit Luchsen gekämpft hatten. Es war nicht notwendig, eine Rast einzulegen, aber es war verlockend. Die beiden stiegen ab, behielten ihre Mustangs dicht am Bach und ließen sich das Wasser, das über glatt gescheuerte Felsen in schillerndem Schleier herabfiel, über Nacken und Rücken laufen. In Erinnerung an ihre Knabenerlebnisse bei diesem Wasserfall mußten sie beide lachen, aber sie lachten lautlos.
Stark wie ein Hirsch ging ein paar Schritte am Bach entlang und fing zwei unter einem Uferüberhang stehende Forellen mit der Hand. Er machte ein wenig Feuer und briet die Fische, und die beiden aßen, nicht aus Hunger, aber aus Freude, den Augenblick ganz zu genießen.
Sie hatten einander noch nichts erzählt, was der eine oder der andere in den Jahren ihrer Trennung erlebt hatte. Erst jetzt fing

Harka an, von solchen Erlebnissen zu sprechen, aber auch jetzt noch bei weitem nicht von dem, was ihn am tiefsten und schwersten beschäftigte. „Ich habe einen Mustang gesehen", erzählte er, „einen solchen Mustang sah ich bis dahin noch nie."

Stark wie ein Hirsch hob überrascht den Kopf. „Du meinst das Geisterpferd?"

„Kennt ihr es?"

„Ja." Stark wie ein Hirsch beobachtete seinen Gefährten und sah ihm wohl an, wie er von dem Gedanken an dieses Pferd besessen war.

„Wenn ihr es kennt, so läuft es sehr weite Strecken, denn ich habe es viele Tagesritte weiter im Süden gesehen", bemerkte Harka.

„Das mag sein. Es ist selten zu erblicken und kommt und verschwindet immer überraschend."

„Seit wann habt ihr es beobachtet?"

„Seit dem vergangenen Sommer."

„Immer allein?"

„Immer allein."

„Das ist merkwürdig."

„Ja, merkwürdig."

Die Forellen waren aufgegessen. Die beiden Jäger machten sich auf, um der Elchfährte weiter zu folgen. Sie gelangten im Walde aufwärts bis zu dem Winterlagerplatz der Siksikaugruppe, die von Brennendes Wasser geführt wurde. Hier machten sie aber nicht halt, sondern ritten weiter, immer auf der Fährte des Elches. Gegen Abend gelangten sie zu einem Hochmoor. Den Spuren nach zu urteilen, hatten sie den Elch nahezu eingeholt. Er mußte sich in der Nähe aufhalten. Sie machten die Pferde fest und schlichen im Abendsonnenschein zu Fuß auf der Fährte weiter. Der Elch hatte die Ausläufer des Moores gekreuzt; tief hatten sich die Hufzehen des schweren Tieres in den weichen Boden eingedrückt. Die Fährte lief im Bogen über das Moor in den Wald zurück. Das Tier hatte sich Zeit gelassen, um da und dort zu äsen.

Die Jäger hielten an und lauschten. Sie hörten, wie in einiger Entfernung an Blättern und Zweigen gerissen wurde. Das konnte das gesuchte Wild sein. Lautlos schlichen die beiden Indianer weiter durch den Wald, von Baum zu Baum.

Als sie den Elch erblickten, blieben sie regungslos stehen. Es war ein ausgewachsenes männliches Tier, groß, stark und gefährlich wie ein Büffel. Einen Elch zu erlegen, war gemeinhin Aufgabe einer Gruppe von Männern, die das Tier einkreisten. Die Haut des Elchs ist so zäh, daß Geschosse leicht davon abprallen. Seiner Kraft bewußt, greift der Elch auch ohne weiteres Menschen an.

Die beiden Jäger verständigten sich im Dämmer des Waldes durch Handzeichen. Sie hatten sich geschickt angeschlichen, so daß das Wild noch nicht unruhig geworden war. Es fraß mit hoch erhobenem Kopf vom Laub eines Baumes. Die beiden Indianer wollten das Tier mit dem Speer erlegen, nicht im Wurf, sondern im Stoß, um die ganze Kraft hineinlegen und die Elchhaut sicher durchbohren zu können. Ihnen beiden sollte das Tier gehören, und sie wollten gleichzeitig angreifen. Während Stark wie ein Hirsch zunächst am Platze blieb, um im gegebenen Augenblick vorzudringen und den Stoß ins Herz zu führen, begann Harka Steinhart, den Elch zu umgehen, mit so großer Übung und Geschicklichkeit, daß das Tier auch jetzt noch arglos blieb. Als Harka auf die andere Seite des Tieres gelangt war, genügte ein letztes Zeichen, um sich mit dem Gefährten zu verständigen. Beide Jäger griffen zur selben Zeit mit dem Speer an, und beide stießen mit voller Kraft zu. Mit durchbohrter Kehle und ins Herz getroffen brach das gewaltige Tier zusammen. Der Siegesruf der Jäger klang jubelnd durch den Wald.

Als die beiden ihre Beute auf dem Waldboden liegen sahen, kam ihnen die eigene Leistung voll zum Bewußtsein. „Das beste war", urteilte Stark wie ein Hirsch jedoch bescheiden, „daß er uns zu spät bemerkt hat."

Die beiden lächelten ein wenig verlegen, weil sie einander noch viel mehr hätten loben können.

„Dein Stoß allein hätte genügt", sagte Harka schließlich zu seinem Gefährten.

„Auch dein Stoß allein hätte ihn getötet", anerkannte Stark wie ein Hirsch.

„Aber der zweifache Angriff hat uns ganz sicher gemacht."

„Gut. Ruhen wir die Nacht hier und schleppen wir diesen großen Brocken morgen zu den Zelten?"
Harka war einverstanden. Er holte die Pferde, und das Nachtlager wurde beim Waldrand bezogen. Zu essen und zu trinken brauchten die Jäger nicht schon wieder. Harka rauchte. Daran hatte er sich mehr gewöhnt als sein Gefährte.
Es war unterdessen dunkel geworden. Über dem Hochmoor lag die fahle Helligkeit von Mond- und Sternenlicht. Im Walde war es finster. Eulen und Fledermäuse kamen aus ihren Verstecken hervor, piepsten und schrien. Die beiden rastenden Jäger hatten ihren Platz so gewählt, daß sie weder von Wolf noch Luchs überrascht werden konnten. Sie waren noch nicht müde genug, um sich schlafen zu legen. Die erste Nachtstunde war eine angenehme Zeit zum Plaudern.
„Dein neuer Mustang, dieser Fuchs, ist ein prächtiges Tier", fing Harka das Gespräch an.
„In deinem Kopfe, mein Blutsbruder, kreist es von Gedanken an Mustangs. Wo ist dein Grauschimmel geblieben?"
„Ich habe ihn erschossen."
Stark wie ein Hirsch spürte, daß er danach nicht weiter fragen sollte. „Und nun", knüpfte er daher den Faden anders an, „nun denkst du an das Geisterpferd?"
„Ja."
„So. Ich glaube, Harka, ich kann dir die Geschichte des Pferdes erzählen. Die Männer aus unseren Zelten sind die einzigen, die diese Geschichte kennen."
„Sprich!"
„Es begann damit, daß wir neue gute Mustangs brauchten, im Frühling des vergangenen Jahres. Unsere Späher, zu denen auch ich gehörte, spürten eine Herde Mustangs auf, die nach der Schneeschmelze zu uns in den Norden heraufgezogen war. Es war eine stolze Herde, viele kräftige und schöne Tiere befanden sich darunter. Unsere Männer teilten sich. Die Hälfte von uns ging unter Führung von Kluge Schlange in den Wald, um an einem geeigneten Platz einen Korral, einen hohen Zaun aus starken Stämmen, zu bauen. Die andere Hälfte, zu der ich gehörte, verfolgte die Herde, aber nicht feindselig als Jäger, sondern wie im Spiel. Wenn die Mustangs rasteten, weideten und

spielten, so machten auch wir Reiterspiele. Die Mustangs schauten uns neugierig zu und gewöhnten sich daran, daß wir ihnen folgten. Vorsichtig und ohne daß die Leithengste mißtrauisch wurden, begleiteten wir die Herde auf diese Weise viele Tage. Endlich gelangten wir mit ihr in die Nähe des Korrals. Nun begannen wir die Herde zu lenken. Die Tiere betrachteten uns zwar nicht als Feinde, wollten uns aber auch nicht allzusehr in ihre Nähe kommen lassen. Sie wichen uns aus, und das benutzten wir, um sie in Richtung des Korrals zu drängen. Du weißt, wie wir einen Korral anlegen? Er hat einen weiten Eingang, wie einen geöffneten Rachen. Dieser verengt sich; durch den engen Durchgang hindurch strömen die Pferde in das weite Rund, das von dem hohen Zaun umringt ist. Sobald sich die Mustangs darin befinden, wird der Eingang an der engen Stelle verschlossen und stark verrammelt. Es gelang uns also, die Herde zu dem Korral hin zu lenken. Immer genauer beobachteten wir jedes einzelne Tier, und jeder von uns suchte sich in Gedanken die Pferde aus, die er für sich gewinnen wollte. Am Lagerfeuer des Abends sprachen wir darüber. Dabei sprachen wir auch von dem Leithengst der Herde, und wir zweifelten, ob dieser sich je würde zähmen lassen. Es war ein herrliches, ein unvergleichliches Tier, ein Falbe mit dunkler Mähne und dunklem Schweif. Kein anderer Hengst kam ihm gleich an Kraft, an Mut, an Umsicht. Ich gestehe dir, daß ich jede Nacht von diesem Tier träumte. Endlich war es eines Abends soweit. Wir hatten die Herde in die Nähe des Korrals gebracht und konnten die Jagd beginnen. Im Halbkreis hetzten unsere Krieger mit lautem Geschrei, und die Herde stob davon, in Richtung des Korrals, voran der Leithengst, der Falbe. Die Tiere stürmten in den Eingang des Korrals. Ich selbst gehörte zu denjenigen, die den Korral hinter der Herde schließen sollten. Ich war schon zuvor außen um den Zaun herumgeritten, hatte mein eigenes Tier festgemacht, war an der engen Stelle auf den Zaun geklettert, um sofort herunterzuspringen und die Stämme vorschieben zu können. Das muß in einem solchen Augenblick schnell geschehen. Von meinem Platze aus konnte ich beobachten, wie die Herde in den Korral hereinstürmte." – Stark wie ein Hirsch machte eine kleine Pause. – „Du hättest sehen sollen, Harka", fuhr er fort, „was jetzt geschah. An der Stelle, an der der Zaun sich verengte, begriff der Falbe an der Spitze, daß er hier in eine Falle ging. Er bäumte sich auf und wollte den Lauf seiner Herde aufhalten. Er schlug und biß gegen die anderen Hengste. Aber die wollten im wilden Galopp, in der Furcht vor unserem Geschrei, dem Leithengst nicht mehr gehorchen. Es gab einen Kampf der Pferde, wie ich ihn noch nie in meinem Leben gesehen habe. Aber die ganze Herde drängte nach, und dem konnte auch der Falbe nicht widerstehen. Er wurde von seiner eigenen Herde in das Rund des Korrals hineingedrängt. Drei Hengste hatte er vorher totgebissen. Ich sprang herab und schloß mit anderen Burschen zusammen den Korral. Wir verrammelten das Tor mit besonderer Sorgfalt. Dann freuten wir uns unseres Erfolges. Es war Nacht geworden. Wir steckten rings um den Korral unsere Lagerfeuer an, schwatzten und lachten."

„Ihr hattet Wachen aufgestellt?" fragte Harka dazwischen.

„Wir hatten Wachen aufgestellt. Was denkst du von uns! Aber auch viele, die keinen Wachdienst hatten, dachten nicht so rasch ans Schlafen. Immer wieder kletterten wir Burschen von außen den Korralzaun hinauf, spähten hinunter zu den Mustangs und suchten mit den Augen diejenigen aus, die wir uns später mit dem Lasso herausfangen wollten."

„Was war aus dem Falben geworden?"

„Er hatte aus dem Kampf nur geringe Verletzungen davongetragen. Ich erkannte ihn. Er stand inmitten des Korralrundes, fast ohne sich zu rühren, während die anderen Mustangs verängstigt und verzweifelt dahin und dorthin drängten. Er hatte den Kopf gehoben. Er spähte und witterte. Nur den Kopf bewegte er noch und die Augen, mit einem seltsamen Ausdruck, so wild, wie ich ihn bei einem Pferde noch nie gesehen habe. Ich erkannte das im Mondschein. Die ganze Nacht blieb ich wach und beobachtete das Pferd. Aber es ging nicht von der Stelle. Am nächsten Tage unternahmen wir noch nichts gegen die Herde. Die Tiere wurden etwas ruhiger. Am zweiten Tage wollten wir diejenigen Mustangs, die wir brauchten, herausfangen und für die übrigen den Korral wieder öffnen. Tagsüber gehörte ich zu den Wachen. In der Nacht darauf schlief ich ab

Mitternacht ein, so fest, wie man nach einer durchwachten Nacht zu schlafen pflegt. Als wir mit Sonnenaufgang wach wurden, trafen wir sogleich unsere Vorbereitungen, um die Pferde, die wir gewählt hatten, herauszufangen. Ich besah mir die Herde wieder."

„Du wolltest den Falben fangen?"

„Ja. Aber der Falbe war weg."

„Weg?!"

„Weg. Ich will dir nicht beschreiben, was ich empfand. Du kannst es dir denken. Ich befragte die Wachen. Sie hatten nichts bemerkt. Ich will nicht wiederholen, was ich zu den Wachen sagte. Auch das kannst du dir denken. Aber kein Wort änderte etwas daran, daß der Leithengst verschwunden war."

„Wie ging das weiter? Habt ihr aufklären können, wie er euch entflohen ist?"

„Als wir die Pferde, die wir behalten wollten, herausgefangen und gefesselt und die übrigen wieder davongejagt hatten, untersuchten wir den ganzen Korral. Es war unmöglich für einen Mustang, die Umzäunung zu überspringen. Dieser Falbe war halb gesprungen, halb geklettert, wie ein Raubtier. Er hatte seine Freiheit zurückgewonnen. Mir blieb nur übrig, seine Fährte ein Stück weit zu verfolgen. Dieses Pferd holt kein Reiter mehr ein, und dieser Hengst läßt sich auch nicht mehr überlisten."

„Du denkst, er ist das Geisterpferd?"

„Er ist es. Einmal habe ich ihn wiedergesehen. Was für ein Tier. Aber sein Sinn hat sich verwirrt. Er geht zu keiner Herde mehr. Er träumt nur noch den Schreckenstraum von dem Augenblick, in dem er unsere List durchschaute, in dem er erkannte, daß er seine Herde in eine Falle geführt hatte, als die Herde ihm aber nicht mehr gehorchen wollte und er nicht mehr wenden konnte. Den furchtbaren Kampf mit seiner eigenen Herde spielt er immer wieder, und wo er Pferde findet, greift er sie an. Die Mustangherden haben gelernt, ihn zu fürchten."

„Wie alt mag er sein?"

„Nicht älter als drei Jahre. Er war sehr jung für einen Leithengst und muß schon ein Fohlen von ungewöhnlicher Kraft und Wildheit gewesen sein."

Harka rauchte noch eine Pfeife.
„Wolfstöter?" fragte Stark wie ein Hirsch.
„Ja?"
„Wirst du nun die ganze Nacht von diesem Mustang träumen?"
„Kann sein."
Die Jagdgefährten teilten die Wachen unter sich ein. Dann legte sich Harka zuerst schlafen. Es kam so, wie sein Blutsbruder es ihm vorausgesagt hatte. Er träumte von dem Falben.
Als er ab Mitternacht Wache hielt, schlich er in der näheren Umgebung umher und spähte nach allen Richtungen. Es war keine Gefahr zu erwarten, aber die Vorsicht war ihm in Fleisch und Blut übergegangen. Er kroch auf das Moor hinaus bis zu einem guten Aussichtspunkt, schaute über Wälder und Täler und lauschte auf die Stimmen und das Rascheln der Tiere in der Nacht. Als der Morgen kam und Stark wie ein Hirsch ebenfalls wieder wach wurde, nahm Harka sich die Zeit, das Moor am Rande ganz hinaufzulaufen, bis zu seinem oberen Ende am Berg, wo ein breit sickernder Bach die Feuchtigkeit des Moores erhielt. Harka hatte in der Nacht von seinem Aussichtspunkt aus dort die Fährte entdeckt, die ihn interessierte, und er wollte sie bei Tageslicht genauer untersuchen. Als er lange ausblieb, kam Stark wie ein Hirsch ihm nach.
„Was siehst du da, Wolfstöter?"
„Hier! Das ist er gewesen. Vor zwei Tagen!"
Im moorigen Grund bei dem versickernden Bach hatten sich die Spuren von Pferdehufen tief eingedrückt. Ein einzelnes Pferd hatte hier gesoffen. Es war gestiegen und hatte ausgeschlagen, ohne daß frische Fährten von irgendeinem Gegner vorhanden waren.
Harka nahm von einem Zweig Mähnenhaar ab, das dort hängengeblieben war.
„Zeig her, Wolfstöter!" Stark wie ein Hirsch betrachtete die Haare lange und gab sie Harka zurück.
„Du hast recht. Das war er."
Harka verwahrte die Haare sorgfältig und hielt weiter Ausschau. Die Fährte des Mustangs führte bergauf.
„Nun?" fragte der Siksikau.
„Ich habe jetzt keine Zeit für ihn. Gehen wir und bringen den

Elch zu den Zelten. Dein Vater will mir morgen mitteilen, wie der Geheimnismann über mich entschieden hat."
„Es ist gut, daß du so denkst."
Die Jagdgefährten sprangen in großen Sätzen den Hang abwärts, im gleichen Rhythmus, und es machte ihnen dabei Freude, an ihren ersten unbeabsichtigten Wettlauf als Knaben zu denken, bei dem sie zugleich ans Ziel gelangt waren. Den Elch wollten sie nicht an Ort und Stelle abhäuten und ausweiden, sondern diese Arbeit bei den Zelten mit Hilfe der Frauen tun. Sie luden das Tier, das so schwer war wie zwei starke Männer, zuerst Harkas Mustang auf, und dieser führte sein Pferd, während Stark wie ein Hirsch vorausritt. Um die Mitte des Tages wechselten sie, und die Last wurde dem anderen Tier aufgeladen. Sie kamen auf diese Weise viel langsamer vorwärts als bei ihrem Ausritt und der Verfolgung des Elches und übernachteten daher noch einmal.
Gegen Mittag des zweiten Tages langten die glücklichen Jäger beim Dorfe an. Die Hunde rannten ihnen entgegen und verbellten das erlegte Wild. Die Knaben jauchzten laut. Die Männer standen vor den Zelten und freuten sich. Frauen und Mädchen fanden sich in Gruppen zusammen und bewunderten die große Beute und die Jäger. Als die Jagdgefährten den Elch vor dem Häuptlingszelt zu Boden warfen, machten sie sich auch gleich daran, ihn mit dem breiten Waidmesser abzuhäuten. Das war schwere Männerarbeit. Sitopanaki und ihre Mutter zerteilten die Beute, und die schwarze Hündin verschlang gierig das Gedärm. Ihre beiden Jungen, ein paar Tage älter geworden, zeigten sich schon sehr lebendig.
Brennendes Wasser und Dunkler Rauch hatten sich eingefunden und die Stellen untersucht, an denen die Speerstöße den Elch getroffen hatten. Sie gaben jetzt ihre Meinung bekannt: „Jeder von euch hat ihn getötet. Er gehört euch beiden zu gleichen Teilen."
Die Jagdgefährten entschieden, daß Stark wie ein Hirsch das Geweih, Harka Steinhart aber die Haut behalten sollte. Als er sie den Frauen des Zeltes zum Gerben überließ, lächelte die Mutter Sitopanakis und ließ den Gast wissen, daß die sieben Häute der sieben Büffel, von denen Mattotaupa vor Jahren

sechs und Harka als Knabe einen erlegt hatte, gut bearbeitet und wohlverwahrt zur Verfügung standen. Vier davon waren als Haut, drei mit dem Fell gegerbt. Harka war mit einem Schlag kein armer Mann mehr. Seine Lagerstatt bestand aus seiner und des Vaters Jagdbeute. Er konnte sich einen ausgezeichneten neuen Winterrock und Pelzmokassins arbeiten lassen, und er besaß ein Elenfell, aus dem ein Festrock für den Sommer entstehen mochte.

Am Abend kamen die ausgezeichneten Männer der Stammesgruppe, darunter Kluge Schlange und Dunkler Rauch, im Zelte des Häuptlings zusammen. Auch der Geheimnismann erschien. Bei der Mahlzeit wurden alle feierlichen Zeremonien eingehalten. Im Anschluß ging die lange, die heilige Pfeife von Mund zu Mund, dann erst rauchte jeder der Krieger seine eigene. Die Beratung begann. Die beiden jungen Männer, Stark wie ein Hirsch und Harka Steinhart Wolfstöter, nahmen daran nicht teil, doch hörten sie die Worte der Beratenden. Sie saßen im äußersten Kreis wie einst als Knaben, wie die Frauen, aber nicht bei den Frauen, sondern für sich allein.

Der Geheimnismann gab bekannt, daß er die Geister befragt habe. Ihre Antwort sei an allen drei Tagen klar und immer die gleiche gewesen. Harka Steinhart Wolfstöter Bärenbesieger und Büffeljäger, der Sohn Mattotaupas, sollte ein Krieger werden. Er sollte nach den Sitten, in denen er erzogen war, drei Tage und drei Nächte lang in die Einsamkeit gehen, nicht essen und nicht trinken und im Traume vernehmen, was sein Schutzzeichen sein und welchen Namen er tragen würde. Das gleiche hätten die Geister für Stark wie ein Hirsch, den Sohn des Häuptlings Brennendes Wasser, ausgesagt. In vierzehn Tagen sollten die beiden jungen Männer ihre Probe bestehen, und wenn die Geister ihnen günstig wären und im Traume zu ihnen sprächen, sollten sie ihren Namen erhalten.

Auf allen Gesichtern malte sich Befriedigung. Kluge Schlange aber fragte: „Zu welchem Stamme wird Harka Steinhart als Krieger gehören?"

„Auch darüber werden die Geister sprechen." Der Geheimnismann betonte seine Würde. „Vielleicht schon in Harka Steinharts Traum."

Das Ansehen des Zaubermannes verbot jeden weiteren Einwand. Er selbst aber ergriff wieder das Wort und gab weiter bekannt: „Es sind mehrere Sommer und Winter vergangen, seit ein Mann aus unseren Zelten nach der Sitte unserer Väter durch den Sonnentanz zum Krieger geworden ist. Die Große Sonne und das Große Geheimnis erwarten wieder ein Opfer von uns. Wenn Stark wie ein Hirsch und Harka Steinhart Nachtauge ihren Namen als Krieger erhalten haben, will ich die Geister befragen, ob sie das Sonnenopfer bringen können."
Die Männer rund um das Zeltfeuer waren beeindruckt. Sie schwiegen, um das Gehörte erst in Gedanken zu verarbeiten, ehe sie sich dazu äußerten.
„Noch in diesem Sommer?" fragte schließlich Häuptling Brennendes Wasser.
„Das werde ich hören und mitteilen, sobald ich nicht mehr zu zwei jungen Burschen, sondern zu zwei jungen Kriegern spreche."
Die Männer warteten, ob der Zaubermann nach der Pause, die er machte, selbst weiterreden wollte. Das war nicht der Fall. So wandte sich das Gespräch einem anderen, weniger strengen Thema zu, dem verbreitetsten Thema an allen Lagerfeuern, das waren die Jagdgeschichten. Die beiden jungen Männer ließen diese Erzählungen am Ohr vorbeigleiten; sie waren mit ihren Gedanken nicht mehr im Zelt anwesend. In vierzehn Tagen sollten sie beide Krieger werden! Schon am nächsten Morgen wußte es das ganze Zeltdorf.
Es gab niemanden, der daran zweifelte, daß die beiden Freunde, die am Tag ihres Abschieds vor sechs Jahren sich zu Blutsbrüdern gewählt hatten, die Probe bestehen und ihre Namen als Krieger erhalten würden. Aber hinter dieser ernsten und doch natürlichen, von allen mit erwartungsvoller Freude begleiteten Entscheidung stand ein großes Geheimnis. Die Anordnungen des Zaubermannes wichen von den Gewohnheiten der Stammesgruppe ab. In die Einsamkeit gehen, zu hungern und zu dürsten und das Geheimnis des eigenen Lebens dabei zu ergründen, war bei den Siksikau nicht wie bei anderen Stämmen die Vorbereitung für einen künftigen Krieger, sondern der Ritus für einen künftigen Zaubermann, der zum Denken und

durch das Denken zum Herrschen über andere erzogen werden sollte. Als Kriegerprobe galt der Sonnentanz. Die jungen Männer Stark wie ein Hirsch und Harka Steinhart sollten beiden Proben unterworfen und mit der bereits errungenen Würde eines Kriegers durch den Sonnentanz gehen. Der Sonnentanz erhielt dadurch eine besondere und ungewöhnliche Weihe. Leise sprachen die Männer in den Zelten darüber. Stark wie ein Hirsch und Harka Steinhart aber sprachen nicht von diesem Geheimnis. Sie bereiteten sich stillschweigend auf die Prüfungen vor, die sie gut bestehen wollten.

Tage und Nächte liefen dahin. Sie schienen immer schneller zu laufen, je näher der bestimmte Tag rückte. Endlich lag nur noch eine Nacht vor dem Beginn der großen Probe. Die beiden Freunde sättigten sich am Abend noch einmal und tranken mäßig von dem frischen Quellwasser. Als sie am Morgen zur Zeit der grauen Dämmerung erwachten, nahmen sie nichts mehr zu sich, sondern begaben sich nüchtern in das Zauberzelt, wo der Geheimnismann sie erwartete. Sie erhielten je einen Beutel mit Tabak und die Weisung, sich für drei Tage und drei Nächte in die Einsamkeit zu begeben und nichts zu essen noch zu trinken. So sollten sie ihre Träume erwarten und am Morgen des vierten Tages zu den Zelten heimkehren. Der Zaubermann gab jedem der beiden jungen Männer die Gegend und die Stelle an, wo er sich aufhalten sollte.

Stark wie ein Hirsch und Harka Steinhart verließen das Zauberzelt. Die Sonne stieg eben über den östlichen Horizont empor, und in ihrem hellen und alles ringsum erfüllenden Licht machten sich die Blutsbrüder zu Fuß auf den Weg, jeder für sich, denn jeder sollte mit sich allein sein. Alle Männer, Frauen und Kinder bei den Zelten waren auf und sahen den beiden nach. Wenn auch niemand die künftigen Krieger begleiten durfte, so wanderten doch die Gedanken aller mit ihnen, manche mit starken, guten Wünschen, manche mit schwächeren und zerstreuten Wünschen, aber nicht einmal Nachtwandler, der Sohn von Kluge Schlange, durfte es vor sich selbst wagen, Harka Steinhart etwas Böses zu wünschen. Denn der Zaubermann hatte gesprochen, der Wille der Geister war erkundet, und dem mußte sich auch der junge Krieger Nachtwandler fügen.

Als Harka das Dorf hinter sich gelassen hatte und allein zwischen Wiesen, Wald und Wasser zu jener Anhöhe wanderte, die ihm der Geheimnismann bezeichnet hatte, kam eine große Ruhe über ihn, und es war ihm, als ob Krusten von ihm abfielen, so daß er sich freier bewegen, seine Züge freier spielen lassen konnte. Der Sommermorgen, an dem er mit weiten, raschen Schritten durch die Wildnis lief, war in sich vollkommen. Durchsichtig war die Luft bis hoch hinauf in das sich verdichtende Blau des Unendlichen. Der Wind strich sanft über die Gräser, über fruchttragende Halme, er spielte mit den Blättern und Zweigen am Rande kleiner Gehölze, aber die hohen Tannen spürten ihn kaum und standen regungslos im Sonnenschein. Schmetterlinge flatterten, Vögel riefen sich, Präriehunde äugten und horchten. Präriehühner, die sich im hohen Grase sonnten, blieben ruhig hocken. Harka Steinhart sah Wildfährten, aber er brauchte ihnen keine Aufmerksamkeit zu schenken. Nichts band ihn an diesem Tage. Er brauchte keine Spur zu suchen, er brauchte nicht zu lauschen, er brauchte nicht zu sprechen, und er brauchte auf keinen anderen Menschen zu hören. Die Sorge darum, daß ihm keine Raubtiere oder Feinde nahe kamen, war in diesen Tagen anderen überlassen, die über den künftigen Krieger zu wachen hatten, ihm fern und nicht sichtbar und doch für ihn da. Harka Steinhart Nachtauge blieb mit sich selbst und seinen Gedanken allein.

Als er die grasbewachsene Anhöhe erreicht hatte, die er suchte, stieg er hinauf und ließ sich oben nieder. Weit sah er von hier über das Land. In der Ferne war das Rauschen eines Flusses zu hören, der seine Fluten durch eine Schlucht zwängte. Harka hatte sich mit dem Gesicht gegen Osten, gegen die Morgensonne, gesetzt, und sein eigener Schatten lag hinter ihm. Er schaute den grasigen Hang hinab und hinweg über Bodenwellen, Waldstreifen, Bachbetten bis hin zum fernen Horizont. Der Himmel strahlte im Sonnenflimmer. Harka hatte die Arme um die Knie geschlungen. Er begann nachzudenken und ließ sein eigenes Leben noch einmal an sich vorbeigleiten.

Seine früheste Erinnerung war ein kalter Winter und ein vorbeigleitender Fluß mit einem Loch im Eise. Harka war im Sommer geboren, und dieses Eis, an das er sich erinnerte, war das Eis des dritten Winters, den er erlebt hatte. Vor Morgengrauen war Tschetan, der damals Achtjährige, in Harkas väterliches Zelt gekommen, hatte Harka aus den warmen Decken gerissen, den wütend Strampelnden hinausgeschleppt und in das Eisloch im Bach getaucht. Harka erinnerte sich noch, daß ihm das Herz einen Augenblick gestockt und daß er sich, sobald er wieder atmen konnte, zum erstenmal in seinem Leben Rache geschworen hatte. In der Nacht darauf ließ er sich von seinem Vater vor Sonnenaufgang wecken, holte mit dessen Hilfe einen großen Eisbrocken vom Bach, schlich sich in Tschetans Zelt und legte das Eis auf die nackte Brust des Schlafenden, genau auf das Herz. Tschetan fuhr mit einem Schrei aus dem Schlaf, packte Harka und verprügelte ihn, so daß dem kleinen Jungen Hören und Sehen verging. Aber Harka schrie nicht, sondern machte sein trotzigstes Gesicht.

Das war der merkwürdige Beginn der Freundschaft zwischen Tschetan und Harka gewesen. Tschetan war dann der Lehrmeister des Jungen in allen Fertigkeiten eines künftigen Jägers und Kriegers geworden, so daß der Vater den Sohn nur in wichtigen Fragen noch selbst zu unterrichten brauchte. Bei Untschida, der Geheimnisfrau, und bei Hawandschita, dem Zaubermann, hatte der Heranwachsende die Mythen und die Geschichte der Dakota erfahren. Er hatte die Zeichensprache und das Lesen der Bilderschrift erlernt, und im achten Sommer, als er schon gut reiten konnte und seine Pfeile sicher trafen, hatte ihn der Vater zum erstenmal auf die Jagd nach Kleinwild mitgenommen und ihn durch viele Fragen gelehrt, alles in der Natur genau zu beobachten und sich über jede Beobachtung auch Gedanken zu machen. Für die Knaben der Bärenbande gab es nur einen einzigen Beruf, den sie erlernen konnten, das war der des Jägers und Kriegers. Die Jagd war ihre Arbeit. Der Stamm war durch die weißen Männer aus den fruchtbaren und geschützten Waldgebieten hinausgedrängt worden auf die rauhe steppenartige Prärie des Hochlandes mit ihren Staub- und Schneestürmen. Nur zähe, abgehärtete Menschen konnten sich hier behaupten. Es gab keinen anderen Nahrungserwerb als die gefährliche Büffeljagd, und es gab immer sich wiederholende Streitigkeiten mit anderen Stämmen, die auch auf der kargen Prärie leben muß-

ten. Büffel jagen, das war für einen Teton-Dakota die regelmäßige Arbeit, so wie für den Bauern das Ackern. Harka wuchs mit dem Willen heran, ein tüchtiger Jäger und Krieger, später ein Kriegshäuptling zu werden, wie es der Vater war. Er war gesund, kräftig und besaß scharfe Sinne. Der Vater weckte seinen Ehrgeiz, und als Harka erst erfahren hatte, wie leicht es ihm fiel, die Altersgenossen in den meisten Übungen und Spielen zu übertreffen, begann es ihm undenkbar zu erscheinen, daß er einmal unterliegen sollte. Mit Behutsamkeit und Strenge hatte Mattotaupa seinen Sohn aber auch gelehrt, daß ein Knabe es verstehen müsse, in Wettspielen nicht nur ein überlegener Sieger, sondern auch ein beherrschter Verlierer zu sein. Harka hatte einmal sein Pferd geschlagen, als es das Rennen nicht mehr gewinnen konnte, und er hatte daraufhin dieses Pferd hergeben müssen. Nie hatte er das vergessen.
Einmal, mit neun Jahren, war Harka so keck, ja verwegen gewesen, mit der Jungenschar im Walde heimlich Zauberkult zu spielen. Er selbst hatte dabei den Geheimnismann gemimt, so echt und bezwingend, daß die Knaben im selbst gewünschten Gruseln zu Boden gesunken waren. Der Zauberer Hawandschita hatte die Knaben dabei überrascht, und sie wurden von den Vätern - Harka von dem Geheimnismann selbst - hart bestraft. Harka Steinhart überging in seinen Erinnerungen jene zwölf Tage und Nächte im Zauberzelt, von denen je zu sprechen oder an die auch nur im einzelnen rückerinnernd zu denken der Geheimnismann ihm strengstens verboten hatte.
Lange verweilte er jedoch mit seinen Gedanken bei dem Jahre, in dem die Bärenbande aus den Black Hills südwärts zum Platte wanderte, weil die Büffel ausgeblieben waren. Die Begegnung mit dem Unbekannten in der Höhle hatte stattgefunden, Harkas Mutter war von einer Flintenkugel getötet worden, der Knabe Harka hatte zum erstenmal den Kampf der Bärenbande mit den feindlichen Pani miterlebt, und er, der Knabe, hatte die Flinte des Panihäuptlings erbeutet. Diese Flinte hatte er dem Zauberzelte opfern müssen. Das Opfer hatte er nicht aus freien Stükken gebracht, sondern weil es verlangt wurde und weil er trotzig seine Selbstüberwindung beweisen wollte. Das war nicht gut gewesen, und im tiefsten Innern hatte er den Geheimnis-

mann, dem er sich unterwarf, zu hassen begonnen. Er war seitdem von dem Wunsche, ein neues Geheimniseisen zu erhalten, geradezu besessen gewesen.
Bald darauf war Red Jim war gekommen und hatte Mattotaupa und Harka je eine doppelläufige Büchse neuester Konstruktion geschenkt.
An diesem Punkte hielt Harka Steinhart Nachtauge, der jetzt ein Krieger werden wollte, mit seinen Gedanken an. Er stellte sich noch einmal genau vor, wie sehr er damals Red Jim bewundert hatte, den Mann, der ihm eine Büchse schenkte! Blind hatte ihn dieses Geschenk gemacht. Das war der zweite Irrtum seines Lebens gewesen. Zuerst hatte er ein Opfer gebracht, das er nicht hatte bringen wollen; dann hatte er einem Menschen vertraut, dem er nicht hätte vertrauen dürfen.
Es war die Nacht gekommen, in der Red Jim den Gästen des Häuptlings Miniwaken, Geheimniswasser, gab und der Sohn des Alten Raben sowie Alte Antilope sich betranken, so daß sie wie unkluges Vieh im Zelte umhertorkelten. Damals hatte Harka zum erstenmal betrunkene Männer gesehen. Aber sein Vater hatte dem Brandy in jener Nacht nicht zugesprochen, nein, in jener Nacht noch nicht. Der Häuptling hatte Frauen und Kinder aus dem Zelt geschickt, aber Harka hatte sich heimlich angeschlichen und die Männer beobachtet. Er wunderte sich jetzt noch über sich selbst, daß er als Knabe dazu imstande gewesen war, daß er es gewagt hatte! Aber das war gut gewesen, denn er hatte sich auf diese Weise selbst überzeugt, daß der Vater voll und ganz bei Verstand gewesen war. Solange Harka ihn heimlich beobachtete, hatte Mattotaupa kein Wort irre geredet. Am nächsten Morgen aber hatten Hawandschita und der große Zaubermann Tatanka-yotanka, der im Zeltdorf weilte, die Anklage erhoben, Mattotaupa habe sich von dem weißen Manne bezaubern lassen und habe einen Verrat begangen. Der Häuptling wurde ausgestoßen. Harka floh und folgte dem Vater in die Verbannung. Das war vor sieben Jahren geschehen, und seitdem irrten die beiden unstet umher. Sie hatten wie Einsiedler im Gebirge gelebt, hatten den Maler Morris begleitet, im Zirkus als Artisten gearbeitet, und endlich hatten sie bei den Siksikau Zuflucht gefunden, bis die Ränke Red Jims sie auch

von dort wieder vertrieben und sie Dienste als Scouts annehmen mußten.

Mattotaupa war unschuldig.

Harka, der in der Wildnis, ganz mit sich allein, über alles das noch einmal nachdachte, kehrte mit seinen Gedanken immer wieder zu dem einen Punkt zurück: Mattotaupa war unschuldig. Daran durfte niemand zweifeln, daran durfte kein Gedanke rühren. Red Jim hatte kein Gold gefunden, obgleich er nun etwa sieben Jahre danach suchte. Das war Beweis genug dafür, daß Mattotaupa geschwiegen hatte. Alles aber, was dann gekommen war, wurzelte in dem Fehlurteil der Ratsversammlung über den Häuptling. Es wurzelte in der Verleumdung des Geheimnismannes Hawandschita gegen Mattotaupa. So dachte Harka Steinhart. So war es, und anders konnte es nicht sein. Harka ließ sein Leben in Gedanken immer wieder bis zu diesem Punkte vor sich ablaufen. Die Stunden verflossen. Es wurde Mittag, und er war mit seinem Nachdenken noch immer nicht weitergekommen. Der Mittagsdunst breitete sich über das Land, und die fernen Prärien verschwammen für das Auge. Harka blickte eine Mittagsstunde hindurch, fast ohne Gedanken, in die graublaue Ferne. Aus dem Mittagsdunst tauchte etwas auf ... die Gestalt eines Tieres, eines Mustangs, eines Hengstes ... Wie eine Erscheinung, wie ein Dunstgebilde, ohne Regung und Bewegung stand es dort auf dem Hügelkamm ...

Harka wußte nicht mehr sicher, ob er noch wachte oder ob er schon träumte. Das war der Falbe. Der junge Indianer starrte wieder das Tier an, dem er schon einmal begegnet war. Beide blieben regungslos, der Mann und der Mustang, und sie schauten einer nach dem anderen hin. Jeder beobachtete den anderen, und keiner rührte sich, lange Zeit hindurch. Harka hatte weder Pferd noch Lasso bei sich. Auch wenn er sie bei sich gehabt hätte, er hätte jetzt nicht jagen dürfen. Es war, als ob der Hengst das wüßte. Er setzte sich in Trab. Leicht, stolz trabte er über die Wiesen und kam der Anhöhe näher, auf der Harka saß. Der junge Indianer sah den Kopf, die kühnen, merkwürdig wilden Augen des Tieres, die geblähten Nüstern. Der lange Schweif wehte beim schnellen Trab. Harka hörte das leichte dumpfe

Aufschlagen der nackten Hufe auf dem Grasboden. Die Erregung durchfloß alle seine Glieder.
Der Hengst hatte wieder haltgemacht. Er stampfte und wieherte. Was für eine Kraft in dem Tierleib! Die Muskeln und Sehnen spielten unter dem falben Fell. Jetzt stieg er ... aber ohne zu toben. Er ließ sich wieder herab, und dann flog er dahin, in unerreichbarem Galopp, wie ein Geist der Steppe, deren Geschöpf er war. Das falbe Fell und die dörrenden, gilbenden Wiesen verschwammen in eins. Der Hufschlag verklang. Der Mustang war verschwunden.
Harka kehrte langsam zu seinen Gedanken zurück. Er wollte an diesem und am nächsten Tag mit sich selbst fertig werden. Am dritten Tage, das wußte er, würden die Durstqualen so ansteigen, daß er nur noch zu träumen vermochte.
Mattotaupa war unschuldig.
Er war unschuldig, aber Jim war ein Lump und versuchte noch immer, den verbannten Häuptling zu einem Verräter zu machen und ihm das Geheimnis des Berges und der großen Bärin zu entreißen. Es mußte Harka gelingen, den Vater von Jim zu trennen. Schon vor Jahren hatte sich in Harka dieser Entschluß festgesetzt. Das Vorhaben war nicht leichter, sondern schwerer geworden. Vielleicht war es schon unmöglich, es noch zu einem guten Ende zu bringen. Harka erschrak vor sich selbst. War es richtig gewesen, daß er den Vater verlassen hatte? Ja. Harka mußte ein Krieger werden. Dann wollte er seinen Vater wieder suchen. Aber er vermochte sich, nach allem, was gewesen war, nicht mehr vorzustellen, wie er noch mit dem Vater sprechen sollte.
Harkas Gedanken begannen zu bohren und zu kreisen. Sie begannen, ihn selbst zu verletzen und sich in Zweifel zu verlieren. Zu wem sollte er als Krieger gehören? Zu den Siksikau? Und wenn sie eines Tages erfuhren, daß Harkas Vater sich betrunken auf dem Boden wälzte, den weißen Männern zum Gespött? Harka hatte das niemandem erzählt. Niemandem hatte er diese Schande eingestanden, nicht seinem Blutsbruder Stark wie ein Hirsch, nicht dem Häuptling Brennendes Wasser, auch nicht dem Geheimnismann. Wenn die Schmach aber eines Tages offenbar wurde? Oder sollte er zu den Dakota zurückkehren? Als

der Sohn eines Häuptlings, den sie heute noch als einen Verräter beschimpften?
Hier und jetzt, wo er ganz allein war, gestand Harka sich selbst seine Sehnsucht nach der Heimat ein, nach dem Stamm, in dem er geboren war. Keine Gastfreundschaft der Siksikau konnte dieses Verlangen mit den Wurzeln ausreißen. Er begriff, daß ein solches Verlangen auch in seinem Vater gelebt hatte. Warum war Mattotaupa heimlich in das Zelt Untschidas gegangen? Doch nicht nur, um dort Tashunka-witko zu begegnen! In dem einen scheuen, tief verborgenen Gefühl, zu den Söhnen der großen Bärin und ihren Zelten zu gehören, war der Vater gegen den Sohn und auch der Sohn gegen den Vater nicht offen gewesen. Eben da hatten sie einander auch am tiefsten und bittersten verletzt. Mattotaupa seinen Sohn Harka an jenem Tage, an dem er ihn zwang, den eigenen Bruder niederzustechen, Harka aber den Vater beim letzten Abschied.
Was sollte werden? Sollte Harka bei den Siksikau ein Krieger werden, um bei den Weißen wieder als Kundschafter zu dienen? Nein. Die Watschitschun hatten recht, wenn sie ihn lynchen wollten, denn er hatte gelernt, sie zu hassen. Harka dachte an die Botschaft, die ihm die verstümmelte Seminolin mit dem Wampumgürtel aus der Hütte des Osceola weitergegeben hatte. Diese Frau war gestorben. Sie hatte sterben wollen, sobald sie wußte, daß Harka gehen mußte und wollte. Aber der letzte Sinn ihres verstümmelten Lebens hatte sich erfüllt, und die Botschaft dieses zerstörten Lebens lebte weiter zusammen mit der Klage und Anklage des verratenen Häuptlings und des tapferen Stammes der Seminolen, der aus der Heimat vertrieben war, dessen tapferste Männer aber noch immer in der Zuflucht der Sümpfe kämpften.
Als die Sonne des ersten Tages sank, grübelte der junge Dakota noch immer. Er spürte weder Hunger noch Durst, denn er war besessen von dem starken Willen, mit seinen Gedanken zu einer Entscheidung zu kommen. Der Abend brach herein. Die Sonne leuchtete jetzt vom Westen, und Harka sah ihre Strahlen nicht mehr; er spürte sie nur, und vor ihm lag sein eigener Schatten. Die vielfarbige matte Helle ging in Dunkelheit über. Die Sterne leuchteten auf, und der Mond begann seine Bahn zu

wandern. Harka schaute in die Nacht. Seine Gedanken wühlten und arbeiteten. Immer wieder ordnete er sich alles, und immer wieder liefen seine Gedanken denselben Kreis.
Der junge Indianer schlief die ganze Nacht nicht. Eine Nacht zu durchwachen und vierundzwanzig Stunden nichts zu essen und nichts zu trinken, war er längst gewohnt.
Der zweite Tag stellte größere Anforderungen an seinen Körper und an seine Nerven. Die Schleimhäute trockneten ihm aus. Als es Mittag und sehr warm wurde, schmerzten ihn die Augen, die Rachenhaut war ausgedörrt, und die Zunge wollte am Gaumen ankleben, da sich kein Speichel mehr bilden konnte. Er hatte das Gefühl, daß sein Blut dick wurde. Das Herz begann sehr schnell zu schlagen, und die beginnende Fieberhitze beschleunigte das Austrocknen des ganzen Körpers. Es gab keinen Schatten ringsum und keinen Tropfen Tau. Am Abend schmerzte Harka der Kopf, und sein Körper sehnte die Kühle herbei. Die Nacht verbrachte er in einem Dämmerzustand zwischen Denken und Träumen. Noch immer war er nicht weitergekommen mit seinen Entscheidungen. Es gab eine Wand; einen Korral gab es, in dem er gefangen war. Wann und wo war er endgültig in diese Falle gegangen? Wie konnte er sich noch befreien? Er, der Kluge, der Kühne, der Überlegene, war unsichtbar gefangen, ohne Bast gefesselt, gehemmt, zermürbt von Täuschungen, Verleumdungen, vom Zwist mit dem Vater. Wie klar und ruhig lebte Stark wie ein Hirsch! Wie verwirrt war Harkas Leben. Er wurde sehr müde und kaute Tabak. Das trieb sein Herz und sein Blut wieder an. Vor den Augen gaukelten ihm Fantasiebilder von Quellen, Bächen und Strömen. Wasser, Wasser! Klarheit, Klarheit!
Als es Morgen wurde und die Sonne warm zu scheinen begann, tanzten Harka Flecke vor den Augen. Augen, Hals und Kopf schmerzten ihn heftig, und das Durstgefühl wurde zur Qual. In der Ferne hörte er den Fluß rauschen. Wasser! Aber das Wasser war so fern wie jede Lösung für sein Grübeln, und es war ihm verboten, hinzugehen und zu trinken. Seine Lippen waren aufgesprungen, seine Augen rot entzündet. Stur zwang er seine Gedanken auf den einen Punkt: Wie sollte er das Rechte tun? Wo sollte er leben? Wohin konnte er fliehen, ohne daß ihm das

Bild des betrunkenen Vaters, des hohnlächelnden Jim, ohne daß ihm das Wort vom Sohne des Verräters folgte, ohne daß seine Hand das Dolchmesser führte, mit dem er den Bruder getötet hatte? Wohin? Er wußte es nicht.

Wie sollte sein Schutzgeist zu ihm kommen oder ihm den Traum seines Namens schicken, wenn er mit seinen Gedanken nicht zu einem Ende kommen konnte? Es mochte sein, daß er ohne Namen, mit Schande bedeckt, zu den Zelten zurückwankte. Nein. So kehrte er nicht zurück. Ohne Namen kehrte er nicht zurück!

Sein Körper fieberte immer heftiger. Seine überreizten Nerven vibrierten, vor den Augen verschwamm ihm alles, und Schmerzen peinigten ihn. Er war ausgetrocknet, abgemagert, geschwächt. Der Durst quälte ihn so, daß er den Hunger überhaupt nicht empfand. Er glaubte schon zu trinken, da wich die Labung wieder zurück. Seine Gedanken wurden zu Fantasien. Wild wechselten die Bilder, in denen sich das Gewesene verzerrte, das Gegenwärtige auflöste und in die das Künftige wirr und drohend hineinfloß.

Es war ein heißer Tag. Die Sonne brannte, die Luft wirkte wie ein überhitztes Bad. Das Fieber, durch den Wassermangel im Körper hervorgerufen, verzehrte die letzte Feuchtigkeit. Die Schleimhäute vertrockneten. Harka vermochte nur noch einen einzigen Gedanken zu fassen, der ihm bewußt war. Er wollte nicht nachgeben. Nie würde er mit Schande zurückkehren. Er wollte auch nicht sterben und verrecken wie ein Kojot in der Prärie.

Er wollte, wollte . . . Er wollte noch immer. Das war das einzige, was ihm blieb, daß sein Wille noch da war. Die Fieberbilder umtanzten ihn immer wilder und farbiger. Wasser! Wasser! Klarheit! Klarheit!

Plötzlich erinnerte er sich an eine kleine zackige fremdartige Muschel, die ihm sein gleichaltriger Gefährte Schwarzhaut Kraushaar im Heimatdorf am Pferdebach einmal geschenkt hatte, als Harka elf Jahre alt war. Harka hatte sie auf seiner Flucht zum Vater mitgenommen, er wußte selbst nicht, warum. Sie war so seltsam, so hart, so scharf, und wenn er sie ans Ohr hielt, sang es ganz leise darin vom großen Wasser. Diese Muschel trug er auch jetzt bei sich. Er tastete danach wie im Traum, er fand sie und nahm sie zwischen die Finger. Die hornartig geformten kleinen Zacken stachen ihn in die Fingerspitzen, mit denen er sie betastete.

In der völligen Verlassenheit und Verwirrung begannen seine Fieberträume um die Muschel zu kreisen. Sie tanzte wie ein Gespenst in seinem Wahn. Riesig sah er sie vor sich; das Singen war wie das Rauschen in der Höhle der großen Bärin. Die winzigen scharfen Stacheln wurden zu gewaltigen Hörnern, und die Muschel war groß wie ein Steinblock. Der Fels hatte Hörner, Hörner wie ein Büffel, der in den Kampf ging. Das Bild verfolgte Harka, und er sah sich selbst hart und groß wie ein Stein, und er trug den Schmuck der Büffelhörner, wie ihn nur die ausgezeichneten Häuptlinge tragen durften. So sah er sich.

Die Sonne sank zur letzten Nacht, die er in der Einsamkeit verbringen mußte. Seine Augen glühten, selbst in der Kühle und Dunkelheit, sein Gaumen brannte, sein Herz schlug heftig und unregelmäßig, und das Rauschen des Flusses, dessen Wasser er nicht trinken durfte, wollte ihn rasend machen. Er konnte weder wachen noch schlafen, und während ihn die Verzweiflung immer wieder anpackte und ihn überwältigen wollte, weil er mit seinen Gedanken nicht zu Ende gekommen war, rief er sich in einem letzten Angsttraum selbst immer wieder zu: Stein mit Hörnern, Stein mit Hörnern . . .

Auch diese Nacht ging einmal vorüber.

Als es tagte, erhob sich Harka. Er wankte vor Entkräftung, aber mit erbitterter Anstrengung hielt er sich auf den Füßen und ging über die Wiesen heimwärts zu den Zelten, mit wehen Augen, fast bewußtlos vor Durstqualen.

Er vermochte noch den kleinen Wald und die runden Zelte zu erkennen, obgleich er selbst nicht mehr wußte wie, und mit einem letzten Aufbäumen aller Kräfte fand er das Zauberzelt unter den anderen heraus. Er schlüpfte hinein, beim Bücken wurde ihm schwindlig, und er stürzte im Innern des Zeltes zu Boden.

„Wer bist du?“ schrie eine Stimme, und Harka antwortete heiser, kaum mehr fähig, einen menschlichen Laut aus der vertrockneten Kehle zu bringen: „Stein mit Hörnern.“

„Bist du ein Dakota?"
Harka antwortete nicht.
„Bist du ein Schwarzfuß?"
Harka antwortete nicht.
Er hatte die Frage noch begriffen, aber er vermochte nicht darauf zu antworten. Er war ein Mensch. Das wußte er, aber danach hatte ihn niemand gefragt. Die kleine Muschel hielt er fest in der Hand. Als der Zauberer ihn berührte, öffnete er die Finger und gab die Muschel her. Er verlor nicht ganz das Bewußtsein; er vermochte noch immer etwas zu fühlen und etwas zu hören. So nahm er wahr, daß der Zaubermann vor dem Zelt laut rief. Der Geheimnismann mußte also hinausgegangen sein. Bald darauf kamen Menschen, die Harka aufheben wollten. Aber dagegen wehrte er sich, und mit dem von frühauf anerzogenen Instinkt, sich nicht anfassen zu lassen, stieß er die Hände zurück. Als ob er unter Feinden sei, suchte er sich selbst zu erheben. Er kam auf die Knie, dann auf die Füße, wies jede Hilfe zurück und ging wankend, wie er gekommen war, wieder aus dem Zelt hinaus. Einen Augenblick stockte er, aber dann ging er weiter zu dem Häuptlingszelt, das sich neben dem Zauberzelt befand. Er kroch durch den Zeltschlitz hinein und fand sein Lager. Als er auf die Decke gefallen war, netzte das erste Wasser seine Lippen, und die Gier des Körpers zu trinken trieb ihn hoch und öffnete ihm die Augen. Er trank das Wasser, das die Frau des Häuptlings ihm reichte. Dann sank er wieder zurück. Seine Hände waren heiß, und seine Pulse jagten.
Von diesem Augenblick an, in dem er das Zelt des Häuptlings erreicht hatte, fand er die aufmerksamste Pflege. Als er sich wieder im Zelte umzusehen vermochte, erkannte er seinen Blutsbruder Stark wie ein Hirsch, der sich gleich ihm selbst auf dem Lager ausgestreckt hatte; auch er war schwach, dürr und vertrocknet, immer noch durstig, da die Frauen das Quellwasser nach alter Regel in Rationen und mit Unterbrechung gaben. Gegen Abend erst fingen die beiden jungen Krieger an, lebendig zu werden.
„Was ist dein Name?" fragte Harka den Blutsbruder.
„Donner vom Berge. Und der deine?"
„Stein mit Hörnern."

Im Dorfe herrschte große Freude, daß zwei junge Männer die Würde von Kriegern erlangt hatten. Donner vom Berge und Stein mit Hörnern brauchten in den folgenden Tagen keine Wünsche zu äußern. Jeder Wunsch wurde erraten, ehe sie ihn ausgesprochen hatten, und sie erhielten alle Leckerbissen, die die Jagd in Wald und Prärie erbringen konnte. Sobald das Fieber gesunken war, erholten sich ihre Körper rasch. Das Blut kreiste wieder normal, die Augen- und Rachenschleimhäute hatten sich befeuchtet. Die Kopfschmerzen schwanden, der abgemagerte Körper gewann wieder seine Form.
Das, was die beiden jungen Krieger in den drei Tagen der Einsamkeit gedacht und geträumt hatten, blieb Geheimnis und in Schweigen vergraben. Nur den Namen und damit den Schutzgeist hatte der Zaubermann erfahren und bestätigt. Während die beiden Blutsbrüder sich im Zelte erholten, bereitete der Geheimnismann den Beutel mit den Wahrzeichen des Schutzgeistes zu: für Stark wie ein Hirsch den Schnabel und die Augen eines Vogels als Wahrzeichen des Donnervogels, für Harka Steinhart die kleine Muschel, Symbol des Steins mit Hörnern. So war die Erinnerung an seine heimatlichen Zelte und an seinen Stamm auf eine merkwürdige Art in Harkas neuen Namen eingegangen. Den kleinen Beutel mit den Wahrzeichen ihres Namens und Schutzgeistes waren die jungen Krieger künftig bereit, noch rücksichtsloser und verbissener zu verteidigen als selbst ihren Skalp. Die Blutsbrüder erfuhren, daß sie sich gleich weit entfernt vom Dorfe in der Wildnis aufgehalten und zur selben Zeit, mit Sonnenaufgang des vierten Tages, heimwärts aufgebrochen waren. Harka Steinhart war etwas schneller gegangen und zuerst zu den Zelten zurückgekehrt, aber der körperliche Zustand, in dem er sich befunden hatte, war noch schlechter gewesen als der seines Blutsbruders.
In den folgenden Tagen tobte ein Sturm über die ausgedörrte Prärie und über die Wälder. Die Stämme bogen sich, die Blätterkronen rauschten und raschelten, der Staub wirbelte auf. Als der Sturm nachließ, war die große Hitze gebrochen. Die roten Männer konnten die Wärme nicht messen wie die weißen; aber die Luft hatte fast die Hälfte des Siedegrades von Wasser erreicht gehabt, sie hatte „gekocht", das wußten sie. Schon darum

blieben die Tage, an denen Donner vom Berge und Stein mit Hörnern als Blutsbrüder gemeinsam die Weihe als Krieger empfingen, immer denkwürdig. Ihre Probe war besonders hart gewesen.

Sobald die beiden jungen Krieger ganz erholt und wieder voll bei Kräften waren, nahmen sie an den Kulttänzen, am Singen und an den Spielen teil, mit denen ihre Aufnahme in den Kriegerstand von der ganzen Zeltgemeinschaft gefeiert wurde. Häuptling Brennendes Wasser schenkte seinem Sohn und dessen Blutsbruder je ein ausgezeichnetes Pferd, das sich jeder selbst wählen durfte. Stein mit Hörnern entschied sich rasch für eine Schimmelstute, die nach Bau, Schnelligkeit und Schönheit hervorragend war, ihrer auffallenden Farbe wegen aber von den Kriegern und Jägern nicht gern geritten wurde. Bevorzugt waren die Mustangs mit einer natürlichen Tarnfarbe, das hieß also, vor allem die Schecken. Die Schimmelstute war im vergangenen Jahr bei der großen Pferdejagd gefangen worden und somit noch nicht lange gezähmt. Sie hatte im Frühjahr ein Fohlen geworfen, grau, mit dunklem Rückenstrich, dunklem Schweif und dunkler Mähne, kräftig und wild. Wenn das Füllen umherzuspringen begann und voller Übermut ausschlug, flohen die kleinen Kinder.

Als Donner vom Berge – der sich selbst erst an seinen neuen Namen gewöhnen mußte – die Wahl seines Blutsbruders begutachten sollte, meinte er nur: „Für das, was du unternehmen willst, ist sie das beste Pferd, das wir dir geben können."

Die großen Herbstjagden auf Büffel standen aber noch bevor, und Stein mit Hörnern konnte daher noch immer nicht seinen persönlichen Wünschen und Plänen nachgehen. Es erschien ihm selbstverständlich, daß er zu der Versorgung des Zeltes, in dem er wie ein Sohn behandelt wurde, nach Kräften beitrug. Für die Wintervorräte waren die Herbstjagden entscheidend. Kälte und Schnee dauerten in den hohen nördlichen Regionen bis April oder sogar bis Mai, und wenn die Vorräte dann knapp wurden, war die Not groß.

Die Blutsbrüder waren zusammen als Jagdspäher unterwegs, und Donner vom Berge schämte sich keineswegs, von seinem Freunde in dieser Beziehung noch zu lernen. Wenn sie an den milden Abenden zusammensaßen, sprach der Siksikau gern von den Abenteuern der ersten Büffeljagd, die die beiden als Knaben gemeinsam erlebt hatten, und er sprach auch von Mattotaupas Meisterstück, mit dem dieser die Assiniboine kühn und listig auf falsche Fährte gelockt hatte. Stein mit Hörnern hörte von seinem Blutsbruder und auch von den anderen Dorfbewohnern so viel Gutes über seinen Vater, daß ihm das Bild Mattotaupas aus früheren Jahren allmählich wieder lebendig wurde und die späteren Eindrücke zu verdrängen begann. Hier, bei den Siksikau, war er nicht der Sohn eines Verräters; er war der Sohn eines Mannes, der in die Sonne geschossen hatte. Alle Siksikau erinnerten sich daran, wie Mattotaupa als ihr Gast den sagenhaften Pfeilschuß über dreihundert Schritt in die Mitte des mit dem Sonnenzeichen bemalten Schildes zur Wirklichkeit hatte werden lassen.

Die Büffeljagden, zu denen es kam, verliefen glücklich, und Harkas Beute war besonders groß. Er war jetzt nicht nur selbst gut versorgt, er konnte auch Geschenke machen. Die Frauen hatten Arbeit genug.

Das Verhältnis zwischen Sitopanaki und dem Freunde ihres Bruders schien ein ganz natürliches, geschwisterliches geworden zu sein. Die beiden sprachen nie ein Wort mehr oder weniger miteinander, als auch Donner vom Berge und seine Schwester im gleichen Falle miteinander gesprochen hätten. Sitopanaki wurde nicht rot und benahm sich weder steif noch scheu. Stein mit Hörnern aber kam auch niemals auf den Gedanken, des Abends für sie die Flöte zu spielen. Dieses einfache und scheinbar unkomplizierte Verhältnis hatte jedoch bei den beiden jungen Menschen eine ganz verschiedene Grundlage. Während Stein mit Hörnern hier nicht anders empfand, als er sich gab, spielte Sitopanaki ihre Rolle der Unbefangenheit mit einer Kraft der Selbstbeherrschung, wie sie nur das wirklich große Gefühl verleiht.

Nachtwandler, der Sohn von Kluge Schlange, hielt sich jetzt zurück. Doch wenn Spottdrossel zuweilen den Blick auffing, mit dem er aus der Ferne nach Sitopanaki schaute, so lächelte sie in sich hinein über soviel unheilbare und hoffnungslose Verliebtheit.

Der Hengst im Moor

Nachdem die Büffeljagden abgeschlossen waren, schien dem nichts entgegenzustehen, daß Stein mit Hörnern seinen eigenen Passionen nachging. Die Zeit zwischen der letzten großen Jagd und dem Einbruch des Winters war stets diejenige, in der die jungen indianischen Krieger besonders unternehmungslustig wurden. Doch zögerte Stein mit Hörnern noch, das zu tun, was ihm im Sinn lag und worauf Donner vom Berge täglich wartete. Auch Brennendes Wasser wurde auf dieses Zögern aufmerksam, und eines Abends, als die beiden Krieger beim Zeltfeuer saßen, fragte der Häuptling: „Was erwägst du bis zum Winter zu tun?"

„Ich erwarte die Entscheidung des Zaubermannes, ob einer von uns beiden und wer von uns beiden das Sonnenopfer bringen wird."

„Wenn aber der Geheimnismann in diesem Sommer darüber nicht mehr spricht?"

„Ich habe noch meinen Vater Mattotaupa zu suchen und ihm zu sagen, daß ich ein Krieger geworden bin und auch, daß die weißen Männer nicht bei den Siksikau nach uns gesucht haben und daß Charlemagne gelogen hat."

„Hast du noch mehr vor?"

„Wenn ich getan habe, was jedermann von mir erwarten muß, beginne ich den Falben zu jagen."

„Deine ersten beiden Anliegen sind sehr wichtig. Ich werde mit dem Geheimnismann darüber sprechen."

Am nächsten Abend wurde Stein mit Hörnern in das Zauberzelt gerufen. Er ging nicht ohne Beklemmung hin, da Entscheidungen des Geheimnismannes endgültig zu sein pflegten und er nicht wußte, ob nach seinem eigenen Dafürhalten oder ob gegen seinen Willen entschieden werden würde und was ihm auferlegt werden konnte.

Das Zauberzelt war von dem flackernden Feuer in der Mitte erleuchtet, als der junge Krieger eintrat. Der Zaubermann ließ ihn Platz nehmen und betrachtete ihn lange und eindringlich, länger und eindringlicher, als dem jungen Mann lieb war. Dann öffnete der Zauberer den Mund und sprach:

„Stein mit Hörnern, du verbirgst viel vor uns. Ich frage dich nicht danach. Ich habe dir aber zu sagen, daß die Große Sonne ein Opfer erwartet. Dieser Sommer ist um, aber der nächste wird kommen, und wir können das Sonnenopfer feiern. Das Kriegsbeil ruht in der Erde. Ich denke nicht, daß wir es zum nächsten Sommer ausgraben. Wir werden vielmehr die Geheimnismänner und Oberhäuptlinge der Assiniboine und der Dakota wissen lassen, daß wir der Sonne opfern, und ich denke, sie werden kommen, um unserem Feste beizuwohnen und es mit uns zu feiern."

Dem jungen Krieger war das Blut in die Wangen gestiegen. Häuptlinge und Geheimnismänner der beiden Stämme, deren jedem er auf eine besondere Weise zugehörte, durch Geburt und durch Wahl, sollten sich bei der Feier vereinen, deren Mittelpunkt das Opfer war, das er der Großen Sonne brachte.

„Bist du bereit?" fragte der Geheimnismann.

„Ich bin es."

„So wirst du bei uns bleiben bis zu jenem Tage, an dem wir uns zum Sonnentanz versammeln. Ich werde deinem Blutsbruder Donner vom Berge nicht verwehren, auch daran teilzunehmen. Aber es ist sein freier Wille, er mag für sich entscheiden. Das werde ich ihn wissen lassen."

„Ich habe gehört."

Der junge Krieger war entlassen und begab sich zurück in das Häuptlingszelt, wo er Brennendes Wasser kurz von der wichtigen Entscheidung unterrichtete. Der Häuptling schien sehr befriedigt davon zu sein.

In der Nacht, zu der dieser Abend hinleitete, geschah etwas, was niemand hatte voraussehen können.

Alle hatten sich bereits schlafen gelegt. Die drei Frauen im Häuptlingszelt, Großmutter, Mutter und Tochter, schlummerten dicht beieinander. Auch der kleine Junge schlief bei dieser Gruppe. Der Häuptling und die beiden jungen Krieger hatten sich ihr Lager nach Belieben zurechtgerückt. Stein mit Hörnern hatte es schon als Knabe vorgezogen, nahe beim Zelteingang zu schlafen, und er hatte diese Gewohnheit beibehalten. So lag er auch jetzt mit seinen Decken zunächst dem Zelteingang. Es wurde spät in der Nacht, und alle schliefen tief, denn die Gespräche am Zeltfeuer hatten noch lange gedauert. Nach Stein mit Hörnern war Donner vom Berge zum Zaubermann gerufen worden, und als er zurückkehrte, hatte er seinem Blutsbruder sogleich mitgeteilt, daß er mit ihm zusammen durch den Sonnentanz gehen wollte. Die Entscheidung des Zaubermannes war in aller Augen eine große und ernste Entscheidung, und Sitopanaki hatte an diesem Abend die Hände zusammengepreßt und sich die Nägel ins Fleisch gekrallt, um nach außen hin so ruhig, so aufmerksam und so freundschaftlich-beteiligt zu erscheinen, daß selbst die Mutter nichts von ihren leidenschaftlichen Empfindungen ahnen konnte. Nun schliefen alle fest, selbst Stein mit Hörnern, der noch lange darüber nachgedacht hatte, daß es ihm nun verwehrt war, noch vor Einbruch des Winters oder im nächsten Sommer zu seinem Vater zurückzukehren und ihn von allem zu unterrichten, was Mattotaupa wissen sollte. Der junge Krieger hätte dem Willen des Geheimnismannes trotzen und fortreiten können, aber er fühlte in Wahrheit gar nicht den Wunsch, das zu tun. In den Zelten der Siksikau schien alles ruhig und klar, und es graute ihm davor, wieder zu den Watschitschun und zu seinem Vater zu kommen, wo ihn Mißtrauen, Haß und Mordlust erwarteten und er tun mußte, was er nicht mehr tun wollte. Der Zaubermann schien Wert darauf zu legen, daß Stein mit Hörnern bei den Siksikau blieb und in ihre Gemeinschaft hineinwuchs, und die Gedanken und Empfindungen des jungen Kriegers vereinigten sich damit wenigstens zu einem Teil.

Nach all diesen Erwägungen war Stein mit Hörnern endlich eingeschlafen. Er erwachte aber etwa drei Stunden nach Mitternacht, weil die schwarze Hündin mit den beiden Jungen vor dem Zelt unruhig wurde. Nach seiner Gewohnheit sicherte er sich mit dem ersten Griff das Messer und sprang auch schon auf, weil draußen der Schrei eines Wachtpostens erklungen war. Der junge Krieger stürmte hinaus zu den Pferden, wo der Posten aufgeschrien hatte. Hinter sich hörte er das Laufen und Rufen anderer Männer. Aber was er sah, zwang ihn, sofort selbst zu handeln.

Der falbe Mustang war in die Herde eingebrochen. Vielleicht hatte er die Tiere gewittert, die aus der Herde, die er als Leithengst geführt hatte, eingefangen waren und bei den Zelten gehalten wurden. Als Stein mit Hörnern des Mustangs ansichtig wurde, machte der Hengst eben den Versuch, die Schimmelstute anzugreifen, die mit dem Mute der Verzweiflung ihr Fohlen verteidigte und hoch ausschlug; sie war nicht gefesselt. Der Fuchshengst stellte sich, entging aber nur mit Mühe dem furchtbaren Gebiß des Falben. Jede weitere Sekunde, in der niemand eingriff, konnte den Tod eines oder mehrerer wertvoller Tiere bedeuten. Stein mit Hörnern hatte weder das Lasso bei der Hand noch eine Schußwaffe. Er wollte den Falben auch nicht töten. Aber er mußte die Herde schützen. Die Wachen schienen wie von einer Geistererscheinung gelähmt.

Der junge Krieger sprang zwischen die Pferde, schwang sich auf den Rücken des Fuchses und bedrohte von dort mit dem Messer den angreifenden Falben. Der Hengst mochte die Waffe für ein spitzes Horn halten, das in allen Tieren instinktive Furcht erregt. Er wich einen Moment zurück. Als er mit irren, verdrehten Augen, wie im Wahnsinn, wieder angriff, war Harka schon auf den Rücken der Schimmelstute hinübergesprungen. Seine artistische Gewandtheit kam ihm zugute. Er sprang weiter vom Rücken der Schimmelstute auf den Rücken des Falben. Der Hengst, dessen Körper noch nie einen Reiter gefühlt hatte, mußte sich von einem Raubtier angesprungen glauben. Er wehrte sich, rasend schnell, elastisch, wie ein wütender Tiger. Noch war Stein mit Hörnern auf seinem Rükken ...

Donner vom Berge war gleich hinter seinem Freunde zur Herde gekommen, und seine erste Sorge mußte sein, die Tiere am Ausbrechen zu hindern. Er griff mit allen Männern, die herbeikamen, ein, um die Mustangs wieder zur Ruhe zu bringen. Dabei hielt er gleichzeitig Ausschau nach dem Falben und nach seinem Blutsbruder. Der Hengst war auf die nächste Anhöhe galoppiert. Sein Reiter hatte weder Sattel noch Zaumzeug. Er mußte sich nicht nur hüten, von dem sich bäumenden und wegschnellenden Tierleib herabzufallen, er mußte auch dem gefährlichen Gebiß ausweichen.

Jetzt galoppierte der Falbe ein Stück in die Prärie hinaus. Noch war ... Nein, der Hengst begann zu toben, der Reiter stürzte; er

war schon wieder auf, rannte um sein Leben, von dem Hengst in Tollwut verfolgt ... Er schlug einen Haken, sprang nochmals auf ... und stürzte wieder ...
Donner vom Berge hatte sich einen Bogen geben lassen und legte einen Pfeil ein. Stein mit Hörnern mußte das mitten im Kampf mit dem Hengste bemerkt haben. Er schrie: „Nicht schießen!", war wieder auf dem Pferderücken und wurde in einem wilden Galopp abgeschleppt, irgendwohin.
Donner vom Berge setzte seinen Fuchs in Bewegung, um nachzureiten, aber das Tier war verängstigt, entfaltete nicht seine volle Schnelligkeit und wäre selbst bei Ausgabe aller seiner Kräfte langsamer als der Falbe gewesen. Schon war das Geisterpferd über Bodenwellen und Täler verschwunden. Sein Hufschlag verklang.
Donner vom Berge und das gesamte Dorf blieben wach und warteten. Aber Stein mit Hörnern kam in der Nacht nicht wieder zurück. Er war auch am Morgen nirgends zu sehen. Niemand konnte wissen, ob das wahnsinnige Pferd ihn vielleicht irgendwo zerrissen hatte.
Der nächste Abend sank herein; die Männer und Frauen hielten immer noch Ausschau, aber vergeblich. In der Nacht schlief im Zelte des Häuptlings niemand außer dem kleinen Jungen. Donner vom Berge stand auf der nächsten Anhöhe der Prärie und spähte umher. Endlich, als auch die zweite Nacht ihrem Ende zuging und das Morgengrauen sich verbreitete, bemerkte der junge Krieger in der Ferne etwas, was sich bewegte und vielleicht ein Mensch sein mochte. Er sprang auf seinen Fuchs, den er bei sich hatte, und ritt dem entgegen, und bald erkannte er, daß es ein Mann war, der zu Fuß auf die Zelte zukam, aber nicht im Dauerlauf, sondern Schritt für Schritt. Das war Stein mit Hörnern.
Als der Siksikau seinen Freund traf, begann er zu ahnen, was sich abgespielt hatte. Blutverschmiert, zerstoßen stand Stein mit Hörnern vor ihm. Haare waren ihm ausgerissen, Schultern, Rücken, Hüften blau unterlaufen und angeschwollen, aus einer Wunde am Oberschenkel lief Blut und verklebte sich an der Haut. Er hinkte. Donner vom Berge bot dem Verletzten seinen Fuchs an, aber Stein mit Hörnern winkte ab und lief mit allen

Beschwerden weiter, bis er, von dem Siksikau begleitet, die Zelte erreichte. Er ging daran noch vorüber und zunächst zu der Quelle, um sich vom Staub zu reinigen. Donner vom Berge kam mit. Als sich Stein mit Hörnern gewaschen und auch getrunken hatte und ärgerlich die Bißwunde betrachtete, die wieder zu bluten anfing, sagte er dabei: „So ist es unmöglich. Ich muß ihn stärker in der Gewalt haben, und ich muß auch seine Freundschaft gewinnen."
„Du hast viel vor. Jetzt komm erst einmal ins Zelt!"
Der Zaubermann wurde gerufen, um die Hüfte wieder richtig einzurenken. Die Verletzungen waren nicht gefährlich, die Heilung der Zerrungen und Dehnungen aber war langwierig, und Stein mit Hörnern mußte sich damit abfinden, daß er vor dem Winter nichts Großes mehr unternehmen konnte.
„Du hast unsere Herde gerettet", sagte Donner vom Berge zu dem Gefährten, der sich wohl oder übel in Geduld faßte. „Das hätten unsere Pfeile und Speere auch vermocht. Aber du hast überdies dem Falben das Leben gerettet. Wir hätten ihn getötet."
„Alle Männer und auch du, ihr meint, dieser Hengst wäre besser tot als lebendig!"
„Es mag sein, daß wir alle so denken, Stein mit Hörnern, aber du denkst anders, und du wirst versuchen, die Freundschaft eines Mustangs zu gewinnen, den die Geister verfolgen. Ein großes Vorhaben ist es. Möge es dir gelingen!"
Stein mit Hörnern war elastisch und zähe wie eine Wildkatze. Als die Tage kalt wurden und Brennendes Wasser den Befehl zum Abbruch der Zelte gab, um das gewohnte Winterlager in den Wäldern der Vorberge zu beziehen, ritt der junge Krieger ebenso frisch und unbehindert wie die anderen Männer mit dem Zuge. Er saß auf der Schimmelstute. Das falbe Fohlen lief nebenher und war immer noch voll toller Einfälle. Die schwarze Hündin schalt ihre Jungen. Auf der Jagd nach Präriehühnern, die sie doch niemals fangen konnten, hatten sie sich zu weit entfernt. Das eine der Hundejungen hielt sich gern bei der Schimmelstute und ihrem Reiter, wenn es nicht eben Grund hatte, zu tollen oder zu jagen.
Der Weg zum Winterlager war Stein mit Hörnern gut bekannt,

denn in dieser Richtung war er mit seinem Blutsbruder bei der Elchjagd unterwegs gewesen und auch als Knabe beim ersten gemeinsamen Jagdausflug. Er spähte umher, kundschaftete da und dort und beobachtete ebenso wie Donner vom Berge und einige andere Krieger, daß das Geisterpferd den Wanderzug der Siksikau verfolgte. Es hatte sich auch in der Zeit, in der sein abgeschüttelter Reiter auf Büffelfellen im Zelte lag, nochmals sehen lassen, ohne allerdings anzugreifen. Aber die Wachen bei den Pferden waren jetzt stets verdoppelt, und Brennendes Wasser sah diesen Aufwand und die Gefahr nicht gern. Der Falbe war unnütz; man hätte ihn besser abgeschossen; das blieb die Meinung der Männer. Aber der Hengst kam nicht mehr auf Schußweite heran.

Die Lichtung im Walde oben, die als Winterlagerplatz aufgesucht wurde, war allen Zwecken dienlich. Sie war nicht ganz ohne Bäume, aber ohne dichten Baumwuchs oder hinderliches Gesträuch. Die Zelte wurden an den gewohnten Stellen aufgeschlagen. Wasser fehlte nicht. Als die wilden Herbststürme über die Steppe rasten, die Wolken zogen und die Graupeln auf die Wiesen hagelten, fühlte sich das Dorf oben im Schutz der Bäume sicherer.

Es begann früh zu schneien und schneite tagelang in dichtem Flockenwirbel. Als die Sonne wieder hervorbrach, lag die weiße Decke dick, kristallen schimmernd auf Erde, Felsen, Zweigen. Der Wind griff in den Neuschnee und wehte ihn ab und an. Die Bergbäche waren noch nicht gefroren. Sie hatten ein zu starkes Gefälle; nur an manchen Uferstellen bildeten sich Eiskrusten. Die Kinder suchten die Büffelrippen hervor und bespannten sie mit Leder, um damit Schlitten zu fahren. Die Frauen hatten die Schneereifen nachgesehen, und die Krieger tappten damit über den Schnee, ohne einzubrechen, und konnten auf diese Weise wieder auf Jagd gehen. Im Schnee waren alle Fährten leicht zu finden. Das Wild kam schwer vorwärts und konnte von den Männern ohne viel Mühe eingeholt werden. So brauchte man die Büffelfleischvorräte noch nicht anzubrechen. Schwer hatten es die Mustangs. Sie konnten nicht mehr viel Gras finden und knabberten wie die Elche an den Zweigen.

Stein mit Hörnern war mit seinem Blutsbruder zusammen Tag

für Tag auf Jagd gewesen, und niemand verargte es ihm, daß er dabei auch nach dem falben Hengst Ausschau hielt. Im Gegenteil! Der junge Krieger hatte es verhindert, daß die Männer den Falben erschossen, also mochte dieser junge Krieger jetzt sehen, wie er mit dem Mustang fertig wurde. Der Hengst streifte immer noch durch die Gegend, in der sich das Zeltdorf befand. Die Pferdeherde mit den besten Tieren, die er einst geführt hatte, schien ihn unwiderstehlich anzuziehen, nachdem er sie einmal gefunden hatte. Die beiden jungen Krieger sahen ihn öfters auftauchen, zuweilen im Fels, wo er zu klettern schien wie ein Bergschaf, oder an einem Bach, dessen Wasser er suchte. Aber die Jagd blieb immer wieder vergeblich. Der Hengst, vorsichtig wie ein alter erfahrener Krieger, ließ sich nicht fangen.

Eines Tages fanden die Blutsbrüder Hufspuren des Mustangs an dem Bach, der in vielen kleinen Wasserfällen über Felsstufen abwärts floß. Als sie abends ins Zelt zurückkehrten, bat Stein mit Hörnern Sitopanaki, ihm genügend Proviant zurechtzumachen. Er legte die Waffen, die er mitnehmen wollte, und die Schneereifen zurecht und erklärte, er werde sich nun aufmachen und nicht ablassen, ehe der Hengst tot oder gefangen sei. Häuptling Brennendes Wasser war es zufrieden, und Donner vom Berge entschloß sich, diese Jagd mitzumachen, mehr um des Freundes als um des Mustangs willen.

An dem Morgen, an dem die Blutsbrüder bei den ersten Anzeichen der Dämmerung das Zelt verließen, schneite es wieder. Sacht und dünn wirbelten die Flocken. Der Himmel war grau. Die Schneedecke im Wald war hart gefroren, so daß die beiden Jäger die Schneereifen zunächst nicht brauchten. Im Büffelrock, dessen Fellseite nach innen gekehrt war, und in Pelzmokassins waren sie unterwegs; barhäuptig auch in der schneidenden Kälte. Ihre Pferde nahmen sie nicht mit. Kein Pferd mit Reiter konnte den windschnellen Falben einholen. Sich diesem Mustang aber zu Pferd unbemerkt zu nähern, war auch unmöglich. Daher wollten die beiden Jagdgefährten den Hengst zu Fuß verfolgen; ein neuartiges und unerprobtes Verfahren, aber das einzige, das noch Aussicht auf Erfolg zu haben schien.

Die beiden sprangen und schlitterten durch den Wald abwärts

bis zu dem Bach, an dem sie am Vortage die Spuren des Geisterpferdes gefunden hatten. Sie erreichten die Stelle wieder. Es war eben der Platz, an dem sie als Knaben gerastet und gebadet hatten und von einem Elch überrascht worden waren, der sogar Harkas Bogen entführte. Neue Hufspuren des Hengstes ließen sich im Schnee deutlich erkennen. Das Tier mußte an diesem Morgen, bei Sonnenaufgang etwa, wieder gesoffen haben und dann in seinem wilden Kampfspiel gerast sein. Der Schnee am Ufer war zerstampft, Zweige waren abgerissen. Die Fährte führte nach einem vielfältigen Kreuz und Quer schließlich am jenseitigen Bachufer bergan. Die Jagdgefährten folgten dieser Spur.

Es schneite nicht mehr. Die Wolkendecke am Himmel zerriß, hellblaue Himmelsferne zeigte sich zwischen den grauen Schwaden, und zwischen die Schatten, die über Wald und Schnee lagen, glitten Sonnenstreifen, in denen der Schnee aufschimmerte. Die beiden Jäger verhielten sich sehr vorsichtig und hielten dauernd gespannt Umschau, denn der Hengst war kaum eine halbe Stunde vor ihnen am Bache aufwärts gelaufen und konnte jeden Augenblick erscheinen. Während die beiden jungen Krieger lautlos schlichen, horchten sie auf jedes Geräusch.

Sie vernahmen nichts, als das gleichmäßige Plätschern des Wassers und das Rascheln von Drosseln im Gesträuch. Zwei Vögel flatterten auf.

Der Bach, an dem die beiden aufwärtsliefen, wurde von dem Hochmoor gespeist, bei dem sie im Sommer den Elch erlegt hatten. Die im Moor versickernden Wasser sammelten sich unterirdisch und brachen ein gutes Stück seitwärts vom Moore in einer neuen Quelle wieder hervor. Es konnte nicht mehr lange dauern, bis die beiden diese Quelle erreichten. Jeder hatte das Lasso zur Hand. Gegenüber dem Hengst hatten sie noch keinen Boden gewonnen. Er war sehr schnell bergan gelaufen. Rechter Hand, schräg über den Bach hinüber und zwischen lichtem Hochwald konnten sie aber schon das Moor erkennen. In demselben Augenblick berührten die Jagdgefährten einander mit der Hand, jeweils den anderen zur äußersten Vorsicht mahnend.

Hoch oben, noch über dem Moor, war der Falbe zu erkennen. Zwischen den Bäumen hindurch konnten die Jäger ihn nicht in ganzer Gestalt sehen, aber sie erspähten seine Schulter und seine Mähne, ein Stück des falben Felles, obgleich es sich kaum von der Umgebung abhob. Das Tier stand jenseits des Moores zwischen Krummholz, von dem der ständig wehende Wind einen Teil des Schnees abgeschüttelt und fortgeblasen hatte. Die Jagdgefährten verständigten sich durch Zeichen. Stein mit Hörnern sollte das Moor von links, auf der Südseite, umgehen, Donner vom Berge rechts, auf der Nordseite. Oberhalb des Moores wollten sie sich treffen und sich dem Mustang von zwei Seiten her auf Lassolänge nähern. Das Moor versperrte dem Tier dann den Fluchtweg.
Die Voraussetzung für das Gelingen des Unternehmens war, daß sich der Falbe lange genug am jetzigen Platz aufhielt. Die Jäger durften nicht einen einzigen Augenblick verlieren. Sie legten die schweren ledernen Winterröcke ab, um ganz beweglich zu sein, trennten sich und huschten davon, jeder in der vorgesehenen Richtung. Donner vom Berge hatte den längeren Weg, aber Stein mit Hörnern lief nicht weniger schnell. Er hatte die Absicht, oben am vereinbarten Platz auf den Gefährten zu warten. Die beiden durften sich weder sehen noch hören lassen, sonst entfloh der Mustang sofort. In bezug auf die Schärfe seiner Sinne und seiner Fähigkeiten zu beobachten, hatten sie schon die erstaunlichsten Erfahrungen gesammelt. Das war ein Leithengst gewesen, wie er sein sollte, wie es ihn aber in Jahrzehnten nur einmal gab. Stein mit Hörnern schlich sich geräuschlos durch den Winterwald aufwärts. Er querte eine Wildspur und wurde immer vorsichtiger, je mehr er sich der baumlosen Höhe näherte. Als er die Quelle erreichte, hatte er bei windzerzaustem Tannengestrüpp noch einmal ein gutes Versteck und zugleich einen guten Ausblick. Er machte halt, um den Mustang zu beobachten, den er jetzt ganz sehen konnte.
Das Tier hatte oberhalb des Moores alte Gräser und Stauden gefunden, von denen die Schneedecke abgeweht war , und fraß. Mit seinen scharfen Zähnen, die der junge Krieger kennengelernt hatte, durchschnitt es die Halme und riß harte Zweige ab, um sie dann zu zermahlen. Der Mustang war hungrig, aber er

sah nicht aus, als ob er unter Hunger litt. Unter dem Winterfell war noch genug sehniges Fleisch auf den Knochen.
Stein mit Hörnern schlich weiter. Er schlug einen Bogen, um bessere Deckung zu behalten. Die Sonne strahlte jetzt frei über alle Höhen und Hänge, die Wolken hatten sich ganz verzogen. Der junge Krieger gelangte über die Höhe des Moores, ohne daß der Mustang Verdacht geschöpft hätte. Von Donner vom Berge war nichts zu bemerken; auch er löste seine Aufgabe sehr gut. Stein mit Hörnern drang in das Krummholz oberhalb des Moores ein und schlich abwärts, in schräger Linie auf den Mustang zu. Das Tier hatte aufgehört zu fressen und äugte über das Moor.
Der Indianer kam ihm auf die Entfernung eines Lassowurfes nahe. Die Versuchung, allein zu handeln, war groß, doch beherrschte der junge Krieger sich selbst und bezwang alle voreiligen Wünsche. Wenn er allein das Lasso warf, konnte der Mustang immer noch ausweichen. Stein mit Hörnern wollte aber so sichergehen, wie es möglich war. Mit einer leichten Bewegung eines Zweiges gab Donner vom Berge dem Gefährten das Zeichen, daß er die verabredete Stelle erreicht hatte. Auch er war von dem Pferde nur noch um eine Lassolänge entfernt. Die Gefährten hatten ausgemacht, daß Stein mit Hörnern den ersten Wurf ausführen sollte. Nur wenn der Wurf mißlang und es sich als notwendig erwies, daß Donner vom Berge eingriff, wollte auch dieser handeln.
Der Mustang stand wie aus Stein gehauen. Nur seine Haut zuckte, und einmal war es, als ob ein Zittern durch seinen ganzen Körper liefe. Er hatte den Kopf hochgehoben und die Ohren gespitzt; so äugte er noch immer über das verschneite Moor hinab, irgend etwas erwartend, was nur in der Vorstellung seines verwirrten Hirnes vorhanden sein konnte. Diesen Moment benutzte Stein mit Hörnern. Er richtete sich auf, ohne dabei irgendein Geräusch zu verursachen. Das Tier drehte ihm den Rücken zu. Es konnte ihn nicht sehen. Der Moment schien unwiederbringlich günstig. Der junge Krieger stemmte die Füße ein, warf die Schlinge und faßte das Ende des Lassoriemens mit aller Kraft, denn er mußte den Ruck durchstehen können, der erfolgte, sobald sich die Lassoschlinge um den Hals des Tieres

zuzog und der Hengst dagegen anging. Wenn der Indianer den Ruck nicht abfing, lief das Tier samt Lasso weg, oder er selbst wurde von dem Hengst geschleift.

Die große Lederschlinge wirbelte durch die Luft und senkte sich genau über dem Kopf des Hengstes.

Der Mustang reagierte blitzschnell, in Bruchteilen einer Sekunde, obwohl er völlig unvorbereitet gewesen war. Er fing die Lederschlinge mit dem Maule ab, biß darauf und setzte an, um mit dem Lasso am Rande des Moores entlang loszustürmen. Stein mit Hörnern hatte das Lassoende über Schulter und Rükken genommen, um alle Kraft einsetzen zu können. Die Schlinge zog sich zu, dadurch verlängerte sich der Riemen im ersten Augenblick, und der Hengst konnte einen Sprung machen. Die sich zuziehende Schlinge faßte hinter die Ohren des Tieres, unsicher, unzulänglich, aber doch so, daß der Hengst die Berührung spürte. Er warf sich herum, so daß er nun am Riemen, den er fest zwischen den Zähnen hatte, zog – nicht anders als ein Hund an der Leine, wenn er in sie hineinbeißt –, aber mit gewaltiger Kraft. Auch Donner vom Berge stand mit dem Lasso bereit. Es hatte für ihn aber keinen Zweck zu werfen, denn solange der Mustang das erste Lasso festhielt, konnte das zweite nicht über den Hals des Pferdes gleiten, und so sah der Siksikau von dem Wurf ab. Das momentane Tauziehen zwischen dem wütenden Hengste und Stein mit Hörnern zwang beide zu einer äußersten Kraftanstrengung. Die Sehnen des Menschenkörpers und des Tierleibes spannten, die Muskeln ballten sich, und wenn Stein mit Hörnern noch zu widerstehen vermochte, dann nur darum, weil er den Riemen mit Händen, Arm- und Schultermuskeln hielt, die in unmittelbarer Verbindung mit seinem ganzen Muskelsystem standen, so daß jede Kraftanspannung ungehindert vom Nacken bis zum Fuße lief. Der Hengst aber konnte in Kopf und Gebiß nur einen Teil seiner Kraft legen, wenn seine Halsmuskeln auch von großer Stärke waren.

Donner vom Berge sprang auf und wollte sich dem Tier nähern, in der Absicht, seinen Lassoriemen um ein Hinterbein zu schlagen und den Mustang dadurch zum Sturz zu bringen. Aber der Falbe hatte den zweiten Feind schon erspäht, als dieser sich in

den Büschen rührte. Das Tier ließ den Lassoriemen, den es zwischen den Zähnen hielt, fahren und ging mit allen vieren in die Luft. Ein Anfall seiner tollen Wut schien es zu packen. Es floh nicht, wie es der Natur des Pferdes entsprochen haben würde, sondern ging zum Angriff über. Mit drei, vier Sätzen war der Mustang bei Stein mit Hörnern, um ihn zu zerstampfen. Der junge Krieger sprang zur Seite, und die Lassoschlinge des Donner vom Berge senkte sich über den Kopf des Hengstes. Aber der Hengst sprang mit einem kühnen Satz, mit gestrecktem Leib, wie ein Raubtier, durch die Schlinge hindurch. Als Stein mit Hörnern sein Lasso werfen konnte, wälzte sich der Hengst und kam auch noch mit dem Bein aus der gefährlichen Schlinge heraus. Voll Wut begann das Tier zu toben, zu schlagen und um sich zu beißen, mit einer Plötzlichkeit der Einfälle und einer Schnelligkeit der Bewegung, die den Angriff durch Lassowurf sehr erschwerte, denn die Schlinge brauchte eine gewisse Zeit, um sich in der Luft zu entwickeln. Auf einmal brach der Hengst in Richtung des Moores aus, schneller, als ein Lasso sich in der Luft entrollte.
Stein mit Hörnern sprang dem Tiere nach, die Lassoschlinge in der Hand. Es ging am Hange abwärts, das ermöglichte dem Indianer pantherartige Sprünge, mit denen er den Mustang einholen konnte. Er gelangte Seite an Seite mit dem Tier, das in der Verblendung seiner Wut und Angst auf das verschneite Moor hinausraste. Der Indianer warf dem Mustang die Schlinge über den Kopf. Er versuchte zugleich, den eigenen Körper mitten im Schwunge anzuhalten, sich zurückzuwerfen, einzustemmen, aber das war alles vergeblich. Als die Schlinge sich zuzog und der ungeheure Ruck erfolgte, mit dem das galoppierende Tier in die sich zuziehende Schlinge rannte, stürzte Stein mit Hörnern der Länge nach hin. Er ließ das Lasso nicht los und wurde ein Stück über das verschneite Moor geschleift. Der Mustang war auf den Beinen geblieben. Stein mit Hörnern gelang es, sich an einem zähen Krummholzbusch, der sich auf dem Moore angesiedelt hatte, zu fangen und das Lassoende darumzuschlingen. Mit äußerster Kraftanstrengung klammert er sich an und stemmte sich ein. Der Hengst wurde vom Lasso angehalten. Mit neu aufbrodelndem Zorn kämpfte er gegen die würgende

Schlinge. Aber mit den stampfenden Hinterhufen brach er in das erst schwach gefrorene Moor ein. Blasen werfend stieg das Wasser, und im Nu begann der Mustang mit der Hinterhand einzusinken. Seine verzweifelten Anstrengungen beschleunigten nur das Versinken im gurgelnden Moor.
„Baumstämme!" schrie Stein mit Hörnern, ohne sich dabei nach Donner vom Berge umzusehen; auch diese kurze Bewegung hätte ihn jetzt schon zuviel Zeit gekostet. Er riß die Schneereifen aus dem Ledergurt, nahm sie an die Füße und tappte so ungefährdet über den sumpfigen Boden zu dem Tiere hin, das, vom Moore gefangen, nicht mehr von der Stelle kam. Die Augen des Hengstes verdrehten sich in Todesangst. Der Indianer brauchte das Tier nicht mehr zu fürchten, sondern nur noch das Moor. Als es ihm gelungen war, nahe genug zu kommen, lokkerte er die Schlinge, die sich um den Pferdehals zugezogen hatte, und knüpfte sie so, daß sie das Tier nicht mehr würgen konnte. Der Mustang dachte in diesem Augenblick nicht mehr daran zu beißen.
Vom Rande des Moores her hörte Stein mit Hörnern schon die ersten Beilhiebe des Gefährten. Baumstämme konnte Donner vom Berge allerdings nicht schnell genug erreichen und fällen, aber er hieb das lang am Boden sich schlängelnde, zähe Krummholz ab und kam auf seinen Schneereifen mit einem ganzen Bündel davon zu dem Freunde herbei. Die beiden schoben von zwei Seiten her die Hölzer unter die Vorderbeine des Mustangs, die das Tier noch bewegen konnte. Es hatte seinen Kampf gegen das Moor schon verzweifelt aufgeben wollen; aber als es die Erleichterung seiner Mühe spürte und auch merkte, daß es weiterhin frei atmen konnte, begann es wieder, sich gegen das Versinken zu wehren, und gewann mit den Vorderhufen etwas Halt. Die beiden Indianer konnten das Lasso von Donner vom Berge mit großer Anstrengung unter dem Vorderleib des Tieres durchziehen. Als sie dies erreicht hatten und nun das Pferd von beiden Seiten her zu halten und sein weiteres Einsinken zunächst aufzuhalten vermochten, rasteten sie für kurze Zeit. Mitten in der Kälte des Wintermorgens und dem steif wehenden Nordwind war ihnen der ganze Körper naß von Schweiß. Auch dem Mustang klebte das Fell an der Haut.

Er fing aber schon wieder an zu arbeiten. Stein mit Hörnern winkte dem Gefährten. Dieser warf seinem Freunde auch das andere Lassoende zu, so daß Stein mit Hörnern den Hengst jetzt auf die Seite ziehen konnte. Der junge Krieger konnte sich nicht erinnern, daß er seine Muskeln schon einmal so angestrengt hatte, obgleich er sich in seinem Leben wahrhaftig nicht zum erstenmal in einer schwierigen Situation befand. Durch den Zug nach der Seite bekam das Tier mit der Hinterhand wieder etwas Bewegungsfreiheit und stieß mit den Hufen nun nicht mehr gerade nach unten, wodurch es immer tiefer gesunken war, sondern flacher. Das half weiter.
Donner vom Berge konnte es wagen, seinen Blutsbruder für eine gewisse Zeit mit dem Mustang allein zu lassen. Er tappte rasch über das Moor hinab zum Wald und hieb junge, aber kräftige Stämme um. Damit kehrte er zurück. Riemen hatten die beiden Indianer genügend bei sich, da sie in der Absicht ausgezogen waren, den Hengst zu fangen und zu fesseln. Donner vom Berge brachte nicht nur die drei Baumstämme, sondern auch die beiden Fellröcke mit. Eine Decke hatten die Jäger nicht bei sich. Aber auch die Röcke taten den notwendigen Dienst. Donner vom Berge befestigte sie auf den Stämmen und gewann so eine Unterlage, die es nun unter den Mustang zu schieben oder auf die es den Mustang heraufzuziehen galt. Das versprach wieder eine schwere Arbeit zu werden. Donner vom Berge legte die neue Rutsche zurecht. Dann zogen und zerrten die beiden jungen Krieger den Mustang an dem Lasso, das hinter den Vorderbeinen, unter den Schultern durchlief, noch weiter zur Seite. Es kostete sie eine wütende Anstrengung, auch nur ein wenig mit ihrer Absicht voranzukommen. Aber endlich hatten sie erreicht, daß der Leib des Tieres die Stütze der Rutsche gewann. Es konnte nicht mehr lange dauern, bis der Hengst auch die Hinterhufe frei bekam, doch in diesem Augenblick mußte er auch schon gefesselt sein, sonst versuchte er auszubrechen und brach dabei sofort von neuem ein. Während Donner vom Berge das Tier mit dem Lasso auf der Rutsche festband, lief Stein mit Hörnern darum herum und unternahm es, ein Vorderbein mit einem Hinterbein zusammenzufesseln. Er hatte sich schon eine Schlinge zurechtgemacht, mit der er zu-

nächst das Vorderbein fing und festmachte. Ehe er auch ein Hinterbein gefangen hatte, bekam er noch einen Hufschlag ab, und es zeigte sich dabei einmal, daß er einige Jahre unter weißen Männern gelebt hatte, denn er sagte: „Damned!" Die Kräfte des Tieres waren durch den Kampf mit dem Moor schon erschöpft; es schien zu erschlaffen. Um den Hengst zuverlässig zu fesseln, bedurfte es doch noch der vereinten Anstrengung der Jagdgefährten, und dabei bekam auch Donner vom Berge sein Teil ab. Da er vorher gelacht hatte, lachte jetzt Stein mit Hörnern.

Der Hengst war gefesselt, seine Hufe aber waren auch aus dem Moor befreit, und er versuchte sich zu wälzen, zum Glück auf den Baumstämmen und Fellröcken, auf denen ihn das unter der Schulter durchlaufende Lasso festhielt. Dennoch konnte das so nicht weitergehen. Stein mit Hörnern fing das Ende des Lassos, dessen Schlinge um den Hals des Tieres lief, und ständig bedroht von dem gefährlichen Gebiß, machte er auch dieses Lassoende an den Baumstämmen fest, so daß der Kopf gehalten war.

Als die beiden jungen Krieger das alles geschafft hatten und keuchend auf dem dünn vereisten Moore standen, banden sie an die Enden der Baumstämme ihre übrigen Riemen an. Stein mit Hörnern begann den Hengst auf der Rutsche über das Moor aufwärts zu ziehen, während Donner vom Berge am unteren Ende der Baumstämme schob. Die Strecke war nicht lang, aber Stunden vergingen, bis sie ihr Ziel erreicht hatten.

Es war unterdessen Nachmittag geworden. Die beiden Jäger setzten sich neben das gefesselte Pferd, das ebenso vollständig erschöpft war wie sie selbst und nur noch hin und wieder mit den Hinterbeinen zuckte.

Stein mit Hörnern untersuchte, ob er noch seine Pfeile und seinen Tabaksbeutel bei sich hatte, und als er sie fand, war er zufrieden, rieb Feuer und begann zu rauchen.

„Wie hast du dir das weiter gedacht?" fragte Donner vom Berge.

„Ich bleibe hier. Schicke mir Decken für den Mustang und einen Fellrock für mich. Zu essen habe ich bei mir. Aber ich brauche auch jemanden, der mich in Wachen und Schlafen ablöst und der mir hilft, den Mustang zu streicheln und ihm sein Lied zu singen."

„Das sollst du alles zur Nacht noch haben!"

Donner vom Berge erhob sich gleich, nahm die Schneereifen auf den Rücken und sprang, fröhlich und übermütig wie ein Junge, die Hänge und den Wald hinab, hinunter zu den Zelten. Was für eine erstaunliche Nachricht konnte er dorthin bringen! Das Geisterpferd war gefangen und gefesselt.

Stein mit Hörnern saß hoch oben, über dem Moor. Der Himmel hatte sich wieder bezogen. Es begann von neuem zu schneien. Dabei legte sich jedoch der Wind, so daß der junge Krieger, der keinen Rock anhatte, die Kälte nicht mehr so beißend empfand wie vorher. Als er mit seiner Pfeife zu Ende war und sie verwahrt hatte, rückte er dicht an den Mustang heran, schmiegte sich an den warmen Tierkörper und begann das falbe Fell, das vom Schweiß der Anstrengung und Angst verklebt, vom Moor beschmutzt und durchnäßt war, zu streicheln.

Er spürte das Zucken der Haut, Zucken eines Tieres, das noch nie von Menschenhand bezwungen worden war. Er legte sich an den Hals des Mustangs und sang an seinem Ohr leise, ganz leise die Zauberlieder der Dakota, mit denen sie die wilden Pferde an die Stimme des Menschen und an seine Freundschaft zu gewöhnen pflegen. Das Tier war durch den vorangegangenen Kampf mit Moor und Mensch erschlafft. Sogar das Zucken seiner Haut hörte auf, und es lag regungslos, während sein Bezwinger ihm unaufhörlich über das Fell strich und ohne Unterlaß das leise bezaubernde Lied sang.

Es war dunkel, und nur der Schnee leuchtete noch, als Stein mit Hörnern Schritte und Huftritte hörte, die den Berg heraufkamen. Er horchte und spähte, und als der Heraufkommende ihm schon nahe war, erkannte er ihn. Donner vom Berge kehrte zurück. Er führte die Schimmelstute mit, die eine Rutsche, mit Lederplanen und Decken beladen, hinter sich herzog. Was er brachte, genügte vollauf, um ein kleines Jagdzelt aufzuschlagen und um den Mustang mit Büffelfellen zuzudecken. Donner vom Berge wußte, daß er mit seinem Blutsbruder viele Tage hier oben in Kälte, Sturm und Schnee verbringen mußte, bis dieser Hengst, der hier gefangen und gefesselt lag, von seinem

Reiter ungefährdet zum Dorfe gebracht werden konnte. Tag und Nacht mußten die jungen Krieger den ganzen Körper des Tieres streicheln und das leise Lied singen, bis sich das Tier an den Menschen gewöhnte. Bei einfachen Pferden wurde das Streicheln und Singen den Kindern überlassen. Aber wenn es irgendeinem Menschen gelang, den von Geistern und Tollheit verfolgten Hengst wieder zu heilen und ihn gar zu zähmen, so konnte dieser eine nur Stein mit Hörnern sein.

Donner vom Berge schlug das Zelt auf. Aber sein Gefährte blieb auch für diese Nacht draußen und lag, in Winterrock und Büffelfell gehüllt, bei dem gefesselten Mustang, den ebenfalls Felldecken vor dem eisigen Nachtwind schützten. Die Schimmelstute senkte den Kopf zu dem gefangenen Leithengst, und dann zeigte sie ihre Freude und legte sich dazu. Das Füllen drängte sich zur Mutter.

Es währte zwei Tage, bis der von Durst gequälte Hengst sich entschloß, das Wasser zu saufen, das Stein mit Hörnern ihm brachte, und am nächsten Tage schnappte er nach den Gräsern und Blättern aus der Hand des Indianers. Weitere sechs Tage hindurch saß der Indianer bei dem Tier, streichelte es und schlief des Nachts bei ihm, ohne auch nur einmal das Zelt zu benutzen. Immer wieder sang er ihm die leisen lockenden Zauberweisen ins Ohr. Am zehnten Tage endlich wagte Stein mit Hörnern, den abgemagerten Hengst auf die Beine zu stellen und ihm die Fesseln zu lockern, daß er kleine Schritte machen konnte. Am fünfzehnten Tage koppelte er den Hengst mit der Stute zusammen, und während er die Stute ritt, leitete er so den falben Mustang den Zelten zu. Donner vom Berge folgte auf seinem Fuchs. Es war ein Ritt, an den beide noch lange dachten, denn dem Falben fiel es mehr als einmal ein, zur Seite ausbrechen oder voranstürmen zu wollen, und es bedurfte aller menschlichen Geschicklichkeit und Kraft, um ihn davon abzuhalten, ohne daß er wieder zu wahnsinniger Wut gereizt wurde. Nur ein Mann, der als Kind mit Pferden aufgewachsen war und sie noch besser als alle seinesgleichen verstand, konnte hier den Sieg davontragen.

Als Stein mit Hörnern den falben Hengst zum Zeltdorf gebracht hatte, band er ihn zunächst mit der Schimmelstute zusammen an einen Baum an und blieb noch drei Tage hindurch, Tag und Nacht, bei ihm. Das Tier erlaubte ihm jetzt, es zu streicheln und zu klopfen, wie er wollte. Es suchte ihn, sobald er sich auch nur einen Schritt entfernte.

Als Stein mit Hörnern dies erreicht hatte, machte er den Hengst vom Baume los und schwang sich auf. Das ganze Dorf war auf den Beinen, um zuzusehen. Der Mustang war überrascht, versuchte durchzugehen und wurde abgefangen. Er versuchte in den Zügel zu beißen, der um seinen Unterkiefer befestigt war, aber vergeblich. Er drängte gegen den Baum, aber der Reiter zwang ihn davon weg. Das Tier stieg und schlug aus, doch konnte es einen solchen Reiter nicht auf so einfache Weise abschütteln. Es blieb wie erstarrt stehen, und vielleicht überlegte es, ob es sich wälzen sollte. Aber es sah davon ab, brach aus und galoppierte durch den Wald zum Bach. Donner vom Berge und einige andere junge Krieger mit guten Pferden folgten. Der Falbe war aber bei weitem schneller und gewandter als die anderen Mustangs, und da sein Reiter ihm die Freiheit dazu ließ, kletterte und galoppierte er weiter die Hänge hinab und hinauf und kreuz und quer. Die nachfolgenden Reiter verloren ihn aus dem Gesicht.

Harka Nachtauge Wolfstöter, jetzt genannt Stein mit Hörnern, vertraute dem Tier. Er wußte, daß es sich auslaufen mußte, nachdem es so lange gefesselt und angebunden gewesen war. Der Hengst lief mit der untrüglichen Sicherheit des Wildtieres, immer die schneefrei gewehten Stellen nutzend. Den ganzen Tag lief er, sprang und galoppierte, stieg und schlug aus, aber mehr aus Übermut als aus wütender Tollheit. Es war ein großer Unterschied in seinem Verhalten gegen den Reiter im Vergleich zu dem ersten Ritt, der Stein mit Hörnern fast das Leben gekostet hatte. Am Abend erreichte der Mustang jene offenen Präriestrecken, die vom Schnee hoch verweht waren. Er stutzte und witterte. Dann machte er kehrt und strebte wieder bergan. Die ganze Nacht ruhte er nicht. Als die Sonne aufging, kehrte der Reiter auf dem Falben zu den Zelten zurück.

Vor dem Häuptlingszelt stand Sitopanaki, die früh aufgestanden, vielleicht auch gar nicht schlafen gegangen war. Stein mit Hörnern lenkte dorthin und erinnerte sich, daß er einmal als

Knabe seinen Grauschimmel über dieses Mädchen hatte wegspringen lassen. Er drängte den Falben dicht an das Zelt. Sitopanaki lächelte ein wenig, ganz schwach; Stein mit Hörnern lächelte auch, kräftig, freundlich, ein wenig spöttisch und fragte: „Hast du Angst gehabt?" Denn er sah, wie blaß ihr Gesicht noch war.

Sie schämte sich, antwortete aber tapfer und einfach: „Wenn du es wissen willst, ja, ich habe Angst um dich gehabt."

Darauf ging sie ohne Eile in das Zelt zurück, um das Feuer zu schüren. Er aber brachte den Falben zur Herde, streichelte und lobte ihn, und der Mustang legte seine weichen Nüstern an den Hals seines Herrn.

Donner vom Berge kam, um weiter auf das Pferd zu achten. Harka, der Stein mit Hörnern geworden war, hatte es sich verdient, im Zelte Hirschfleisch zu essen und sich dann auf die Decken zu strecken.

Bei Sonnenuntergang kamen die würdigsten Männer als Gäste zu Häuptling Brennendes Wasser, und die Geschichte des Geisterpferdes sowie Pferdegeschichten überhaupt waren das einzige und unerschöpfliche Thema des ganzen Abends. Der junge Krieger, der verhindert hatte, daß der Mustang erschossen worden war, hatte an Ansehen sehr gewonnen. Er besaß jetzt das beste Pferd im ganzen Stamme der Siksikau, und er hatte bewiesen, daß er zähe und urteilskräftig genug war, ein unmöglich erscheinendes Vorhaben zu einem guten Ende zu bringen.

In den nächsten Wochen und Monaten war der junge Krieger damit beschäftigt, den Falben wirklich einzureiten. Das Tier war empfindlich und sehr klug, und Stein mit Hörnern gewann die Fühlung mit ihm. Nach der Wintersonnenwende konnte er schon sagen, daß der Hengst auf jeden leisen Schenkeldruck richtig reagiere. Freigelassen, lief er seinem Herrn nach, was bei wild eingefangenen Pferden nur selten zu erreichen war. Er lernte, auf ein Zeichen hin zu bocken, und auch, sich samt seinem Reiter hinzuwerfen und totzustellen. Im Frühjahr sollte er die Büffeljagd kennenlernen. In der Pferdeherde des Zeltdorfes übte er eine unbeschränkte Herrschaft aus; alle Hengste und Stuten richteten sich nach ihm. Das war eine Beziehung, in der

er noch bösartig werden konnte. Er duldete keinen Ungehorsam. Er duldete aber auch nicht, daß ihn irgendein anderer Mensch außer seinem Herrn anrührte.
Stein mit Hörnern besaß nun drei Pferde, den Falben, die Schimmelstute und den Schecken. Das Fohlen schenkte er seinem Blutsbruder. Auf den ruhigen Schecken setzte er zuweilen, wenn er nichts zu tun hatte und gut gestimmt war, den kleinen Bruder von Donner vom Berge. Der Junge stellte sich nicht ungeschickt an. Sobald er vier Jahre wurde, konnte er mit Leichtigkeit selbständig reiten lernen.
So verging der Winter. Wölfe mußten verscheucht und gejagt werden. Drei Bären wurden erlegt, zwei Braunbären und ein Baribal, und die Jagdgefährten schossen zwei Luchse ab. Es gab immer Arbeit für die Jäger, aber auch genügend Ruhestunden. An den langen Winterabenden erzählte Donner vom Berge seinem Blutsbruder, was er in den Jahren der Trennung als heranwachsender Bursche erlebt und gedacht hatte. Stein mit Hörnern berichtete nichts von sich selbst und nichts vom Vater, aber viel von den weißen Männern und dem Bahnbau. Auch der Häuptling und der Zaubermann hörten ihm dabei aufmerksam zu.
Der Frühling kam. Es wurde Mai, bis der Schnee endlich wegschmolz, die Eiszapfen an den Tannen sich tropfend auflösten und die Bäche und Flüsse voll Schmelzwasser reißend dahinströmten. Die Mustangs waren abgemagert und scharrten die Schneereste weg, um gierig nach Gras zu suchen. Die Männer, Frauen und Kinder freuten sich auf die kommenden Büffeljagden, denn die Vorräte waren zur Neige gegangen, und die Jäger mußten immer weiter in den Bergen umherschweifen, um noch Beute zu finden und den Hunger im Zeltdorf zu stillen.
Als die Knospen sprangen und das junge Gras sproß, wurden die Zelte abgeschlagen, und der Wanderzug setzte sich in Bewegung, um aus den Vorbergen abzusteigen und die Prärie zu gewinnen. Wie im vergangenen, so wählten der Häuptling und die Ältesten auch wieder für den kommenden Sommer die Waldinsel mit Quelle als Standplatz für die Zelte.
Die Mädchen suchten Holz, die Hunde schnüffelten umher, die Knaben spielten auf den nassen Wiesen. Donner vom Berge

und Stein mit Hörnern führten ihre Mustangs, den Fuchs und den Falben, zu der Quelle, wo schon die saftigsten Kräuter aus der Erde kamen. Es war Morgen, der Tau schillerte in allen Regenbogenfarben, da die Sonne sich darin spiegelte; die Quelle rauschte laut und sprudelte und quirlte mit ihren Wassern nicht nur im Sandbett dahin, sondern über die flachen Ufer hinaus durch Moos, über Wurzeln und Gras. Die Lerchen stiegen steil in die Höhe und sangen. Bei der Pferdeherde suchten die Drosseln nach Futter.

Donner vom Berge und Stein mit Hörnern ritten zusammen als Jagdkundschafter aus, um nach Büffelherden zu spähen. Stein mit Hörnern führte, denn der Falbe war noch nicht zu bewegen, sich in eine Reihe einzugliedern. Er wollte allein oder der erste sein. Die Jagdgefährten trafen eine kleine Gruppe von sechs Büffeln, eine Art Vorhut der großen Herden, die jetzt wieder nordwärts zogen. Die jungen Krieger verabredeten, daß Stein mit Hörnern eines dieser Tiere verfolgen sollte, um seinen Falbhengst an das Laufen mit Büffeln zu gewöhnen. Beute wollten die Kundschafter nicht machen, da es schwer war, sie zu bergen, ohne sich zu lange aufzuhalten. So nahm Stein mit Hörnern sich einen prächtigen Stier aufs Korn, jagte ihn mit dem Büffeljagdruf auf, und während alle sechs Büffel flüchteten, verfolgte er den einen. Der Mustang arbeitete schon von selbst wie ein trainiertes Büffelpferd, und seine Schnelligkeit übertraf die des Stieres.

Stein mit Hörnern hätte zehnmal die Gelegenheit zum Schuß gehabt, schoß aber nicht, da es ihm nicht um das Töten, sondern darum ging, das Pferd einzuüben. Er ließ den Mustang schließlich auslaufen und kehrte dann in einem leichten Galopp zurück.

Allein das Reiten auf einem solchen Pferd war ein Freude, die alle seine Glieder durchströmte und aus seinen Augen strahlte.

„Weißt du noch?“ fragte Donner vom Berge, als die beiden sich zusammen auf den weiteren Kundschaftsweg machten. „Dies sind die Wiesen, auf denen wir als Knaben unsere ersten Büffel erlegt haben!“

„Und wo ich auf einem Büffelkalb ritt! Als die Büffelkuh ankam, hatten wir nicht wenig Angst!“

Die Freunde lachten in Erinnerung an ihre Streiche und galoppierten weiter.
Am nächsten Tage erspähten sie eine Büffelherde, die zu jagen sich lohnte. Donner vom Berge blieb in ihrer Nähe, um sie zu beobachten. Stein mit Hörnern aber machte sich auf, um die Zelte so rasch wie möglich zu benachrichtigen. Mit einem hellen Zuruf und einer leichten Berührung mit den Fersen feuerte er den Falben an, und wie ein kräftiger Sturmwind fegte der Hengst über die Weite der Prärie, mit flatterndem Schweif, flatternder Mähne, den Kopf weit vorgestreckt. Sein Reiter schmiegte sich an seinen Hals, um das Gewicht am besten zu verteilen und dem Luftzug keinen Widerstand zu bieten. Als er die Zelte erreichte, bedurfte es nur eines lauten Rufes, und schon stürmten die Krieger zu ihren Büffelpferden, mit Pfeil und Bogen bewaffnet. Sie setzten die Tiere in Bewegung und folgten in langer Reihe Stein mit Hörnern als Führer. Der Hufschlag donnerte, hier und da spritzten noch Pfützen aus getautem Schnee auf, an anderer Stelle wirbelte schon der Sand in die Höhe. Stein mit Hörnern mußte seinen Falben zuweilen zügeln, damit alle Mustangs mitkommen konnten.
Die Büffelherde war noch lange nicht erreicht, als Donner vom Berge den Jägern schon entgegenkam, um sie über die Bewegung der Herde und die Zahl genau zu unterrichten. Der Jagdplan wurde festgelegt. Um den größten Jagderfolg zu sichern, durfte kein Krieger auf eigene Faust handeln; alle mußten ihr Vorgehen aufeinander abstimmen.
Stein mit Hörnern hatte in den vergangenen Jahren viele Büffeljagden mitgemacht, alle mit verschlossenen Mienen und halbem Herzen. Bei den Herbstjagden mit den Siksikau war er aufgelebt. Jetzt aber war ihm so überschäumend froh zumute, als ob er seine erste wahrhaft große Büffeljagd vor sich habe, die Jagd, von der er als Kind geträumt hatte, die Jagd mit einem Mustang, der nicht seinesgleichen hatte! Die Reiter sangen:

„Meine Augen sehen gelbe Büffel,
und ich rieche Staub, den roten Nüstern
blasen auf den Sandpfad unserer Steppe.
Guter Bogen, spanne deine Sehne!
Guter Pfeil, versage nicht im Schusse!"

Die Vögel, die jede Büffelherde begleiteten, weil sie dabei leicht Nahrung fanden, flatterten in Scharen auf und davon. Die Reiter brachen in die Herde ein. Ihr lauter Jagdruf, das Donnern der Hufe von Hunderten von Büffeln mischten sich. Mit der Leidenschaft des Jägers, mit dem berauschenden und dennoch klaren Gefühl der Sicherheit, Übung und Überlegenheit leitete Stein mit Hörnern den Falben durch das Gedränge der braunen Rücken, an drohenden Hörnern vorbei. Er war auf dem schnellsten Pferde allen voran und mit Donner vom Berge zusammen der erfolgreichste Jäger in der ganzen Schar. Die beiden hatten die Zahl der Büffel, die sie erlegen wollten, miteinander verabredet, und sie erfüllten beide, was sie sich vorgenommen hatten.

Als die Herde entfloh, als die Jäger sich sammelten, als die erlegten Büffel gezählt waren und nach den Zeichen an den Jagdpfeilen festgestellt wurde, wer der glückliche Jäger war, ergab es sich, daß Stein mit Hörnern und Donner vom Berge je zwölf Büffel zur Jagdbeute beisteuerten. Sie wurden beide mit freudigen Rufen gefeiert. Die gesamte Beute war so groß, daß Brennendes Wasser einen Boten schickte, die Zelte sollten abgeschlagen werden und das Dorf sogleich zum Jagdfeld herbeiwandern, damit die Frauen und Mädchen die Beute an Ort und Stelle verarbeiten konnten. Während der Bote unterwegs war, begannen die Männer schon, die erlegten Tiere abzuhäuten.

Die Zelte kamen, mit ihnen auch die Hunde, allen voran die schwarze Wolfshündin und ihre beiden Jungen, die schon herangewachsen waren. Sie witterten das gute Fressen. Die Frauen und Mädchen hatten nun wieder reichlich Arbeit.

Eines Abends, als Brennendes Wasser bei Dunklem Rauch zu Gast geladen und die beiden jungen Krieger noch auf Kundschaft unterwegs waren, die Frauen sich also allein mit dem kleinen Jungen im Häuptlingszelt befanden, sagte die Mutter zu Sitopanaki: „Stein mit Hörnern hat zwölf Büffel erlegt, Nachtwandler aber nur drei."

„Du sagst es mir", antwortete die Tochter und lächelte in sich hinein.

„Stein mit Hörnern wird durch den Sonnentanz gehen."

„So sagen der Geheimnismann und der Häuptling, ja."
„Es wäre gut, wenn Stein mit Hörnern für immer bei unseren Zelten bliebe."
„Du mußt es wissen, Mutter."
„Hast du noch nicht bemerkt, ob er bei uns ein Zelt aufschlagen und ein Mädchen in dieses Zelt führen will? Büffelhäute sind genug da."
„Mädchen auch, Mutter."
„Du hast noch nicht erspäht, daß er zu wählen beginnt?"
„Nein, Mutter. Vielleicht weiß Spottdrossel mehr."
„Willst du mich verspotten?"
„Nein, Mutter."
Donner vom Berge und Stein mit Hörnern kamen zurück. Dadurch wurde das Gespräch beendet. Die jungen Krieger und erfolgreichen Jäger wollten zu Abend essen.
Am nächsten Morgen erfuhr das Zeltdorf, daß Kluge Schlange mit seinem Sohn Nachtwandler zu der Blockhausstation des Old Abraham reiten wollte, um für Nachtwandler eine Flinte einzutauschen. Der Häuptling schlug vor, daß Stein mit Hörnern die beiden begleiten sollte, da er von Feuerwaffen am meisten verstehe, aber Kluge Schlange schlug diesen Rat ab und ritt allein mit seinem Sohn und einem Packpferd davon.
Als der kluge Krieger und sein Sohn zwanzig Tage später zurückkehrten, hatten sie eine Vorderladerflinte erworben. Donner vom Berge bat seinen Blutsbruder, sie sich einmal anzusehen, aber Stein mit Hörnern hatte schon von fern einen Blick darauf geworfen und meinte nur: „Selbst mein Bogen würde im Wettbewerb mit dieser Flinte leicht siegen."
Nachtwandlers Hoffnung, als Besitzer einer Flinte an Ansehen zu gewinnen, war damit vereitelt, denn die Äußerung von Stein mit Hörnern wurde an den Zeltfeuern weitererzählt, und in bezug auf Jagd und den Umgang mit Waffen genoß Stein mit Hörnern besonders unter den jüngeren Kriegern schon eine uneingeschränkte Autorität. Stein mit Hörnern selbst beobachtete Kluge Schlange und dessen Sohn Nachtwandler mit verborgener Aufmerksamkeit. Er hatte den Eindruck, daß die beiden ihm anders begegneten, seitdem sie bei dem Blockhaus gewesen waren. Er hatte zu Kluge Schlange immer nur förmlich-höfliche

Beziehungen gehabt, und dies galt auch umgekehrt. Aber jetzt fühlte er sich zuweilen von einem verdeckt-spöttischen Blick gestreift oder von einer halben Andeutung berührt, deren Sinn er witterte wie das Wild die Gefahr. Die Bemerkungen waren aber nicht scharf genug umrissen, um den Sprecher dabei zu fassen und zu stellen. Donner vom Berge, der seinen Blutsbruder gut kannte, merkte, wie dieser zuweilen unruhig wurde.

Sonnenopfer

Warme Tage lösten den Frühling ab, und alle Gedanken richteten sich schon auf das große Fest und auf das Sonnenopfer. Ein Bote der Oberhäuptlinge der Siksikau kam mit der Nachricht, daß die Verhandlungen mit den Dakota und mit den Assiniboine glücklich verlaufen und ein Festfriede von acht Tagen und Nächten vereinbart sei. Das Treffen sollte in den Prärien zwischen Missouri und Gelbsteinfluß stattfinden, einem Gebiet, in dem schon manche Kämpfe ausgefochten worden waren, da mehrere Stämme es für sich beanspruchten. Die Frühjahrsjagden hatten große Beute gebracht, so daß zum Feiern Zeit blieb, und die Festtage wurden vor die Herbstjagden gelegt, für die sich die Vertreter der Stämme wieder zu ihren eigenen Zelten begeben wollten. Die Stammesgruppe, der Häuptling Brennendes Wasser vorstand, mußte sich entscheiden, ob das ganze Zeltdorf oder nur einige ausgesuchte Krieger an dem Feste teilnehmen sollten. Da aus dieser Stammesgruppe aber die beiden jungen Krieger kamen, die das Sonnenopfer bringen würden, faßte die Ratsversammlung den Beschluß, mit dem ganzen Zeltdorf zu dem Feste hinzuziehen.
Die erwartungsvolle Stimmung steigerte sich, als die Zelte abgeschlagen wurden und die weite Wanderung zu der Örtlichkeit begann, die für das Fest gewählt war. Die größte Schwierigkeit ergab sich daraus, daß der wilde Missouri überquert werden mußte. Stein mit Hörnern erinnerte sich, wie er als Knabe mit seinem treuen Grauschimmel über diesen Strom ge-

schwommen war. Es war nun Sommer, alle Bäche und Flüsse hatten bei der großen Hitze einen niedrigen Wasserstand, und die Siksikau kannten den Strom und wußten, wo an seinem Oberlauf günstige Stellen für die Überquerung zu finden waren.

Die Frauen und Mädchen bauten runde Boote aus Büffelhäuten und starken Weidenzweigen, die mit kurzen Rudern bewegt werden konnten und von mitschwimmenden Kriegern und Burschen gelenkt werden mußten. Die Männer hatten dabei nicht weniger zu tun als die Frauen. Aber was das Hinüberschaffen der Mustangs anbelangte, so wurde ihnen die Arbeit von dem Falbenhengst abgenommen. Er trieb seine Herde zusammen, jagte und leitete sie an der günstigsten Stelle ins Wasser und brachte alle Tiere ohne Verlust hinüber. Am jenseitigen Ufer umkreiste er stampfend die Herde und war offensichtlich stolz auf seine Leistung. Hinter den Pferden waren die Hunde geschwommen; als sie herauskamen, schüttelten sie die Nässe ab und tollten umher.

Nachdem das große Hindernis so glücklich bezwungen war, wurde die Wanderung in schnellem Tempo fortgesetzt. Die Stammesgruppe des Häuptlings Brennendes Wasser gehörte zu den ersten, die an dem vorgesehenen Festplatz eintrafen. Man befand sich auf den hochgelegenen Prärien zwischen Missouri und Yellowstone-River, zu Füßen der Vorberge der Rocky Mountains. Als Treffpunkt war das Gelände an einem Bach gewählt, der, von den Bergwassern gespeist, auch um diese Jahreszeit noch Wasser genug für die Bedürfnisse der Festteilnehmer führte. Die Frauen schlugen die Zelte auf.

Die acht Festtage rückten rasch näher. Andere Siksikaugruppen, die Oberhäuptlinge selbst, Dakota und Assiniboine trafen ein. Es wimmelte bei den Zelten von Menschen, Pferden, Hunden. Die Kinder veranstalteten Ballspiele. Die jungen Krieger fanden sich zum „Lied der Pfeile" zusammen. Das gleichzeitige Abschießen der Pfeile rief ein harmonisches Summen der Bogensehnen hervor. Die Häuptlinge und Ältesten trafen sich abwechselnd als Gäste in ihren Zelten und berieten am Feuer mit vorsichtigen Worten die Interessen ihrer Stämme.

Endlich gaben die Geheimnismänner und Häuptlinge den Ab-

lauf des geplanten Festes durch die Herolde im einzelnen bekannt. Die festlich gekleidete Menge der Krieger und Burschen, mit etwas Abstand auch die Frauen, Mädchen und Kinder, hörten mit großer Spannung zu. Donner vom Berge und Stein mit Hörnern standen zusammen in der vordersten Reihe.
Beide trugen einen gestickten Festrock, Stein mit Hörnern hatte die Kette aus Bärenkrallen angelegt. Er trug den Wampumgürtel. Von dem Stirnband aus Schlangenhaut gehalten, hingen am Hinterkopf zwei der Schwanzfedern des Kriegsadlers, die der junge Absaroka Stein mit Hörnern geschenkt hatte. Verstohlene Blicke richteten sich von vielen Seiten auf die beiden Festteilnehmer, die durch den Sonnentanz gehen wollten. Die Häuptlinge und Geheimnismänner hatten bestimmt:

1. Tag: Wettlaufen und Ballspiel der Knaben
2. Tag: Wettschießen und Wettreiten der Burschen
3. Tag: Wettlaufen, Wettreiten, Wettschießen und Ballspiel der jungen Krieger
4. Tag: Spiel der Jungfrauen
5. Tag: Spiel der wahren Begebenheiten
6. Tag: Ruhe
7. Tag: Sonnenopfer
8. Tag: Aufbruch.

Donner vom Berge und Stein mit Hörnern gingen, nachdem der Herold den Festablauf bekanntgegeben hatte, in das Zelt zurück. Es war Vormittag und heller Sonnenschein, somit keine Stunde, um im Zelt zu sitzen. Die beiden fanden die Behausung denn auch ganz leer, sogar die Großmutter war draußen unterwegs. Aber die schwarze Hündin und ihre beiden wolfsähnlichen Jungen hatten sich vor dem Zelte in die Sonne gelegt und würden keine Fremden hineingelassen haben, ebensowenig wie der Fuchshengst und der Falbe, die vor dem Zelte angepflockt waren.
Die Blutsbrüder setzten sich zu der Feuerstelle.
„Hast du sie gesehen?" fragte Donner vom Berge.
„Wen?"
„Tashunka-witko und Tatanka-yotanka."
„Ja, ich habe sie gesehen."

„Die Krieger der Siksikau, Assiniboine und Dakota werden das Spiel der wahren Begebenheiten vorführen."
„Ich habe es gehört."
Das Spiel der wahren Begebenheiten war eine Darstellung wichtiger, für die verschiedenen Stämme geschichtlich denkwürdiger Ereignisse durch diejenigen, die daran beteiligt gewesen waren.
„Weißt du schon, welche Kämpfe dargestellt werden sollen?" fragte Donner vom Berge weiter.
„Nein."
„Aber ich habe es bereits erfahren. Der Kampf Tashunka-witkos, seine Gefangennahme und seine Flucht sollen vorgeführt werden. Also mußt du auch mitspielen, mein Bruder, denn du mußt Tashunka die Büchse geben, während er am Pfahle steht."
„Tashunka-witko hat mit Mattotaupa gekämpft. Mattotaupa ist nicht hier."
„Er ist nicht hier, also mußt du, Stein mit Hörnern, auch die Rolle deines Vaters spielen. Die List Mattotaupas mit den falschen Büffeln, mit denen er die Assiniboine narrte, soll ebenfalls gezeigt werden; auch dabei wirst du Mattotaupa sein!"
„Ihr wollt mir wohl viel zu tun geben."
„Es scheint so."
„Aber mir gefällt das wenig. Wer hat den Häuptlingen und Ältesten den Vorschlag gemacht?"
Donner vom Berge zögerte. „Kluge Schlange", gab er schließlich zu. „Die Assiniboine und Tashunka-witko sind einverstanden. Und du kannst nur an Ansehen gewinnen, wenn die kühnen und klugen Taten deines Vaters vor allen Stämmen und Oberhäuptlingen bekanntgegeben werden."
„Warum hat Kluge Schlange wohl den Wunsch, mein Ansehen so zu stärken?"
„Du bist mißtrauisch."
„Ja. Ich habe früh lernen müssen, mißtrauisch zu sein. Du bist es nicht."
„Ich bin es nur gegen meine Feinde, nicht aber gegen meine Stammesbrüder."
„Stammesbrüder! Ich bin dein Blutsbruder, und ich bin Krieger. Aber bin ich ein Siksikau?"

„Noch nicht. Doch ich denke, nach dem Fest wirst du es werden."

„Du bist gut, und du bist mein Bruder. Aber vielleicht irrst du dich."

Donner vom Berge betrachtete seinen Blutsbruder auf diese Antwort hin nachdenklich und sehr aufmerksam. Aber er sagte nichts mehr.

Gegen Abend des Tages, an dem die beiden Freunde das Gespräch geführt hatten, ritt Stein mit Hörnern allein aus dem Festlager hinaus und ließ sich irgendwo in den Wiesen nieder. Er schaute nach der untergehenden Sonne. Nur ganz von fern hörte er die Geräusche des Lagers. Er pflückte sich einen dürren Grashalm und kaute daran, wie er als Knabe zu tun pflegte, ehe er das Rauchen gelernt hatte. Dabei dachte er über das nach, was sein Blutsbruder ihm mitgeteilt hatte. Je länger er darüber nachdachte, desto weniger gefiel ihm dieser Plan, aber er sah auch keinen Weg, dem gemeinsamen Beschluß der Häuptlinge, der einmal gefaßt war, noch auszuweichen. Alle Zungen würden davon sprechen, daß Harka Steinhart Nachtauge Wolfstöter, als Krieger genannt Stein mit Hörnern, der Sohn Mattotaupas sei. Der junge Krieger konnte sich keine Vorstellung machen, wo er jetzt, nach mehr als einem Jahr, seinen Vater in Gedanken suchen könne oder solle. Aber vielleicht hatte Kluge Schlange bei Old Abraham etwas erfahren, und vielleicht war das, was er erfahren hatte, nichts Gutes.

Der junge Krieger blieb lange an seinem einsamen Platz. Die Sonne war längst untergegangen, die Sterne leuchteten auf. Der Falbe hatte gegrast. Nun war er satt, stand neben seinem Herrn und schaute in die helle Sommernacht, als ob auch er Gedanken und Träumen nachhinge. Etwas huschte durch die Wiesen. Stein mit Hörnern hatte schon geglaubt, es sei ein Wolf, und hatte nach dem Bogen gegriffen. Aber gleich darauf erkannte er den schwarzfelligen jungen Hund, der sich immer mehr an ihn persönlich gewöhnte, während die übrigen Hunde wie Wölfe in der Meute lebten. Der Hund ließ sich bei dem Falben nieder und leckte sich die Pfoten.

Ein leichter Wind strich über die Prärie und kühlte den warmen Boden. Stein mit Hörnern überdachte noch einmal den geplan-

ten Ablauf des Festes. An den ersten beiden Tagen hatte er nichts zu tun als zuzusehen. Am dritten Tage würde er vielleicht den Wettlauf, sicher aber mit dem Falben das Wettreiten der jungen Krieger gewinnen. Beim Wettschießen schnitt er auch nicht schlecht ab, das stand fest. Das Ballspiel war ein Schlagballspiel, Mannschaft gegen Mannschaft. Der junge Krieger hatte es schon als Knabe gern und flink gespielt, wenn auch nicht ganz so flink wie Junge Antilope. Am vierten Tage nahm Sitopanaki am Tanz der Jungfrauen teil. Dabei stellten sich die jungen Mädchen im Kreise auf. Eine nach der anderen sagte, wer sie sei. Die jungen Krieger konnten dann Gutes wie Schlechtes über jedes Mädchen vorbringen. Gegen Vorwürfe verteidigten sich die Mädchen, wenn sie gute Gründe hatten, und ein junger Krieger, der eine Unwahrheit über ein Mädchen gesagt hatte, mußte mit Schande abtreten. Sitopanaki hatte nicht zu befürchten, daß sich jemand über sie aufhalten würde.
Am Tage danach war das Spiel der wahren Begebenheiten angesetzt. Als Stein mit Hörnern mit der Stammesgruppe der Siksikau zu den Festen ritt, hatte er nur an das Sonnenopfer gedacht. Aber jetzt verdrängten andere Vorstellungen in ihm den Gedanken daran. Das Spiel der wahren Begebenheiten! Stein mit Hörnern sollte die Kampfszene mit Tashunka-witko spielen, und dieser hatte sich damit einverstanden erklärt. Die Gedanken des jungen Kriegers liefen zu den Jahren seines Kundschafterdienstes und zu dem letzten großen Kampf, in dem er sich Tashunka-witko ganz bewußt nicht gestellt hatte. Es mochte sein, daß der Dakotahäuptling ihm das als Feigheit ausgelegt und angerechnet hatte. Trotzdem war der Oberhäuptling bereit, im Spiel der wahren Begebenheiten Stein mit Hörnern zu begegnen.
Während der junge Krieger immer tiefer in die Nacht hinein draußen in der einsamen Prärie blieb, gab es auch in den Zelten bei dem Festplatz Menschen, die nicht schliefen. Zwar hatten sich die aufgeregten Knaben, die sich am nächsten Tage unter den Augen der Krieger und Häuptlinge im Wettspiel messen wollten, schon schlafen gelegt. Die Mädchen hatten sich müde geplaudert und waren bei Müttern und Großmüttern eingeschlummert. Die Häuptlinge und Ältesten hatten ihre Beratun-

gen, die Geheimnismänner das Trommeln und ihre Gespräche mit den Geistern beendet. Jeder hatte sich auf sein Nachtlager begeben. Die Wachen spähten in die Dunkelheit, in der sich nichts rührte. Es war Friede und Stille ringsum, ehe am nächsten Morgen der Lärm des Festes beginnen sollte.
Aber in einem Zelt waren zwei Augen offengeblieben. Das Zelt stand in der Gruppe der Tipi, die die Dakota auf der Südseite des Festplatzes aufgeschlagen hatten. Es war ein stattliches, aber, verglichen mit den Zelten der Oberhäuptlinge, doch bescheidenes Zelt, mit bunten Wahrzeichen bemalt, unter anderem mit einer Flöte. Die Trophäenstange vor dem Eingang trug ansehnliche Beutestücke. Mit diesem Zelte war Tschotanka gekommen, ein älterer und angesehener Krieger der Bärenbande. Er hatte seine Frau mitgenommen, seinen Sohn, einen jungen Krieger mit Namen „Speerspitze", und dessen Frau, sowie Uinonah, die Tochter Mattotaupas. Er hatte nicht aus eigenem Entschluß so gehandelt. Tatanka-yotanka hatte ihn wissen lassen, daß er zu dem Feste kommen und wen er mitnehmen sollte.
Uinonah lag schlaflos auf ihren Decken. Sie hatte sich den ganzen Tag über möglichst verborgen gehalten. Nur in den hinteren Reihen der Mädchen und Frauen stehend, hatte sie den Herold angehört, und zwischen Köpfen und Schultern hindurch hatte sie auf der anderen Seite des freien Platzes, in der ersten Reihe, plötzlich den Bruder erkannt. Sie hatte einen Moment die Augen geschlossen, oder vielleicht war ihr auch schwarz vor den Augen geworden, aber als sie wieder sehen wollte oder sehen konnte, war es nicht eine Erscheinung gewesen, die sie narrte. Es war die Wahrheit, daß dort unter den Männern der Siksikau ihr Bruder stand, Harka Steinhart Nachtauge Wolfstöter Bärenjäger, der Sohn Mattotaupas. Als sie ihn das letztemal gesehen hatte, war er zwölf Jahre und ein Knabe gewesen. Sie hatte damals mit ihrer Freundin Hyazinthe am Pferdebach gesessen, und der Bruder hatte sich im Auftrage des verbannten Vaters herangeschlichen, um die Mädchen und damit das ganze Dorf vor dem bevorstehenden Angriff der Pani zu warnen. Blitzschnell war er wieder verschwunden, nachdem er die Warnung ausgesprochen hatte. Damals hatte sie ihn das letztemal

gesehen. Dann hatte sie noch die Schüsse gehört, mit denen er gleich dem Vater für die Bärenbande gegen die Pani kämpfte. Das war acht Sommer und Winter her. Die Ältesten hatten Mattotaupa trotz seines mutigen Kampfes gegen die Pani die Rückkehr nicht gestattet, und die Feindschaft war seitdem erbittert und tödlich geworden. Harka war in den letzten Jahren der Verbannung herangewachsen. Schlank, groß, stolz stand er unter den Kriegern. Er trug die Kette aus Krallen und Zähnen des Graubären. Uinonah wußte nicht, wie sein Name als Krieger lautete. Aber nachdem der Herold bekanntgegeben hatte, daß am siebenten Tag zwei junge Krieger durch den Sonnentanz gehen würden, hatten die Mädchen neben Uinonah geflüstert und gewispert, daß Donner vom Berge und Stein mit Hörnern die Auserwählten seien und daß diese beiden dort drüben ständen, dort drüben in der ersten Reihe. Stein mit Hörnern mit dem Schmuck der Bärenkrallen, mit dem Wampumgürtel und den Adlerfedern.

Harka, Uinonahs Bruder, war dieser eine der beiden mit dem ruhmvollen Schmuck. Sie wußte nicht, ob er sie gesehen hatte. Sie glaubte es nicht. Er kümmerte sich wenig um die zahlreichen Festteilnehmer. Erst war er mit Donner vom Berge zusammen in sein Zelt gegangen, später hatte er einmal den Spielen der Knaben zugeschaut, und endlich war er in die Prärie hinausgeritten. Was hatte er für ein herrliches Pferd! Die Männer und Burschen sprachen von diesem Mustang und sagten, daß es ein Zauberpferd sei. Natürlich müsse es die Rennen am dritten Tage gewinnen, denn gegen Zauber könne niemand etwas ausrichten.

Uinonah war am Abend mit Speerspitzes Frau zusammen noch durch die Wiesen rund um den Festplatz gegangen, und sie hatte dabei die Spur des Falben gesehen, die in die Prärie hinausführte. Von ihrem Tipi aus, zu dem sie bei Sonnenuntergang mit der Frau zurückkehrte, konnte sie das Zelt beobachten, in dem ihr Bruder wohnte. Sie war lange aufgeblieben und hatte hinübergespäht. Er war nicht zurückgekommen. Endlich hatte sie sich schlafen gelegt, weil ihr Verhalten sonst aufgefallen wäre. Sie hatte auf Hufschlag gelauscht. Sie war aufgestanden und noch einmal zum Zeltschlitz gegangen, um hinüberzu-

schauen. Der Falbe war noch nicht wieder vor dem Zelte angepflockt.
Jetzt rang sie um einen Entschluß. Die vergangenen Jahre waren schwer für sie gewesen. Sie sah noch einmal den Vater vor sich, bei seinem heimlichen Besuch, im hastigen und vergeblichen Gespräch mit der Mutter, dann gefesselt von Tashunka-witko. Sie hörte noch einmal, wie Untschida berichtete, daß Harpstennah tot sei und wie sie Harka in die Augen gesehen habe und wisse, daß er den Bruder getötet habe. Sie glaubte noch einmal zu hören, wie Schwarzhaut Kraushaar das Grauenvolle bestätigte. Wie sie nun auf ihrem Lager im Dunkeln das alles noch einmal zu sehen und zu hören glaubte und das Bild Harkas immerzu vor ihrer Einbildungskraft stand, so wie sie ihn einst gekannt und so wie sie ihn am vergangenen Tage wiedergesehen hatte, da überwältigte es sie. Sie erhob sich leise, zog sich an und ging hinaus. Die Sommernacht war kühl, obgleich der Tag sehr heiß gewesen war. Der Wind spielte mit den Beutestücken an der Trophäenstange. Uinonah wußte nicht, daß sie beobachtet wurde.
Sie wußte, daß sie tat, was sie nicht tun durfte. Doch sie war bereit, alles auf sich zu nehmen, was daraus entstehen konnte, denn sie war das Leben, das sie führte, grenzenlos leid. Schonka, Harkas alter Gegner, hatte sie in sein Zelt nehmen wollen, um sie als seine Frau zu demütigen. Sie hatte sich standhaft geweigert, ihm zu folgen. Tschetan, der als Krieger den Namen Tschetansapa, Schwarzfalke, führte, hatte um sie geworben. Aber sie liebte ihn nicht, und er raubte sich eine Frau aus einem anderen Stamme, aus dem Stamme der Ponka. Uinonah lebte mit Untschida dahin, im Zelte ohne Krieger, von den Almosen der anderen Zelte ernährt, herangewachsen zu einem Mädchen von siebzehn Jahren, aber unvermählt. Schweigsam, stolz, traurig, so war sie allen bekannt. Nur mit Untschida konnte sie offen sprechen.
Es war ihr sehr wunderbar erschienen, daß Tschotanka sie in seinem Zelte auf die weite Wanderung zu dem großen Feste mitnehmen wollte. Von den Zelten der Bärenbande hatten sich nur zwei auf den wochenlangen Weg gemacht: das Zelt Tschotankas, den Tatanka-yotanka hatte wissen lassen, daß er kom-

men sollte, und das Zelt Schonkas. Schonka war vier Jahre älter als Stein mit Hörnern. Als Krieger hatte Schonka den Namen Schonkawakon erhalten, aber die meisten nannten ihn einfach weiter Schonka, obgleich er das nicht gern hörte. Das Zelt Schonkas war von Hawandschita, dem Geheimnismann der Bärenbande, dem Feinde Mattotaupas, zu dem großen Feste geschickt worden. In diesem Zelte wohnte Schonka mit seiner Mutter und seiner Frau Hyazinthe. Außerdem war in diesem Zelt der älteste Sohn von Alte Antilope mitgekommen, jenem Krieger, den Mattotaupa mit einem Pfeil getötet hatte. Seitdem Hyazinthe Schonkas Frau geworden war, hatte Uinonah keine Freundin mehr.

Uinonah verließ das Zelt und ging, ohne sich zu verbergen, quer durch das Zeltlager hindurch. Sie lief in die Prärie hinaus. Sie fand die Fährte des Falben, die sie schon am Abend gesehen hatte, und versuchte dieser zu folgen, soweit sie sie erkennen konnte. Sie wußte nicht, ob ihr Bruder sehr weit hinausgeritten war. Aber sie kannte seine Gewohnheiten als Knabe. Wenn ihn etwas stark beschäftigte und er nachdenken wollte, ging er gern ein Stück in die Wildnis hinaus, setzte sich auf eine Anhöhe, von der er rings alles beobachten konnte, und kaute an einem Grashalm. Wenn Harka Steinhart Nachtauge, den sie jetzt Stein mit Hörnern nannten, in der Nähe war, entdeckte er seine Schwester in der nächtlichen Prärie sicher früher als sie ihn. Sie wartete darauf, daß er plötzlich neben ihr auftauchen werde, ja, sie hoffte es. Von Schritt zu Schritt wurde ihre Hoffnung unsicherer, aber auch heftiger. Endlich verlor sie die Fährte des Falben in der Dunkelheit und blieb stehen. Ihr Herz klopfte. Ihre Hände waren feucht und kalt. Ein paarmal öffnete sie den Mund und setzte zu einem Ruf an, schloß die Lippen aber wieder.

Endlich gab sie ein Zeichen, das die Geschwister als Kinder miteinander geübt hatten. Sie heulte wie ein Kojot. Wenn Harkas Ohren noch so scharf waren wie früher, mußte er erkennen, daß dieser Kojotenlaut ein Menschenlaut war.

Aber vielleicht wollte er die Schwester gar nicht sprechen. Nein, wahrscheinlich wollte er nicht mit Uinonah sprechen, nach allem, was geschehen war.

Uinonah gab ihr Zeichen kein zweites Mal. Ihre Lippen zuckten. Aber sie weinte nicht. Als ihr Bruder das Zelt verlassen hatte, um dem verbannten Vater zu folgen, hatte sie heimlich geweint, aber seitdem nicht mehr. Sie glaubte sich dareinzufinden, daß alles vergeblich sei, aber dennoch brachte sie es nicht über sich, wieder zum Zelt zurückzugehen. Sie blieb stehen, wenn auch alle ihre Gedanken aufhörten. Dann geschah es doch, worauf sie nicht mehr zu warten gewagt hatte: Ihr Bruder, der sie um mehr als Haupteslänge überragte, stand neben ihr.
„Was suchst du?“ fragte er in der Sprache der Dakota, und obgleich sie ihn zum letztenmal als Knabe hatte sprechen hören, meinte sie auch jetzt seine Stimme wiederzuerkennen.
„Dich suche ich.“
Die Antwort kam nicht gleich. Als sie kam, war der Ton so, als ob etwas weggeworfen würde. „Wer hat dich geschickt?“
Uinonahs Mienen zogen sich zusammen, und sie erwiderte hochfahrend: „Niemand.“
„Was willst du von mir? Ich habe unseren Bruder Harpstennah getötet. Durch Schwarzhaut Kraushaar wirst du es erfahren haben.“
Uinonah schwieg und versuchte sich zu sammeln. Die Zeit rann dahin, und vielleicht ging der Bruder einfach weg. Er stand bei ihr in einer Haltung, als wollte er dieses Wiedersehen nicht lange ausdehnen.
„Du willst, daß ich wieder gehe“, sagte sie schließlich, und die Kehle tat ihr beim Sprechen weh, als ob ihr jemand einen Splitter hineingestoßen habe. „Vergiß nicht, daß wir die Kinder eines Vaters . . . aber auch die Kinder einer Mutter sind. Ich gehe jetzt.“ Sie wandte sich um und lief zurück, als ob sie gehetzt würde.
Als sie das Zelt wieder erreicht hatte, hineingeschlüpft war und in ihren Decken lag, preßte sie das Gesicht auf die Hände, und der Mund stand ihr offen wie von einem Schrei ohne Laut.

Als der Morgen graute, war Stein mit Hörnern noch nicht zu seinem Zelte zurückgekehrt. Sein Blutsbruder Donner vom Berge war schon wach, hatte sich aber noch nicht erhoben, sondern beobachtete seine Schwester Sitopanaki. Das Mädchen war als erste und noch früher als sonst aufgestanden. Sie brachte die Zweige in der Feuerstelle zum Glimmen. In dem Schimmer der Glut betrachtete Donner vom Berge das Gesicht der Schwester. Sie hatte sich über Nacht verändert. Aber er konnte nicht verstehen, was in ihren Zügen spielte, Weichheit, Schwermut, Bitterkeit, Stolz, oder was war es? Da alle anderen noch in tiefem Schlaf ruhten, stand Donner vom Berge lautlos auf und kam zum Feuer heran. Er bemerkte, daß sein Blutsbruder nicht anwesend war. Er schaute zum Zeltausgang hinaus und vermißte auch den Falben. Als er zurückkam, begegnete ihm ein Blick der Schwester, der nicht für ihn bestimmt gewesen war. Er glaubte plötzlich zu begreifen, was sie beschäftigte, und sagte lächelnd: „Stein mit Hörnern geht oft seine eigenen Wege."

„Und trifft dabei Mädchen der Dakota", erwiderte Sitopanaki, auch ganz leise, in einem Tone, aus dem vieles herausgehört werden konnte.

Häuptling Brennendes Wasser wurde wach. Niemand konnte wissen, ob er die letzten Worte seiner Tochter gehört hatte. Sitopanaki wandte sich vom Bruder ab und lief hinaus, um Wasser zu holen. Donner vom Berge sah ihr nach, wie sie durch den Zeltschlitz hinaushuschte, und wartete, bis sie wiederkam. Er betrachtete ihr schmales, herbes Gesicht noch einmal eindringlich, und es schmerzte ihn, als er begriff, daß seine Schwester litt. Wozu? Wofür? Er hatte sich im abgelaufenen Jahr nichts anderes vorstellen können, als daß sein Blutsbruder, den sie liebte, sie eines Tages heimführen würde. Draußen ließ sich ein leichter Galopp hören; das war der Falbe. Der Reiter hielt vor dem Zelt, pflockte das Tier an und trat ein. Es war ihm nichts anzumerken. Er kam wie immer zum Feuer heran und nahm an der Morgenmahlzeit teil, die die Frauen zubereiteten.

In den folgenden Morgenstunden verbreitete sich im Zeltlager am Festplatz allgemeine Fröhlichkeit. Der Eifer der Knaben bei Wettlauf und Ballspiel steckte die Burschen und selbst die jungen Männer an. Als die Wettspiele der Knaben gegen Mittag entschieden waren, begannen die Burschen und die jungen Männer schon zu üben. Es waren je zwei Zelte aufgestellt wor-

den. Die Ballspieler hatten Eschenstöcke, die am Ende gekrümmt waren, und trieben damit einen kleinen, harten, mit Pferdehaar gefüllten Lederball. Gelang es, ihn in das Zelt der Gegenpartei zu schießen, so war eine Spielphase gewonnen. Donner vom Berge führte eine Gruppe. Stein mit Hörnern sträubte sich mitzuspielen, da er viele Jahre keinen Stock mehr in der Hand gehabt und keinen Ball mehr getrieben hatte. Aber Donner vom Berge gab nicht nach und wollte den Freund unbedingt dabei haben. „Oder möchtest du in einer anderen Gruppe spielen?" fragte er unvermittelt.
Stein mit Hörnern horchte auf. Der Ton, in dem die Frage gestellt wurde, war ihm bei seinem Blutsbruder ungewohnt. Er überlegte einen Moment und sagte dann: „Ich werde euch bei diesem Spiel nicht viel nützen, aber wenn du mich haben willst, so sträube ich mich nicht länger." Dabei wirkte seine Art zu sprechen gereizt. Er spielte aber mit, hatte sich nach drei bis vier Spielen wieder eingespielt und war ein zuverlässiger Partner, der den Ball gut zuspielte. Je länger die jungen Krieger hinter dem Ball her waren, desto schneller und leidenschaftlicher wurde das Spiel. Es fanden sich immer mehr Zuschauer ein, die die Spieler mit ihren Zurufen anfeuerten, und auf einmal sah Stein mit Hörnern unter den Zuschauern auch Speerspitze und Schonka stehen. Sein Spiel veränderte sich sofort. Er spielte härter, noch schneller und ließ merken, daß er jeden Fehler, der in seiner Mannschaft gemacht wurde, als solchen erkannte und in Gedanken tadelnd vermerkte. Donner vom Berge entging das nicht, aber er konnte den Grund nicht erkennen und wunderte sich nur. Einmal nahm der Freund ihm den Ball vom Stock weg und jagte ihn mit einem ungewöhnlich kräftigen und sicheren Schlag in das Torzelt hinein. Ringsherum wurde Beifall gespendet, und Donner vom Berge fragte freundlich:
„Willst du beim nächsten Spiel die Gruppe führen?"
„Doch nicht etwa ich", antwortete Stein mit Hörnern mit einer Art Bissigkeit.
Der Siksikau schüttelte den Kopf. Stein mit Hörnern sah sich nach einem Ersatzmann um und verließ das Spielfeld.
Am nächsten Tage waren die Burschen mit ihren Wettbewerben an der Reihe. Stein mit Hörnern wußte nun schon, wem er nicht

begegnen wollte, und verstand es, sich bei den Zuschauern stets so aufzustellen, daß er mit den alten Freunden und Feinden nicht zusammenkam. Er blieb auch mehr als die anderen im Zelt, als ob ihn die Wettspiele des Tages wenig interessierten.
Häuptling Brennendes Wasser sprach ihn bei Gelegenheit an und bat ihn, am kommenden Tag bei dem Wettschießen der jungen Krieger den Knochenbogen zu benutzen, mit dem Mattotaupa in die Sonne geschossen hatte. Stein mit Hörnern konnte dieses Angebot nicht ablehnen, zeigte sich aber auch nicht besonders erfreut. Er nahm den Bogen, erklärte, daß er damit noch üben müsse, um am nächsten Tage sicher treffen zu können, hängte den Bogen über die Schulter und ritt auf der Schimmelstute in die Prärie hinaus. Nach einigen Stunden kam er zurück.
Als der Tag sich neigte, wurde Stein mit Hörnern zu dem Häuptling der Dakota-Oglala, Tashunka-witko, gebeten. Ein Bote kam in das Zelt von Brennendes Wasser und brachte dort die Einladung vor. Tashunka-witko wollte mit dem Sohn Mattotaupas das Spiel der wahren Begebenheiten vorberaten. Dieser Bitte konnte sich Brennendes Wasser nicht verschließen, und er äußerte die Meinung, daß Stein mit Hörnern hingehen und mit Tashunka-witko sprechen sollte. Der junge Krieger erhob sich daher, um mit dem Boten zusammen zu dem Dakota hinüberzugehen.
In dem großen und reich ausgestatteten Häuptlingszelt traf er nicht nur Tashunka-witko, sondern auch Tatanka-yotanka, den einflußreichen Geheimnismann der Dakota, an, den er seit der Verbannung Mattotaupas nicht mehr gesehen hatte. Außer diesen beiden Führern der Dakotastämme war noch ein dritter Oberhäuptling mit Namen Machpiyaluta, Rote Wolke, im Zelte. Der Bote zog sich zurück, sobald er Stein mit Hörnern hereingeleitet hatte. Die Würdenträger saßen am Feuer und rauchten. Der junge Krieger zögerte, bis ihn Tatanka-yotanka mit einer Handbewegung bat, Platz zu nehmen. Als Stein mit Hörnern sich niedergelassen hatte, nestelte er seine Pfeife los, und Tashunka-witko reichte ihm Tabak. Es herrschte zunächst Schweigen; alle rauchten.
Tatanka-yotanka stand schon in jenem mittleren Alter, in dem

einige Jahre den Menschen nicht mehr stark verändern. Sein Ernst, das Gewicht und die Leidenschaft seines Wollens sprachen sich in seinen Zügen auch ohne Worte aus. Mehr noch als von diesem mächtigen Geheimnismann fühlte sich Stein mit Hörnern von der Erscheinung Tashunka-witkos gefesselt. Dieser Häuptling mochte nicht mehr als sechs oder sieben Jahre älter sein als Stein mit Hörnern. Aber seine verhaltene Art und die von gründlicher Denkarbeit geformten Züge ließen ihn überlegen erscheinen. Die Pfeifen waren zu Ende geraucht.

„Wie lautet dein Name als Krieger?" begann Tatanka-yotanka.

„Stein mit Hörnern."

„So wirst du bei den Siksikau genannt."

„Hau."

„Du weißt, was wir bei dem Spiel der wahren Begebenheiten vorführen werden."

„Ich weiß, was der Herold verkündet hat, und ich weiß, daß die Häuptlinge von mir verlangen, im Spiel der wahren Begebenheiten nicht nur Harka, sondern auch Mattotaupa zu sein."

Die Oberhäuptlinge und der Geheimnismann sahen sich an, und Stein mit Hörnern hatte den Eindruck, daß sie erstaunt waren oder daß sie ihm nicht glaubten. Er wartete ab.

„Du wirst nicht Mattotaupa sein", teilte Tatanka-yotanka mit. „Hast du das noch nicht gehört?"

„Nein", erwiderte Stein mit Hörnern betont.

„Also wirst du von uns hören, was die Häuptlinge der Siksikau dir verschwiegen haben. Dein Vater ist hierhergekommen."

Harka Steinhart, genannt Stein mit Hörnern, erschrak und suchte das zu verbergen.

„Dein Vater Mattotaupa", erläuterte Tashunka-witko, „ist in die Zelte der Oberhäuptlinge der Siksikau gekommen und will an dem Spiel der wahren Begebenheiten teilnehmen. Die Siksikau haben ihn aufgenommen. Sie beanspruchen diese Jagdgründe, in denen wir uns zum Fest versammelt haben, als ihre Jagdgründe. Wir aber sagen, daß dies Jagdgefilde der Dakota sind. Mattotaupa darf unser Jagdgebiet nicht betreten; das wissen die Siksikau, denn ich selbst habe es ihnen gesagt; du als Knabe hast damals meine Worte mit angehört. In unseren Augen haben die Siksikau den Festfrieden somit gebrochen. Wir

wollen während der Festtage kein Blutvergießen beginnen, aber wenn wir heimwärtsziehen und die Siksikau tragen nicht Sorge dafür, daß Mattotaupa unsere Jagdgründe sofort verläßt, so graben wir das Kriegsbeil aus. Hast du das vernommen?"
„Aus deinem Munde, Tashunka-witko."
„Die Männer der Siksikau scheinen dich noch immer wie einen Knaben zu behandeln, obgleich du ein Krieger geworden bist. Ich habe dich im Süden beim Weg des Feuerrosses im Kampf gesehen. Ich habe nach dir gerufen. Warum hast du dich mir nicht gestellt?"
„Ich wollte nicht."
„Weißt du jetzt, was du willst?"
„Ich fürchte dich nicht, Tashunka-witko!" Stein mit Hörnern wurde von einem jähen Zorn gepackt. „Wenn dieses Fest zu Ende ist, stehe ich dir zum Kampf."
„Denke etwas gründlicher nach, ehe du sprichst. Wenn dieses Fest endet, bist du durch den Sonnentanz gegangen und liegst auf den Decken, um dich pflegen zu lassen. Ich habe keine Zeit, hier zu warten, bis du wieder aufstehst."
Der junge Krieger konnte diese Feststellung nicht widerlegen, aber die Niederlage, die er damit erlitten hatte, ließ ihm das Blut aus den Wangen weichen.
„Es gibt vieles, was du noch nicht gründlich genug bedacht hast", fuhr Tashunka-witko fort. „Wenn du mit deinen Gedanken endlich bis auf den Grund geschöpft und erkannt haben wirst, daß dein Vater schuldig ist, dann magst du in unsere Zelte kommen."
„Du gibst mir Grund, aus deinem Zelt fortzugehen", erwiderte Stein mit Hörnern eisig. „Man kann den Festfrieden nicht nur mit Taten, man kann ihn auch mit Worten brechen."
Er erhob sich und verließ das Tipi ohne Gruß. Mit schnellen Schritten ging er zurück zu dem Zelt von Brennendes Wasser. Als er eintrat, sah er am flackernden Zeltfeuer einen Gast sitzen, der inzwischen gekommen sein mußte, einen hochgewachsenen Indianer, durch dessen schwarzes Haar sich graue Strähnen zogen. Der junge Krieger blieb stehen. Vater und Sohn hatten sich erkannt. Mattotaupa wandte sich ganz dem Sohne zu und schaute ihn an. Tiefe Furchen zogen sich durch das Gesicht

Mattotaupas. Die Mundwinkel hingen herab, die Augen waren hohl. Aber in den breiten Schultern schien noch immer eine ungewöhnliche Kraft zu sitzen.

Bei Mattotaupa im Kreise um das Feuer saßen Brennendes Wasser und Donner vom Berge.

„Nun“, sagte Mattotaupa, und der Sohn erkannte die Stimme wieder und erkannte sie doch nicht wieder, denn sie war im letzten Jahr viel heiserer geworden. „Mein Sohn, du kommst von Tashunka-witko. Hast du schon gehört, daß ich den Festfrieden störe?“

„Ja.“

„Du bist schnell wiedergekommen! Wollte Tashunka-witko dich nicht ein wenig länger in seinem Zelte behalten?“

„Nein.“

„Übermorgen sieht er mich, der bissige Kojot. Ich freue mich darauf.“ Mattotaupa stierte in die Flammen, als ob er dort etwas erblickte, was für andere unsichtbar blieb. Dann wandte er sich wieder Stein mit Hörnern zu: „Du bist ein guter Sohn. Weißt du das?“

Der junge Krieger schwieg.

„O ja, ein guter Sohn. Du wußtest, daß ich lieber kämpfe, als mich in den Zelten der Siksikau zur Ruhe zu setzen. Darum hast du mich nicht wissen lassen, daß ich ohne Bedenken hätte zurückkehren können. Ist es so?“

Stein mit Hörnern schwieg.

„Ich habe es doch erfahren. Es bleibt mir nichts verborgen. Das weißt du.“

Stein mit Hörnern schwieg.

„Wir werden sehen“, schloß Mattotaupa und stopfte sich nochmals eine Pfeife mit dem echten Tabak, den er mitgebracht hatte. Brennendes Wasser lud den jungen Krieger ein, mit am Feuer Platz zu nehmen. Mit steifen Knien machte der Sohn Mattotaupas die wenigen Schritte und ließ sich langsam nieder. Da stand Mattotaupa auf. „Der Oberhäuptling der Siksikau erwartet mich“, sagte er zu Brennendes Wasser, „und ich schlafe in dessen Zelt.“ Er verabschiedete sich und ging.

Brennendes Wasser sah Stein mit Hörnern prüfend an. Er unterdrückte jede Frage oder Bemerkung und ließ das Zeltfeuer löschen zum Zeichen, daß Schlafenszeit sei. Jeder ging zu seinem Lager.

Als es wieder Morgen wurde, hielt sich Donner vom Berge stets an der Seite seines Blutsbruders, ohne jedoch die Ereignisse des vergangenen Abends auch nur mit einem einzigen Wort zu erwähnen. Die beiden badeten zusammen, gingen zusammen zum Zelt zurück und bereiteten sich auf die Wettkämpfe der jungen Krieger vor, an denen sie teilnehmen sollten. Die Einzelwettbewerbe, Laufen, Reiten und Schießen, waren auf den Vormittag gelegt. Die Ballspiele sollten nachmittags stattfinden. Für den Wettlauf fand ein Vorausscheid innerhalb der einzelnen Stämme statt. Donner vom Berge und Stein mit Hörnern gelangten in die Gruppe, die die Siksikau im Wettkampf der Stämme vertreten sollte. Unter den Dakota, die zu dem letzten und entscheidenden Lauf antraten, befand sich Antilopensohn. Stein mit Hörnern hatte ihn im Vorlauf beobachtet und wußte, daß es einen harten Kampf um den ersten Platz geben würde. Wenn er ganz aufrichtig gegen sich selbst sein wollte, so mußte er sich sagen, daß in bezug auf die Schnelligkeit der Beine Antilopensohn der bessere war. Die beiden waren schon als Knaben bei der Bärenbande um die Wette gelaufen. Die „Antilopenfamilie" war seit Generationen für ihre Schnelligkeit berühmt.

„Den Antilopensohn dürfen wir nicht weglaufen lassen", sagte Stein mit Hörnern deshalb zu seinem Blutsbruder, „wenn er erst einen Vorsprung hat, holen wir ihn nie mehr ein."

„Ich bin nicht so windschnell wie dieser Dakota", antwortete Donner vom Berge ruhig.

„Auch ich nicht. Aber es muß sich erst zeigen, ob ich in diesem Laufe heute langsamer sein werde als er."

Zwölf junge Krieger, je vier aus jedem der drei großen Stämme, kamen am Start zusammen. Auch die Zielrichter wurden von den drei Stämmen gestellt. Als das Startzeichen gegeben wurde, hängte sich Stein mit Hörnern sofort an die Fersen seines gefährlichen Gegners. Allerdings mußte er sich dabei auch selbst aufs äußerste anstrengen. Antilopensohn bemerkte die Taktik seines Rivalen wohl und begann sofort seine volle Schnelligkeit zu entwickeln. Er wollte den anderen möglichst rasch abschütteln. Der Wettbewerb der beiden führte dazu, daß

sie einen Vorsprung vor den übrigen zehn Teilnehmern gewannen und einen Lauf unter sich liefen. Neben der alten Rivalität im Wettlauf spielten dabei noch andere Empfindungen mit. Alte Antilope, Antilopensohns Vater, hatte Mattotaupa einst gehässig verhöhnt und ihm die Rückkehr zum Stamme verwehrt, und Mattotaupa hatte Alte Antilope mit dem Pfeil getötet. Jetzt waren die Söhne zum friedlichen Wettstreit angetreten, und wenn sie auch nach außen hin alle friedlichen Regeln einhielten, so waren ihre Gedanken dabei doch feindlich.
Es war noch früh am Morgen, und obgleich die Hochsommertage auch am Morgen schon warm waren, brannte oder stach die Sonne jetzt noch nicht. An geeignetem Platz für den langen Streckenlauf gebrach es auch nicht, denn rings war ebenes, grasiges Land. Die Strecke, die die Wettläufer zu durcheilen hatten, war eine Gerade von fünf Kilometern; sie mußte zweimal durchlaufen werden, hin und zurück. Am Ziel, das zugleich Start war, standen die Richter. Rechts und links der Naturbahn hatten sich alle versammelt, die zu dem Feste zusammengekommen waren, Häuptlinge, Zaubermänner, alte und junge Krieger, Burschen, Knaben, Frauen und Mädchen. Zehntausend Meter galten für junge Krieger als eine kurze Strecke, auf der sie ihre Schnelligkeit entfalten konnten. Die Zuschauer feuerten die Läufer mit ihren Rufen an, und als sich der Wettbewerb zwischen Antilopensohn und Stein mit Hörnern abzuzeichnen begann, gerieten die beobachtenden Krieger und Jungen in helle Aufregung und Begeisterung. Die Läufer nahmen es auf kurzer Strecke mit einem Mustang auf. Sie flogen über das Grasland, barfuß, nur mit dem Gürtel bekleidet. Die langen sehnigen Beine wirbelten. Sie liefen, als ob es nicht einen Wettlauf, sondern einen Kampf gelte, und gaben ihre Kräfte aus. Antilopensohn wurde nervös, weil er die Sprünge unmittelbar hinter sich immerzu vernahm. Er fürchtete jeden Augenblick, daß der andere an ihm vorbeiziehen wollte, und legte ein immer schärferes Tempo vor. Er konnte nicht wissen, daß seinem Verfolger das Herz noch heftiger klopfte als ihm selbst. Er hörte nicht einmal den anderen keuchen, weil er selbst schon keuchte. Er hörte nur immer die Sprünge, und das Geschrei der Zuschauer brandete ihm ins Ohr. Bald war der Wendepunkt er-

reicht, und noch immer hatte er Stein mit Hörnern nicht abgehängt. Mit aufbrausender Wut versuchte er seine Geschwindigkeit noch zu steigern. Aber beim Wenden trat er auf dem unebenen Grasboden fehl. Er stürzte nicht, verletzte auch den Fuß nicht, aber sein nächster Sprung war unsicher und kürzer. Das war der Augenblick, in dem Stein mit Hörnern, unter dem Jubel der Siksikau, an Antilopensohn vorbeizog. Noch hatte Stein mit Hörnern den Wettlauf nicht gewonnen, aber als Antilopensohn ihn vor sich sah, ließ die Energie des schnellen jungen Dakota plötzlich nach. Antilopensohn fühlte das Seitenstechen, den Luftmangel. Er hielt das bisherige Tempo nicht mehr durch. Stein mit Hörnern erreichte das Ziel als erster. Zwei Schritte zurück folgte Antilopensohn. Als die beiden das Ziel passiert hatten, warfen sie sich auf den Rücken ins Gras. Sie waren naß von Schweiß, ihre Lungen waren ausgepumpt, das Herz erschöpft. Langsam erst kam ihr Atem zur Ruhe. Die anderen Teilnehmer des Wettlaufs standen schon um sie herum, als sie sich wieder erheben konnten.

Stein mit Hörnern wurde als Sieger umjubelt. Sein Gesicht war von der Anstrengung noch verzogen, aber allmählich wich die Verzerrung einem Lächeln. Er ging mit Donner vom Berge zusammen zu den Zelten zurück. Donner vom Berge war dritter geworden und freute sich neidlos am größeren Erfolg seines Freundes.

„Das, was ich gemacht habe, hättest auch du machen können", sagte Stein mit Hörnern zu ihm. „Du wolltest nur nicht."

„Nein, ich wollte nicht", gab Donner vom Berge zu. „Im Kampf wäre ich gelaufen wie du. Aber warum soll ich bei einem Wettspiele den schnelleren Beinen nicht einen Sieg lassen?"

Stein mit Hörnern gab darauf keine Antwort. Er war ein Flüchtling, unruhiger, ehrgeiziger, empfindlicher als ein Mitglied einer fest geschlossenen Gemeinschaft. Darum hatte er selbst beim friedlichen Wettlauf seine Kräfte bis zum äußersten eingesetzt. Aber die Worte des Siksikau beschämten ihn. Seine Stimmung schlug plötzlich um, und es wurde ihm lästig, der Mittelpunkt der allgemeinen Aufmerksamkeit zu sein.

Die Festteilnehmer waren alle in Bewegung, um dahin zu eilen, wo das Pferderennen stattfinden sollte. Stein mit Hörnern spielte mit dem Gedanken, auf den Falben zu verzichten und die Schimmelstute zu reiten, auch auf die Gefahr hin, daß er dritter oder vierter würde. Aber weder Brennendes Wasser noch die anderen Siksikauhäuptlinge waren damit einverstanden.

„Der Ruhm des Falben wird der Ruhm unseres Stammes sein", erklärte Donner vom Berge seinem Blutsbruder, als die Häuptlinge gesprochen hatten. „Das mußt du verstehen."

„Dann laßt ihn doch von einem Krieger eures Stammes reiten", gab Stein mit Hörnern zur Antwort, und der Siksikau spürte die Spitze, die in diesen Worten verborgen war. Es gab keinen anderen Krieger als Stein mit Hörnern, den der Falbe auf seinem Rücken duldete. Stein mit Hörnern aber war kein Siksikau.

Der Falbenhengst lief das Rennen, wie er wollte. Seine Freude, jeden anderen Mustang hinter sich zurückzulassen, wurde in seinem Schnauben und Stampfen am Start, in seinem federnden Galopp, im Spielen aller seiner Muskeln und Sehnen spürbar. Sein Reiter hatte es nicht einmal nötig, ihn ganz auszureiten. Er ritt fast betont nachlässig und lächelte ironisch, als ihm der Preis zuerkannt wurde. Donner vom Berge war zweiter geworden. Dritter und vierter wurden zwei Assiniboine, Speerspitze fünfter; Schonka gelangte in der letzten Gruppe zum Ziel.

„Wenn das Fohlen erst groß ist, wirst du erster!" meinte Stein mit Hörnern zu Donner vom Berge, als die beiden ihre Tiere wieder zum Anpflocken vor das Zelt brachten.

Das Wettschießen versprach der Höhepunkt der Einzelwettbewerbe zu werden. Schießen und treffen zu können, das war für die Prärieindianer nicht nur eine Frage der Kampftüchtigkeit. Es war auch eine Probe darauf, ob sie gut jagen, das hieß gut arbeiten konnten, ob sie sich selbst, Kinder, Frauen und Alte zu versorgen vermochten. Wie am Morgen beim Wettlauf und Wettreiten, so sollten auch jetzt nur die jungen Krieger, die Männer von etwa neunzehn bis fünfundzwanzig Jahren, ihre Geschicklichkeit messen. Der Wettbewerb fand mit Pfeil und Bogen statt, nicht mit Feuerwaffen. Die Häuptlinge waren sich darüber einig geworden, drei Aufgaben zu stellen:

– einen runden büffelledernen Schild aus einer Entfernung von

hundert Schritt in der Mitte zu treffen, und zwar so kräftig, daß der Pfeil festhakte
– das gleiche Ziel aus der gleichen Entfernung vom galoppierenden Pferd aus zu treffen
– einen Schild, mit dem sich ein Reiter im Galopp abschirmte, in der Mitte zu treffen.
Die besten Schützen sollten das Recht haben, noch mit einem beliebigen Schuß ihre Geschicklichkeit vorzuführen. Der Wettbewerb bei den ersten beiden Aufgaben wurde so organisiert, daß die Entscheidungen schnell fallen konnten. Es lagen zwölf büffellederne Schilde bereit, und die jungen Krieger wechselten sich ab im Halten der Schilde und im Schießen. Schiedsrichter war eine Gruppe von Häuptlingen. Stein mit Hörnern und Donner vom Berge fanden sich sofort zusammen; zuerst hielt der eine, dann der andere den Schild. Das Ziel der Schildmitte wurde von beiden einwandfrei getroffen. Das war sehr rasch gegangen. Die beiden wollten noch bei einigen anderen Schüssen zusehen oder auch noch beim Halten der Schilde behilflich sein. Ein Assiniboine gab Donner vom Berge den Schild, legte an, schoß sofort und traf gut. Stein mit Hörnern wurde ebenfalls angesprochen. Als er sich umblickte, stand Schonka vor ihm und drückte ihm einen Schild in die Hand. Stein mit Hörnern konnte den anderen nicht abweisen, das hätte in diesem Augenblick lächerlich gewirkt. Er stellte sich also mit dem Schild in die Reihe der Schildträger und hielt den Schild genau wie diese, vor Brust und Schultern. Über den Schild weg beobachtete er den Schützen, so wie das alle taten. Schonka zielte im Stehen, wie es vorgeschrieben war. Er zielte ziemlich lange, hin und her, als ob er unsicher sei. Die meisten Schützen hatten ihren Schuß schon abgegeben, die Reihen zeigten bereits große Lücken. Um so mehr Zuschauer kamen da zusammen, wo die Schützen die Bogen erst spannten. Die Gruppe der Häuptlinge hatte sich geteilt. In der Nähe von Schonka standen Brennendes Wasser und Tashunka-witko. Schonka schien verwirrt. Er senkte den Bogen, gleich darauf aber hob er ihn rasch und schoß sofort. Stein mit Hörnern hatte mit sicherem Blick und Gedankenschnelle begriffen, daß der Pfeil über den Schildrand weg ihm ins Auge gehen mußte. Als das Geschoß seinen Weg

nahm, hatte er den Kopf schon seitwärts geduckt, und der Pfeil flog über den Schild hinweg weit fort ins Gras. Ein Hohngelächter brauste rings auf. Wenn auch einige wenige Krieger nicht genau die Mitte des Schildes getroffen oder nicht kräftig genug abgeschossen hatten, so daß der Pfeil abprallte, so war doch kein anderer Pfeil an einem Schild vorbeigeflogen.
„Er hat den Schild bewegt, um zu verhindern, daß ich treffe!" sagte Schonka, zu den Häuptlingen gewandt.
Stein mit Hörnern kam und warf Schonka den Schild hin.
„Hier", sagte er, „laß ihn dir von einem anderen halten! Ich bitte die Häuptlinge, dir einen zweiten Schuß zu gestatten, weil du nicht treffen konntest, was du treffen wolltest. Um Stein mit Hörnern zu töten, hättest du wohl gern auf dich genommen, als schlechter Schütze zu gelten!"
Stein mit Hörnern ging weg, er hörte aber noch die Worte Tashunka-witkos: „Was du getan hast und was du tun wolltest, Schonkawakon, ist kein Ruhm für den Stamm der Dakota. Hole dir deinen Pfeil und verkrieche dich in deinem Zelte! Meine Augen sehen dich nicht gern."
Die jungen Krieger, die die erste Aufgabe gelöst hatten, holten sich ihre Pferde und begaben sich zur zweiten Probe ihrer Treffsicherheit. Stein mit Hörnern wählte seine Schimmelstute. Vom Rücken dieses Tieres aus, mit dem er im Galopp auf hundert Schritt Abstand vorbeisprengte, traf er die Schildmitte. Donner vom Berge traf nicht schlechter. Auch Antilopensohn und Speerspitze gehörten neben einigen anderen Dakota, Assiniboine und Schwarzfüßen zu denen, die die zweite Probe bestanden. Aber im ganzen war die Zahl der Schützen, die zur dritten Probe antreten durften, nicht mehr groß.
Es mußten nun die Paare gebildet werden, je ein Schütze und ein Reiter, der mit dem Schild umhergaloppieren und auf alle Weise versuchen sollte, den Schild nicht treffen zu lassen. Dieser Wettbewerb war durch seine Schnelligkeit nicht ungefährlich für Reiter und Pferd. Die Häuptlinge setzten die Zeit von etwa zwanzig Minuten fest, in der die Aufgabe gelöst sein mußte, sonst galt sie als verloren. Da Stein mit Hörnern und Donner vom Berge beide als Schützen zugelassen waren, durften sie das Spiel nicht miteinander spielen.

Mattotaupa kam herbei und erbot sich, für Donner vom Berge zu reiten. Der junge Siksikau strahlte, denn er wußte, daß es nun ein tolles Spiel geben würde. Stein mit Hörnern hatte einen Assiniboine im Auge, den er bitten wollte, sein Partner zu werden. Aber ehe er zu diesem hinging, kam Tashunka-witko auf Stein mit Hörnern zu. „Versuchen wir uns?"
„Hau."
Mattotaupa hatte die kleine Szene beobachtet. Seine Augen blitzten auf, aber er mischte sich nicht ein. Die Nachricht von der Zusammenstellung der beiden Paare ging wie ein Lauffeuer von Mund zu Mund. Es wurde beschlossen, daß diese Paare ihren Wettbewerb zur selben Zeit auf einem doppelt so großen Gelände austragen sollten, und zwar als letzte, da sich alle von diesem Wettkampf einen Höhepunkt versprachen. Die Festteilnehmer waren Feuer und Flamme bei der Aussicht auf ein solches Kampfschauspiel, dessen Ausgang vollkommen offen schien und das die kühnsten Reiterstücke versprach. Auch alle, die sich vielleicht ein wenig ausgeruht hatten oder einer Arbeit nachgegangen waren, strömten herbei. Es bildeten sich Gruppen, und die Jungen und Mädchen diskutierten nicht weniger eifrig über alle Möglichkeiten und Chancen als die Krieger und Ältesten.
Unter den jungen Kriegern, die zunächst zu der dritten Probe antraten, vermochten vier, das Ziel innerhalb einer guten Viertelstunde unter den schwierigsten Umständen zu treffen. Bei den übrigen gelang es dem Schildträger mit seinem Schild, dem Pfeil zu entkommen. Es durfte nur ein einziger Pfeil abgeschossen werden. Bei den vier, die zu den glücklichen Siegern im Wettbewerb des Pfeilschießens gehörten, befand sich auch Speerspitze, der Sohn Tschotankas, aus der Bärenbande. Antilopensohn hatte nur knapp danebengeschossen; er hatte den Schild, aber nicht die Schildmitte getroffen. Er trug sein Mißgeschick mit Haltung.
Als es nun an der Zeit war, holte Stein mit Hörnern seinen Falben, Donner vom Berge seinen Fuchs, Mattotaupa besaß einen ausgezeichneten Schecken. Er mußte ihn sich im letzten Jahr gekauft, geraubt oder eingefangen haben; Stein mit Hörnern wußte es nicht, denn er hatte noch nicht in Ruhe mit dem Vater

gesprochen. Tashunka-witko ritt ebenfalls einen Schecken, ein junges, feuriges Tier.

Die Paare stellten sich am Rande des weiten, für den Wettkampf bezeichneten Geländes auf, und zwar Schütze und Schildträger an entgegengesetzten Seiten. Auf das Zeichen der Häuptlinge hin ritten die vier in das Gelände hinein. Stein mit Hörnern hatte den Knochenbogen bei sich und einen Pfeil. Es war, als ob der Falbhengst fühlte, wieviel jetzt von seiner Wendigkeit und Schnelligkeit abhing. Er tänzelte und warf den Kopf. Der Zügel hing lose. Stein mit Hörnern hatte den Pfeil schon spielend eingelegt. Er mußte den Schild Tashunka-witkos in der Mitte treffen, dieser aber durfte das Pferd, sich selbst und den Schild bewegen, wie er wollte. Leicht war diese Aufgabe für den jungen Krieger nicht.

Stein mit Hörnern sah Donner vom Berge und Mattotaupa schon aufeinander zugaloppieren. Da setzte auch er den Falben in Bewegung. Der Staub flog auf. Alle vier Reiter ritten ihre Tiere nackt, ohne Decken, und konnten auf dem glatten Fell zu allen Reiterkunststücken flink hin und her gleiten. Stein mit Hörnern und Tashunka-witko passierten sich zunächst, wie als Schaustellung, Pferdeleib fast an Pferdeleib. Dann wendeten sie. Tashunka-witko sprengte direkt auf den jungen Schützen zu, als ob er ihn umreiten wollte. Stein mit Hörnern parierte dadurch, daß er im gleichen Tempo entgegenkam; unmittelbar voreinander stiegen die Pferde. So hatten sie sich einander als Reiter vorgestellt, und es begann der Kampf um die Chance für den Schuß.

Tashunka-witko ließ sich verfolgen. Der Falbe holte den Schekken ein und schnitt ihm den Weg ab. Tashunka warf in diesem Augenblick den Schild auf die andere Seite, so daß Stein mit Hörnern nicht zum Schuß kam. Als der junge Krieger seinen Gegner umkreiste, glitt Tashunka unter den Leib des Schecken und hatte dabei den Schild auf den Rücken geworfen. Es war nicht leicht, ihn aus dieser sicheren Position wieder hinauszudrängen. Stein mit Hörnern warf sich samt seinem Pferde vor den Schecken hin, so daß Tashunka mit seinem Mustang springen mußte. Wenn der Dakotahäuptling vermeiden wollte, daß Stein mit Hörnern in diesem Moment von unten schoß und

traf, war er gezwungen, sich wieder auf den Pferderücken hinaufzuschwingen. Der Falbe war gleich wieder auf den Beinen, und die wilde Jagd ging weiter. Stein mit Hörnern legte es jetzt darauf an, seinen Gegner und dessen Pferd mit immer neuen Angriffsversuchen in schneller Folge zu ermüden. Der Falbhengst hatte längst begrifffen, daß sein Reiter mit ihm zusammen gegen den Schecken und dessen Herrn kämpfte. Er fühlte sich in seinem Element, entfaltete alle Kräfte und folgte allen raffinierten Wendungen, als ob es um seine eigene Sache ginge. Stein mit Hörnern mußte nur Vorsicht üben, daß der Falbe nicht nach dem Schecken schlug und biß. Der falbe Mustang glaubte wohl, der andere Hengst müsse vertrieben werden, und wollte dafür sein Bestes tun.
Der Staub wirbelte schon dicht über dem Kampffeld. Auch zwischen Mattotaupa und Donner vom Berge ging es hart auf hart. Die Paare kreuzten zuweilen ihre Wege und mußten sich wieder entwirren. Die Hufe donnerten dumpf auf dem Grasboden. Hin und wieder schrie einer der Schützen oder der Schildträger schrill auf, und rings gellten die anfeuernden Rufe der erregten Zuschauer, denen Schläfen und Augen vor Erregung glühten. Stein mit Hörnern hatte seinen Falben in einem herrlichen Sprung über Tashunka-witko hinwegsetzen lassen, um ihn zu verblüffen, aber Tashunka-witko hatte sich nur geduckt und den Schild wiederum rechtzeitig vor dem Pfeil in Sicherheit gebracht. Stein mit Hörnern hatte aber sehr genau beobachtet, wie sich Tashunka-witko bei einem solchen Sprung verhielt.
Zehn Minuten waren schon verflossen, und noch hatten die beiden Schützen ihre Aufgabe nicht gelöst. Alle vier Pferde und ihre Reiter waren naß von Schweiß, mit Staub über und über bedeckt. Der Staub über dem Kampffeld fing schon an, die Sicht zu behindern. Doch war der Falbe noch nicht im geringsten ermüdet. Mit vollem Freudegefühl tobte er seine Kräfte weiter aus. Stein mit Hörnern spielte mit diesem Mustang jetzt so schnell und so dicht um Tashunka-witko herum, daß dessen Schecke kaum mehr vom Platz kam. Indessen entwickelte sich im äußersten Kreise eine wilde Verfolgungsjagd. Donner vom Berge war hinter Mattotaupa her, der bald rechts, bald links an seinem Pferde hing.

Die gegebene Zeit lief allmählich ab. Die Zuschauer gerieten außer sich. Als ob sie selbst mitspielten, so schrien und gestikulierten sie. Stein mit Hörnern begann ebenfalls, seinen Schildträger vor sich her zu treiben. Er wußte gar nicht, daß auch er schrie, und der Falbe stob dahin. Stein mit Hörnern war entschlossen, das letzte waghalsige Stück zu riskieren, um seinen allzu gewandten Schildträger zu überlisten. Er hielt schräg auf den galoppierenden Schecken Tashunka-witkos zu, sprang noch einmal über das galoppierende Tier hinweg, hatte sich dabei aber, mit dem linken Fuß in den Haarschlingen am Rist des Falben hängend, fast unter den Bauch des Tieres herabgelassen. Er rechnete damit, daß Tashunka-witko bei diesem Sprung den Schild ebenso handhaben und wenden würde wie bei dem ersten, und hatte sich darin nicht getäuscht. Nach dieser Berechnung schoß er – seinen einzigen Pfeil! – von oben herab. Es war eben noch ein Schuß, fast schon ein Stoß, mit dem die Spitze des Pfeils in die Mitte des Schildes getrieben wurde. Beide schrien zugleich auf, Tashunka-witko und Stein mit Hörnern. Von beiden war es ein Siegesruf. Stein mit Hörnern bestätigte die eigene, Tashunka-witko die großartige Leistung des heranwachsenden jungen Kriegers.
Gleich darauf gellten auch der Siegesschrei Donners vom Berge und der bestätigende Ruf Mattotaupas. Donner vom Berge hatte fast über die ganze Breite des Kampffeldes hinweg den Schild Mattotaupas getroffen, als dieser, ermüdend, den Schild einmal nicht schnell genug auf die andere Seite wechselte.
Die beiden jungen Sieger und die beiden Schildträger ritten in der Mitte des Kampffeldes zusammen. Der Staub senkte und lichtete sich. Mattotaupa und Tashunka-witko hielten die Schilde hoch, in deren Mitten die Pfeile hakten. Der Jubel der Zuschauer wollte kein Ende nehmen.
Die vier Teilnehmer des Spiels galoppierten zum Bach, um sich vom Staub zu reinigen. Auch die Mustangs gingen sofort in das Wasser, das von der Sonne erwärmt war. Tashunka-witko und Mattotaupa vermieden es, sich auch nur mit einem Blick zu begegnen. Stein mit Hörnern und Donner vom Berge lachten zusammen, so groß war ihre Freude über den Erfolg, den sie beide noch in letzter Minute errungen hatten.

„Das hast du gut gemacht", sagte Tashunka-witko zu seinem Schützen.
„Mein Mustang hat es gut gemacht", erwiderte Stein mit Hörnern kurz und strich dem Falben über die weiche Nase.
Den sechs jungen Kriegern, die die dritte Probe bestanden hatten, wurde freigestellt, ihre Kunst im Pfeilschießen noch bei einer selbstgewählten Aufgabe zu zeigen. Alle sechs zögerten, denn was sollte noch schwieriger sein, als was sie jetzt geleistet hatten? Aber Mattotaupa ging auf Stein mit Hörnern zu. „Beweise, daß du mein Sohn bist, der Sohn Mattotaupas, und schieße in die Sonne!" Ein Unterton der Eifersucht schwang mit. Mattotaupa hatte es nicht gern gesehen, daß Tashunka-witko mit Stein mit Hörnern das Reiterspiel gespielt hatte.
„Verlangst du den Schuß von mir?" fragte Stein mit Hörnern.
Mattotaupa sah den Sohn erstaunt an. „Wenn du es so haben willst – nun gut, ich verlange diesen Schuß von dir!"
„Den Sonnenschuß", sagte Mattotaupa zu Brennendes Wasser.
Das Wort pflanzte sich ringsum fort. „Den Sonnenschuß! Den Sonnenschuß!"
Mattotaupa ließ sich den Sonnenschild aus dem Zelte von Brennendes Wasser bringen. Er zeigte seinem Sohn und allen umstehenden Häuptlingen die Kerbe im Zentrum des Schildes, im Mittelpunkt des Sonnenkreises. Sie war von dem Einschuß des Pfeiles zurückgeblieben, mit dem Mattotaupa vor Jahren diesen Schild getroffen hatte. „Hier", sagte er zu Stein mit Hörnern, „das ist das Ziel für dich."
Mattotaupa nahm dreihundert große Schritte Abstand, gegen Nordosten hin, so daß der Schütze die Sonne im Rücken hatte und nicht geblendet wurde. Er stellte sich bereit und hielt den runden Schild aus vielfacher Büffelnackenhaut vor die Brust. Die Festteilnehmer standen links und rechts der Schußbahn. Keiner unter ihnen hätte sich selbst den Schuß zugetraut, der jetzt abgegeben werden sollte. Es bedurfte großer Kraft, einen Pfeil mit einem einfachen Bogen auf eine solche Entfernung fortzuschnellen, so kräftig zu schnellen, daß er auf dreihundert große Schritte noch festhakte, und es bedurfte einer gefühlsmäßigen Treffsicherheit, wenn der Pfeil im Ziele landen sollte. Nur diejenigen unter den Zuschauern, die Mattotaupas Schuß

vor Jahren miterlebt hatten, hielten ihn überhaupt ernsthaft für möglich.
Stein mit Hörnern stand dem Vater in der verlangten Entfernung gegenüber; er hielt den Knochenbogen noch gesenkt und schien sich in Entfernung, Ziel und Waffe noch einmal hineinzufühlen. Es war ganz still rings; im Schweigen vibrierte die Erwartung, auch der Zweifel. Stein mit Hörnern hob den Bogen, legte den Pfeil ein, spannte den Bogen von wunderbarer Elastizität mit seiner ganzen Kraft, zielte und schoß ohne Verzug. Die Sehne surrte laut im Zurückschnellen, der gefiederte Pfeil flog schneller, als ihm das Auge folgen konnte. Alle starrten auf den Schild, den Mattotaupa hielt.
Bei denjenigen Zuschauern, die in Mattotaupas Nähe standen, brachen nach einem fast ehrfürchtigen Erstaunen die ersten Jubelrufe los.
„Getroffen! Getroffen! Der Sonnenschuß!"
„Der Sonnenschuß! Der Sonnenschuß!" lief der Ruf weiter.
Der junge Krieger, um dessen Hals die Kette aus Bärenkrallen lag, war zum Mittelpunkt des Festes geworden.
Der Herold verkündete noch einmal: „Stein mit Hörnern, der Sohn Mattotaupas, hat den Schild auf hundert Schritt aus dem Stehen getroffen! Stein mit Hörnern hat den Schild auf hundert Schritt vom galoppierenden Pferd getroffen! Stein mit Hörnern hat den Schild eines Schildträgers auf galoppierendem Pferd sicher getroffen! Stein mit Hörnern, der Sohn Mattotaupas, hat den Sonnenschild auf dreihundert Schritt getroffen. Stein mit Hörnern ist der beste Schütze unter den jungen Kriegern!"
Als dieser Heroldsruf verklang, war Mattotaupa schon wieder herbeigekommen. „Das hast du gut gemacht", sagte er und wies dem jungen Schützen den Schild vor, in dem der Pfeil noch genau in der Mitte, in der alten Pfeilkerbe, festhakte.
„Nicht besser als einst du", antwortete Stein mit Hörnern dem Vater.
Nach den großen Kampfspielereignissen brachte das Ballspiel für die Zuschauer eine angenehme Entspannung. Die jungen Krieger, die schon den Wettlauf und das Reiterspiel hinter sich hatten, mochten darüber allerdings anders denken, denn sie waren sehr müde, aber keiner von ihnen ließ sich etwas anmer-

ken. Es war der Vorschlag aufgetaucht, daß bei der vorgeschrittenen Zeit nicht vier Spiele zwischen den drei Stämmen ausgetragen werden sollten, sondern ein einziges Spiel. Zwei Mannschaftsführer sollten gewählt werden, die das Recht hatten, sich durch abwechselnden Aufruf der Spieler, die sie auf ihrer Seite zu haben wünschten, ihre Mannschaft zu bilden. Niemand wußte recht, wo dieser Gedanke hergekommen war. In Wahrheit hatte Stein mit Hörnern dem Häuptling Brennendes Wasser ein solches Verfahren nahegelegt, und von da war der Vorschlag durch den Kreis der Oberhäuptlinge gewandert und für gut befunden worden. Die Siksikau schlugen Donner vom Berge als Anführer einer Mannschaft vor, die Dakota Antilopensohn, die Assiniboine ebenfalls einen jungen Krieger. Donner vom Berge trat zurück, um die Wahl des Assiniboine zu unterstützen. Das fand allgemein wohlwollende Billigung. Antilopensohn und der Assiniboine traten vor. Das Los entschied, daß der Assiniboine zu wählen beginnen durfte, und er wählte sofort Donner vom Berge. Antilopensohn stand vor einer schweren Entscheidung, als er sein Votum als zweiter abzugeben hatte. Aber der Spieleifer der Wettbewerber hatte alle Herzen und Hirne inzwischen derart durchdrungen, daß bei den jungen Kriegern nur noch die Aussicht auf Sieg auf dem Wettspielplatz galt und alles andere dahinter verblaßte. So rief Antilopensohn Stein mit Hörnern zu sich herüber. Auch Speerspitze kam auf diese Seite.
Das Spielfeld war abgemessen, und die Ordner wiesen alle Zuschauer aus seinen Grenzen hinaus. Bisher hatten die Spielordner nicht viel zu tun gehabt, aber beim Stockballspiel pflegten die Leidenschaften hochzugehen, und alle Ordner fanden sich zusammen, um ein ungestörtes Spiel zu sichern und die Zuschauer zurückzuhalten. Die Ordner selbst boten ein farbenprächtiges Bild. Es waren schön gewachsene Männer. Ihre Körper waren bunt, mit bedeutungsvollen Kunstsymbolen bemalt; dadurch wurden sie für alle kenntlich.
Der harte kleine, mit Pferdehaaren gefüllte Ball wurde in der Mitte des Feldes in die Höhe geworfen. Die besten Spieler von beiden Parteien sprangen schon danach, als er sich in der Luft befand. Es gelang Antilopensohn, zum Schlag zu kommen und

seiner Partei damit den ersten Vorteil zu sichern. Aber Donner vom Berge fing den Ball ab und jagte ihn in das Feld der Gegenpartei zurück. Der Kampf um den Ball war sofort im Gang. Mit hellen Rufen, bald schon mit den Kriegsrufen, waren die ausgewählten schnellsten und gewandtesten Läufer der Stämme hinter dem Ball her. Stein mit Hörnern und Donner vom Berge machte es Freude, wieder einmal ihre Gewandtheit und Kraft zu messen. Sie spürten nichts mehr von ihrer Müdigkeit, und die Zuschauer wechselten in anfeuernden Rufen und vergnügtem Lachen, als die beiden sich maßen, irreführten und mit geschickten Schlägen nach dem Balle äfften. Immer wieder hatten die Ordner zu tun, um die spielfreudigen Zuschauer aus dem Feld zu halten und die Grenzen zu wahren. Antilopensohn und der Assiniboine waren einander als Mannschaftsführer gewachsen. Stein mit Hörnern hatte sich zum Torzelt zurückgezogen, als seine Mannschaft einmal in Bedrängnis geriet, und schlug den Ball im letzten Augenblick vom Zelteingang weg bis weit über die Feldmitte. Antilopensohn nahm die Chance wahr und jagte den Ball ins gegnerische Zelt. Als dieses erste Tor gefallen war, brauste Jubel auf. Es erfolgte Ballwechsel. Der Assiniboine erhaschte den Ball und schlug ihn mit dem ersten Schlag ins gegnerische Tor! Von da an wurde der Kampf hart, denn das dritte Tor sollte die Entscheidung bringen, welche Partei als Sieger gelten würde. Die Spieler bedrängten sich. Knäuel entstanden, Spieler stürzten, und die Spielordner mußten eingreifen. Immer schneller wurde das Tempo. Der Staub wirbelte auf, und die Zuschauer konnten dem Ball kaum mehr mit den Blicken folgen. Das Geschrei der Spieler brandete gegeneinander.

Als es dämmerte, war noch immer kein weiteres Tor gefallen, und die Häuptlinge brachen das Spiel als unentschieden ab. Dieser Ausgang diente der allgemeinen Befriedigung, und der Jubel wallte noch lange im Festlager.

Während das Schlagballspiel den stärksten Augenblickseindruck machte, beschäftigten die Gemüter nachwirkend am meisten das Reiterspiel und der Sonnenschuß. Von irgendwoher wurde die Meinung verbreitet, daß Stein mit Hörnern dabei mit Geheimnissen und Zauber gearbeitet habe. Er merkte selbst, wie einige ihn scheu zu betrachten begannen. Denn wer wollte wissen, so murmelte mancher, ob dies ein guter oder ein böser Zauber war? Doch blieben, alles in allem genommen, diese Stimmen leise, während die allgemeine Anerkennung neidlos, fröhlich und laut bekundet wurde. Stein mit Hörnern war der Angelpunkt für die Gespräche der Festteilnehmer geworden, eben das, was er hatte vermeiden wollen und dann doch nicht vermieden hatte.

Am folgenden Tag fand das Spiel der Jungfrauen statt. Es war hoher Vormittag. Die Sonne strahlte vom Himmel, im Westen ragte das Felsengebirge dunkelblau auf. Die Wiesen dörrten. Auf dem Festplatz war es schon lebendig. Mütter und Großmütter, Geschwister, junge Krieger und angesehene Väter versammelten sich, um die jungen und schönen Mädchen der Stämme zu sehen und von ihrem tadellosen und arbeitsamen Leben zu hören.

Das Mädchen Uinonah aus den Zelten Tashunka-witkos nahm nicht an diesem Feste teil, denn sie hatte längst den jungen Krieger geheiratet, den sie liebte, sie war Mutter eines fünfjährigen Jungen, der reiten konnte und einmal Häuptling werden wollte. Aber eine Schwestertochter Häuptling Machpiyalutas führte mit Sitopanaki zusammen die Reihe der Mädchen an, die nun auf dem Festplatz erschienen. Die Mädchen hatten alle ihre kostbarsten Gewänder angelegt, aus feinem Leder, reich bestickt. Sie trugen Ketten aus Muscheln. Die Mädchen der Dakota hatten ihren Sitten entsprechend den Scheitel rot gefärbt. Alle hielten die Augen gesenkt, weil sie wußten, daß sie von allen Seiten beobachtet wurden. Die lange Reihe wurde von den beiden vorangehenden Mädchen zum Kreis geschlossen. In der Mitte des Festplatzes war ein rot gefärbter Stein aufgestellt, und zwei Pfeile waren in die Erde gesteckt worden. Jedes Mädchen mußte diesen Stein und die Pfeile berühren, ehe es seinen Platz im Rund einnahm.

Stein mit Hörnern und Donner vom Berge, überhaupt die Krieger, standen nicht in vorderer Reihe der Zuschauer und Zuhörer, sondern hielten sich zurück. Über die Mütter und Großmütter hinweg schauten sie auf den Kreis der jungen Mädchen. Stein mit Hörnern hatte seine Schwester erkannt. Sie war als

letzte von allen gegangen und stand nun, als der Kreis der Jungfrauen sich geschlossen hatte, neben der Nichte Machpiyalutas und Sitopanaki. Unter den männlichen Zuschauern hatte sich Schonka eingefunden. Mattotaupa war nirgends zu sehen, auch von den Oberhäuptlingen der drei Stämme waren erst wenige anwesend. Vielleicht fand noch eine Beratung statt.
Machpiyalutas Schwestertochter sprach deutlich und einfach. Sie nannte den Namen ihres Vaters und den ihren. Sie berichtete, wie sie im Zelte der Eltern arbeitete, wie sie Felle gerbte, Kleider nähte und stickte und wie sie das Zelt im Winter, als der Vater des Nachts einmal nicht anwesend war, gegen einen hungrigen Silberlöwen mit dem Messer verteidigt hatte. Sie zeigte ihren Arm mit den Narben des Prankenschlages. Ihr Bericht gefiel allgemein. Zwei junge Krieger und zwei ältere Frauen traten vor, um das Mädchen zu loben, das stolz und fleißig sei, wie es sich für eine Häuptlingstochter gezieme.
Dann sprach Sitopanaki. Sie sprach sehr kurz, wie es ihre Art war, auch deutlich, so daß alle sie verstehen konnten, und auch sie begleitete ihre Worte mit Gesten, die für jedermann, auch für Dakota und Assiniboine, verständlich waren. Als besondere Tat hatte sie folgendes zu berichten: Vor zwei Wintern war ihr kleiner Bruder weit in den schon tauenden Schnee gelaufen und hatte sich an gefährliche Stellen gewagt. Oben am Berg war Schnee losgebrochen, und der kleine Junge war verschüttet worden. Niemand hatte gewußt, wo er geblieben sein könnte, aber Sitopanaki hatte mit der großen schwarzen Hündin zusammen so lange gesucht, bis sie, selbst von weiteren Schneeabbrüchen bedroht, den kleinen Bruder ausgraben konnte. Der Geheimnismann hatte ihn wieder zum Leben erweckt. Brennendes Wasser bestätigte den Bericht seiner Tochter. Dann trat Nachtwandler, der Sohn von Kluge Schlange, vor. Laut lobte er Sitopanaki, die mutig und arbeitsam sei, deren Füße leise gingen und deren Hände sich schnell bewegten. Von ihr könne kein junger Krieger sagen, daß sie ihm je einen Blick zuviel gönne, und derjenige, der sie einst in sein Zelt heimführe, werde von allen gelobt werden, da er gut gewählt habe. Die junge Frau Spottdrossel sprang vor und bestätigte diese Meinung aus vollem Herzen. Damit war der Bericht über Sitopanaki beendet.

Stein mit Hörnern hatte sich nicht gerührt, und Donner vom Berge sah seiner Mutter an, daß sie darüber gekränkt war. Welcher Ruhm wäre es für ihre Tochter gewesen, wenn auch Stein mit Hörnern, der Sieger aller Wettbewerbe bei diesem Fest, sie gelobt haben würde.

Die Mädchen setzten ihre Berichte in der Reihe fort. Stunden vergingen darüber. Es wurde Mittag und Nachmittag. Aber nicht nur die Mädchen harrten im Kreis aus, auch von den Zuhörern ging niemand weg, und die Kinder blieben so ruhig, wie sie das in ihrem ersten Lebensjahr, in der Trage festgebunden, schon gelernt hatten. Es fanden sich über Mittag noch einige Zuhörer mehr ein, so die Oberhäuptlinge der Siksikau und auch Mattotaupa. Er stellte sich abseits, entfernt von seinem Sohn und Donner vom Berge.

Uinonah hatte als letzte zu sprechen. Da Schonka in der Nähe geblieben war, witterte Stein mit Hörnern Unheil und bat Donner vom Berge mit einem Blick, mit ihm zusammen etwas näher an den Kreis der Mädchen heranzutreten. Uinonah trug ein besonders kostbares Kleid, das kostbarste im ganzen Kreis, obgleich es nicht mit einem einzigen Faden bestickt war. Aber es bestand aus dem Fell eines weißen Büffels, wie er äußerst selten zu finden war. Mattotaupa hatte diesen Büffel als junger Krieger mit dem Speer erlegt und das Fell seiner Mutter, Harkas Großmutter, geschenkt, die es als Kleid verarbeitet nur zu festlichen Anlässen trug. Als Mattotaupa eine Frau in sein Zelt führte, hatte Untschida dieser das kostbare Festkleid übertragen. Die Kugel eines Pani hatte Mattotaupas Frau getötet, und Untschida hatte das Kleid für die Enkelin aufbewahrt. Jetzt, an diesem Tage, bei dem großen Fest, hatte Uinonah das Kleid aus weißem Büffelfell zum erstenmal angelegt. Stein mit Hörnern glaubte seine tote Mutter wiederzusehen, als er die Schwester in dem Kleide sah.

Uinonahs schwermütige Schönheit, die Verschwiegenheit, mit der sie ihren Kummer trug, schufen eine Art luftleeren Raumes um sie. Als die Reihe an ihr war zu sprechen, sagte sie: „Mein Name ist Uinonah. Mein Vater ist Mattotaupa. Ich lebe in den Zelten der Bärenbande vom Stamme der Oglala, die zu den Teton-Dakota gehören. Meine Mutter ist tot. Untschida wacht über mich und hat mich alles gelehrt, was ein Mädchen können muß."

Es trat Stille ein. Vielleicht hatten die Zuhörer erwartet, daß Uinonah noch weitersprechen und irgend etwas Rühmenswertes aus ihrem Leben berichten werde. Aber sie hatte das, was sie sagen wollte, abgeschlossen. Doch nun trat Tschotanka vor, in dessen Zelt Uinonah mit zum Feste gekommen war, und sprach: „Untschida hat Uinonah nicht nur gelehrt, Häute zu gerben, Fleisch zu bereiten, Kleider zu nähen und zu besticken und ein Zelt zu bauen. Uinonah kennt alle heilenden Kräuter und weiß sie zu finden. Sie kann leichte und schwere Wunden geschickt behandeln, und unter ihren Händen heilt, was sonst nicht mehr heilen will. Sie hat dadurch zwei unserer Krieger, mich selbst und den Alten Raben, vor dem Tode errettet, als die Watschitschun uns mit ihren Geschossen schwer verletzt hatten. Der Zaubermann Hawandschita konnte unsere Wunden nicht mehr schließen und das Blut nicht mehr stillen, aber Uinonah vermochte es, so wie Untschida es sie gelehrt hatte. Untschida ist eine große Geheimnisfrau, und Uinonah ist ihre Tochter. Ich habe gesprochen, hau."

Diese Rede fand großen Beifall im Rund der Zuhörer, denn Wunden zu heilen war eine sehr wichtige Kunst in einem Volk von Jägern und Kriegern, und Tschotanka hatte nicht nach Hörensagen, sondern aus eigener Erfahrung berichtet. Die Blicke, die sich auf das schöne und stille Mädchen im Kleid aus weißem Büffelfell richteten, waren freundlich und voll Bewunderung.

Auch Mattotaupa, der Vater, und Stein mit Hörnern, der Bruder, schlossen sich von diesen allgemeinen Empfindungen nicht aus. Es war nach langer Zeit wieder das erstemal, daß Vater und Sohn ganz von selbst das gleiche dachten und fühlten. Sie begriffen auch beide mit einem Schlage, daß Uinonah, obgleich sie nur ein Mädchen und die Tochter eines Verbannten war, im Stamme daheim eine unangetastete Stellung behauptet hatte. Angesehene Krieger achteten sie hoch.

Schonka meldete sich zu Wort. Er hatte sich vorher kurz mit einem Dakotakrieger in mittlerem Alter besprochen. Stein mit Hörnern hatte das genau beobachtet, aber Uinonah konnte es

nicht gesehen haben, denn sie stand in diesem Augenblick mit dem Rücken gegen die beiden.
„Tschotanka!" begann Schonka, dem seine Frau Hyazinthe den Festrock fast zu prächtig bestickt hatte, gemessen daran, daß er erst ein junger Krieger war. „Tschotanka, du sprichst wie ein guter Vater über das Mädchen Uinonah, und doch hast du zweierlei noch nicht gesagt. Ich will das Gute zuerst bringen. Die beiden Häuptlingstöchter, die als erste im Kreise sprachen, haben kühne Taten von sich berichtet. Auch Uinonah ist mutig. Sie hatte noch nicht zehn Sommer gesehen, als sie es wagte, die Fesseln, die Tashunka-witko ihrem Vater angelegt hatte, heimlich zu lösen."
Alle Augen richteten sich auf Tashunka-witko und auf Mattotaupa. Nur Stein mit Hörnern vermied es, den Vater anzusehen. Ehe aber irgend jemand anders sprechen oder irgend etwas geschehen konnte, sagte Uinonah selbst schon laut und vernehmlich: „Was du sagst, Schonka, ist unseren Ältesten bekannt. Aber sie haben mich nicht bestraft. Denn Mattotaupa ist mein Vater, und ich war ein Kind. Mit dieser Tat kannst du niemanden schmähen."
„Ich wollte dich nicht schmähen, ich habe dich gelobt!"
„Du lügst. In das gestickte Leder deiner schönen Rede war ein Dolch eingewickelt."
Die Zuhörer schienen Uinonah recht zu geben.
„Mädchen, hüte deine Zunge!" rief Schonka um so zorniger. „Ich habe noch mehr zu sagen, und alle werden noch erkennen, wer hier lügt! Tschotanka ist gut wie ein Vater zu dir, und Untschida bemüht sich, dich zu erziehen. In dir aber sitzt ein betrügerischer Geist!" Schonka wandte sich von Uinonah ab und Tschotanka zu. „Tschotanka! Wo war Uinonah in der Nacht vor Beginn unseres Festes?"
Nach dieser Frage stieg bei den Umstehenden rings die Spannung, bei manchen bereits vorweg die Empörung gegen die Verdächtigung. Bei anderen brach die Neugier auf, ob dieses Mädchen im weißen Büffelfell vielleicht doch etwas getan habe, was es nicht durfte.
„In meinem Zelte schlief das Mädchen! Du Natternzunge!" rief Tschotanka aufgebracht.

Stein mit Hörnern sah nach der Schwester. Sie schien gefaßt, vollkommen ruhig, ganz anders als bei ihrer nächtlichen Begegnung mit dem Bruder.
Schonka holte einen weiteren Krieger herbei und nannte dessen Namen. „Das ist ‚Blutiger Tomahawk'! Er mag sagen, was er gesehen hat."
„Tschotanka!" fing dieser Krieger bedächtig an. Seine Nase war sehr stark, seine Stirn niedrig. Er gehörte nicht zu der Bärenbande, sondern zu einer anderen Abteilung der Dakota. „Tschotanka, meine Augen haben gesehen, daß Uinonah sich in der Nacht vor Beginn unseres Festes aus deinem Zelt schlich, in die Prärie hinauslief und lange fortblieb. Endlich kam sie zurück und huschte wieder in dein Zelt."
„Das ist nicht wahr", erwiderte Tschotanka sofort. „Uinonah?!"
Das Mädchen zögerte keinen Augenblick. „Es ist wahr."
Tschotanka fuhr auf. „Wo bist du gewesen?"
Das Mädchen schwieg. Die Zuhörer sahen einander wortlos an. Den meisten jungen Mädchen tat Uinonah leid. Sie fühlten mit ihr. Wer mochte es sein, mit dem sie sich heimlich getroffen hatte? Wen liebte sie? Die Mütter und Großmütter dachten härter. Ihre Mienen wurden verächtlich und erheischten Auskunft. Tschotanka stieg die Röte des Zornes und der Enttäuschung ins Gesicht. Blutiger Tomahawk schien befriedigt von der Wirkung seiner Worte. Schonka grinste hämisch. Die Tochter des Verbannten war vor den Häuptlingen, vor den Kriegern und vor den Frauen dreier Stämme bloßgestellt. Ihr schönes Festgewand nützte ihr nichts mehr, nichts nützte ihr mehr die Heilkunde. Noch einen Augenblick, und Tschotanka selbst würde ihr befehlen müssen, den Kreis der Mädchen mit Schande zu verlassen. Uinonah schwieg.
Aber Stein mit Hörnern trat vor, in die Mitte des Kreises, wo ihn jedermann sehen konnte. „Meine Schwester Uinonah und ich haben uns in der Nacht vor Beginn des Festes getroffen."
Es ging eine Bewegung durch die Reihen der Zuhörer wie ein Windstoß. Dann war es ganz still. Uinonah hatte nur die Hand ein wenig gerührt.
„Oh!" Schonka fand die Sprache wieder. „Du bist Harka, heute genannt Stein mit Hörnern? Ich verstehe, daß du deine Schwe-

ster rechtfertigen möchtest. Aber kannst du nachweisen, daß du in jener Nacht in der Prärie warst?"
Stein mit Hörnern stand sehr entfernt von dem Sprecher. Er ging jetzt langsam auf ihn zu und blieb etwa fünf Schritte vor ihm stehen. „Näher will ich dir nicht kommen, denn du stinkst", sagte er nicht laut, aber so deutlich, daß alle ihn verstehen mußten, und auch er begleitete seine Worte mit den Gesten der Zeichensprache. „Einen prächtigen Häuptlingsrock hast du dir sticken lassen. Vielleicht hast du sehr große Taten vollbracht! Wenn du also ein Krieger geworden sein solltest, Schonkawakon, mit dem zu sprechen möglich ist, werde ich dir nachweisen, wo ich in jener Nacht war. Aber zuerst sage mir, wo sind die Skalpe der Feinde, die du getötet hast?"
„Wir sind beim Tanz der Jungfrauen und nicht beim Wettbewerb der Krieger!"
„Jetzt hat der Tanz zwischen uns begonnen, Schonka, du Hund mit der geifernden Schnauze, Wakon, du Geheimnis der Lüge! Zeige uns die Skalpe und die Bärenklauen, die du erbeutet hast! Zum Fest wirst du sie doch mitgebracht haben?"
Die Mädchen im Kreise, die Zuhörer rings lauschten gepackt dem Streitgespräch. Das Wort mußte ein Krieger handhaben können wie die Waffe.
„Ich habe vierundzwanzig Sommer gesehen . . ." Schonka sagte es und stockte; er war nie gewandt oder geistesgegenwärtig gewesen, und eben daher stammte sein Haß auf den stets schnelleren Harka.
„Vierundzwanzig Sommer hast du gesehen, aber noch nie einen von dir getöteten Feind. Ich werde dir morgen meine Leggings schicken, damit du die Skalpe an den Nähten zählen kannst. Vielleicht kann Blutiger Tomahawk dir beim Zählen helfen. Aber was dich betrifft, so sehe ich, du bist friedlich gesinnt und tötest nicht gern Krieger mit dem Messer. Du kämpft lieber mit Lügen gegen Mädchen. Hüte dich; auch das ist gefährlich! Mädchen haben Brüder und Väter, das bemerkst du zu spät."
„Was sollen deine Drohungen! Sag die Wahrheit, du . . ."
„Halt! Ich lese deine Gedanken, Schonka. Sprich auf dem Festplatz kein Wort, auf das mein Messer die Antwort ist. Wir dürfen hier kein Blut vergießen. Ein Wettkampf zwischen uns wäre

besser. Aber was soll ich dir anbieten? Du tust mir leid. Früher, als wir noch Knaben waren, hattest du einen annehmbaren Mustang, und wenn du auch nach meinem Pferd geschlagen hast, um mich zum Sturz zu bringen, so bist du immerhin schnell geritten. Aber nun hast du dir einen Mustang eingefangen, der einer Heuschrecke gleicht. Er macht zuweilen einen Satz, dann ruht er aus, um zu überlegen, wann er den nächsten machen soll. Ich kann nicht einmal auf meiner Schimmelstute mit dir um die Wette reiten, ich würde dich aus den Augen verlieren. Oder wollen wir mit unseren Bogen um die Wette schießen? Ich rate dir gut: Lege nie auf das Ziel an, das du dir vorgesetzt hast; du tust einen Fehlschuß. Ziele weitab, dann wirst du aus Versehen treffen. Oder wie ist es mit Stockball? Dazu kann ich mich wiederum nicht verstehen. Es könnte mich zu leicht die Lust ankommen, dich mit dem Balle zu verwechseln und dich mit meinem Stock in das Zelt zu jagen. Das würde vielleicht meine nützlichste Tat sein. Ich habe gesprochen, hau!"
Rings brach Gelächter aus; auch als es sich gelegt zu haben schien, flackerte es immer wieder auf wie ein lustiges Feuer. Schonka war dunkelrot angelaufen.
„Beweise, wo du in der Nacht gewesen bist, du Prahler!"
Stein mit Hörnern wandte Schonka den Rücken und schaute nach der Seite des Zuhörerkreises, an der die Oberhäuptlinge standen. „Die Häuptlinge und Ältesten mögen den Krieger Donner vom Berge sprechen lassen!"
Donner vom Berge trat vor. „Mein Blutsbruder Stein mit Hörnern ist in der Nacht vor Beginn des Festes auf seinem Falben in die Prärie hinausgeritten und am Morgen in das Zelt zurückgekehrt. Das ist die Wahrheit!"
Die Menge der Zuhörer war zufrieden. Uinonah, die Heilkundige im weißen Büffelfell, und Stein mit Hörnern, der die Kette aus Bärenkrallen trug und in allen Wettbewerben gesiegt hatte, gefielen einem jeden, der nicht voreingenommen war. Beifällige Rufe bestätigten die Zustimmung zu dem, was Donner vom Berge gesagt hatte. Giftkochend zog sich Schonka in den Hintergrund zurück. Sechs schön gewachsene, bunt und kunstvoll bemalte Ordner nahmen ihn dort in Empfang und erteilten ihm die Püffe und Faustschläge, die ein Verleumder verdiente.

Der Herold verkündete im Namen der Oberhäuptlinge und Zaubermänner, daß alle Mädchen die Probe bestanden hätten und würdig gewesen seien, am Tanz der Jungfrauen teilzunehmen. Nachdem die jungen Mädchen den Kreis um den roten Kultstein verlassen hatten, mußten jene jungen Männer vortreten, die zwar schon Krieger geworden, sich aber noch nicht durch rühmliche Taten im Kampf und auf der Jagd ausgezeichnet hatten. Solche Grünschnäbel schienen auch noch nicht reif, sich nach den Mädchen umzusehen, und es hagelte Spottworte über alle unter ihnen, die heimlich einer Jungfrau nachgegangen waren oder für sie die Flöte gespielt hatten. Stein mit Hörnern und Donner vom Berge standen nicht in diesem Kreis; sie waren vollwertige Männer, auf der Jagd und im Kampfe bewährt. Aber Nachtwandler, der Sohn von Kluge Schlange, hatte sich bei den Grünschnäbeln einfinden müssen, und Frau Spottdrossel verfiel nach langer Zeit wieder einmal in ihr altes Laster und hänselte den jungen Mann grausam ob seiner Liebe zur Häuptlingstochter. Er wurde schamrot und erwiderte nichts. Spottdrossel aber lachte vergnügt, und die Festteilnehmer, besonders die jungen Mädchen, lachten mit ihr. Keine unter ihnen dachte sich etwas Arges dabei, denn solchen Spott mußte ein junger Mann ertragen können, auch wenn es ihm nicht erlaubt war, den Mädchen mit gleich scharfer Waffe zu antworten.
Nur einer fühlte sich peinlich berührt, das war Stein mit Hörnern. Er allein beobachtete die Mienen von Nachtwandlers Vater, Kluge Schlange, und ging still beiseite, um nicht den Anschein zu erwecken, daß er eine Art des Triumphes auskoste, um die es ihm wahrhaftig nicht zu tun war.
Endlich wurde es Abend. Die Festteilnehmer zerstreuten sich langsam. Die Luft war lau nach der Hitze des Tages, ein kühler Wind strich von den Bergen her. Der Himmel war erfüllt von den Farben des Sonnenfeuers, die am herrlichsten schienen, ehe die Dunkelheit sie fraß. Donner vom Berge geleitete seine Schwester Sitopanaki in das väterliche Zelt zurück. Er lächelte, aber das Mädchen war sehr ernst. Als sich im Hin- und Hergehen der vielen Menschen zufällig ein freier Raum um die Geschwister bildete, so daß sie inmitten der vielen doch allein wa-

ren und sicher sein konnten, daß niemand hörte, was sie sprachen, sagte Sitopanaki: „Dein Blutsbruder ist als ein Dakota geboren und wird ein Dakota bleiben."

„Nachtwandler ist noch jung, aber hat er nicht gut über dich gesprochen, meine Schwester?"

„Laß ihn sprechen. Er findet noch andere Frauen genug für sein Zelt. Ich liebe ihn nicht."

Die Geschwister traten in das Zelt ein. Sitopanaki half sogleich der Mutter und der Großmutter, die beschäftigt waren, eine reiche Mahlzeit für Häuptling Brennendes Wasser und die zu erwartenden Gäste vorzubereiten. Bald darauf kam auch der Häuptling selbst, zusammen mit Stein mit Hörnern sowie mit drei angesehenen Gästen. Die beiden jungen Krieger nahmen am Gastmahl der Häuptlinge teil. Es wurde nicht über das gesprochen, was geschehen war, wohl aber über den kommenden Tag, über das Spiel der wahren Begebenheiten. Brennendes Wasser berichtete, daß am Vormittag die Büffeljagd mit den verkleideten Büffeln dargestellt werden sollte, mit denen die Schwarzfüße auf Rat Mattotaupas die Assiniboine genasführt hatten, sowie die Tat eines Assiniboinehäuptlings, der ganz allein mehr als achtzig Schwarzfußkrieger genarrt hatte. Die Darstellung des Kampfes mit Tashunka-witko, seiner Gefangennahme und seiner Flucht war auf den Nachmittag gelegt. Da die früheren Gegner alle anwesend waren, hatte jeder seine eigene Rolle zu spielen. Dadurch war auch gesichert, daß die Vorgänge wahrheitsgetreu wiedergegeben würden und die Jugend erfuhr, wie es wirklich gewesen war. Als die Würdenträger alles ihnen Wichtige besprochen hatten, meldete sich Donner vom Berge und sagte scherzend:

„Die Jungen sind zu mir gekommen und haben mich gebeten, ihnen zusammen mit meinem Blutsbruder unseren Streich mit dem Büffelkalb vorzuspielen!"

Häuptling Brennendes Wasser lachte und erzählte den Gästen, was es mit dem Büffelkalb auf sich hatte. Alle schauten freundlich auf die beiden jungen Krieger.

„Es fragt sich nur, wer das Büffelkalb spielt", warf Stein mit Hörnern ein.

„Das Fohlen, das du mir geschenkt hast", schlug Donner vom

Berge vor. „Es ist einen Sommer und einen Winter alt. Ein toller junger Mustang ist es geworden, noch bockiger als ein junger Büffel."
„Nehmen wir es!"
„Wer aber spielt die Büffelkuh?"
Häuptling Brennendes Wasser schmunzelte: „Ich! Und ich werde euch beide kräftig in die Flucht jagen!"
Alle freuten sich. Auch die älteren Männer lachten schon laut in Erwartung des kommenden Schauspiels, das einen Jungenstreich der beiden in den letzten Tagen schon berühmt gewordenen jungen Krieger darstellen sollte.
Als die Gäste aufbrachen und in ihre eigenen Zelte gingen, berichteten sie dort, was es bei Sonnenaufgang Lustiges zu sehen geben werde, und so kam es, daß alle Jungen und kleinen Mädchen der Siksikau, der Assiniboine und der Dakota, fast alle Burschen und jungen Mädchen und viele Krieger, auch einige Häuptlinge, schon in der ersten Dämmerung zusammenkamen, um Brennendes Wasser als Büffelkuh und die beiden besten jungen Männer in der Rolle ihres Knabenstreiches zu sehen. Stein mit Hörnern hatte seinen Falben mitgebracht, der allein schon Anziehungskraft genug hatte, um die ganze Jugend anzulocken. Der Mustang wurde als Büffel verkleidet, mit Fell und Hörnern, was ihm ein merkwürdiges, lächerliches und gefährliches Aussehen gab. Stein mit Hörnern befahl dem Tier, sich hinzulegen und sich totzustellen, denn das Pferd mußte den von dem Knaben Harka erlegten Büffel spielen. Der kleine Bruder des Donner vom Berge führte die Schimmelstute herbei, der die Vorderbeine gefesselt wurden; sie spielte das Reittier Harkas. Stein mit Hörnern setzte sich auf den erlegten Büffel-Mustang, so wie er sich sieben Jahre früher auf seinen ersten selbsterlegten Büffel gesetzt hatte, und wartete auf seinen Blutsbruder. Dieser kam auf dem Fuchs herangaloppiert. Er führte das herangewachsene, aber noch nicht eingerittene graue Fohlen am Lasso mit. Auch diesem Tier war ein Büffelfell umgebunden worden, womit es in keiner Weise einverstanden war, ebensowenig wie mit der Lassoschlinge, die um seinem Hals lag und sich zuziehen konnte. Es sprang, bockte, schlug hoch aus, kurz, es benahm sich voll Kraft und jugendlichem

Zorn, genau wie jenes Stierkalb, das der Siksikau damals aus Spaß eingefangen hatte, und die zuschauenden Kinder freuten sich über die Maßen.

„Versuche doch einmal, es zu reiten!“ rief Donner vom Berge, so wie einst, seinem Blutsbruder zu.

„Aber nein! Du hast das Vorrecht, Büffelkalbfänger!“ antwortete Stein mit Hörnern wie damals in der Sprache der Schwarzfüße.

„Büffeltöter, Büffeltöter bin ich! Willst du die alte zähe Kuh sehen, dieses gerissene, in allen Listen erfahrene Vieh, das ich mit fünf Pfeilen erlegt habe?“

„Ja!“

Donner vom Berge wandte seinen Fuchs, aber der junge Hengst machte programmgemäß und büffelkalbmäßig die Wendung nicht mit, sondern zerrte wütend an dem Lasso, das ihn gefangenhielt.

„Laß ihn los!“ rief Stein mit Hörnern. „Ich werde ihn reiten!“

„So komm!“

Donner vom Berge sprang von seinem Fuchs ab, stemmte die Füße ein und hielt den übermütigen jungen Mustang am Lasso fest. Die beiden jungen Krieger packten das wütend um sich schlagende Tier, das auch zu beißen versuchte, obgleich es in seiner Rolle als Büffelkalb durchaus nicht zu beißen hatte. Sie warfen es mit vereinten Kräften zu Boden, und es kostete Mühe, es so weit zur Ruhe zu bringen, daß die beiden jungen Männer ihm die Lassoschlinge abnehmen konnten. Als sie das graue Hengstfüllen losließen und das Tier aufsprang, war Stein mit Hörnern auch schon auf seinem Rücken. Der junge Mustang brach aus. Aber er konnte seinen Reiter nicht eher loswerden, ehe dieser selbst abspringen wollte. Er sprang so ab, wie damals als Knabe vom Büffelkalb: er ließ sich nach hinten rutschen, kam mit einem Salto über das Schwanzende zu Boden und packte noch den Schweif des jungen Mustangs, um trotz der gefährlichen Hinterhufe drei bis vier Sätze hinterherzurennen. Dann kehrte er unter dem lauten Beifall der Zuschauer zu seinem Blutsbruder zurück. Beide lachten gemeinsam mit den Zuschauern, verstummten aber plötzlich, als die Büffelkuh angaloppierte. Häuptling Brennendes Wasser hatte ein prächtiges

Fell mit Haupt und Hörnern umgenommen und brüllte wahrhaftig grollend. Die jungen Männer machten blitzschnell ihre Mustangs los, den Fuchs und die Schimmelstute, damit sie nicht den Hörnern der wütenden Kuh zum Opfer fielen, und die beiden Pferde liefen ein Stück weg, blieben aber bald ruhig stehen, um neugierig das weitere Verhalten ihrer Herren zu beobachten. Die „Knaben" versteckten sich hinter dem „erlegten Büffel" – der verkleidete Falbe war gehorsam wie tot liegengeblieben –, und sie legten den Pfeil gegen die herangaloppierende, drohend schnaubende „Büffelkuh" ein. In diesem Augenblick zeigte sich jedoch, daß das Fohlen seine Rolle als Büffelkalb durchaus nicht nach Vorschrift spielte, sondern entflohen war. Die große Schar der Festteilnehmer hatte vergeblich versucht, es einzufangen und zu seiner „Büffelmutter" zurückzubringen. Das Geschrei der Burschen südlich des Lagers zeigte an, daß sie sich auf ihren Mustangs vergeblich mühten, den Flüchtling mit ihren Lassos einzufangen. Der einjährige ledige Hengst war schneller als alle berittenen Mustangs.
Es blieb nichts anderes übrig, als die Vorführung abzubrechen und sich auf die Pferdejagd zu begeben. Stein mit Hörnern befreite seinen Falben von dem Büffelfell und preschte los. Brennendes Wasser folgte auf seinem Fuchs. Das ganze Festlager war sofort zu Pferd hinterher, um sich diesen Spaß nicht entgehen zu lassen. Kaum einer glaubte, daß der junge Mustang wieder eingefangen werden könnte.
Aber die vielen hatten die Schnelligkeit und Klugheit des falben Leithengstes unterschätzt, und vor ihren Augen spielte sich ab, was sie nie für möglich gehalten hätten. Als Stein mit Hörnern und Donner vom Berge des fliehenden Junghengstes draußen in der Prärie ansichtig geworden waren, winkte Stein mit Hörnern seinem Blutsbruder zurückzubleiben. Er selbst sprang von dem Pferde, das in gestrecktem Galopp über die Wiesen flog, mitten im Laufe ab und eilte auf eine Bodenwelle hinauf, um das Weitere zu beobachten. Die nachfolgenden Reiter richteten sich alle nach seinem Verhalten und stoppten ihre Tiere. Der falbe Leithengst, vom Gewicht des Reiters befreit, stob in seinem unvergleichlichen Galopp über die Steppe dahin. Noch vor den Augen der Zuschauer holte er den fliehen-

den Junghengst ein. Er schnitt ihm den Weg ab, umkreiste ihn und trieb ihn mit drohendem Gebiß und der Andeutung gefährlicher Hufschläge eiligst zum Lager und zur Herde zurück. Dort fanden sich nun auch die Festteilnehmer wieder alle zusammen. Stein mit Hörnern lobte seinen Falben, und der Junghengst stand mit bebenden Flanken, ganz gehorsam, bei den anderen Tieren.

„Noch bist du zu jung, um deine eigenen Wege zu gehen", sagte Stein mit Hörnern zu ihm, und Donner vom Berge strich ihm beruhigend über das Fell, denn auch dieses junge Tier hatte schon eine großartige Schnelligkeit entwickelt.

So war das Schauspiel vom Büffelkalb unter allgemeiner Aufregung und Anteilnahme zur Befriedigung von jedermann ausgelaufen. Die Krieger versicherten dem Häuptling Brennendes Wasser, daß sie noch nie eine so prächtige Büffelkuh gesehen hätten wie ihn! Die jungen Burschen besprachen leidenschaftlich die Pferdejagd und die neue Leistung des Zauberpferdes.

Man war mit der Zeit etwas in Verzug geraten, und alles eilte hinaus nach dem westlich gelegenen, vom Bach durchflossenen Präriegelände, das den besten Schauplatz für das Täuschungsmanöver mit den als Büffel verkleideten Kriegern gab. Die Vorführung sollte mit jenem Gespräch zwischen Mattotaupa und Harka beginnen, in dem der Vater seinem Sohne die geplante List erklärte. Stein mit Hörnern schaute sich nach dem Vater um, den er schon bei der Gruppe der Oberhäuptlinge der Schwarzfüße gesehen hatte und der jetzt zu dem bestimmten Platz ging. Schnell lief auch Stein mit Hörnern zu der vereinbarten Stelle und traf sich dort mit dem Vater. Ein kleines Feuer war vorbereitet. Mattotaupa und sein Sohn beherrschten sich vollkommen. Niemand hätte sagen können, daß es ihnen ungewöhnlich geworden sei, am Feuer beieinanderzusitzen und voll innerer Übereinstimmung miteinander zu beraten. Nur bei einer einzigen Wendung schlug Feuer durch die Asche.

„Es sind fünfzig Krieger der Assiniboine, Vater."

„Ich aber bin Mattotaupa!"

Er aber war Mattotaupa. In seinen Augen leuchtete etwas, seine Mienen strafften sich, sein Nacken richtete sich auf, und er sah stolz ringsum. Als er dabei den Augen des Sohnes begegnen

wollte, wich dieser zuerst aus, aber dann stellte er sich dem fordernden Blick des Vaters und erwiderte ihn.
„Du aber sei Mattotaupa", sagte er dabei leise. „Nichts anderes erwarte ich von dir."
Das große Spiel begann. Seinen Höhepunkt erreichte es, als die Schar der Assiniboine umhersprengte, um die vermeintlichen Büffel zu jagen. Mattotaupa rannte mit erstaunlicher Geschwindigkeit, nicht langsamer als einst mitten zwischen seinen Feinden, und versteckte sich. Als er den letzten in der Reihe der Assiniboine, den bedächtigen – in sieben Jahren noch bedächtiger gewordenen – Mann der Adlerfederkrone beraubte und in diesem Schmucke dahinsprengte, die Feinde irreführte und endlich dem Verblüfften und Scheltenden die Adlerfederkrone unversehens wieder auf das Haupt drückte, kannten der Beifall und das Vergnügen der Zuschauer keine Grenzen mehr. Die Dakota aber erfuhren wiederum, was für einen Krieger sie verloren hatten.
Verschwitzt, keuchend, wie damals vor Jahren, beendete Mattotaupa seinen Ritt und seinen Lauf. Er begab sich wieder in die Reihe der Zuschauer, zu der Gruppe der Oberhäuptlinge. Stein mit Hörnern ging mit Donner vom Berge, der ebenfalls mitgespielt hatte, zu der Gruppe der jüngeren Siksikau.
Die Assiniboine und ihr Häuptling, der die Schwarzfüße zum besten gehalten hatte, kamen jetzt an die Reihe.
Die Mittagsstunde ging vorbei. In der Pause vor dem nächsten und letzten Spiel, dem großen Spiel vom Kampfe Tashunkawitkos und Mattotaupas, ruhten die Kinder und Frauen aus, die Männer fanden sich in Gruppen zusammen und besprachen die vorgeführten Ereignisse und andere Erlebnisse, an die sie dadurch erinnert wurden. Kurz ehe das Spiel begann, kam ein junger Bursche der Dakota und forderte Stein mit Hörnern auf, zu Tashunka-witko zu kommen, da dieser ihm die Büchse geben wollte, die bei den Ereignissen eine Rolle gespielt hatte. Stein mit Hörnern bat seinen Blutsbruder, ihn zu begleiten, und der Siksikau schloß sich ihm an. Die beiden jungen Krieger wurden zu der Gruppe der Oberhäuptlinge der Dakota geführt. Tashunka-witko empfing sie. Er hatte die doppelläufige Büchse in der Hand, die er vor sieben Jahren erbeutet hatte und die immer

noch als eine moderne und gute Waffe gelten konnte. Stein mit Hörnern erkannte das „Mazzawaken" sofort wieder. Es war ein eigentümliches Gefühl für ihn, die Waffe noch einmal in der Hand zu haben, die ihm einst Red Jim geschenkt hatte. Von diesem Geschenk war der Knabe Harka so überwältigt gewesen, daß ihm niemand bewundernswerter erschienen war als Jim. Heute dachte er anders.

Er hatte die Büchse in die linke Hand genommen und wollte sich mit seinem Blutsbruder zusammen wieder entfernen, als Tschotanka neben Tashunka-witko trat und ein Zeichen gab, daß er sprechen wolle. Stein mit Hörnern blieb daraufhin noch stehen.

„Stein mit Hörnern!" Der Krieger sprach nicht laut, aber langsam und verständlich, so wie er auch in der Ratsversammlung der Bärenbande zu sprechen pflegte. „Du bist mit deiner Schwester Uinonah heimlich in der Nacht zusammengekommen. Was habt ihr besprochen?"

Der Angeredete faßt die Büchse etwas fester. „Nichts."

„Wenn du schweigen willst, kann ich dich nicht zum Reden bringen." Tschotanka schien gekränkt und erbittert, wahrscheinlich nicht nur durch das Verhalten des jungen Kriegers. Wie dieser seine Schwester kannte, hatte auch sie nichts ausgesagt.

„Ich schweige nicht, sondern ich habe dir wahrheitsgemäß geantwortet", sagte Stein mit Hörnern.

„Uinonah berichtete mir, sie habe dich gesucht, nicht du sie. Das kann ich kaum glauben."

„Wer will dich zwingen, es zu glauben? Ich an deiner Stelle würde diese Worte auch bezweifeln."

Tschotanka betrachtete die Spitze seiner Mokassins und schien zu überlegen. „Du hättest besser getan, deine Schwester in Ruhe zu lassen und sie nicht in Verdacht zu bringen. Sie ist ein Mädchen, du aber bist ein Krieger. Die Schuld liegt bei dir."

„Hau, so ist es. Was willst du noch?"

„Nichts! Wir sind fertig." Tschotanka wandte sich ab.

Die beiden jungen Krieger gingen schnell zu den Ihren zurück. Schon rief der Herold aus, daß das neue Spiel beginne.

Bei dem Spiel der wahren Begebenheiten war es schon mehr als einmal vorgekommen, daß alte Gegner nicht ausgetragene Zwistigkeiten vollends austragen wollten und das Spiel unversehens blutiger Ernst wurde. Beide Parteien hatten daher sowohl Tashunka-witko als auch Mattotaupa ermahnt, sich nicht von ihrem Haß hinreißen zu lassen, sondern den Festfrieden unverbrüchlich zu wahren. Die Waffen konnte man ihnen nicht abnehmen. Die darzustellenden Kämpfe waren mit der Waffe geführt worden. Die Szenenfolge begann mit dem Augenblick, als Tashunka-witko des Nachts das Zelt im Siksikaudorf beschlich, in dem sich eine Gefangene seines Stammes befand, und den Knaben Harka, der unter einer Zeltplane herauslugte, packte, überwältigte, fesselte, knebelte und zu entführen trachtete. Tashunka-witko spielte sehr naturwahr, und Stein mit Hörnern empfand den Knebel nicht als angenehm, doch war es etwas anderes, als Mann eine üble Lage zu spielen, als wirklich hineinzugeraten, solange man noch ein Knabe war. Als Tashunka-witko den in sieben Jahren groß und wenn auch nicht schwer, so doch schwerer gewordenen Harka über die Schulter geworfen hatte, um ihn wegzuschleppen, dachte der mit Decke und Knebel blind und stumm Gemachte daran, wie sein Leben wohl verlaufen wäre, wenn in jener Nacht nicht Mattotaupa mit den Siksikau, sondern Tashunka-witko und seine Dakota gesiegt hätten. Dann wäre Stein mit Hörnern jetzt der jüngere Bruder Tashunkas gewesen und als Sieger in den Wettbewerben von allen als einer der künftigen Oberhäuptlinge der Dakota betrachtet worden. Denn damals stand noch keine Blutrache zwischen dem Knaben Harka und seinem Stamme.

Stein mit Hörnern wurde zu Boden geworfen, die Decke aufgeschlagen, der Knebel wurde ihm aus dem Schlund genommen, und er schrie auf, so wie er damals aufgeschrien hatte. Mattotaupa kam herbei, mit Sätzen wie ein Berglöwe. In dem Augenblick, in dem er ansetzte, um Tashunka-witko anzuspringen, sprang auch dieser. Die Männer prallten in der Luft zusammen.

Mit lauten Rufen ringsum wurde der Zweikampf der Häuptlinge bewundert, den diese mit äußerster Selbstzucht genau so durchführten, wie er sich vor Jahren abgespielt hatte. Mattotaupa atmete schwer. Ihn nahm dieser Kampf im Spiel viel härter mit als vor Jahren im Ernst, und wenn Tashunka-witko jetzt hätte Ernst machen dürfen, wäre er vielleicht schon Sieger geworden, bevor die fünf Siksikau eingreifen konnten. Mattotaupas Züge wirkten nach dem Kampfspiel schlaff und verfallen.

Die Szenenfolge wurde fortgesetzt. Der äußere Ablauf der aufregenden und wechselvollen Ereignisse fesselte die Zuschauer so, daß sie alles als unmittelbare Wirklichkeit zu erleben glaubten. Nicht nur die Knaben hatten heiße Wangen. Einige aber von den Spielern, die das selbst Erlebte wiedergaben, wurden von Momenten besonders betroffen, die der großen Zahl der Zuschauer, die nicht direkt betroffen waren, in ihrem inneren Gewicht nicht voll faßbar sein konnten.

Tashunka-witko lag in Fesseln. Stein mit Hörnern ließ sich neben ihm nieder und putzte an der Büchse herum, obgleich sie spiegelblank war. Der Gefesselte schaute nach der Waffe, auch nach dem jungen Indianer, so wie er es vor Jahren getan hatte, aber mit dem Ernst und der Eindringlichkeit, als ob alles gegenwärtig sei, und in solchem Ton sprach er auch die Worte: „Harka Steinhart Nachtauge Wolfstöter Büffelpfeilversender Bärenjäger! Du bist tapfer. Schämst du dich nicht, als Verräter mit den schmutzfüßigen Kojoten zusammen gegen die Krieger deines Stammes zu kämpfen?"

Harka hatte darauf keine Antwort gegeben. Er hatte sich nur ein Stück weiter ab von dem Gefangenen gesetzt. So tat jetzt Stein mit Hörnern, und er begegnete dem Gefesselten mit dem gleichen abweisenden Blick, ja, er empfand die gleiche Beschämung vor den zuhörenden Siksikau wie damals.

Das Spiel ging weiter. Die Schimpfreden am Marterpfahl wurden wiederholt. Tashunka-witko erhielt am Pfahl, um den die Feuer angezündet waren, die doppelläufige Büchse mit erhitztem Lauf; er packte sie, verbrannte sich noch einmal die Hände, die tief vernarbt waren, und schlug sich durch. Das Ende des Spiels war die Verhandlung der Häuptlinge um den Friedensschluß.

„Aber damit alles klar und deutlich zwischen uns besprochen sei", wiederholte Tashunka-witko seine damaligen Worte, „so will ich dir mitteilen, daß wir mit den Kriegern der Schwarzfüße

Frieden schließen, nicht aber mit Verrätern, die aus den Zelten der Dakota ausgeschlossen sind."
Und Häuptling Brennendes Wasser wiederholte seine Antwort: „Du sprichst von einem Gast unserer Zelte. Vergiß das nicht. Solange Mattotaupa und sein Sohn bei uns weilen, werden wir jedes schmähende Wort gegen sie als eine Schmähung gegen uns betrachten!"
„So sei es denn, wie du sagst", gestand Tashunka-witko zu. Damit war das Spiel zu Ende. Mattotaupa entfernte sich rasch. Stein mit Hörnern schaute in das Gesicht des Vaters, als dieser vorüberging und sich unbeobachtet glaubte. Aber der Sohn konnte nicht ganz verstehen, was in dem Vater vorging. Mit dem Haß vermischte sich noch etwas anderes, dem Sohne Unbegreifliches und Unheimliches. Mattotaupa mochte an jenen zweiten Kampf denken, in dem er von Tashunka-witko schmählich besiegt worden war. Dieser Kampf wurde nicht vor den Zuschauern wiederholt.
Es war Abend geworden. Der Wind erhob sich und kühlte die verschwitzten Gesichter. Aber in den Gemütern kehrte die Ruhe nicht so schnell wieder ein. Noch bis zum Aufblinken des Sternenscheins standen die Männer zusammen.
Donner vom Berge begleitete seinen Blutsbruder ins Zelt. Stein mit Hörnern hatte keine Lust, noch länger die Zielscheibe neugieriger Blicke zu sein. Er scheute sich auch davor, von Tashunka-witko angesprochen zu werden. Die Blutsbrüder fanden im Zelte nur die Mutter und Sitopanaki vor. Die beiden Frauen bereiteten das Essen für die jungen Krieger. Ehe sie fertig waren, kam auch Häuptling Brennendes Wasser zurück und nahm die Mahlzeit gemeinsam mit seinem Sohn und dessen Freund ein. Der Häuptling war an diesem Abend besonders ernst und schweigsam.
An dem darauffolgenden Tage sollte nach dem Plan der Häuptlinge Ruhe herrschen, ehe das Fest mit dem Kultopfer für die Sonne seinen Abschluß fand. Donner vom Berge war mit der großen Feierlichkeit, die das Sonnentanzfest für die Siksikau seit je bedeutete, in seinen innersten Empfindungen sehr stark beschäftigt. Von Kind an, seit er überhaupt denken konnte, war dieses Fest, mit dem bei seinem Stamme die Krie-

gerweihe vollzogen zu werden pflegte, das größte, ernsteste und zugleich freudigste aller Feste gewesen, umwittert von Geheimnissen und alten Bräuchen. Oft hatte er schon miterlebt, wie junge Männer die Qualen des Sonnenopfers mutig bestanden, und immer wieder hatte ihn die scheue Stimmung vor Beginn des Festes befallen, die die Männer unwillkürlich leiser und mit tiefer Stimme sprechen ließ, die Kinder mit Ehrfurcht erfüllte und die Frauen aufmerksam und still und glücklich machte. Die Erwartung der Feier lebte und webte in allen Zelten wie eine besondere Luft.

So kannte der junge Krieger das Fest des Sonnentanzes. Nun aber kam der Tag, jener einmalige Tag in seinem Leben, an dem er selbst im Mittelpunkt der Feier stehen sollte, mit seinem Blutsbruder zusammen. Größer als je war die Festlichkeit, da sich mehrere Stämme versammelt hatten, und der Sonnentanz in einer selten bestandenen, besonders schweren Form vor sich gehen sollte. Donner vom Berge fürchtete nicht für seine eigene Kraft. Er war sich bewußt, daß er das Außergewöhnliche leisten konnte.

Aber in seinem starken, gut geübten Körper wohnte, vereint mit Mut und Ausdauer, auch eine große Weichheit der verborgenen Empfindungen. Er freute sich darauf, und er sehnte sich danach, nach der Sitte seines Stammes in den letzten Tagen und Nächten vor dem Sonnentanze mit seinem Blutsbruder allein zu sein, stumm die Gedanken auf gleicher Bahn laufen zu lassen, schweigend das gleiche zu fühlen, mit ihm unter der großen Sonne und unter dem gelben Mond über die Steppe zu gehen und zu wissen, daß ein jeder für den anderen das Leben zu geben bereit sein würde.

In den vergangenen Tagen der Wettbewerbe hatte es hin und wieder Augenblicke gegeben, in denen Donner vom Berge seinen Blutsbruder Stein mit Hörnern nicht mehr verstanden hatte. Er wollte das volle Verstehen einer herben Freundschaft wiederfinden. Es war Abend geworden.

Stein mit Hörnern hatte sich auf sein Lager im Zelt fallen lassen und schien sofort eingeschlafen zu sein. Donner vom Berge stellte die eigenen Wünsche zurück. Wenn die Sonne aufging, wollte er mit Stein mit Hörnern hinausreiten, und wenn die

Sonne wieder sank, wollte er mit ihm in die nächtliche Einsamkeit gehen und sich mit ihm zusammen auf das große Opfer vorbereiten, das schon mehr als einmal einen jungen Krieger das Leben gekostet hatte.

Donner vom Berge schlief spät ein, später als sonst, und erwachte nicht so früh, wie er es von sich gewohnt war. Als er sich umsah, war Stein mit Hörnern schon nicht mehr im Zelt. Es wußte auch niemand, wohin er gegangen sein konnte.

Donner vom Berge bezwang seine Enttäuschung und fing an, seinen Blutsbruder zu suchen. Auf dem ganzen Festplatz, bei allen Zelten streifte er umher. Die meisten Tipi waren aufgeschlagen, um die frische Morgenluft hereinzulassen. Aber in keinem der Zelte saß Stein mit Hörnern, und nirgends auf dem großen Festplatz war er zu sehen, auch nicht bei den Pferden.

Nebenbei fiel Donner vom Berge auf, daß die Knaben alle verschwunden schienen. Er widmete dem keine besondere Aufmerksamkeit, faßte aber doch einen, der eben quer über den Festplatz rannte, und fragte ihn: „Wo steckt ihr alle? Und hast du Stein mit Hörnern irgendwo gesehen?"

„Der ist doch draußen bei uns!" rief der Junge, ließ sich auch nicht länger halten, sondern rannte westwärts, bachaufwärts, davon.

Donner vom Berge folgte ihm mit seinen großen Schritten und fand die ganze Knabenhorde, Siksikau, Dakota und Assiniboine, weiter oben am Bach versammelt. Hier gab es etwas Gesträuch. Der Boden war welliger, das Bachbett tiefer. Die Jungen saßen im Kreise wie Krieger, meldeten sich jeweils zu Wort und berieten, wie Donner vom Berge gleich erfaßte, einen sehr komplizierten Kriegsplan gegen die weißen Männer. Stein mit Hörnern saß bei den Jungen und leitete diese Ratsversammlung.

Donner vom Berge ließ sich bei dem Freunde nieder und spielte sogleich mit, als ob er nur zu diesem Zwecke hierhergekommen sei. Es wurde ihm warm bei dem Eifer der Jungen und bei dem aufmerksamen Ernst, mit dem sich Stein mit Hörnern den Kindern widmete. Als die Beratung beendet war, begann das eigentliche Kriegsspiel. Die Jungen gruppierten sich, schlichen, schossen mit stumpfen Pfeilen, und Stein mit Hörnern beob-

achtete und kritisierte scharf. Es war sehr schwer, bei ihm ein Lob zu ernten, um so schwerer wog aber auch die Anerkennung, wenn er sie einmal aussprach. Die Verständigung ging sowohl in der Sprache der Siksikau als auch in der Dakotasprache vor sich, und die Zeichen verstanden auch die Assiniboine ohne Schwierigkeit. Stein mit Hörnern nahm das Spiel so ernst, daß er den ganzen Tag für nichts anderes Zeit fand, und die Jungen hingen noch des Abends an ihm wie die Kletten und stellten eine Frage nach der anderen. Denn hier war ein Krieger, der ihnen von den weißen Männern Wirkliches und Wahres und viel mehr berichten konnte, als sie je gehört hatten. Mit dem Sieger in allen Wettbewerben, der den Sonnenschild getroffen hatte, der die Kette aus Bärenkrallen trug und der am kommenden Tag durch den Sonnentanz gehen wollte, konnten sie sprechen wie mit einem älteren Bruder.
Als es endlich dem Abend zuging und Stein mit Hörnern die Jungen verabschiedete, schaute er den davoneilenden glückstrahlenden Kindern noch nach, und als er bemerkte, daß Donner vom Berge neben ihm stand, sagte er leise zu dem Blutsbruder: „Wäre es nicht besser, wenn diese Knaben auch als Männer künftig nicht aufeinander schießen, sondern sich gemeinsam gegen die weißen Landräuber wehren würden?"
Donner vom Berge zögerte etwas mit der Antwort. „So weit denkst du schon voraus", sagte er dann nur.
Die Blutsbrüder gingen noch zusammen rund um den Festplatz. Aus vielen Zelten klangen schon die Zauberlieder, die die Männer und Häuptlinge diese Nacht hindurch singen wollten, um das Kultfest des kommenden Tages würdig einzuleiten. Die Töne waren leise, gedämpft wie die Farben des Abends, in die sich das Land ringsum hüllte. Auch die Knaben, die den Tag über ihre Kampfspiele getrieben hatten, waren still geworden, nicht aus Müdigkeit, aber aus Scheu vor dem Geheimnis, das sich vorbereitete. Sie verschwanden in den Zelten, um den Liedern ihrer Väter zu lauschen. Die Hundemeuten lagen im Grase, sie waren satt. Die Pferde weideten rings um das Lager; nur wenige Reiter nahmen ihre Tiere jetzt noch in Anspruch. Bei dem Zauberzelt der Siksikau-Gruppe, die von Brennendes Wasser geführt wurde, lag ein langer Fichtenstamm. Stein mit

Hörnern und Donner vom Berge wußten, daß es der für das Sonnenopfer bestimmte Kultpfahl war.
Hufschlag ließ sich hören, eine kleine Schar jugendlicher Reiter galoppierte heran. Sie hatten Fichten- und Tannenzweige von weit her geholt, um am nächsten Tage den Opferplatz damit abzugrenzen. Als sie die Zweige bei dem Fichtenstamm niedergelegt hatten, begannen einige ältere und hoch angesehene Frauen, ein Gerüst um den Opferplatz aufzustellen. Das war bald getan, und Frauen und junge Burschen zogen sich zurück.
Aus dem Zauberzelt trat der Geheimnismann heraus. Er verabschiedete zwei andere Zauberer, die bei ihm zur Beratung und zu Gast gewesen sein mochten. Diese beiden gingen langsam miteinander weiter. Der eine war Assiniboine, der andere ein Dakota. Stein mit Hörnern erkannte Tatanka-yotanka und versuchte unauffällig auszuweichen, aber er konnte einem kurzen Blick des Dakota nicht entgehen, und aus diesem Blick sprach eine ernste und unverhohlene Trauer.
Während die Blutsbrüder sich zu dem eigenen Tipi zurückbegaben, klangen nicht nur aus den Zelten, sondern schon rings aus Nacht und Prärie die schwingenden Töne des Sonnentanzliedes der Siksikau: „Heh, heh, hei, hoh . . . hei . . . h . . .h!" Sie mischten sich mit dem Gesange der Assiniboine und der Dakota. Als Stein mit Hörnern und Donner vom Berge im Häuptlingszelt mit Brennendes Wasser zusammen gegessen hatten, stimmte auch dieser sein Zauberlied an. Die Frauen, Sitopanakis kleiner Bruder und die Blutsbrüder lauschten. Als der erste Gesang des Liedes geendet hatte, sah Brennendes Wasser die beiden jungen Krieger lange und prüfend an und teilte ihnen mit, daß sie die Nacht bei dem Geheimnismann verbringen sollten. Auch das war ungewöhnlich und verstärkte die Erwartung auf einen besonderen Zauber. Vibrierend wie eine Trommel unter leisem Schlage, so empfanden alle Bewohner des Häuptlingszeltes die Hoffnung auf einen großen und ruhmreichen Tag mit der kommenden Sonne.
Die Stimme des Herolds erklang, während Stein mit Hörnern und Donner vom Berge zu dem Zauberzelt hinübergingen. Der Ausrufer gab bekannt, daß das Fest nicht erst um die Mitte des Tages, wenn die Sonne im Zenit stand, sondern bei Sonnenauf-

gang beginnen würde. Schon in die ersten Strahlen, die die große Lebenspenderin am Morgen sandte, sollten die Opfernden hineinblicken, wie es die Regel des „in die Sonne Sehens" forderte.
Als die beiden jungen Männer das Zelt des Geheimnismannes betraten, begannen Dämmer, Stille und ein eigentümlicher Duft auf sie zu wirken. Es war die Welt der Geister des Zauberers. Die suggestive Kraft dieses Mannes berührte jeden, der in dem Glauben an die Kraft des Zaubers erzogen war. Der Geheimnismann winkte den beiden jungen Kriegern, sich am Feuer bei ihm niederzulassen. Für ihre Pfeifen gab er ihnen einen besonderen Tabak. Das „Trinken" des Tabaks, der Lungenzug, galt, insofern es eine Kulthandlung war, als ein Opfer für die Sonne. Der Zaubermann rauchte ebenfalls und saß lange Zeit still am Feuer. Hin und wieder schob er einen Zweig tiefer in die kleinen Flammen, damit sie nicht ganz verlöschten.
Seinen jüngeren Gehilfen hatte er weggeschickt. Vor diesem Sonnenopfer schien alles so bedeutend zu sein, auch die kleinste Hantierung, daß er sie selbst ausführte. Als eine geraume Zeit vergangen war, löschte er die Pfeife und machte zurecht, was er am nächsten Tage für das Sonnenopfer gebrauchen wollte: zwei lange und zwei kurze Lederriemen und das alte steinerne Opfermesser. Er legte diese Dinge auf einer Lederdecke mit Zauberzeichen zurecht, so daß die beiden jungen Krieger sie sehen konnten. Dann begann er langsam zu sprechen:
„Ich frage dich, Donner vom Berge, und dich, Stein mit Hörnern: Wer ist der bessere von euch? Antwortet nicht vorschnell und sprecht die Wahrheit!"
Die beiden jungen Krieger überlegten trotz der Mahnung nicht lange. Donner vom Berge, der als erster angeredet war, antwortete auch zuerst. „Der bessere von uns ist mein Blutsbruder Stein mit Hörnern. Er hat mehr Kämpfe bestanden, er hat mehr Feinde getötet, er hat den grauen Bären erlegt. Er weiß mehr als ich. Seine Gedanken sind schneller, seine Füße flinker, seine Hände geschickter."
Der Zaubermann sah auf den, der auf diese Weise vorangestellt wurde.

„Dem ist nicht so“, widersprach Stein mit Hörnern. „Der bessere von uns ist mein Blutsbruder Donner vom Berge. Seine Gedanken sind klar und einfach. Er ist immer aufrichtig. Er hat von seinen Kräften erst wenig verbraucht. Sie schlummern noch in ihm und werden eines Tages mächtig erwachen.“
„Ihr habt beide gut gesprochen“, entschied der Zaubermann. „An dich, Donner vom Berge, habe ich keine weitere Frage. Ich kenne dich, seit deine Mutter dich in der Trage mit sich trug. Ich habe dich als Knaben gesehen, als Burschen und jetzt als Mann. Du bist ein echter Krieger der Siksikau, und du wirst den Sonnentanz bestehen.“
Der Zaubermann machte eine Pause und wandte sich danach an Stein mit Hörnern. „Dich habe ich noch zu fragen!“
„Ich höre.“
„Was hast du mit deiner Schwester Uinonah besprochen?“
„Nichts.“ Das Wort kam dem jungen Krieger gegenüber dem Zaubermann nicht so leicht über die Lippen wie gegenüber Tschotanka. Dennoch sagte er es, gleich kurz, gleich abschließend. Es wäre ihm unwürdig erschienen, auf einmal eine andere Antwort zu geben. Es wäre ihm unwürdig erschienen, zu sprechen, wo seine Schwester geschwiegen hatte, und er haßte es, ausgefragt zu werden und sich bloßzustellen.
Der Geheimnismann bewegte die Lippen ein wenig. Dann fragte er weiter. „Bist du ein Dakota?“
Stein mit Hörnern erinnerte sich, wie er diese Entscheidung hatte treffen sollen, als er nach drei Tagen hungernd, durstend und von nicht zu Ende geführten Gedanken gequält in das Zauberzelt zurückgekommen war. Damals hatte er geschwiegen. Er schwieg auch jetzt.
„Bist du ein Siksikau?“
Der junge Krieger hielt die Lippen geschlossen.
„Wer bist du?“
Stein mit Hörnern hatte eben diese Frage zweimal in seinem Leben beantwortet. Ein drittesmal beantwortete er sie nicht. Er blieb stumm, aus Scham, auch aus Trotz, Stolz und Abwehr.
„Du bist nicht das, was du an deinem Blutsbruder Donner vom Berge gerühmt hast, nicht klar, nicht einfach, nicht aufrichtig“, urteilte der Zaubermann. „Du verbirgst deine Gedanken vor der

Sonne und vor uns. Die Geister wollen dir nicht vertrauen. Es ist besser, wenn du nicht durch den Sonnentanz gehst. Die Lüge ist gleich dem Tode; so sagen zu Recht unsere alten und weisen Krieger vom Bunde der Männer, die die Wahrheit sprechen. Hörst du?"

„Ich höre."

Stein mit Hörnern schaute ins Feuer und auf das Opfermesser. Der Zauberer hatte ihm Lüge vorgeworfen. Das galt bei den Siksikau als ein schmähliches und todeswürdiges Verbrechen. Donner vom Berge zitterte plötzlich, kurz, heftig, weil er ahnte, was vorging.

„Du hast eine ganze Nacht Zeit, Stein mit Hörnern", nahm der Geheimnismann wieder das Wort. „Denke über das nach, was du noch nie zu Ende zu denken gewagt hast, und kehre dich zur Wahrheit. Wenn dieses Fest endet, wird das Kriegsbeil zwischen den Männern der Siksikau und den Männern der Dakota wieder ausgegraben. Die Geister haben es mir gesagt. Es ist ein großes Fest mit einem bösen Ende. Auf welcher Seite wirst du mit ganzem Herzen kämpfen? Mich betrügst du nicht."

Der junge Krieger rang mit sich. Mißtrauen war wie ein Messer, das ihn sofort traf, wenn es nur gezogen wurde. Er hätte auf die letzten Worte des Geheimnismannes, die ihn beleidigten, am liebsten hochfahrend geantwortet, aber er bezwang sich und faßte den Entschluß, die ganze Wahrheit zu sagen. Bei dem Spiel der wahren Begebenheiten, das für ihn nicht nur ein Spiel, sondern eine neu aufgerollte alte Frage gewesen war, hatte er wieder zu den Gedanken gefunden, die ihm als Knaben zum erstenmal, schüchtern noch und nebelhaft, gekommen waren und die sich ihm in vielen Jahren der Verbannung und eines als schmählich empfundenen Kundschafterdienstes für die weißen Männer verdichtet hatten. Er hatte am vergangenen Tage schon versucht, solche Gedanken in den heranwachsenden Knaben zu wecken, und er hatte sie seinem Blutsbruder angedeutet. Da er von dem Geheimnismann auf entscheidende Weise herausgefordert wurde, sprach er seine Gedanken zum erstenmal gegenüber einem Würdenträger eines Stammes aus: „Nie mehr werde ich mit ganzem Herzen gegen die Krieger der Prärie kämpfen, von welchem Stamme sie auch seien. So wie Pontiak und Tekumseh alle Söhne der Prärie und der Wälder liebten und sie gegen die Watschitschun im Kampfe führten, so denke auch ich, und so schlägt auch mein Herz."

„Du weichst mir aus", sagte der Zaubermann. Seine Stimme verlor den Klang und wurde kalt. „Das Kriegsbeil wird ausgegraben werden. Dem kannst du nicht mit Reden und mit Erinnerungen abhelfen. Wo stehst du ganz und ohne Zweifel, ohne Lüge und ohne Verrat, wenn Siksikau und Dakota einander töten?"

Stein mit Hörnern schwieg.

„So laß ab vom Sonnenopfer, denn die Sonne ist klar und will nur Wahrheit."

Stein mit Hörnern sah noch immer in das Feuer und auf das Messer.

„Schließt du mich aus?" fragte er schließlich.

„Bestehe nicht darauf, vor die große Sonne zu treten. In ihren Strahlen gefangen, sterben die Lügner."

Stein mit Hörnern faßte nach dem Wampumgürtel aus der Hütte Osceolas. „Ich bringe das Opfer."

Der Geheimnismann atmete einmal hörbar, und seine Augen nahmen einen eigentümlichen, undurchdringlichen Ausdruck an, der fremd wirkte, weil nichts Menschliches mehr darin zu spüren war. „So sei es", sprach er langsam, als ob er wider Willen gezwungen werde, ein unwiderrufliches Urteil zu sprechen. „Auch ich vermag die Botschaft deines Gürtels zu lesen. Dort stehen dieselben Gedanken, die du ausgesprochen hast, aber sie sind nicht gut für uns. Sie würden unsere Krieger nur verwirren und ihre Arme im Kampfe schwächen."

Weiter sagte der Zauberer nichts mehr. Es verging noch einige Zeit in Schweigen. Endlich gab der Geheimnismann den beiden jungen Kriegern das Zeichen, sich zum Schlafe niederzulegen. Sie streckten sich auf den bereitliegenden Decken aus.

Der Zauberer rief seinen Gehilfen in das Zelt zurück und hieß ihn die Flammen schüren. In der Nacht vor dem Opferfeste sollten alle Feuer hell flammen.

Donner vom Berge schloß sogleich die Augen und atmete regelmäßig, als ob er schliefe. Es gelang ihm, sogar den Zaubermann zu täuschen. In Wahrheit schlief er nicht; er horchte auf das Knacken des Holzes im Feuer und auf das Zauberlied, das der Geheimnismann anstimmte. Dem jungen Siksikau war feierlich zumute, aber zugleich war er unruhig wie in jener Nacht, als sein Blutsbruder mit Namen Harka, noch ein Knabe, fortgeritten war, um erst viele Jahre später wieder zurückzukehren. Er erkannte, wie sich wiederum ein Spalt aufgetan hatte und wie der Spalt größer und unüberwindlicher wurde. Die Gedanken des jungen Siksikau waren immer klar und einfach gewesen, weil alles um ihn klar und einfach schien. Aber jetzt brachen die Fragen, die ihn in jener Nacht vor sechs Jahren nur gestreift hatten, wie Wunden in ihm auf. Wo war Recht und wo war Unrecht? Konnte ein Mann in den Zelten der Siksikau leben, der auch den Dakota ein Bruder sein wollte? War das Kühnheit, oder war es Verrat? Der beste Krieger durfte am wenigsten zweifeln. Sein Schwanken bedeutete Gefahr für alle. Was würde über Stein mit Hörnern am kommenden Tage verhängt werden? Der Fremdling trotzte dem Zaubermann; sein Leben schien verfallen.

In dieser Nacht schlief Stein mit Hörnern ruhiger als Donner vom Berge. Er hatte eine Entscheidung getroffen. Sie ging auf Tod und Leben. Aber ausgewichen war er ihr nicht.

Als die Dämmerung sich vier Stunden nach Mitternacht über das Land verbreitete, waren die Blutsbrüder schon bereit und verließen mit dem Zauberer zusammen das Tipi. Sie waren nackt, ohne jeglichen Schmuck, bis auf Gürtel und Gürteltuch. Stein mit Hörnern hatte den Wampumgürtel um die Lenden gelegt.

In den Zelten brannten die Feuer noch immer hoch, so daß im Morgengrauen allenthalben der Schein herausleuchtete. Die Zauberlieder und die dumpfen Trommeln erklangen. Männer, Frauen und Kinder strömten lärmend und jubelnd zu dem großen Rundplatz inmitten des Lagers. Der Sonnentanz war für sie eine ihrer größten Feiern. Die Jünglinge, die abends die Zweige gebracht hatten, bekleideten damit jetzt rings die Stangengerüste, die den Opferplatz abgrenzten. Der Herold ging umher und gab den von den Zaubermännern der drei Stämme bestimmten Ablauf der Kulthandlung mit lautem Ruf bekannt. Die beiden Opfernden sollten von früh an „in die Sonne sehen" und die

Opferprobe mit dem Sonnentanze des Abends abschließen. Das war mehr, als für die einfache Kriegerprobe bei den Siksikau verlangt zu werden pflegte, und junger, bereits ausgezeichneter Krieger würdig. Stein mit Hörnern wußte von der Probe des „in die Sonne Sehens“ längst aus den Mythen und Berichten, die er als Knabe im heimischen Zelte von Untschida gehört hatte. Nur selten nahm ein Mann diese schwere Prüfung auf sich, noch seltener wurde sie bestanden. Der Vater Mattotaupas, Untschidas Gatte, hatte als junger Mann das Opfer gebracht und zum guten Ende geführt.
Aus einem abgelegten Tipi der Assiniboine kam auf den Heroldsruf hin eine alte Frau hervor, weißhaarig, schön gekleidet. Stein mit Hörnern und Donner vom Berge schauten auf sie. Der Zaubermann ließ sich hinter dem Tannenzaune, der den Opferplatz abgrenzte, nieder, und die Zauberfrau, die an den vergangenen Tagen gefastet hatte, setzte sich zu ihm. Die beiden jungen Krieger traten vor und neigten sich herab, um sich von der Geheimnisfrau Gesicht und Handgelenke mit schwarzer Farbe bemalen zu lassen.
Mit schwarzer Farbe bemalte der Zaubermann unterdessen den Fichtenpfahl.
Der Pfahl wurde inmitten des Kultplatzes aufgerichtet und eingerammt. Er trug an der Spitze ein Bündel Adlerfedern. Stein mit Hörnern nahm das Aufrichten des Pfahls durch die Geräusche wahr, ohne danach hinzusehen. Er schaute länger als sein Blutsbruder auf die Zauberfrau, diese alte Frau der Assiniboine, die die gleiche Haartracht und eine ähnliche Kleidung trug wie die Dakotafrauen und in deren ruhigem und eindringlichem Blick etwas von der gleichen Würde und dem gleichen Wissen lag, die Stein mit Hörnern als Knabe an der Mutter seines Vaters, an Untschida, bewundert und geliebt hatte.
Krieger und Häuptlinge bildeten einen Kreis um die Opferstätte. Ihre Mienen waren froh, sie erinnerten sich ihrer eigenen Jugend und der bestandenen Mannbarkeitsproben. Brennendes Wasser und Mattotaupa lächelten. Als Väter der ausgezeichneten Söhne hatten sie nach aller Urteil und ihrem eigenen Empfinden am meisten Grund zur Festesfreude. Niemand zweifelte daran, daß Stein mit Hörnern und Donner vom Berge, deren

Wille stark und deren Sehnen hart waren, den Sonnentanz ruhmvoll bestehen würden.
Weiter entfernt als die Männer hielten sich die Frauen und Kinder. Unter den Mädchen fand sich heute auch Uinonah ein. Sie trug das Kleid aus weißem Büffelfell. Ihre Züge blieben ernst, und sie sah nichts als ihren Bruder. Sie wußte aber auch, daß er sich jetzt nach niemandem mehr umblicken durfte.
Der Geheimnismann sang vor dem Beginn des Opfers mit seiner tiefen Stimme das Danksagungsgebet der Siksikau, und die Krieger stimmten ein:

„Großer Geist, unser Vater, hilf uns,
und zeige uns den Pfad der Wahrheit!
Halte mich und die Meinen
und unseren ganzen Stamm
im Pfade unseres wahren Vaters,
auf daß wir stark und gesund bleiben
im Geiste und im Körper.
Lehre die Kinder deinen Pfad gehen!
Schaffe auf der ganzen Welt Frieden!
Wir danken dir für die Sonne
und für den guten Sommer,
die du uns wieder gegeben hast.
Und wir hoffen, Sonne und Sommer
geben allen Tieren gutes Gras
und Nahrung für alle Menschen."

Der Gebetsgesang war beendet. Auf dem Opferplatz innerhalb der Tannenumzäunung flammte ein kleines Feuer auf. Die Geräte des Geheimnismannes, Messer und Lederriemen, lagen dort bereit.
Donner vom Berge kniete als erster vor dem Geheimnismanne nieder. Der Zauberer machte mit dem Opfermesser auf der Brust des jungen Kriegers, erst rechts, dann links, zwei Einschnitte, löste die Haut zwischen den Schnitten rechts und links und zog je ein Ende des kurzen Riemens durch. Die Enden knotete er fest, ohne daß der Opfernde zuckte. An das herabhängende Mittelteil des kurzen Riemens band der Geheimnismann

ein Ende eines mehrere Meter langen Riemens und befestigte diesen mit dem anderen Ende an dem bemalten Pfahl.
Darauf wandte sich der Zauberer Stein mit Hörnern zu, und als dieser niederkniete, verfuhr er mit ihm in der gleichen Weise, aber nur scheinbar. In Wahrheit hatte der Geheimnismann mit dem Messer diesmal tiefer gefaßt. Stein mit Hörnern wußte nun, was ihm bevorstand.
Die beiden jungen Krieger lehnten sich zurück, so daß das Gewicht des Körpers die Riemen straffte. Seite an Seite stehend, richteten sie den Blick in die Strahlen der aufgehenden Sonne. Blut floß aus den Wunden und sickerte am Körper herunter.
Die Menge der Festteilnehmer feierte den Beginn des Opfers mit rasendem Lärm. Schüsse krachten, die Rauchwölkchen stiegen auf. Trommelschläge erzeugten dumpfes, wirbelndes Getöse. Männer und Knaben schrien laut. Pfiffe schrillten. Die Schallwellen brandeten um die beiden Opfernden und ließen sie im Beginne ihrer körperlichen Qualen wissen, daß sie, obgleich vom Fichtenzaune eingegrenzt und abgegrenzt, doch nicht allein, sondern die Mitte der Gemeinschaft von Männern, Frauen und Kindern waren. Den ganzen Tag hindurch, bis zum Sonnenuntergang, hatten die Sonnentänzer von nun an zu stehen und ihre Stellung im Kreis um den Pfahl nur jeweils so zu verändern, daß sie das Gesicht immer der wandernden Sonne zukehrten und immer in ihre Strahlen blickten. Der Lärm verstummte wie auf einen Schlag. Schweigend stand alles ringsum und wartete. Nicht ein Wort wurde mehr gesprochen. Die ersten Stunden waren für die Opfer des Sonnenkultes die leichtesten. Noch waren ihre Kräfte frisch, und es war kühl von der Nacht her. Der Morgenwind wehte, und die Strahlen fielen flach. Aber die Sonne stieg und gewann an Kraft. Die Luft und der Boden wurden von Stunde zu Stunde wärmer. Das Blut aus den Wunden trocknete an. Die Wunden schmerzten heftiger. Die Augen brannten, da sie unaufhörlich in die Strahlen gerichtet waren, die immer blendender wurden. Die Stirn glühte, der ganze Kopf begann unter dem dumpfen Druck der Hitzeeinwirkung zu leiden. Die Sonnenhitze wirkte nicht nur auf Augen und Gehirn, sondern auf den ganzen schutzlosen Körper, auf die brennenden Wunden. Die Schmerzen, die von dem Zerren

der Riemen ausgingen, verbreiteten sich über Schultern und Arme und griffen nach dem gesamten Nervensystem.
Als die Sonne den Zenit überschritten hatte, war die Luft heiß wie Brühe im Topf. Der Mund trocknete aus, die Zunge klebte am Gaumen, und durch den Blutverlust war der Durst noch quälender. Wenige Männer nur vermochten, einen solchen Tag zu überstehen, ohne ohnmächtig zu werden. Langsam, langsam stieg die Sonne ab. Die beiden jungen Krieger hatten sich schon im Halbkreis um den Pfahl bewegt und schauten jetzt nach Westen, zum Felsengebirge hin, wo der glühende Sommersonnenball zu den Gipfeln sank. Es wurde wenig kühler. Der Wind war trocken und brachte Staub. Die beiden Opfernden waren erschöpft. Ihre Willensanstrengung, sich noch aufrecht und bei Bewußtsein zu halten, wurde sichtbar. Ihre Züge verkrampften sich, der Atem ging kürzer.
Die Häuptlinge und Zaubermänner, viele Krieger und auch einige Frauen hatten erkannt, daß Stein mit Hörnern auf eine schwerer lösbare Weise an Riemen und Pfahl gefesselt war. Kaum einer zweifelte daran, daß der große Geist und die große Sonne es so wollten; der Zaubermann war in den Augen der Krieger und Frauen nur die Hand und der Diener der Geheimnisse; es geschah, was von den Geistern bestimmt schien. Obgleich sie Blutsbrüder waren, hatte die große Sonne selbst einen Unterschied gesetzt zwischen Donner vom Berge und Stein mit Hörnern. Niemand hätte gewagt, sich dagegen aufzulehnen.
Uinonah stand in den hinteren Kreisen der Menge, auf einer Bodenwelle, die ihr erlaubte, über die Krieger hinwegzusehen zum Opferplatz. Ihre Wangen waren grau wie der Nebel im Herbst, und stundenlang sah sie nichts als den schwarz bemalten Pfahl und die Köpfe und Schultern der Opfernden. Es ging gegen die achte Stunde nach Mittag. Der Sonnenball berührte die Gipfel im Westen. Glutrot leuchtete der Himmel. Um diese Stunde wurde Uinonah zum erstenmal gewahr, wer neben ihr stand. Es war Sitopanaki.
Ehe die Sonne schwand, gab der Zaubermann das Zeichen zur letzten Probe. Mit schweigender Erregung warteten alle rings, wie das schwere Opfer gelingen würde. Donner vom Berge und Stein mit Hörnern richteten sich aus ihrer zurückgelehnten Hal-

tung auf und tanzten zu Ehren der Sonne. Sie wirbelten um den Opferpfahl und warfen sich dabei immer wieder mit aller Kraft zurück in die Riemen, um Haut und Fleisch zu zerreißen und von den Riemen loszukommen.

Es war nicht leicht, sich zu befreien. Wieder und wieder warfen die beiden sich mit heftigem Ruck zurück. Das Bestreben des Körpers, nach fünfzehn Stunden die Qual zu beenden, wirkte ebenso stark wie der Willensentschluß, nicht in der letzten Phase noch das Gelingen des ganzen Opfers zu gefährden. Nach dem Ritus durften die Riemen nicht gelöst und die Haut nicht durchschnitten werden. Die Haut mußte zerreißen.

Die letzten Strahlen des Sonnenballs verloschen hinter den Gipfeln. Nur ein Leuchten stand noch am Himmel, als Donner vom Berge, mit zerfetzter Brusthaut, ins Gras stürzte. Seine Augen waren geschlossen, seine Wangen eingefallen, er rührte sich nicht mehr. Der Zaubermann nahm den Riemen vom Pfahl ab, und die Krieger trugen den ruhmreichen Sonnentänzer in das väterliche Zelt. Dort wartete schon die Mutter, um den Sohn zu pflegen. Sitopanaki war bei Uinonah stehengeblieben.

Stein mit Hörnern war es noch nicht gelungen, sich von dem Riemen zu lösen. Er tanzte weiter, allein. Der Dämmerschein ging in das Helldunkel der Sommernacht über. Die Sonne hatte den Opfertänzer verlassen. Er tanzte weiter, während die ersten Sterne aufschimmerten. Er wirbelte sich um den Pfahl und warf sich mit seiner großen Kraft in den Riemen. Aber die beiden Enden waren zu tief durchgezogen. Das Fleisch riß nicht, obgleich der Riemen den ganzen Tag hindurch gezerrt hatte. Eine Stunde hindurch tanzte Stein mit Hörnern allein den Opfertanz um den Pfahl. Die Menge wartete stumm. Irgend jemand hatte gemurmelt: „Die Sonne straft ihn. Er ist ein Lügner. Sein Leben ist verwirkt.“ Die Worte begannen umzugehen.

Uinonah legte die Hand vor den Mund und bewegte die Lippen. Sie betete ohne Laut. Sie wußte wohl, und alle, die den Opferplatz umringten, wußten, daß es einen gab, der helfen durfte: das war der Geheimnismann. Nach der Kultsitte war es ihm erlaubt, das Ende des langen Riemens vom Pfahle zu lösen, wenn der Opfernde den Tanz durchgestanden hatte und nicht bewußtlos geworden war. Der Zaubermann konnte das freige-

machte Ende des Riemens einem Reiter geben, der den Opfernden daran wie an einem Lasso um den Opferplatz schleifte, bis die Haut riß. Hilfsbereite Knaben pflegten einem solchen Geschleiften auf den Rücken zu springen, um ihn zu beschweren und ihn dadurch zu befreien. Das wußte Uinonah, aber es war ihr auch quälend bewußt, daß der Zaubermann dem Opfertänzer Stein mit Hörnern nicht zu helfen gewillt war. Das Mädchen schaute nach dem Vater. Schämte sich Mattotaupa jetzt seines Sohnes, der die Probe nicht so gut zu bestehen schien wie Donner vom Berge oder den die Sonne strafte, weil er ein Lügner war? Der Vater hatte der Kriegerprobe des Sohnes nicht beigewohnt. Er erlebte nur den Schein seines Versagens mit, vor dem großen Geheimnis, vor der großen Sonne, vor drei Stämmen und ihren Häuptlingen, vor Tatanka-yotanka, vor Tashunka-witko, auch vor Schonka. Häuptling Brennendes Wasser war ein glücklicher Vater, aber Mattotaupa lächelte nicht mehr.
Der junge Krieger am Pfahl taumelte endlich und brach in die Knie. Niemand wollte mehr glauben, daß sich dieser Sonnentänzer aus eigener Kraft würde befreien können. Er war an den Pfahl gefesselt, und wenn der Zauberer nicht eingriff, mußte er im Riemen hängen, bis die Fessel aus der Wunde herauseiterte oder bis er starb.
Es wurde Stein mit Hörnern schwarz vor den Augen. Wie die Schmerzen seinen Körper, so wühlten aber die Gedanken seine letzten Willenskräfte auf. Ehe eine Ohnmacht ihn überwältigte und vor allen Teilnehmern des Festes demütigte, griff er an den dem Zaubermann verhaßten Wampumgürtel, dessen Botschaft er nicht durch eine Schwäche verraten wollte. Vielleicht glaubte der Zaubermann, der allein im Opferring stand und allein diese Bewegung seines Opfers sehen und deuten konnte, daß Stein mit Hörnern den Gürtel lösen und sich unterwerfen würde. Aber der Opfernde rückte den Gürtel zurecht und reckte sich noch einmal auf; seine Glieder gehorchten seinem Willen wieder. Die Knie hatten neue Kraft. Ein Laut drang aus seinem Mund. Niemand konnte ihn verstehen, denn es war ein Seminolenname.
Donner vom Berge, der Blutsbruder des von dem Zauberer Ge-

bannten, war, noch wankend, wieder aus dem Zelte hervorgekommen. Laut begann er ein Gebet zu singen. Die Zauberfrau der Assiniboine, Mattotaupa, Uinonah und Sitopanaki stimmten mit verhaltener Stimme ein. Der Opfernde vernahm den Gesang. Er sprang noch einmal hoch, und mit der letzten und äußersten Wucht warf er sich wieder in den Riemen zurück. Das Fleisch zerriß mit einem Geräusch, das selbst dem aufnehmenden Ohr noch weh tat. Stein mit Hörnern stürzte ins Gras, er schlug dumpf auf, und wie tot blieb er liegen.
Er wußte nicht, daß sein Vater Mattotaupa der erste war, der zu ihm kam und sich zu ihm niederkniete. Niemand hatte es unternehmen wollen, Uinonah aufzuhalten, als auch sie zu dem Bruder hinging. Aber der Zauberer kam nicht, keiner der Geheimnismänner kam herbei, obgleich das Opfer gelungen war.
Die Umstehenden blieben lange stumm. Endlich verließ einer nach dem anderen den Festplatz. Ein Geflüster erhob sich, unbestimmt, wie flatternde Winde. Vielleicht stammte die staunenswerte Kraft, mit der dieser Sonnentänzer sich noch losgerissen hatte, nicht vom Großen Geheimnis noch von der großen Sonne, sondern war ein böser Zauber, den alle fliehen mußten? Häuptling Brennendes Wasser scheuchte seinen Sohn Donner vom Berge und seine Tochter Sitopanaki ins Zelt, damit sie nicht in die Gewalt eines solchen Zaubers gerieten. Mattotaupa schaute um sich wie ein Büffel, den Wölfe umzingelt haben und zerfleischen wollen. Dann sah er Tashunka-witko, den er haßte und nicht mehr bezwingen konnte, da sah er die Schwarzfüße, deren Geheimnismann seinen Sohn hatte am Pfahl sterben lassen wollen. Da standen sie alle. Und nun gingen sie weg. Feinde, sie alle Feinde!
Er trug seinen Sohn allein in die dunkelnde Prärie hinaus. Als er anhielt, merkte er erst, daß Uinonah mitgekommen war. „Bring Decken und Kräuter und Binden und die Pferde", sagte er heiser. Er konnte kaum sich selbst verstehen, aber die Tochter verstand ihn. Er hatte auch nicht daran gedacht, daß der Falbhengst keinem anderen Menschen folgte als seinem eigenen Herrn, und wiederum hatte er nicht wissen können, daß Uinonah das Pferd zu streicheln und mit ihm zu sprechen verstand.

Sie kam mit dem Falben und Mattotaupas Schecken und mit der Schimmelstute als Packpferd. Sie brachte Decken, Kleidung, Bastbinden und Kräuter. Sie holte Wasser, um die Bastbinden anzufeuchten, so daß sie im Trocknen fest anschlossen. Als der Bruder sich zum erstenmal rührte, gab sie ihm zu trinken. Sie hatte ein Messer mitgebracht, einen spitzen zweischneidigen Dolch, sehr scharf geschliffen; der Griff war kunstvoll in der Form eines Vogelkopfes geschnitzt. Da Stein mit Hörnern noch nicht wieder fähig war, zu sehen oder zu hören, gab sie die Waffe einstweilen Mattotaupa. „Es ist für ihn", sagte sie, „ein heiliges Messer. Donner vom Berge schenkte es seinem Blutsbruder."

Dann ging sie. Denn sie war ein Mädchen, und das Leben, das Vater und Bruder nun wieder beginnen mußten, konnte sie nicht teilen. Der große schwarze Wolfshund, der mit den Pferden gekommen war, zögerte, ob er dem Mädchen zu den Zelten zurück folgen sollte. Er winselte und nahm Witterung. Endlich setzte er sich zu dem Falben.

Mattotaupa blieb allein bei seinem Sohn. Er horchte auf jeden leisen Atemzug, und er lauschte zugleich hinüber zu den Zelten der Festteilnehmer. Es war unruhig dort, denn ein Teil brach die Zelte schon ab und begann, noch vor der Morgendämmerung zurück in die heimatlichen Prärien zu wandern. Gelöste Zeltplanen flatterten im Nachtwind, Pferde stampften, Hunde jaulten, Rufe ertönten. Bald ließ sich schon das Geholper von Tragestangen auf dem Steppenboden hören, und die Schatten von Reitern und Reiterinnen zeichneten sich ab. Der Himmel wölbte sich sternenklar über dem Land.

Mattotaupa hatte alle Waffen zur Hand. Er war darauf gefaßt, daß die Dakota mit Beendigung des Festes und des Festfriedens ihn sofort angreifen und versuchen würden, ihn und seinen Sohn zu töten. Zwar wäre es eine Schmach gewesen, einen Mann, der das Sonnenopfer gebracht hatte, als Wehrlosen zu ermorden, aber Mattotaupa hatte zu lange an der Grenze zwischen Weißen und Roten gelebt, um noch auf Edelmut von Feinden zu vertrauen. Er spähte, ob sich jemand näherte. Er wünschte fast, daß Tashunka-witko die Schande auf seinen Namen laden und angreifen würde. Mattotaupa fühlte in diesem

Augenblick Erbitterung genug, um zum drittenmal den Zweikampf mit diesem Feinde zu wünschen. Aber Tashunka-witko kam nicht, obgleich sein Zelt noch auf dem Festplatz stand. Er versuchte auch nicht, Mattotaupa zu töten und den bewußtlosen jungen Krieger mit sich zu schleppen.

Mattotaupa blieb mit seinem Sohn allein.

Am nächsten Morgen machten sich die noch verbliebenen Zelte auf den Weg, und schon um Mittag waren sie alle verschwunden. Einsam lag wieder die Steppe unter der brennenden Sonne.

Mattotaupa hatte seinen Sohn in den Schatten einer Bodenwelle gebracht und gab ihm zu trinken, sobald er sich wieder rührte. Als in der folgenden Nacht die Wölfe heulten, hielt Mattotaupa seine Büchse bereit. Er war der waffenführende Vater und die pflegende Mutter in einem. Am zweiten Tage nach dem Fest kam Stein mit Hörnern endlich wieder zu Bewußtsein. Er sprach noch nicht, bat auch um nichts, aber der Vater erriet alles, was er brauchte.

Die Verstoßenen

Die folgenden Sommertage liefen gleichmäßig dahin. Mattotaupa erlegte des Nachts Wölfe und jagte des Tags Präriehühner und Antilopen. An Nahrung fehlte es nicht. Als Stein mit Hörnern sich so weit erholt hatte, daß er selbst die Waffen führen konnte, schweifte Mattotaupa weiter umher. Er kundschaftete aus, daß es zwischen Dakota und Schwarzfüßen bei den großen Büffeljagden zu Zusammenstößen gekommen war.

Mit der vollständigen Genesung des jungen Kriegers stand die Frage, wofür das wiedergewonnene Leben zu nutzen sei, unausweichlich da. Sie stand wie eine große Drohung.

Es war Abend, einer jener milden Abende am Ausgang des Sommers. Die Wut der Hitze war gebrochen. Die Kälte lauerte erst und wartete noch auf ihre Zeit. Alles schien in der Schwebe, in einer trügerischen, von den Wundern der milden Sonne

umschleierten Harmonie, ehe die Winterstürme losbrachen. Mattotaupa brachte ein kleines Feuer in Gang. Die beiden Indianer setzten sich zusammen und rauchten. Jeder hatte dabei Zeit, den anderen nachdenklich zu betrachten. Vater und Sohn waren jetzt etwa gleich groß, Stein mit Hörnern noch etwas schlanker gebaut als der hager gewordene Mattotaupa. Der junge Krieger war zwanzig, sein Vater vierundvierzig Jahre alt. Beide sahen älter aus, als sie waren, aber auf verschiedene Art. Der Sohn erschien ernster und verschlossener, als es seinen Jahren zukam, abgehärtet, zähe, sehnig wie ein Wildtier. Der Vater war erschlafft. Nicht nur sein Empfinden, auch sein Mienenspiel war lockerer, ungesicherter geworden. Seine Kraft hatte nachgelassen, und wenn sie auch noch immer ungewöhnlich blieb, so doch nur für Momente, nicht mehr zuverlässig. Mit den grauen Strähnen im Haar machte Mattotaupa den Eindruck eines Fünfzigjährigen.
Als er jetzt am Feuer saß, den Kopf gesenkt hielt und die Schultern sinken ließ, wirkte er müde und traurig. Stein mit Hörnern fühlte sich beschämt, weil der Vater bei ihm geblieben war und ihm das Leben gerettet hatte. Er trug auch verschiedene Fragen mit sich herum, aber es war wohl die Sache des Vaters als des Älteren, ein Gespräch zu eröffnen, das über die notwendigste Verständigung in bezug auf das Tägliche hinausging.
Mattotaupa schien sich wieder in seinen Sohn hineindenken zu können. „Hast du Fragen?" sagte er.
Stein mit Hörnern fiel die Frage, die er zuerst aussprechen wollte, schwer, denn er dachte dabei an den Vorwurf, den der Vater ihm vor den anderen gemacht hatte, aber er entschloß sich doch, diese Frage zu stellen: „Wer hat dir gesagt, daß die Watschitschun dich gar nicht suchen und auch bei den Siksikau nicht nach dir gefragt haben?"
Mattotaupa hob den Kopf. Er rechnete es dem Sohn hoch an, daß dieser seine Versäumnisse einzugestehen schien. „Die Oberhäuptlinge der Siksikau haben es mir gesagt. Ich war zu ihnen geritten. Als Kundschafter war ich entlassen. Ich schweifte ohne Ziel umher und hörte eines Tages von dem großen Fest. Da machte ich die Probe, ob sie mich empfangen würden, denn ich wollte Tashunka-witko noch einmal sehen und

noch einmal mit ihm kämpfen, so wie damals. Die Siksikau nahmen mich auf." Mattotaupa machte eine Pause. „Ich wollte auch dich treffen, Stein mit Hörnern", fügte er dann offen hinzu. „Ich bin nicht dabei gewesen, als du ein Krieger wurdest."

„Du gehst jetzt wieder zu den Siksikau?"

Mattotaupa spielte mit den Zweigen, die bereitlagen, schob sie aber nicht ins Feuer, so daß die Glut, die keine neue Nahrung erhielt, nur noch rötlich zwischen der Asche leuchtete. Mattotaupa wußte schon, was er auf die Frage des Sohnes zu erwidern hatte: „Nein!" hatte er zu antworten, und er hätte hinzufügen müssen: „Ich gehe nicht zu den Siksikau, obgleich sie den Mann, der zuerst in die Sonne geschossen hat, aufnehmen würden. Sie wissen ja, daß dieser Mann die Dakota zuverlässig haßt, zuverlässiger als sein Sohn, und daß er die Fronten nicht wechseln kann, weil er bei den Dakota als ein Verräter gilt. Aber ich gehe nicht zu den Siksikau. Ihr Geheimnismann hat meinen Sohn ermorden wollen. Es fällt mir heute auch nicht schwer, auf ein Leben bei den Schwarzfüßen zu verzichten. Sie haben keinen Brandy. Ich aber sehne mich schon wieder danach, und wenn es nur der Geruch eines Tropfens wäre, ich würde dafür einen Tag lang reiten." Das alles dachte Mattotaupa, noch ehe er überhaupt das „Nein" ausgesprochen hatte.

Stein mit Hörnern wartete. Bei den Gedanken, die Mattotaupa hegte, kam wieder der Ausdruck der Menschenverachtung und Selbstverspottung in seine Züge, der dem Sohn unheimlich war.

„Nein, zu den Siksikau gehe ich nicht zurück", betonte Mattotaupa schließlich laut. „Sie kämpfen jetzt gegen die Dakota, aber nicht für Mattotaupa, wie sie gesagt haben, sondern um ihre Büffel."

„Charlemagne hat mich angelogen." Stein mit Hörnern bemerkte das, als wollte er einen versäumten Bericht nachholen.

„Ich habe das auch vernommen."

„Dich aber, Mattotaupa, belog Red Jim."

„Weil er selbst getäuscht worden war. Charlemagne hatte auch ihn belogen." Der Ton, in dem Mattotaupa sprach, nachdem der Name Jims gefallen war, wirkte schon wieder gereizt. Seine

Stimmung pflegte sehr rasch zu wechseln. Er warf zehn Zweige ins Feuer und fragte den Sohn: „Was wirst du künftig tun?"
Stein mit Hörnern hatte Zeit genug gehabt, sich klarzuwerden, was für ein Leben für ihn noch wirklich war und welche Hoffnungen nicht mehr wirklich waren. „Ich reite zu den Black Hills", antwortete er ohne Zögern. „Dort werde ich leben wie der Luchs im Walde, und ich werde jeden töten, der Gold sucht. Jeden! Verstehst du mich?"
Mattotaupa runzelte die Stirn. „Hau, ich habe dich verstanden. Du hast mir geschworen, als du noch ein Knabe warst, daß du meinen weißen Bruder nicht töten wirst, es sei denn, ich wünsche das selbst. Nun gut. Wenn du ihn als Goldsucher bei meinem Geheimnis triffst, so töte ihn. Du wirst ihn aber nicht treffen, denn er sucht überhaupt kein Gold."
Nach einer langen Pause stellte Stein mit Hörnern seinerseits die Frage: „Was wirst du künftig tun, Mattotaupa?"
„Du sollst wissen, was ich tun werde. Den Weg des Feuerrosses, dessen Bau wir beschützt haben, werde ich stören. Sie brauchen keine Kundschafter mehr, haben sie gesagt. Nun, sie werden sehen, was ohne Kundschafter geschieht!"
„Gegen die Watschitschun wirst also auch du kämpfen?"
Eine verborgene, nicht einmal im Ton verratene Hoffnung keimte in dem jungen Krieger auf, daß er mit dem Vater wieder eins werden könne, nachdem sie beide wieder einen gemeinsamen Feind hatten.
„Die Watschitschun sind sich untereinander ebensowenig einig wie die Dakota und die Siksikau", erklärte Mattotaupa sehr mißmutig. „Ich werde mit denjenigen, die meine Brüder sind, gegen andere die Waffen führen."
In Stein mit Hörnern stieg ein Argwohn auf, der alle seine Hoffnung zerstörte. „Wirst du mit diesen deinen Brüdern wieder trinken, Vater?"
Mattotaupa sprang auf. Der Zorn schüttelte ihn, denn er war an einer verwundbaren Stelle getroffen. „Ja, das werde ich! Ich sage es dir, hau!" Er begann zu lachen, aus Hohn über sich selbst, aus Erbitterung über den Sohn, der diese Frage mit solchen Worten gestellt hatte. Er lachte schallend, lange, verzweifelt und irre, und in seine Züge kam von neuem der Ausdruck,

der dem Sohn unverständlich und unheimlich war. „Wirst du dich nun für immer von deinem Vater trennen?"
„Wir können uns zuweilen treffen", sagte Stein mit Hörnern. „Wenn du nüchtern bist und wenn du allein bist – ohne den Roten Fuchs."
Am Morgen nach diesem Gespräch machten Vater und Sohn, ohne weiter ein Wort darüber zu verlieren, ihre Mustangs und ihren Proviant bereit und begannen den langen Ritt südwärts. Für jeden der beiden lag das Ziel in dieser Richtung. Mattotaupa ritt auf seinem Schecken voran, Stein mit Hörnern folgte in seiner Spur und führte die Schimmelstute als Packpferd mit. Der schwarze Hund lief hinterher.
Der Ritt der beiden Indianer ging nicht ohne Schwierigkeit vor sich. Den Falbhengst schüttelte der Zorn, weil er als zweiter hinter dem Schecken laufen sollte. Der Hengst war immerzu unruhig und aufsässig, und sein Reiter hatte den ganzen Tag mit ihm zu tun. Stein mit Hörnern wollte aber den Vater nicht bitten, daß er ihn voranreiten lassen möge, und er war auch der Meinung, daß der Falbe einmal lernen müsse, in einer Reihe zu laufen wie jedes Indianerpferd. Doch war das nicht leicht zu erreichen. Der Kampf mit dem Hengst ging von Tag zu Tag weiter. Selbst wenn sich der Mustang gefügt zu haben schien, war das immer nur eine Pause in seinem Widerstand, den er dann in irgendeiner überraschenden Form von neuem eröffnete.
Die Ziele der beiden Reiter, die Black Hills und die westliche Präriestrecke der Union Pacific, lagen in den Gebieten der Dakota, in denen die beiden sich ständig in der Gefahr befanden, entdeckt, ergriffen und getötet zu werden. Sie ließen daher bei ihrem wochenlangen Ritt keine Vorsicht außer acht. Gesprochen wurde nichts mehr zwischen ihnen, als was für das gemeinsame Handeln unerläßlich war.
Die Tage und Nächte wurden schon kalt, und der Winter kündigte mit Stürmen und ersten Schneewehen den Beginn seiner Herrschaft an. Es war nun soweit, daß Vater und Sohn sich trennen mußten, wenn jeder an seinem eigenen Vorhaben festhielt.
Nach einer Nacht, in der die beiden mit den drei Pferden und dem Hund von Neuschnee eingeweht waren und sich mühsam

wieder herausgescharrt hatten, fragte Mattotaupa seinen Sohn des Morgens:
„Du gehst zu den Schwarzen Bergen?"
Der bewaldete Bergstock war in der Ferne zu sehen.
„Ich gehe dorthin, und ich habe dir gesagt, warum."
Um Mattotaupas Mundwinkel zuckte es. „Ich reite zum Blockhaus des zahnlosen Ben und verbringe dort die Zeit des Winters. Wenn der Schnee wieder schmilzt, bin ich in der Prärie, durch die das Feuerroß läuft. Treffen wir uns noch einmal?"
„Sobald der Winter vorbei ist, im Mond der kranken Augen*, an der Stelle, an der sich das Stationslager befand", schlug Stein mit Hörnern vor und verbarg, was er über das Vorhaben des Vaters in den Wintermonaten dachte.
Mattotaupa war einverstanden. „Gut. Kann ich das Packpferd zum Blockhaus mitnehmen?"
„Die Schimmelstute? Wozu?"
„Ich will sie eintauschen. Du brauchst sie in den Black Hills nicht."
„Eintauschen? Nein. Nimm mit, was du willst, und zahle, womit du willst, aber nicht mit diesem Mustang, den Brennendes Wasser mir an dem Tag geschenkt hat, an dem ich ein Krieger wurde. Ehe du den Schimmel für Brandy weggibst, lasse ich ihn lieber frei."
Mattotaupa wandte sich ab, nahm die Schneereifen an die Füße und führte seinen Schecken aus dem noch verwehten neuschneebedeckten Gelände hinaus. Er stieg auf und ritt südwärts. Stein mit Hörnern folgte dem Vater mit den Augen, bis dieser am Horizont verschwunden war. Er selbst blieb am Platz und wollte erst im Schutze der Nacht aufbrechen. Die sturmüberwehten Prärien waren zwar menschenleer, auch kein Dakota hielt sich mehr hier auf. Aber Stein mit Hörnern hatte die Absicht, sich den Black Hills zu nähern, in denen sich die Winterlager vieler Zeltlager befanden. Er mußte vor den Spähern dort auf der Hut sein. Als Feind der Dakota und zugleich als Feind der weißen Männer jahrelang in den Bergwäldern zu leben, erschien überhaupt so gut wie unmöglich. Vor einigen Jah-

* März

ren hatten Mattotaupa und Jim für einen Winter in der Höhle, die von der großen Bärin bewohnt sein sollte, Unterschlupf gefunden und die Dakota mit Geisterspuk genarrt. Ob eine solche Übertölpelung ein zweites Mal möglich war, blieb sehr zweifelhaft. Stein mit Hörnern sann daher auf andere Mittel, um sein Vorhaben zu sichern. Er war verwegen, aber noch war er nicht selbstmörderisch gestimmt.

Als es Nacht geworden war, hatte er einen Plan gefaßt. Er machte für das, was er jetzt vorhatte, beide Pferde, den Falben und die Schimmelstute, völlig frei und ledig und packte alles, was er bei sich hatte und unbedingt brauchte, auf seine eigenen Schultern. So schlich er sich von Wellental zu Wellental auf verschlungenen Wegen zu dem bewaldeten Bergstock hin. Die beiden Pferde und der Hund kamen mit. Der Falbhengst betrachtete seinen Herrn als ein starkes Herdentier, als eine Art Leithengst, den einzigen, den er anerkannte, und hielt sich aus Instinkt zu ihm. Die Schimmelstute folgte stets dem Falben, und der Hund lief seiner Natur und seinem Interesse entsprechend mit. Alle drei Tiere hielten aber keine genaue Richtung, sondern schweiften dahin und dorthin, weideten und soffen. Dabei hielten sie ihren Herrn immer in Gesicht und Witterung. Der Falbe freute sich, daß ihn niemand mehr in eine Reihe zwang. Er spielte übermütig mit der Schimmelstute, galoppierte über Höhen und Täler, stieg und kehrte in stolzem Trab wieder zu seinem Herrn zurück.

Auf diese Weise, von den Tieren begleitet, drang Stein mit Hörnern die ganze Nacht hindurch vor. Tagsüber rastete er versteckt und zwang die Tiere, sich bei ihm hinzulegen. Nach Einbruch der Dunkelheit machte er sich wieder auf und ließ den Pferden und dem Hunde ihre Freiheit. So wanderte er die erste, die zweite und dann die dritte Nacht hinein unbehelligt. Er war dem bewaldeten Bergmassiv schon sehr nahe gekommen.

Als es gegen Mitternacht ging, wurde er auf ein Geräusch aufmerksam. Er legte das Ohr an den Boden und war sich bald gewiß, daß aus Richtung der Black Hills eine Gruppe von vier bis sechs Reitern in gestrecktem Galopp näher kam. Der Falbe stand im Mondschein auf einer Anhöhe und zeigte sich so den Herangaloppierenden, die das Tier, wie der Indianer vermutete, schon sehen mußten, in seiner ganzen Gestalt, in der erwartenden Gespanntheit seiner Haltung, aus der heraus es sofort selbst zum Galopp übergehen und jeden Verfolger zum besten haben konnte. Die Schimmelstute war auf denselben Hügelkamm hinaufgelaufen und hatte ein Stück weiter zurück haltgemacht.

Stein mit Hörnern nahm an, daß die Herankommenden Indianer waren. Das Galoppgeräusch deutete auf das Reiten in der Reihe, auf Pferde mit unbeschlagenen Hufen. Fünf Reiter mußten das sein. Wenn ihnen der Falbe nicht in die Augen stach, waren sie keine Männer! Sehen konnte Stein mit Hörnern die Schar noch nicht, denn die Reiter hielten sich in Deckung der Wellentäler.

Das Präriegelände war sandig, zum Teil schon steinig. Stein mit Hörnern suchte sich ein halbes Dutzend handliche Steine zusammen, verstaute sie in seiner Gürteltasche und legte alles Gepäck, das er bei sich trug, selbst den Bogen ab. Die Büchse nahm er im Futteral am Riemen über die Schulter. Er huschte tief geduckt, mit großen Sprüngen, den herangaloppierenden Reitern entgegen. So wie sie jetzt ritten, schrieb er ihnen die Absicht zu, den Falben und die Stute im Wiesental zu umreiten, die Mustangs auf dem Hügelkamm einzukreisen und die herrlichen Tiere mit den Lassos einzufangen. Daß beide Pferde stillstanden, schien eine günstige Gelegenheit. Wahrscheinlich handelte es sich um Dakotaspäher, die die ledigen Mustangs schon in der vergangenen Nacht beobachtet hatten und keinen Reiter in der Nähe wähnten.

Das Galoppgeräusch sagte dem Lauschenden jetzt eindeutig, wie die Reiterschar herankommen mußte. Er versteckte sich an dieser Route hinter einem verschneiten Dornstrauch, der gute Deckung bot, und wartete. Die gesammelten Steine hatte er zur Hand. Die fünf Reiter donnerten heran, so daß bald Schnee, bald Staub aufflog. Stein mit Hörnern sah sie schon, ohne daß sie ihn bemerkten. Es waren fünf Dakota, halb nackt, junge, aber offenbar schon ausgezeichnete Krieger, wie Federn in ihrem Schopf und die prächtigen Mustangs bewiesen. Sie hatten alle die Lassos zur Hand und ritten in kurzem Abstand hintereinander. Aber bald würden sie wohl die Reihe auseinanderzie-

hen, um den Falben und die Stute zu umzingeln. Vorher noch mußte Stein mit Hörnern seinen Plan ausführen.
Ahnungslos, fasziniert vom Anblick des Falben auf der Höhe, brausten die fünf an dem verschneiten Strauch und dem dahinter Versteckten vorbei. Kaum war der letzte Reiter vorüber, da sprang Stein mit Hörnern auf und schleuderte aus der Hand seine Steine, sehr schnell, sehr kraftvoll und sicher wie Messer oder Tomahawk. Er traf vier Reiter am Hinterkopf so heftig, daß sie umsanken, den hintersten zuerst, dann die Reihe vorangehend bis zum vorletzten. Als diese vier alle vom Pferd stürzten, jagte Stein mit Hörnern mit großen Sprüngen vor. Der vorderste Reiter bemerkte soeben, daß hinter ihm irgend etwas nicht in Ordnung war, und drehte sich auf dem Pferde um. Da zog sich auch schon die Lassoschlinge um ihn zu, und mit festgeschnürten Armen wurde er von dem galoppierenden Pferd gerissen. Ehe er recht zur Besinnung kam, was geschehen sein könnte, waren ihm Hände und Füße gefesselt.
Stein mit Hörnern sah sich nach den vier gestürzten Reitern um. Sie lagen noch in Gras und Schnee, zwei wie tot. Einer hatte sich vom Rücken auf den Bauch gewälzt, der vierte kam eben auf die Knie. Diesen packte Stein mit Hörnern zuerst von hinten und riß ihm die Arme auf den Rücken. Es gab nur einen kurzen Kampf, der nicht viel mehr als ein Sträuben des Mannes war, der gefesselt wurde. Vorsichtshalber band Stein mit Hörnern auch allen übrigen Hände und Füße zusammen. Um die Pferde, die ein Stück weitergaloppiert waren und nun zweifelnd haltmachten, kümmerte er sich zunächst nicht.
Er sammelte die Waffen seiner Gefangenen und ging damit zu dem jungen Krieger, der die Reiterschar angeführt hatte und jetzt mit offenen Augen, mit gespieltem Gleichmut, gefesselt auf dem gefrorenen, dünn verschneiten Sandboden lag. Dieser Krieger war der einzige, der hell bei Bewußtsein war. Um ihn bei Bewußtsein zu lassen, hatte Stein mit Hörnern ihn mit dem Lasso eingefangen. Der Sieger legte die Waffen auf einen Haufen neben diesen Gefangenen zu Boden, holte seine eigenen Sachen herbei, setzte sich dazu und stopfte seine Pfeife.
Der gefesselte junge Krieger schien all dem keine Aufmerksamkeit zu widmen. Sein Bezwinger, der ihm Zeit lassen wollte,

sich in die überraschend eingetretene und nicht eben angenehme Lage hineinzudenken, rauchte ruhig weiter. In der hellen Nacht betrachtete er den Gefesselten genau. Der Gefangene hatte energische und offene Züge; er war kaum älter als fünfundzwanzig Jahre. Seine Pelzmokassins, die Leggings, der Gürtel waren sorgfältig gearbeitet. Er trug eine Kette aus Bärenkrallen, wenn es auch nicht die eines grauen Bären waren. In dem Stirnband aus Schlangenhaut steckten Habichtsfedern. Stein mit Hörnern erkannte ihn. Dieser junge Krieger war bei dem großen Feste gewesen und hatte der Ballspielmannschaft von Antilopensohn angehört. Er war ein Verwandter von Machpiyaluta, dem Oberhäuptling, der großes Ansehen genoß. Ohne Zweifel hatte auch der Gefangene Stein mit Hörnern wiedererkannt, doch ließ er sich das nicht anmerken.
„Wir kennen uns", sagte Stein mit Hörnern zu ihm. „Du bist Adlerauge, der Brudersohn Machpiyalutas. Ich bin der Sohn Mattotaupas. Deine Krieger und dich habe ich mit meinem Falben angelockt, und ich habe euch gefangengenommen, weil ich euch etwas sagen will. Ihr solltet die Ruhe haben, euch das anzuhören."
Der gefesselte junge Krieger setzte sich mit einem Ruck auf. „Du kannst sagen, was du willst", antwortete er barsch und hochmütig, als ob nicht er in Fesseln läge, sondern sein Bezwinger. „Deine Zunge wird immer gespalten sein, und nie werde ich den Lügen eines Mannes glauben, dessen Vater ein Verräter ist."
„Ob du mir glaubst oder nicht, das ist mir nicht wichtig", erwiderte Stein mit Hörnern, von der Beleidigung scheinbar gar nicht berührt. „Es ist mir wirklich gleichgültig. Aber ich werde dich und deine Krieger wieder freilassen, obgleich ich euch ohne jede Mühe töten und mir eure Skalpe nehmen könnte. Ich hätte das noch einfacher haben und euch mit Pfeilen gleich niederschießen können. Aber das wollte ich nicht. Du wirst dir in Ruhe anhören müssen, was ich dir sage, und da du deinen Häuptlingen alles berichten mußt, was geschehen ist, wirst du ihnen auch meine Worte wiederholen müssen. Das genügt mir, mehr will ich nicht. Eben zu diesem Zweck habe ich euch eingefangen. Ihr seid etwas unüberlegt gewesen. Ihr hättet euch den-

ken können, daß ein Mustang von selbst nicht nur des Nachts wandert, und daß da, wo der Falbe ist, auch ich bin. Da er ledig läuft, habt ihr gehofft, mich als Leiche zu finden, oder ihr habt geglaubt, daß ich schon oben in den Prärien am Gelbsteinfluß mit meinem Fleisch die Kojoten und Aasgeier gesättigt hätte. Ihr habt euch ein wenig geirrt, das seht ihr jetzt selbst. Also höre! Ich reite zu den Black Hills. Ich hause künftig in der Höhle über der Lichtung am Südhang, und ich töte jeden weißen Mann, den ich in den Wäldern der Black Hills finde. Dakota töte ich nicht. Ich habe gesprochen, hau. Sage das deinen Häuptlingen Tatanka-yotanka und Machpiyaluta und vor allem Tashunka-witko. Wenn es noch Tashunka-witkos Wunsch ist, mit mir zu kämpfen, so stelle ich mich. Dann mag er mir sein Totem mit roter Farbe an den Fels unter der Höhle malen lassen, und ich werde am nächsten Tage bei ihm sein. Ihr könnt auch versuchen, mich zu erlegen, wie man Wild auf der Treibjagd erlegt. Das würde euch eines Tages gelingen, aber ihr müßtet viele Krieger dafür opfern. Ihr könntet mich leben lassen, dann sterben viele weiße Männer, die nach Gold unterwegs sind. Wählt also. In eure Zelte kehre ich nicht zurück, es sei denn, ihr gesteht ein, daß Mattotaupa unschuldig ist und ihr ungerecht über ihn geurteilt habt. Ich bin nicht der Sohn eines Verräters. Ich habe gesprochen. So, nun reitet heim!"

Stein mit Hörnern löste den Gefangenen die Fesseln und fing ihnen ihre Tiere wieder ein. Im Schritt begannen die Dakota zu den Black Hills zurückzureiten.

Stein mit Hörnern folgte ihnen nicht gleich. Er hielt sich mit seinen Tieren den Rest der Nacht, den folgenden Tag und noch eine Nacht in der winterlichen Prärie auf. Erst am zweiten Tag ritt er, ohne Vorsichtsmaßnahmen, den bewaldeten Bergen zu. Er durchquerte die ersten Waldstreifen und kam zu dem Fluß, der sich mit seinem Lauf um das Bergmassiv herum wand. Er ließ seine beiden Mustangs den Waldhang hinaufklettern, ohne daß er es zunächst nötig hatte abzusteigen. Erst die steilsten und schwierigsten Strecken ging er zu Fuß und führte den Falben. Eine Felswand, in deren Mitte ein dunkles Loch gähnte, umging er und gewann die Höhe darüber. Hier ließ er die Tiere warten und suchte ringsumher nach Spuren. Aber er fand keine

frischen Fährten, und die alten stammten von Indianern. So setzte er seinen Weg fort. Er stieg lange weiter und gelangte endlich auf eine rauhe, windige Höhe, auf der verkrüppelte Bäume und Krummholz zähe gegen Sturm und Schnee kämpften. Hier machte er halt und ließ die Pferde frei. Es war Nacht.
Die Mustangs waren hungrig und fraßen Moos. Der Hund streifte sogar umher und schien im Gesträuch Aas aufzustöbern. Er fraß auch schon. Stein mit Hörnern nahm etwas Pemmikan zu sich. Als er damit fürs erste genug gestärkt war, untersuchte er einen großen bemoosten Stein. Der Stein war festgefroren. Es kostete einige Mühe, ihn zu lockern und hochzustemmen. Als die Öffnung, die darunter erschien, groß genug war, so daß sich ein schlanker Mensch hindurchzwängen konnte, stieg Stein mit Hörnern ein und brachte seine Habseligkeiten in den unterirdischen Gang. Hier war künftig sein Notunterschlupf. Er selbst kletterte wieder heraus und verschloß den versteckten Höhleneingang, den der Vater ihm einst gezeigt hatte, wie zuvor mit dem Felsen. Sehr bedacht sorgte er dafür, daß keine Spuren zurückblieben und niemand auf den Gedanken kommen konnte, der Steinblock verberge ein Geheimnis. Er löschte alle Fährten aus, und er nahm sich Zeit dazu. Als er zur eigenen Zufriedenheit gearbeitet hatte und selbst keine Spur mehr entdecken konnte, zog er seinen Fellrock über und lehnte sich an einen Baum. Der Wind rauschte durch die Wipfel, die Eulen gingen auf Jagd. Er war sich selbst überlassen und begann nachzudenken.
Er hatte sehr viel Zeit verloren. Der Winter, der unwirtlich genug war, um die meisten der weißen Jäger und Goldsucher abzuschrecken, begann eben erst, und der Indianer konnte nicht damit rechnen, in den nächsten Monaten schon viele Gegner zu finden. Freunde, denen er seine Zeit widmen konnte, gab es nicht. In den Zelten der Dakota, in denen Stein mit Hörnern als der Sohn eines Verräters galt, wollte er sich nicht sehen lassen, wenn es auch offenbar war, daß die von Tashunka-witko, Tatanka-yotanka und Machpiyaluta geführten Stammesgruppen in den Black Hills ihn nicht als Feind behandeln, nicht abfangen oder töten wollten. Sie hatten ihn ungehindert in die Bergwälder eindringen lassen. Stein mit Hörnern konnte und mußte auf

die Jagd gehen, um sich zu ernähren und seine beiden Mustangs vor Raubtieren zu schützen. Er konnte und wollte umherschweifen, um jedem weißen Eindringling, dem er etwa begegnete, das Leben zu nehmen. Das war seine Aufgabe, die er sich stellte. Es war die einzige, die ihm geblieben war. Er war nur noch ein Krieger, nur noch ein harter Wille und ein scharfer Verstand, nur noch ein System sehr gut ausgebildeter Muskeln und Sehnen, ein System schnell reagierender Sinne und Nerven, die Waffen regierten, um zu töten. Sonst war er nichts mehr. Er war in Wahrheit kein Sohn mehr, wenn er dem Vater auch jedes Jahr einmal begegnen wollte. Er war kein Bruder mehr. Er würde kein Zelt haben und um keine Frau werben. Was verschlug es im Grunde, ob er nun lebte oder starb? Der Haß war eine unfruchtbare Leidenschaft, und Stein mit Hörnern wußte zuviel. Er wußte, daß er weiße Männer töten konnte, aber wußte auch, daß immer noch mehr weiße Männer kommen würden. Was er aus Haß tat, war letzten Endes vergeblich. Freundschaft und Liebe aber waren aus seinem Leben gestrichen, denn er war aus jeglicher Gemeinschaft ausgeschlossen. Was hatte es ihm genützt, daß er ein Krieger wurde, daß er die Wettbewerbe gewonnen, daß er den Sonnentanz bestanden hatte, daß er den anderen Männern überlegen war? Er blieb allein, Sohn eines Verräters und überall selbst als Verräter verdächtigt.
Es überkam ihn eine Bitterkeit, wie er sie in dieser Weise noch nie gefühlt hatte. Wenn er innerlich freier gewesen wäre, hätte er noch einmal in seinem Leben geweint wie als Knabe von zwölf Jahren bei seinem Abschied von dem Bergtal, in dem er mit seinem Vater einen Sommer lang noch voller großer Hoffnung gelebt hatte. Aber die Haltung eines Kriegers war ihm nicht nur anerzogen worden. Ein hartes Leben hatte ihn damit geprägt, so daß er sich in der Einsamkeit noch vor sich selbst geschämt hätte, seinem Fühlen nachzugeben. Seine Augen blieben trocken, so trocken, daß es ihn fast schmerzte, die Augenlider zu rühren. Seine Empfindungen schlugen um, und es erwuchs daraus ein starrer Trotz gegen alle und gegen alles.
Als die Sonne aufging, mochte er sie nicht sehen. Er begleitete seine Tiere zu der nächsten Quelle, trank auch und hieß die

Tiere dort bleiben. Er selbst ging zu dem Steinblock zurück, zog seinen Fellrock wieder aus und drang in die Höhle ein, die er als seinen künftigen Unterschlupf durchsuchen und weiter erforschen wollte.

Er fand sich in der absoluten Finsternis ohne Mühe zurecht, obgleich er den langen und schwierigen Weg nur einmal vor Jahren mit dem Vater zusammen gemacht hatte. Es ging tief abwärts bis zu den Abzweigungen. Stein mit Hörnern wählte den engen und brüchigen Gang, von dem er wußte, daß er zu einem größeren Höhlenraum führte. Hier konnte er nur langsam vordringen. An manchen Stellen mußte er abgebrochenes Gestein beiseite räumen, um überhaupt noch vorankommen zu können, und die Luft war stickig.

Endlich fühlten seine tastenden Hände und Füße, wie sich der Höhlengang erweiterte. Er hatte den Höhlenraum erreicht, in dem er vor Jahren mit dem Vater zusammen Tier- und Menschenknochen und gesammelte Goldkörner gefunden hatte. Ein schauerliches Brummen hatte ihn und den Vater damals erschreckt und verjagt. Stein mit Hörnern machte kein Licht. Er tastete nur weiter umher. Die Luft war in dem größeren Raum wieder besser. Auf dem Boden lagen noch Knochen. Es lagen sogar mehr Knochen da als vor Jahren. Vielleicht waren einige der Knochen frisch; es roch danach. Es war Stein mit Hörnern auch, als ob er einen Atem gehört habe, aber als er angestrengt lauschte, glaubte er wieder, sich getäuscht zu haben. Schließlich setzte er sich mit dem Rücken gegen die Seitenwand des Gesteins und ruhte aus. Der Raum war feucht. Von den Wänden sickerte Wasser. An einzelnen Stellen sammelte es sich in kleinen Felsvertiefungen. Zu verdursten brauchte man hier nicht. Stein mit Hörnern wollte warten und dem Geheimnis dieses Raumes auf die Spur kommen.

Er wartete sehr lange, ohne daß sich das geringste ereignete. Schließlich mußte er daran denken, entweder aus der Höhle auszusteigen oder sich in der Höhle einen kurzen Schlaf zu gönnen. Er entschloß sich zu dem letzteren. Ehe er sich in den Zustand der Wehrlosigkeit begab, wollte er jedoch noch den Ausgang des Raumes nach der dem Zugang entgegengesetzten Seite untersuchen. Er tastete sich dorthin, stellte fest, daß der

Boden und die Wände dort trocken waren, und setzte sich. Er rauchte eine Pfeife, lehnte sich an die Wand und schloß die Augen, mit denen er in der vollständigen Finsternis doch nichts wahrnehmen konnte. Nachdem er noch einige Zeit gelauscht hatte, ohne etwas zu vernehmen, verfiel er in einen tiefen Schlaf. Dabei begann er zu träumen, daß er in seinem väterlichen Zelt auf einer weichen Schlafstatt liege. Davon träumte er sehr intensiv. Er sah im Traum die Decken auf dem Zeltboden, die Trophäen, die auch im Innern des Tipi an den Zeltstangen hingen, das Fell des riesigen Grizzlys, den Mattotaupa erlegt hatte. Alles schien ganz wirklich. Uinonah und Untschida atmeten wie Schlafende unter ihren Decken.
Als Stein mit Hörnern erwachte, wurde ihm erst langsam bewußt, daß er sich in einer Felsenhöhle befand und nicht in einem Zelte. Er war im Schlaf zusammen- und etwas zur Seite gesunken. Er glaubte immer noch halb zu träumen, denn das, woran er mit Nacken und Schultern lag, war kein Fels, es war weich und warm.
Es war weich und warm. Haarig war es. Das war Wirklichkeit. Stein mit Hörnern rührte sich nicht, aber er sammelte seine Gedanken. Er schlief nicht mehr, er träumte nicht mehr, er lag auch in keinem väterlichen Zelte, sondern in einer finsteren Felsenhöhle. Aber sein Nacken hatte eine weiche, warme, haarige Stütze gefunden, die sich ebensowenig rührte wie er selbst. Er begann, den Charakter dieser überraschenden und geheimnisvollen Stütze in Gedanken abzuschätzen. Ein lebender Körper war das, ohne Zweifel. Ein wohlgerundeter Körper mit weicher, ziemlich langer Behaarung. Stein mit Hörnern hatte keinen Rock an; seine Hautnerven spürten alles deutlich. Die Wärme war sogar recht angenehm, vorausgesetzt, daß die haarige Stütze sich nicht plötzlich zu rühren begann. Sehr vorsichtig, ohne Nacken und Schultern zu bewegen, zog der Indianer das Messer aus der Scheide. So wartete er und überlegte, was während seines Schlafes vorgegangen sein konnte, ohne daß er erwacht war. Sein Oberkörper war zur Seite gesunken, und diese haarige Masse hatte sich vielleicht auch bewegt. Auf diese Weise waren sie zusammengekommen, er und der unbekannte Körper.

Er hätte vor dem Einschlafen den Ausgang des Höhlenraumes, der weiter zum Innern des Berges führte, noch gründlicher absuchen müssen. Jetzt war es jedenfalls soweit, daß er Rücken an Rücken mit einem riesigen Bären lag, der hier seinen Winterschlaf begonnen haben mochte. Jeden weißen Mann hätte in dieser Lage in Gedanken an die Knochen und an den Schädel, die auf dem Höhlenboden lagen, das Entsetzen gepackt. Stein mit Hörnern aber fühlte sich auf einmal geborgen. Das Fell, das er an seinem Nacken spürte, war ganz anders als alle Bärenfelle, über die er je bei erlegten Tieren mit der Hand gestrichen hatte. Es war weicher, langhaariger. Der Bär, an dem der Indianer mit dem Rücken lehnte, mußte unvorstellbar groß sein. Stein mit Hörnern wußte sich bei der großen Bärin.

Er rührte sich gar nicht, war auch innerlich nicht mehr unruhig. Wie im Halbschlummer oder Traum verbrachte er noch mehrere Stunden. Das Messer ließ er allerdings nicht aus der Hand. Auf einmal bewegte es sich hinter ihm.

Blitzschnell sprang der Indianer von dem Bären weg durch den Höhlenraum und verkroch sich in dem engen brüchigen Gang. Dorthin konnte ihm das massige Tier nicht folgen, das war sicher. Es schien aber auch gar nicht die Absicht zu haben. Mit einem schauerlich dröhnenden Brummen machte es sein Erwachen kund und tappte dann in das Innere des Berges hinein. Stein mit Hörnern hörte das Schlurfen der Bärentatzen. Er hörte auch einen gellenden Schrei, den Angstschrei einer starken Mannesstimme. Noch einmal dröhnte das Gebrumm markerschütternd, dann trat in der vollständigen Finsternis des Berges auch wieder vollständige Stille ein.

Stein mit Hörnern zog sich so rasch wie möglich durch den brüchigen Gang zurück, um den Ausgang ins Freie zu gewinnen. In der stickigen Luft brach ihm Schweiß aus, und keuchend gelangte er endlich zu dem Block, der den geheimen Höhleneingang am Berggipfel verschloß. Er hob den Stein an, kletterte hinaus und atmete tief die kalte, frische Winterluft. Aber er ließ sich keine Zeit zu rasten. In der Höhle war ein Mann gewesen, der vor dem Bären geflohen war. Wenn das Tier ihm nicht den Garaus machte, verließ der Flüchtende die Höhle wahrscheinlich durch die Öffnung in der Felswand am Südhang. Das war die nächst erreichbare Fluchtmöglichkeit, und dort wollte der Indianer den Eindringling abfangen. Er hetzte den Waldhang hinunter.

Es wurde Morgen. Das mußte schon der zweite Morgen sein seit jenem, an dem Stein mit Hörnern in die Höhle eingedrungen war. Die Nebel, die zwischen den Bäumen webten, wurden lichtgrau, der Schnee glitzerte auf. Der Indianer erreichte die Felswand, in deren Mitte einer der Höhlenzugänge als schwarzes Loch gähnte. Er legte sich hin und spähte hinunter. Dabei erkannte er sofort, daß er zu spät kam; das Kriechen durch den engen Höhlengang hatte ihn zu lange aufgehalten. Unterhalb der Felswand waren frische tiefe Fußeindrücke zu sehen. Der Flüchtende muß über die Wand auf den Waldboden hinabgesprungen sein. Die Abdrücke stammten von festen Sohlen und Absätzen, von den Stiefeln eines Weißen, von einem sehr großen Fuß. Sie führten waldabwärts. Stein mit Hörnern sprang auf; er wollte diese Fährte sofort aufnehmen. Es war nicht schwer, ihr zu folgen, und es sollte ihm auch nicht schwerfallen, diesen Mann noch einzuholen. Als er aufsprang, schaute er mit einem schnellen Blick ringsum, nicht aus einem bestimmten Grunde, sondern aus gewohnter Vorsicht.

Dabei erkannte er die Mündung einer Büchse, die sich nicht weit von ihm entfernt an einem Baumstamm vorbeischob. Der Indianer ließ sich sofort fallen, gleichzeitig krachte schon der Schuß. Stein mit Hörnern fühlte einen Stoß am Kopf, überschlug sich, stürzte über die Felswand hinunter und noch ein Stück den Abhang hinab, bis er zwischen Gesträuch hängenblieb. Er hatte sich im Stürzen zusammengerollt, so daß sein Kopf und die Glieder geschützt blieben.

Der Sturz war sein Glück, denn dadurch war der Schütze nicht zu einem zweiten Schuß gekommen. Das Blut lief Stein mit Hörnern vom Kopf, und er hatte Prellungen davongetragen. Aber er begriff, was vorgegangen war und was er jetzt zu tun hatte. Er mußte es ohne weittragende Schußwaffe mit einem gefährlichen Feinde aufnehmen. Während ihm Farben und Formen noch vor den Augen verschwammen, raffte er sich schon wieder auf. Er schlang das Gürteltuch um den Kopf, um keine Blutspuren zu hinterlassen, und mit allmählich klarer werdendem Blick schlich er den Wald weiter abwärts zum Flusse hin. Der andere mußte gesehen haben, daß Stein mit Hörnern keine Büchse bei sich hatte. Der Indianer lauschte, denn er erwartete, daß sein Feind ihn verfolgen würde, aber erstaunlicherweise lief der andere nicht bergab, sondern aufwärts. Er lief so schnell und rücksichtslos, daß Stein mit Hörnern ihn noch lange hören konnte. Der Indianer hätte gern die Verfolgung dieses erneut flüchtenden Mannes aufgenommen, aber er sagte sich selbst, daß er mit seiner Kopfverletzung jetzt nicht schnell und sicher genug war, um den anderen noch einzuholen und mit ihm zu kämpfen. Er mußte sich damit begnügen, seinem Feinde zu entrinnen. Daher setzte er den Weg abwärts zum Flusse hin fort, nahe an dem Zeltdorf der Dakota vorbei, das auf der Lichtung unterhalb der Felswand stand.

Als er den Fluß erreichte, trank er durstig, um den Blutverlust wettzumachen, und versteckte sich hinter einem Felsblock, den er schon von seinen Knabenspielen her kannte. In der Stille des Wintermorgens waren oben am Berg noch immer kratzende Tritte zu vernehmen. Auf einmal schien sich in der Höhe ein Kampf zu entspinnen. Die Schallwellen wutentbrannt geschleuderter Flüche, das Geräusch brechender Äste, Laute wie vom zornigen Stampfen eines Pferdes mischten sich. Ein Schrei gellte wieder, ausgestoßen von derselben Stimme wie in der Höhle, dann tobte es hangabwärts, aber nicht in der Richtung, in der Stein mit Hörnern lag, sondern mehr ostwärts. Flucht und Verfolgung, die Sprünge schwerer Füße, Huftritte zogen sich durch den Wald hinunter. Aber es krachte kein Schuß mehr. Der erste hatte jedoch genügt, um die Dakotakrieger zu alarmieren, die ihre Zelte auf der Lichtung unterhalb des Felsens und des Höhleneingangs aufgebaut hatten. Stein mit Hörnern vernahm Rufen im Wald und hoffte, daß die Dakota den fliehenden Feind noch einholen würden.

Diese Hoffnung ging jedoch nicht in Erfüllung. Nach einiger Zeit erklang der dunkle Ton der Kriegspfeife, der die Männer zurückrief. Drei von ihnen kamen am Flusse entlang. Stein mit Hörnern hörte sie sprechen und entnahm ihren ärgerlichen Reden und Gegenreden, was geschehen war. Der Flüchtling hatte sein eigenes Pferd erreicht und war in die Prärie hinaus geflo-

hen, wo er zu Fuß nicht mehr verfolgt werden konnte. Bis die Krieger ihre Pferde holten, war sein Vorsprung wiederum zu groß. Der Häuptling hatte daher befohlen, die Verfolgung abzubrechen.
Die drei Krieger verließen das Flußufer, ohne daß sie Stein mit Hörnern hinter dem Block entdeckten. Möglicherweise hatten sie ihn auch gesehen und ließen sich das nicht anmerken. Zwischen den Dakota in den Black Hills und Stein mit Hörnern schien sich eine Art Burgfrieden herauszubilden.
Als er wieder allein war, fing er sich einen Fisch, verspeiste ihn und schlich sich dann langsam bergauf durch den Wald. Er wollte zu seinen Tieren, zu seinem Fellrock und zu seinen Dekken, die er als Verwundeter in der nächsten Nacht brauchte.
Unterwegs im Walde pfiff er seinem Falbhengst, der auch herankam. Das Tier war nicht verletzt. Stein mit Hörnern schwang sich auf, um seine Kräfte zu sparen, und verfolgte ein Stück weit die Spuren des Kampfes, der sich zwischen dem Mustang und dem flüchtenden Weißen abgespielt hatte. Der Hengst mußte dem Mann, der ihn wahrscheinlich hatte einfangen und besteigen wollen, übel zugesetzt haben. Stein mit Hörnern fand bei den Kampfspuren in einem Gesträuch auch die Büchse des Entflohenen und kannte damit den Grund, warum kein weiterer Schuß gefallen war. Es war eine gute doppelläufige Büchse, aber da die Munition fehlte, konnte Stein mit Hörnern nicht viel damit anfangen. Er nahm die Waffe auf alle Fälle mit und wunderte sich, daß dieser Fund den Dakotakriegern entgangen war.
Sobald Stein mit Hörnern seinen Unterschlupf erreicht hatte, verband er seine Kopfwunde sachgerecht. Lange Schwächezustände konnte er sich in seiner einsamen Lage nicht leisten. Er ruhte sich kurze Zeit aus, dann ging er mit Pfeil und Bogen auf Jagd, um sich die nötige Nahrung zu verschaffen. Er war unsicher auf den Füßen, aber einen gezielten Schuß traute er sich noch zu.
Als die Sonne am folgenden Morgen aufging, war Stein mit Hörnern damit beschäftigt, eine Hirschkuh auszuweiden und abzuhäuten. Der Wolfshund zitterte am ganzen Körper in Vorfreude auf die Mahlzeit. Stein mit Hörnern verzehrte selbst nur

ein kleines Stück Fleisch. Er war gelehrt worden, daß Verletzungen bei kargem Essen rascher heilten. Der Hund erhielt Gedärme und Knochen. Den übrigen großen Fleischvorrat schaffte der Indianer als Reserve in seinen Unterschlupf. In der Winterzeit blieb alles lange frisch. Der Indianer hatte nun die Möglichkeit, sich Ruhe zu gönnen, bis seine Kopfwunde ausgeheilt war. Sich in seinem jetzigen Zustande auf eine gefährliche Verfolgungsjagd zu machen, wäre ein unsinniges Unternehmen gewesen. Stein mit Hörnern stand schweren Herzens davon ab, der Spur des Flüchtlings auf seinem Falben nachzujagen.

Die Morgensonne, die im Walde die Morgenmahlzeit von Stein mit Hörnern beleuchtete, leuchtete auch über dem verschneiten Blockhaus des zahnlosen Ben. Der Wirt saß in dem dunklen Haus, das sich in nichts verändert hatte. Er saß am Tisch in der linken hinteren Ecke. Bei ihm saß seine Frau Mary, die mitten im Ausfegen die Arbeit unterbrochen hatte, was sonst nicht ihre Art war. Bei ihm saß auch seine Tochter Jenny, die für alle soeben Brandy auf den Tisch gestellt hatte. Die Aufmerksamkeit der Familie galt einem altbekannten Gast und Kunden am Tisch, der sich vor Morgengrauen wieder einmal überraschend eingefunden hatte. Sein verschwitztes, völlig abgetriebenes Pferd stand mit hängendem Kopf und blutbespritzten Weichen in der Umzäumung an der Schmalseite des Hauses. Sein Reiter hatte die Sporen ohne Rücksicht gebraucht.
Der Gast am Tische des zahnlosen Ben aß ein großes Stück Büffelfleisch schmatzend auf und schüttete dann einen Becher Brandy hinunter. Auch er sah müde aus, obgleich seine Züge widerstandsfähig wirkten. Er mochte um die dreißig Jahre sein. Sein rötliches Haar war dicht. Der Stoppelbart zog sich um das lange, ausgeprägte Kinn und um die Wangen. Der Mund war breit, die Schneidezähne begannen über die Unterlippe hervorzuwachsen. Die herabgezogenen Mundwinkel, der zornige Ausdruck der Augen verrieten eine Stimmung, die auch durch den Büffelbraten nicht verbessert worden war.
„Bin ich ein Hanswurst?" schrie der Gast den Wirt an und ließ sich von Jenny den Becher nachfüllen.

„Scheinen könnte es so", antwortete Ben frech und zugleich vorsichtig. „Ich sage . . . scheinen! In Wirklichkeit bist du ein berühmter Grenzer, wenn auch ohne Büchse . . ."
„Halt dein zahnloses Maul, und spar dir die Anspielungen. So was, wie ich erlebt habe, hast du noch nicht erlebt, du Blockhauswanze! Erst brummt mir der Bär wieder in die Ohren, und ich laufe, was ich laufen kann . . ."
„Warum mußt du immer allein in die Höhle . . ."
„Halt's Maul, hab ich dir gesagt. Wie ich kaum aus der Höhle raus bin, lauert mir der Harry schon auf! Ich hab noch Schwein gehabt. Hatte mich versteckt und wollte den Bären beobachten, wenn sich das verfluchte schlaue Vieh am Höhlenausgang zeigen würde. Schießen wollte ich nicht, weil die Dakota in der Nähe hausen. Aber da läuft mir doch der Harry direkt vor das Rohr . . ."
„Und?" fragte Ben und ließ den Mund vor Spannung offenstehen. „Dann hast du doch geschossen?"
„Hab ich. Ob er tot ist, weiß ich nicht genau. Hatte keine Zeit, ihn in Augenschein zu nehmen, als er über die Felswand hinuntergekugelt war. Wollte zu meinem Pferd rennen, weil die Dakota meinen Schuß gehört haben mußten. Da kommt mir ein Vieh über den Weg gelaufen . . . ein Teufelsvieh."
„Ein Riesenhirsch?"
„Riesenhirsch bist du selbst. Ein Mustang war's, so was hast du noch nicht gesehen! Ich ran, um aufzuspringen, und der Mustang auf mich los, als ob er mich auf der Stelle zerfetzen und zerstampfen wollte!"
„Donnersturm! So was gibt's?"
„Hast du noch nicht gesehen! Ich lasse die Bestie sofort in Ruhe, aber die hatte es jetzt auf mich abgesehen und kam hinter mir her!"
„Du bist gelaufen!" Ben lachte schallend.
„Jawohl, ich bin wieder gelaufen. Spart euch euer dummes Gelächter! Red Jim, der Fuchs, läuft vor einem Mustang davon! So was hat's noch nicht gegeben!"
„Nein, wahrhaftig." Ben schüttelte den Kopf.
„Die Bestie hatte mich schön zugerichtet."
„Sieht man dir an. Brauchst 'ne neue Jacke, 'ne neue Büchse!

Hast du in der Höhle wenigstens das Gold gefunden?"
„Ein' Dreck hab ich gefunden! Bären, verrückte Mustangs und obendrein den Harry, der hat mir gerade noch gefehlt! Wo der nur plötzlich wieder herkommt!"
„Vielleicht ist er jetzt tot", suchte Ben seinen aufgeregten Gast zu beruhigen.
„Du kannst ja mal herumhören in der nächsten Zeit. So was spricht sich rum, ob einer tot ist oder nicht."
„Sein Vater wird es gleich heraushaben", meinte Ben.
Red Jim setzte den Becher ab, aus dem er eben wieder hatte trinken wollen. „Sein Vater? Top? Ist der noch am Leben?"
„Vor zwei Tagen bei mir gewesen."
„Ei, ei, ei, ei, ei. Bei dir gewesen! Mit Harry zusammen?"
„Nein. Die vertragen sich, scheint's, nicht mehr. Jeder geht seine eigenen Wege."
„Immer noch? So, so, so, so, so. Das ist eine neue Chance. Kommt Top noch mal hierher?"
„In drei Tagen wieder, hat er gesagt, und dann will er bei mir 'ne Art Standquartier beziehen."
„Hm. Hm. Zahlt er?"
„Top zahlt immer", bemerkte Frau Mary spitz.
„Hör mal, Ben, du hast natürlich recht, wenn du fragst, warum ich immer wieder allein in die verdammte Höhle laufe. Ich wollt's wirklich allein schaffen, das weißt du ja ..."
„Hab's nicht vergessen, wie du mich damals hinausgetrieben hast!"
„War nur zu deinem Guten; dir geht's jetzt besser als mir. Es war aber ein Fehler, daß ich alles allein machen wollte."
„Was der große Rote Fuchs nach acht Jahren endlich einsieht!"
„'s ist schwer, einsichtig zu werden, wenn man nichts als Dummköpfe um sich rum hat. Wenn ich nur an den Charlemagne denke, was der mir eingebrockt hat, als ich ihn mal gebrauchen wollte!"
„'s gibt doch auch noch andere Kerle!"
„Machst du mit, Ben?"
„Nein", antwortete der Wirt, noch ehe Frau Mary den Mund öffnen konnte. „Damals hätte ich mitgemacht. Aber jetzt mußt du dir schon andre suchen."

Jim soff weiter und dachte nach. „Will dir was sagen, Ben. Die Hauptsache ist, du sagst dem Top, wenn er wieder zu dir kommt . . ."

„Willst du denn nicht solange hierbleiben?"

„Will ich nicht. Der fragt mich zu grimmig aus. 's ist besser, das geht durch dich. Du brauchst nicht alles so genau zu wissen. Also, du erzählst dem Top, ich hätte droben gejagt – gejagt, verstehst du –, und der Harry hätte mich aufgestört und auf der Stelle angegriffen, obwohl er gar keinen Grund dazu hatte. Um mein Leben zu retten, hab ich mich hinter einem Baum versteckt und geschossen. Dann bin ich zu dir geflohen. Hast du begriffen?"

„Ach so, ja, ja, ich hab begriffen."

„Die Weiberleute haben auch kapiert?"

„Wenn du deinen Kram bezahlst, hab ich kapiert", sagte Mary. „Ich will dir gern gegen die roten Schweine helfen, aber mein Geld will ich auch sehen."

„Ausnahmsweise will ich dir den Spaß machen, Mary."

„Und wo soll's dann hingehen?" fragte Ben. „Ich meine, wenn Top fragt, wo du zu finden bist, was soll ich ihm sagen?"

„Du weißt nichts, und er soll mich nicht finden, bis ich ihn selbst wieder suche. Ich muß mir ein paar zuverlässige Kerle zusammenholen, mit denen ich das Ding drehen kann. Von dem, was dabei gesprochen wird, braucht Top nichts zu wissen. Zuverlässige Kerle sind so schwer zu finden wie Gold. Aber ich denke an ein paar . . ."

„Bloody Bill?"

„Wo steckt der?"

„In Omaha, in 'ner Kneipe. Kann ich dir beschreiben."

„Wo hat es eigentlich Tom hingeweht?"

„Tom ohne Hut und ohne Schuhe? Der ist solide geworden. Hat einen Laden in der Stadt aufgemacht."

„Solide Leute sind die besten, wenn man sie nur kriegen kann."

„Na dann . . . Thomas und Theo."

„Bei dem Adamson droben? Bißchen weit, und die beiden ein bißchen schwatzhaft. Aber der Adamson hat einen Sohn, einen jungen Bengel . . . Mal sehen."

„Unseren kleinen Schmierigen?"

„Den schmierigen Josef? Nicht zu verachten." Red Jim trank noch einen Becher. „Also zur Nacht gehe ich", schloß er ab. „Es möchte doch sein, daß dieser Harry noch am Leben ist. Er ist zäh wie 'ne Katze. Ich mache mich lieber erst mal dünn. In ein oder zwei Jahren komme ich mit einer gut ausgesuchten Bande wieder. Ich komme wieder. Ich bin doch kein Hanswurst!" Er stand auf. „Gib mir noch 'ne Büchse, Ben, mit der man schießen kann!"

„Zahlen", sagte Mary.

„Top zahlt!" rief Jim, der Rote Fuchs. „Auf Wiedersehen!"

Er stieß Mary, die ihn halten wollte, mit der Faust zurück, sprang an Ben, der nur halb entschlossen zuzufassen versuchte, vorbei und griff sich Bens Büchse, die an der Wand gelehnt hatte. Als er diese Waffe in der Hand hatte, verließ er in Ruhe das Haus. Vor der Tür drehte er sich noch einmal um, warf Jenny eine Kußhand zu, schlug sich klatschend auf den Schenkel und spielte am Revolvergriff. Als Ben sich zu einem säuerlichen Lächeln entschloß, ging Red Jim beruhigt zu der Umzäunung, wo die Pferde standen, ließ seinen eigenen abgetriebenen Mustang stehen, nahm sich einen jungen Braunen aus Bens Besitz und ritt, den Revolver in der Hand, an der offenen Haustür vorbei, ostwärts im Galopp davon.

Ben, Mary und Jenny standen im Gastraum. Durch die offene Tür hörten sie noch das Galoppgeräusch, das sich am Flusse abwärts entfernte.

„Der verdammte Betrüger!" schrie Mary auf. „Zu nichts hat er's gebracht! Alles Gaukelspiel mit seinem Gold! Aber uns rupft er immer wieder wie ein Bauer sein Huhn!"

„Jetzt kannst du schreien", antwortete Ben grob.

„Waschlappen bist du! Läßt dich immer wieder einseifen!"

„Top zahlt. Sei still und fege die Stube fertig aus."

„Ich sag dem Top alles, wie es gewesen ist. Alles sag ich ihm."

„Das Maul hältst du, verstanden!"

„Ich sag's!"

Ben schlug Mary ins Gesicht. Ihre Wange schwoll blau auf, und ihre Nase blutete. Er wollte zum zweitenmal zuschlagen, aber Jenny sprang dazwischen.

„Laß die Mutter in Ruhe! Du Saufkumpan, du Bandit! Wir ge-

hen, alle beide! Ich hab noch immer zu dir gehalten, aber mir ist's jetzt auch genug. Woanders verdienen wir mehr als bei dir, du Leuteschinder!"
„So geht doch!" brüllte Ben. „Euch den ganzen Tag den Wanst vollschlagen und mir noch dazwischenreden! Ich brauche euch nicht! Geht nur!"
Mary wischte sich mit der Hand das Blut von der Nase und schaute ihren Mann einen Augenblick stumm an. Dann machte sie entschlossen kehrt. Sie holte mit der Tochter zusammen ihre Habseligkeiten. Die beiden schnürten ihre Bündel, packten ihre Waffen auf und holten sich ihre Pferde. Ben trat vor das Haus.
„Macht doch keine Dummheiten, ihr Weiberleute!" rief er.
Aber Mary schien Ben keinen Blick mehr gönnen zu wollen. Jenny schwang sich schon auf den Gaul.
„Kinder, seid nicht verrückt!" schrie der Zahnlose. „Wegen so 'ner kleinen Ohrfeige läuft doch ein stabiles Frauenzimmer nicht weg!"
Mary wandte sich dem Manne doch noch einmal zu. „Es ist nicht nur deswegen", sagte sie mit einer Ruhe, die Ben erschreckte und ihm die Hoffnung nahm. „'s ist wegen allem. Wie die Jenny sagt! Wir beide können auch wieder woanders arbeiten. Wo die Jenny einmal einen besseren Mann findet als hier bei dir. Ben, einen Baum fällt man mit hundert Axthieben, aber erst beim letzten stürzt er. Das ist's. Gehab dich wohl! Ich fürchte aber, es nimmt noch ein böses Ende mit dir."
Die Frauen trieben ihre Gäule an. Auch das Galoppgeräusch dieser beiden Pferde verklang für Bens Ohren bald in der Ferne.
„Verfluchtes Weibergesindel", schimpfte der Zahnlose noch vor sich hin. „Mitten im Winter mich mit der ganzen Wirtschaft allein lassen!"
Er ging langsam in das Blockhaus zurück, nahm den Besen, den Mary hatte stehenlassen, und fegte die Wirtsstube fertig aus. Er räumte das Geschirr weg, wusch es ab und ging dann in den Anbau des Hauses, um für sich selbst aus dem kleinen Vorrat dort ein brauchbares Schießeisen herauszusuchen.
„Dieses mag angehen", sagte er laut zu sich selbst, als er gewählt hatte, und zum eigenen Trost fügte er hinzu: „Top zahlt alles. Ich werde ihm eine Geschichte erzählen, die ihn zu Trä-

nen rührt. Ich werde ihm den ganzen Winter Quartier geben, damit ich in dieser verhexten Gegend hier nicht allein bin. Er kann schießen, wahrhaftig, und trinken kann er auch. Er zahlt. Er ist der Mann, den ich brauche. So ist's!"

Seit Mattotaupa und Stein mit Hörnern sich wieder in den Prärien der Dakota befanden, waren der Winter und der darauffolgende Sommer dahingegangen.

Es war wiederum Winter geworden. Er war streng und wollte lange nicht weichen. Zu einer Zeit, in der es Frühling werden sollte, waren die Rocky Mountains noch bis weit hinab in die Vorberge mit Schnee bedeckt. Am Tage begannen zwar die weißen Polster von den Tannenzweigen abzuschmelzen, aber in der Nacht gefroren die Wassertropfen wieder zu Eistropfen, die des Morgens in der Sonne glitzerten.

Ein Zug, der die große Überlandstrecke von San Francisco bis Chicago ostwärts fuhr, hatte den letzten schwindelerregenden Viadukt in den Rocky Mountains passiert und dampfte und rollte aus den Bergen durch die Waldstrecke in die kahle Hochebene hinab. Es wurde Abend. Der Zug hatte die Station beim letzten Sicherungsfort im Gebirge schon hinter sich gelassen. Er begann eine endlos und öde scheinende Steppe zu durchfahren. Ein Baulager, das sich früher hier befunden hatte, war längst aufgelöst. Die nächste Station war noch lange nicht zu erwarten. In dem Personenwagen, an einem Fensterplatz, mit dem Blick nach Norden, saß eine alte Dame, die ihr Äußeres offenbar sorgfältig zu pflegen bemüht war und ihr Gesicht kräftig gepudert hatte. Sie knabberte noch an einem Keks und schaute gelangweilt auf die Landschaft draußen, die keine Abwechslung bot. Die baumlose Prärie zog sich in Wellen bis zu dem Horizont, an dem die letzten Streifen des Abendrots verblaßten. Dunkelheit begann sich über das Land zu breiten, und die ersten Sterne leuchteten auf.

„Eine entsetzliche Gegend und zu nichts nütze", sagte die alte Dame. „Nicht einmal zur Viehzucht. Cate, gib mir noch einmal das Buch."

Das blasse junge Mädchen, das neben der alten Dame saß, öffnete eine Tasche und reichte den gewünschten Roman. Die alte

Dame vertiefte sich in das Fantasiegespinst und schien ihre Umgebung zu vergessen. Zwei Herren, die auf Fensterplätzen an der Südseite saßen und scheinbar geschlafen hatten, öffneten daraufhin die Augen. Der eine der beiden wurde von dem jungen Mädchen auf etwa dreißig Jahre geschätzt. Er war nicht elegant, aber gut, in dieser oder jener Kleinigkeit mit einer bewußt wirkenden Nachlässigkeit gekleidet. Das braune Haar, dem allein die besondere Sorgfalt des Besitzers galt, wurde schon etwas dünn und verdiente eben dadurch die erhöhte Aufmerksamkeit eines Dreißigjährigen, der noch kein Glatzkopf werden wollte. Das Gesicht wirkte intelligent. In den Zügen um Mund und Augen hatten Anstrengungen, Alkohol, eine oberflächliche Lebenslust und eine gewisse Menschenverachtung ihre Spuren aber schon für die Dauer und so deutlich eingezeichnet, daß sie auch einem Unkundigen auffielen.
„Eine öde Gegend“, bemerkte dieser Herr zu dem jungen Mädchen hinüber und lächelte, geringschätzig gegenüber dem Landstrich, liebenswürdig gegen die Partnerin, mit der er das Gespräch eröffnen wollte. Das Mädchen mochte etwa siebzehn Jahre alt sein. Sie trug einen langen dunklen Rock, ein eng anliegendes Mieder und eine hochgeschlossene Bluse. Die Stoffe waren solide und teuer, viel zu schwer und zu steif für eine jugendliche Gestalt, von der sich ahnen ließ, daß sie zart und beweglich war und ohne Hemmungen sogar geschmeidig hätte wirken können.
Ehe das Mädchen antworten konnte, schaltete sich der zweite Herr ein. Er schien noch jung, nicht weit über zwanzig. Seine Haut lag glatt und straff. Er war sehr schlank, elegant und bewegte sich mit einer affektierten Sicherheit, die schon bemerkbar wurde, wenn er nur auf seine Taschenuhr blickte. „Tatsächlich eine öde Gegend“, bestätigte er, da ihm nichts anderes einzufallen schien.
„Durchaus angebracht, daß man hier des Nachts durchfährt“, fuhr der Dreißigjährige fort.
„Vom Gesichtspunkt mangelnder Naturschönheit, tatsächlich“, bestätigte der elegante Zwanzigjährige wieder.
Auf dem Gesicht des jungen Mädchens erschien ein Lächeln, etwas gelangweilt, etwas amüsiert, etwas boshaft. „Tatsäch-

lich", sagte sie, „und nur der Gesichtspunkt der Naturschönheit soll maßgebend sein."

Jeder der beiden Herren hob mit einer kurzen ruckartigen Bewegung das Kinn, und beide betrachteten das junge Mädchen jetzt nicht nur lächelnd, sondern auch etwas erstaunt. Sie wußten nicht genau, ob die junge Dame sich über einen von ihnen oder über alle beide lustig machte oder ob ihre Worte vielleicht doch ernst gemeint waren. Schon auf der bisherigen Fahrt hatten sie bemerken müssen, daß die blasse Siebzehnjährige kein destilliertes Wasser, sondern in ihrem Wesen mit nicht leicht definierbaren Mineralien durchsetzt war. Sie wirkte hilflos und unerfahren wie eine behütete Vierzehnjährige, dann plötzlich wieder älter, als sie war, und erfahren in der Beurteilung aller Schliche egoistischen Gehabens. Kurz, sie hatte das uneinheitliche Wesen eines jungen, unterdrückten, aber immer noch denkenden Menschen an sich.

Die beiden jungen Herren hatten sich erst im Zuge kennengelernt. Die Übereinstimmung in ihren gedanklichen und gefühlsmäßigen Reaktionen wies sie trotz verschiedenen Alters und verschiedener Erlebnisse als energische und zielstrebige Typen aus, die, ohne genial zu sein, doch schnell vorwärtszukommen trachteten. Eine Antwort auf die Bemerkung des Mädchens konnten beide nicht rasch genug formulieren. Die alte Dame blickte vom Buche auf. Sie setzte die Brille ab, nahm das Lorgnon zur Hand und musterte das junge Mädchen strafend.

„Cate, was du manchmal für sinnlose Bemerkungen machst! Von Naturschönheit wirst du nie leben können. Aber du gleichst deinem Vater, der auch nicht mit Geld umzugehen versteht."

Die jungen Herren senkten dezent die Augenlider, um anzudeuten, daß sie den Tadel, der das junge Mädchen beschämen konnte, nicht gehört hatten. Cate war rot geworden, nicht für sich, aber für ihren Vater, den sie liebte und bewunderte.

Die beiden Herren wurden sich nach dem überraschenden Eingreifen der Dame klar, daß sie ihr Ziel nicht auf geradem Wege, sondern nur auf dem Umweg über diese erreichen konnten, und sie beschritten den Umweg sogleich, denn sie wollten auch in Privatangelegenheiten keine Zeit verlieren.

„Wie ungemein recht Sie haben", schmeichelte der Dreißigjährige mit dem schütteren Haar. „Das Land hier rentiert sich überhaupt nicht. Es ist weiter nichts als die notwendige, aber unschöne Unterlage für die Eisenbahngleise."
„Als solche aber von Bedeutung", fügte der jüngere und elegante hinzu.
„Das kann man wohl sagen", bestätigte der erste nochmals seine eigene Ansicht.
„Cate", befahl die alte Dame, „packe das Buch wieder ein."
Das junge Mädchen gehorchte.
„Gib mir bitte noch einmal die Zeitung heraus. Daran hättest du auch gleich denken können!"
Das junge Mädchen gehorchte, ohne sich zu rechtfertigen.
„Die Zeitung ist leider reichlich alt", sagte die gepuderte Dame, studierte dann aber doch die Aktienkurse und die Tendenzberichte. Davon schien sie befriedigt, und nachdem sie sich von dem jungen Mädchen noch einen Keks hatte reichen lassen, begann sie die Berichte über Mode und Raubüberfälle zu studieren.
„Die Zahl der Verbrechen ist unerhört!"
„Unerhört!" wiederholten die beiden Herren wie aus einem Munde.
„Sie finden das auch, nicht? Es ist unglaublich, was die Banditen sich leisten dürfen. Hier zum Beispiel! In den Black Hills ist ein Untier unterwegs oder ein Mörder – oder ein tierischer Mörder oder ein mörderisches Tier! Niemand bekommt dieses Gespenst zu Gesicht außer denen, die es tötet und die dann nicht mehr sprechen können. Jedenfalls ist es entsetzlich, und an den Goldsuchern geschieht ein Mord nach dem andern! Schon das zweite Jahr! Auf einen Zug ist auch wieder ein Überfall verübt worden. Erst das Gleis gelockert . . ." Die alte Dame stockte, setzte die Brille zurecht und las noch einmal. Auch das schien ihr nicht genug Sicherheit zu bieten. „Cate! Lies mal vor! Es ist doch unmöglich . . ."
Das junge Mädchen nahm die Zeitung in die Hand. Der Dreißigjährige, der neben ihr saß, bemühte sich, den Bericht mitzulesen: „Tatsächlich!" rief er dann. „Auf unserer Strecke hier ist das schon wieder passiert!"

„Aber Allmächtiger! Warum sagen Sie ‚schon wieder', mein Herr?"
„Vielleicht, weil das hier so zum Handelsüblichen gehört", bemerkte der elegante Zwanzigjährige brutal. Offenbar wollte er einmal auf diese Weise zu wirken versuchen. „Oder steckt hinter Ihrem ‚schon wieder' ein eigenes Erlebnis?" fragte er den anderen Herrn.
„Tut es." Der Dreißigjährige war von der Wendung, die das Gespräch nahm, sehr befriedigt. „Hier, in dieser gottverdammten Gegend, hat mich ein nicht ganz unbekannter Indianer beinahe vergiftet."
„Aah!" Die alte Dame wurde unwillig. „Meine Herren, ich bitte Sie, keinen Zynismus! Das vertragen meine Nerven nicht. Ich fahre hier nicht zu meinem Vergnügen. Wir müssen unbedingt zurück nach Omaha!"
„Wohin wir auch gelangen werden, sicher gelangen werden! Seien Sie vollkommen beruhigt! Ich kenne unsere Strecke wie meine Tasche." Der Dreißigjährige spielte Überlegenheit.
„Also wissen Sie auch", stichelte der Jüngere, „daß diese Strecke seit etwa zwei Jahren von einer rätselhaften Bande unsicher gemacht wird?"
Die Wangen des jungen Mädchens färbten sich wieder rot. Das stand ihr nicht schlecht. „Wirklich? Was wissen Sie darüber?"
„Cate", griff die alte Dame ein, „des Abends keine Schauergeschichten! Ich liebe das nicht, und es ist ungesund, und deine Nerven vertragen es nicht, seit du als Kind den Schock in Minnesota erlebt hast. – Sie kennen also die Strecke, mein Herr?"
„Mitgebaut", brüstete sich der Mann mit dem schütteren Haar jetzt unter der Maske eines bescheiden-gleichgültigen Tones und stellte sich bei dieser Gelegenheit vor: „Henry Henry."
„Das klingt gut. Ein Firmenname?"
„Ingenieur."
„Oh, das ist hier auf der Strecke sehr beruhigend."
„Roach!" stellte sich der Jüngere vor. „Leutnant."
Die alte Dame schlug die fleischigen kleinen Hände zusammen. „Welch günstiges Zusammentreffen! Was für ein sicherer Schutz für uns! Nun erzählen Sie nur, erzählen Sie! Eine rätselhafte Bande ist am Werk?"

„Tante Betty“, mahnte Cate, „bitte schon deine Nerven.“
„Ach, sei still, Kind. Also?“ Die Augen hinter dem Lorgnon gierten nach Gruselgeschichten.
Die beiden Herren sahen sich an und beschlossen, sich vorläufig keine Konkurrenz mehr zu machen, sondern sich die Bälle zuzuspielen. Daß sie in dem wenig besetzten Waggon mit einer Erbtante und ihrer unglücklichen Nichte zusammensaßen, die als charity-child aufgezogen wurde, war ihnen schon kurz nach San Francisco bekanntgemacht worden. Diese Nichte war sicher keine schlechte Partie für einen jungen Mann, der Karriere im Sinn hatte.
„Das rätselhafte an der Sache ist“, erklärte Henry, „daß die Banditen eben keine Bande zu sein scheinen. Es sind keine Spuren zu finden, die auf eine größere Gruppe deuten. Es sind überhaupt keine Fährten zu finden, nicht einmal solche, die zu den verfluchten Dakota führen, die wir zuerst im Verdacht hatten. Aber auf einmal ist eine Schiene sachverständig gelockert, offenbar mit gutem, natürlich gestohlenem Werkzeug. Dann wird ein Lokomotivführer mitten während der Fahrt abgeschossen ...“
„Aber das ist doch entsetzlich! Was hat man dagegen unternommen?“
„Absolut wirkungsvolle Maßnahmen. Drei Banden von Tramps sind abgefangen und unschädlich gemacht worden.“
„Die militärischen Kräfte werden in den Gegenden hier demnächst sehr verstärkt“, beeilte sich der Leutnant hinzuzufügen. „Wir werden die Dakota zu Paaren treiben, noch ehe sie an einen Aufstand oder weitere Verbrechen denken können.“
„Aber warum denn plötzlich Aufstand?“ rief die alte Dame.
„Nur so dahingesagt, es kommt natürlich nicht dazu, nach unseren Maßnahmen. Das Land wird zivilisiert.“
„Das sagt mein Vater auch immer“, warf Cate ein. „Er ist Offizier und geht bald auf eine weit vorgeschobene Grenzstation in den westlichen Prärien.“
Die alte Dame wußte zu verhindern, daß die jungen Herren auf diese Bemerkung eingingen. „Sobald die Indianer gebändigt sind, hören auch die Verbrechen und die Bandenbildung auf“, betonte sie.

„Sagten Sie nicht, die Verbrechen seien weder von den Indianern noch von einer Bande verübt worden?" fragte das junge Mädchen den Ingenieur.
„Cate, bitte, sprich nicht immer so vorlaut und unsachverständig. Die Herren müssen es ja nun wirklich besser wissen, da sie die Strecke kennen und beim Militär sind."
„Tante Betty", fragte Cate sanft, „darf ich dir dein Erfrischungswasser geben?"
„Daran hättest du auch schon früher denken können!"
Das junge Mädchen packte das Gewünschte ohne Widerrede aus. Die alte Dame kräuselte die schon etwas faltige Haut ihrer zierlichen Nase und zog den süßlichen Duft des Erfrischungswassers ein.
Die Bremsen zogen an, die Räder unterbrachen ihren angenehm beruhigenden Rhythmus und kreischten. Der Zug stand mit einem Ruck. „Was denn nun schon wieder!" rief Henry nervös. „Immer auf dieser Strecke!"
„Auf Ihrer selbstgebauten Strecke!" Der Leutnant lehnte sich zurück, und da Tante Betty aufgestört war und nicht auf Cate achtete, versuchte er einen Blick mit dem Mädchen zu wechseln. Die immer Getadelte empfand diese Aufmerksamkeit, die ihr gewidmet wurde, als menschlich und erleichternd, und so hatte Roach Glück. Er erntete eine Anerkennung der blauen Augen für seine spöttische Bemerkung gegen Henry.
„So wie Joe Brown und ich diese Strecke gebaut haben, brauchte der Zug jedenfalls nicht zu halten. Moment!" Henry gab sich nicht damit zufrieden, aus dem Fenster zu schauen. Da der Leutnant den Waffenstillstand im Konkurrenzkampf um das Wohlwollen der Erbnichte gebrochen hatte, gedachte er seine eigene Bedeutung eindrucksvoller hervorzuheben. Er lief zur Tür und sprang auf offener Strecke aus dem Zug. Als das Zugpersonal ihm dies verbieten wollte, schnauzte er zurück und rannte am Kohlentender vorbei zur Lokomotive. Dort erkannte er sofort das Hindernis. Vor der Lokomotive lag ein toter Büffel. Das Zugpersonal war eben damit beschäftigt, den Kadaver zu entfernen.
„Überfahren?" fragte der Ingenieur.
„Nein", gab der Zugführer Auskunft, nachdem sich Henry als

ein leitender Ingenieur der Eisenbahngesellschaft ausgewiesen hatte. „Lag tot über dem Gleis."
Henry betrachtete sich den Büffelstier genauer. Das Tier war erschossen worden, aber der Jäger hatte sich nicht einmal die Zunge geholt.
„Sonderbar. Wollen Sie weiterfahren?"
„Ja. Langsam. Man weiß nicht, was sonst noch alles auf dem Gleis liegt."
Henry ging zu dem ersten Waggon zurück, in dem er seinen Platz hatte. „Nichts als ein Büffelstier, der immer noch nicht wußte, was ein Gleis ist", berichtete er.
Der Zug fuhr weiter.
„Warum fahren wir denn so langsam?" wollte Leutnant Roach wissen.
„Wo ein Büffel ist, können auch mehrere sein. Haben Sie in Ihrem Leben schon mal eine Herde gesehen?"
„Ist mir noch nicht gelungen. Aber ich denke, die Strecke wird kontrolliert."
„Habe Leute gekannt, die die besten Wachtposten überrumpelten, gar nicht zu reden von Bahnwärtern!"
Henry war es damit gelungen, Cates Aufmerksamkeit auf sich zu ziehen. „Ihren Worten vorhin entnahm ich, daß Sie Joe Brown kannten?" fragte das Mädchen schüchtern. „Den berühmten Pionieringenieur?"
„Mein bester Freund." Henry sonnte sich in seinem Erfolg.
„Oh! Man sagt, er vertritt jetzt das große Projekt der Northern Pacific, die wieder mitten durch eine furchtbare Wildnis gehen soll?"
„Cate!" rief Tante Betty. „Was du immer neugierig bist. Laß doch den Herrn in Ruhe! Siehst du nicht, wie müde er ist? Aber wirklich", wandte sie sich selbst an Henry, „Joe Brown ist Ihr Freund? Sind Sie noch immer mit ihm zusammen?"
„Jetzt weniger. Ihre Nichte ist gut unterrichtet, wie ich bemerke. Brown arbeitet an dem Riesenprojekt der Northern Pacific. Mich interessiert das weniger. Vor allem habe ich die Wildnis vollständig und gründlich satt. Leben kann man nur in unseren Großstädten."
Die Bremsen zogen an, die Räder kreischten wieder, und der

Zug hielt von neuem. Henry schaute aus dem Fenster, und der Zugführer kam diesmal zu ihm her.
„Gleis beschädigt!"
„Verdammt! Schwer beschädigt?"
„Nein, das nicht."
„Spuren?"
Der Zugführer zuckte die Achseln und ging wieder nach vorn. Leutnant Roach, in Zivil, und Henry Henry machten auf alle Fälle die Revolver schußfertig. Das junge Mädchen zitterte. Tante Betty liefen die Schweißtropfen vom Haaransatz über Stirn und Schläfe und gruben kleine Bachbetten in die Puderschicht.
Während der Zug auf der Strecke hielt, die Reparatur begonnen wurde und einige Fahrgäste aufgeregt diskutierten, hielt ein paar Meilen weiter östlich ein einzelner Reiter an einer Gleisstelle, die ebenfalls aufgerissen war. Noch war es dunkel; die Winternacht währte lang. Der Reiter war groß, breitschultrig, ganz in Leder gekleidet, trug den üblichen Schlapphut und an den hohen Stiefeln Sporen. Sein Pferd war jung und kräftig. Er hielt schon einige Zeit am Platz und musterte im Mondschein ringsum das Gelände.
Die Fährte zeigte jedem, der Spuren lesen konnte, daß der Reiter von Nordosten gekommen und bei dem Gleis noch nicht abgestiegen war. Er war es nicht, der die Schienen gelockert hatte. In diesem Falle war er es wirklich nicht gewesen. Aber wenn man ihn faßte und seinen Lebenslauf nachprüfte, würde jeder Sheriff sagen: „Aha! Da haben wir ihn!" Holzfäller, Räuber, Mörder, Dieb, Goldsucher, ein Spekulant und Betrüger, Kundschafter im Bürgerkrieg, Kundschafter der Eisenbahnbaugesellschaft, ja, das war Red Jim, auch genannt Red Fox, schon alles gewesen und hatte es doch zu nichts gebracht. Immer wieder zerrann ihm das Raubgut zwischen den Fingern, und der große Streich war noch nicht geglückt.
Er hatte sich eineinhalb Jahre fern vom Platte herumgetrieben und mußte sich orientieren, was in seinem ehemaligen Revier zur Zeit gespielt wurde.
Verfluchter Blödsinn! Wer riß hier die Schienen auf? Es paßte Red Jim nicht, wenn sich Leute in einem Revier, das er wieder in

Besitz zu nehmen gedachte, seiner Kontrolle zu entziehen wußten. Er wollte diesen Anschlägen auf die Union Pacific, die allen rätselhaft waren, auf den Grund kommen. Darum hatte er sich von dem Blockhaus des Zahnlosen aus für eine Woche auf den Weg gemacht.

Er verließ das Bahngelände, da es ihm mit Rücksicht auf seine Vergangenheit zu gefährlich war, hier gefaßt zu werden, und er sich allein auch nicht in der Lage sah, einen Zug auszurauben. Wenn er seine Kumpane in kurzem beisammen haben würde, ließ sich das anders an. Doch fand sich auch nur die Hälfte von denen, die er zum Blockhaus des zahnlosen Ben bestellt hatte, wirklich ein, so würde er wiederum nicht auf Bahnraub ausgehen, sondern endlich den großen Coup, den Streich seines Lebens, vollenden. Seit zehn Jahren war er nach Gold unterwegs. Er mußte aufs Ganze gehen, oder er konnte sich aufhängen. Das Leben eines armen Tramps hatte er satt. Gründlich satt hatte er es, und er wollte kein Risiko mehr scheuen, um zum Ziele zu kommen. Trotz alledem wünschte er zunächst festzustellen, wer hier die Schienen aufriß.

Jim galoppierte nordwestwärts in die Prärie hinaus und suchte sich einen guten Aussichtspunkt, von dem aus er auch in der Nacht den Zug beobachten konnte. Er stieg ab, legte sich auf dem Kamm des Hügels in Gras und Schnee und nahm die kalte Pfeife in den Mundwinkel. Es machte ihm Spaß, und zugleich war es ihm ein Rätsel, was beim Zuge vorging. Soeben wurde das Gleis an der Stelle, wo die Lokomotive hielt, vom Zugpersonal repariert. Der Schaden schien nicht groß zu sein. Inzwischen gingen schon Kontrolleure voraus, fanden eine zweite und eine Meile ostwärts die dritte Stelle, die aufgerissen war; das war diejenige, die Red Jim zuerst gefunden hatte. Er hörte das Hämmern bei den Reparaturarbeiten. All dies spielte sich in vollkommener Ruhe ab. Der Zug wurde nicht beschossen, es tauchten keine Erpresser auf. Nur der Fahrplan und die Nervenruhe der Fahrgäste waren gröblich gestört. Verrückte Sache, dachte Jim bei sich. Ein paar Mann mehr und hier hätte sich etwas machen lassen!

Er fuhr zusammen, als ob ihn der Blitz getroffen habe, denn eine Hand legte sich auf seine Schultern. Er griff sofort nach

dem Revolver, fand ihn nicht, sprang auf und sah sich dem Schatten eines riesigen Indianers gegenüber.
Der Indianer reichte Jim die Schußwaffe höflich zurück. „Mein weißer Bruder Jim mag seine Waffe wieder einstecken", sagte er leise. „Ich habe versucht, einen Scherz meines Sohnes zu wiederholen, der mir einmal den Revolver aus dem Gürtel gestohlen hat. Ich sehe, ich kann das mit dir, mein Bruder, auch noch machen. Also gut."
Jim war verblüfft und schüttelte den Kopf. „Mann – Top – du!" Er ließ sich wieder ins Gras fallen. Der Indianer legte sich neben ihn.
„Top! Wo du plötzlich herkommst, darüber reden wir nachher. Jetzt sage mir erst: Weißt du, wer hier die Gleise beschädigt?"
„Hau, ich weiß es."
„Willst es mir nicht sagen?!"
„Warum nicht? Du allein unter allen weißen Männern darfst es wissen. Wie du selbst auf einmal hierherkommst, kannst auch du mir später berichten."
„Spaß beiseite. Wer ist da am Werk?"
„Ich."
„Du?"
„Hau."
„Was hast du davon?"
„Meine Freude."
„Deine Freude! Das ist wieder mal echt Top. Wovon lebst du denn?"
„Von der Jagd, wie immer, seit ich einen Bogen spannen kann. Und vom Brandy, wie immer, seit wir uns näher kennengelernt haben."
„Du wirst ein Spaßvogel, Top. Wo haust du?"
„Im Sommer auf der Prärie, im Winter im Wald. Manchmal, wenn ich Brandy trinken will, in einer Blockhausstation."
„Bist du verrückt?"
„Mag sein. Was machst du, mein weißer Bruder?"
„Mein Leben verplempern, ähnlich wie du. Weiter nichts, wirklich nichts. Du kannst meine Fährten ruhig verfolgen. War lange im Osten. Aber da ist auch kein richtiges Geschäft zu machen. Lebt Harry noch?"

„Ja."
„Wo steckt er?"
„Irgendwo in den Black Hills."
„Was macht er da?"
„Er verfolgt Goldsucher und tötet sie."
„Auch 'ne Beschäftigung für einen jungen Mann. Zweiundzwanzig wird er jetzt, wie? So alt wie ich war, als ich vor zehn Jahren mit euch hier anfing. Es ist alles kolossal sinnvoll, wirklich!" Red Jim spuckte aus.
Der Zug in der Ferne fuhr langsam wieder ein Stück weiter.
„Jede Wette", meinte Jim, „daß wir beide genug sein würden, du und ich, um das ganze Geld der Passagiere einzukassieren."
„Kann sein. Aber wozu?"
„Wozu! Top, du wirst mich noch rasend machen mit solchen Ansichten. Wozu? Ja, wozu wohl! Triffst du dich gar nicht mehr mit Harry?"
„Von Zeit zu Zeit."
„Wann und wo habt ihr euch das nächstemal verabredet?"
„Sobald der Mond noch zweimal gewechselt hat, beim Blockhaus des zahnlosen Ben."
„In zwei Monaten erst – hm, ja, mag angehen. Was machen wir beide bis dahin?"
„Wir beide? Willst du bei mir bleiben, Jim?"
„Oder du bei mir?"
„Wo haust du, Jim?"
„Überall und nirgends. Aber zur Zeit ist es mir im Freien ohne Zelt zu ungemütlich. Hast du noch kein Rheuma?"
„Nein."
„Aber bei mir fängt es schon an." Red Jim trank einen Schluck aus einer Feldflasche. Es roch nach Brandy. Er reichte die Flasche dem Indianer. „Da, halt mit! Stammt aus Bens Giftküche."
Mattotaupa setzte an und trank mehr als einen Schluck.
„Halt, halt! Laß mir auch noch einen Drink auf unser Wiedersehen! Das Weitere dann im Blockhaus des zahnlosen Ben . . ."
„Mary ist weg", sagte Mattotaupa.
„Ja, fort ist sie, ich weiß. Die Jenny auch. Ben muß wieder allein wirtschaften. Ein paar alte Gefährten könnten wir aber bei ihm treffen. Du wolltest in zwei Monaten sowieso dorthin!"

„Nicht in das Blockhaus zu Ben. In der Nähe will ich mich mit meinem Sohn treffen."
„Doch ganz egal. Im Blockhaus ist's jedenfalls warm."
Der Zug fuhr wieder ein Stück. Das Pfeifen der Lokomotive war meilenweit zu hören.
„Einen Lärm machen die!" maulte Red Jim. „Als ob ihnen die Prärie gehörte. Aber so weit ist es noch immer nicht. Obwohl sie mehr Militär einsetzen wollen."
„Gegen wen?"
„Gegen deine Stammesbrüder. Die sollen bald auf die Reservation getrieben werden."
Als es Morgen wurde, betrachteten die beiden Männer sich im Tageslicht. Sie hatten sich jahrelang nicht gesehen.
„Bist du alt geworden!" sagte Jim zu dem Indianer und dachte sich dabei: Er muß zuweilen toll gesoffen haben. „Mag Harry immer noch nicht, daß du Brandy trinkst?" forschte er.
„Immer noch nicht."
„Komm, reiten wir zu Ben, solange Harry noch nicht da ist."

Das Blockhaus

Zwei Monate waren seit diesem Zusammentreffen vergangen. Der Winter hatte seine Herrschaft noch immer nicht ganz abgetreten. Es war früher Nachmittag. Der Wind pfiff eisig.
In einem der Wellentäler der Prärie nordöstlich des Niobrara stand ein falber Mustang mit dunkler Mähne und dunklem Schweif. Ein schwarzer, magerer Wolfshund saß bei ihm. Der Hengst war nicht festgemacht, bewegte sich aber trotzdem nur in einem kleinen Kreis, innerhalb dessen er alle Gräser abweidete. Wenn sich der geringste Laut vernehmen ließ, spitzten er und der Hund die Ohren, und jetzt, als Hufschlag laut wurde, hoben beide aufmerksam den Kopf und witterten. Gleich darauf tauchte der Herr der beiden Tiere auf einer Schimmelstute auf. Zwischen Schneeflecken und braunem Gras waren der Schimmel und der braunfarbene Indianer in der Lederkleidung

gut getarnt. Der falbe Hengst und der Hund begrüßten den jungen Reiter freudig.
Stein mit Hörnern sprang ab. Er trug seine alten, mit Skalphaaren besetzten Leggings, Pelzmokassins und den Büffelpelzrock. Er strich dem falben Mustang über das Fell, vielleicht, um die Begrüßung zu erwidern, vielleicht auch nur, um vor sich selbst Zeit zum Nachdenken zu gewinnen. Es war der Tag, an dem sich Stein mit Hörnern mit seinem Vater treffen wollte. Schon am frühen Morgen war er zu dem verabredeten Platz gekommen, und da er den Vater nicht vorfand, hatte er den Falben und den Hund als Zeichen für ihn zurückgelassen und war auf der Schimmelstute umhergeschweift, um zu kundschaften. Westwärts, in einer Bauminsel am Niobrara, hatte er ein Spähernest der Dakota entdeckt und dem Sohn von Alte Antilope aus der Bärenbande als einen der Kundschafter erkannt. In der Koppel bei dem Blockhaus stand der Mustang Mattotaupas; Stein mit Hörnern hatte das Tier gesehen. Der Vater befand sich aller Vermutung nach im Blockhaus. Die Abrede war jedoch, daß Vater und Sohn sich in der Prärie treffen wollten, und Stein mit Hörnern hatte bis jetzt gewartet. Er mußte sich entscheiden, ob er wieder fortreiten oder ob er den Vater im Blockhaus aufsuchen wollte.
Der junge Krieger hatte seinen Entschluß gefaßt. Er machte die Schimmelstute frei, schwang sich auf seinen Falben, dem er die alte Büffelhautdecke umgeschnallt hatte, und lenkte das Tier durch die Prärietäler zu dem Flusse hin, dessen aufgeschwollene Fluten gelb dahinschwemmten. Um den Dakotaspähern nicht aufzufallen, kreuzte er den Niobrara nicht an der Furt, sondern ein gutes Stück weiter abwärts. Die Mustangs und der Wolfshund fürchteten kein Wildwasser, und der junge Indianer scheute Nässe und Kälte nicht. Eineinhalb Jahre lebte er schon ohne Obdach wie ein Tier in der Wildnis. Er hatte es fast verlernt, mit Menschen zu sprechen. Diejenigen, denen er sich zeigte, waren auch diejenigen, die er tötete. Sonst sah ihn niemand. Über hundert Goldsucher hatte der junge Indianer mit Messer, Tomahawk oder Pfeil lautlos getötet. Red Jim war nicht unter ihnen gewesen. Aber Stein mit Hörnern hatte Jim und Mattotaupa seit dem letzten Mondwechsel beobachtet. Er

wußte, daß sie wieder beisammen waren und daß sich im Blockhaus eine Schar von Männern sammelte, darunter einige ihm schon lange bekannte Banditen. Er mußte heute wieder einmal Menschen sprechen. Er wollte seinem Vater eine Frage vorlegen.

So ritt er zu dem Hause, immer in Deckung gegen das Spähernest im Westen. Es waren viele Jahre vergangen, seitdem er bei diesem Blockhause Mattotaupa vor Red Jim gewarnt, seitdem er mit dem Vater zusammen bei Joe Brown Kundschafterdienste angenommen und seitdem der Vater in der Gaststube des zahnlosen Ben das erstemal und dann zum zweitenmal getrunken hatte. Stein mit Hörnern dachte an alles, als er seinen Falben und den Hund in die Koppel brachte und seinen Hengst neben Mattotaupas Schecken stehenließ. Die Schimmelstute lief draußen umher.

Aus dem Blockhaus war noch kein Lärm zu hören, wie er des Abends unter den Betrunkenen zu entstehen pflegte. Nur leise klangen Stimmen heraus. Das Haus hatte keine Fenster, sondern nur Schießscharten. Durch die Ritzen drang Lichtschimmer. Als Stein mit Hörnern die schwere Eichentür öffnete, übersah er den Innenraum mit einem Blick. In der linken hinteren Ecke saß Mattotaupa, allein. An den anderen Tischen hatten sich einige Gäste zusammengefunden; sie tranken und sprachen miteinander. Alle waren wie Jäger, Trapper und Fallensteller gekleidet, und Stein mit Hörnern erkannte unter ihnen den Hahnenkampf-Bill, Tom ohne Hut und Schuhe und einen kleinen schmierigen Kerl, der Josef genannt wurde. Die drei schauten nach dem Eintretenden und schienen unschlüssig, ob sie ihn begrüßen sollten oder nicht. Aber er drehte ihnen mit einer so deutlichen Wendung den Rücken zu, daß sie sich sofort wieder dem Brandy zuwandten. Während Stein mit Hörnern langsam durch den Raum zu dem Tisch in der Ecke ging, lauschte er auf das, was an den anderen Tischen gesprochen wurde, aber was er vernahm, waren nur Belanglosigkeiten, wichtigtuerisch aufgemacht. Bei dem Eintreten des jungen Indianers waren alle anderen Gespräche sofort abgebrochen worden, doch nicht so schnell und nicht so gewandt, daß er es nicht bemerkt hätte. Stein mit Hörnern setzte sich schweigend seinem Vater gegenüber. Mattotaupa hatte einen leeren Becher vor sich stehen. Ben kam herbei, um diesen leeren Becher abzuräumen und einen vollen hinzustellen. Er versuchte dabei, Stein mit Hörnern zu begrüßen, aber das gelang ihm nicht. Der junge Indianer antwortete ihm nicht, sah den Wirt auch nicht an. Ben dachte jedoch an sein Geschäft und brachte auch für Stein mit Hörnern einen Brandy. Der junge Indianer wies ihn zurück. Er schüttete den Branntwein auf den Boden und stellte den leeren Becher wieder auf den Tisch, mit einer ruhigen und selbstverständlichen Bewegung, so als ob dies das übliche und gehörige Verfahren sei.

Mattotaupa sagte nichts dazu. Er betrachtete seinen Sohn, den er im Schein einer Pechfackel vor sich sitzen sah. Von Winter zu Sommer und von Sommer zu Winter waren die Züge von Stein mit Hörnern hagerer und unzugänglicher geworden. Es schien nicht mehr möglich, mit ihm zu sprechen wie mit irgendeinem Menschen. Mattotaupa wußte nicht, was für ein Wort er hervorbringen oder womit er etwa zu sprechen beginnen könne. Schließlich sagte er nur: „Du bist also da."

„Du bist aber nicht an den Platz gekommen, an dem wir verabredet waren", erwiderte Stein mit Hörnern nach langem Schweigen. Er setzte langsam ein Wort nach dem anderen, jedes in seiner Bedeutung.

„Hier ist es besser, und ich wußte, daß du mich findest."

Stein mit Hörnern wartete wieder mit der Antwort oder auch darauf, daß der Vater seinerseits weitersprechen würde. Seit einem Jahr hatten Vater und Sohn sich nicht gesehen. Es gab wenig zu sagen, wenn man sich darauf beschränken wollte, einander wissen zu lassen, daß jeder noch lebe. Es gab mehr zu sagen, wenn die Zeit blieb, die hart gewordenen Schalen des Schweigens zu brechen. Aber in der Wirtsstube war nicht viel Zeit, denn der Abend rückte heran, und es war vorauszusehen, daß Gäste kommen würden, die Mattotaupa für sich in Beschlag nahmen. Stein mit Hörnern roch mit Widerwillen den Brandygeruch im Hause. Die Umgebung drückte auf ihn. Er wehrte sich innerlich dagegen und beschloß, ohne Umschweife zu sprechen.

„Hier", antwortete er dem Vater, „wo es dir besser gefällt, triffst

du dich wieder mit Red Jim, ich weiß es. Ich habe beobachtet, daß sich viele Watschitschun sammeln. Wer wird sie anführen?"
„Jim und ich werden ihre beiden Häuptlinge sein. Diese Männer werden wie ein Stamm sein, den ich anführe."
Stein mit Hörnern fing den umherwandernden Blick des Vaters ein. „Was habt ihr vor?"
„Gegen das Feuerroß und gegen alle Dakota und alle weißen Männer zu kämpfen, die nicht mit uns sind."
„Eine Bande von Tramps", sagte Stein mit Hörnern nüchtern und ungeschminkt. „Nun gut. Aber ihr werdet auch Gold suchen. Dann schieße ich auf euch. Hast du das bedacht?"
„Wir suchen kein Gold."
„Du lügst dich selbst an, Mattotaupa. Wovon haben diese Männer hier gesprochen, ehe ich eintrat? Sie sind verstummt, als sie mich sahen. Ihr werdet Gold suchen, und ich schieße auf euch."
„Auf deinen Vater?"
„Mattotaupa, du bist kein Verräter. Darum habe ich als Knabe meinen Stamm verlassen und bin dir gefolgt. Aber ich verlange von dir, daß du auch jetzt kein Verräter wirst. Du weißt, daß Red Jim in der Höhle war, im Reich der großen Bärin, deinem Geheimnis nahe! Er hat auf mich geschossen. Ich habe es dir gesagt. Jetzt sammelt er eine Bande. Ich frage dich, Mattotaupa, bist du bereit, dich von Red Jim zu trennen und ihm selbst den Skalp abzuziehen?"
„Nein."
„Alle Männer wissen und alle Zungen sagen schon seit vielen Sommern und Wintern, daß Red Jim das Gold der Dakota sucht. Vater, ich warte noch diese eine Nacht hindurch. Wenn die Sonne wieder aufgeht und du bist noch der Bruder dieses falschen Mannes, so bin ich dein Sohn nicht mehr, und ich werde auf euch schießen. Ich habe gesprochen, hau."
Mattotaupa antwortete nicht. Er rang auch nicht mehr um irgendein Wort. Mechanisch machte er die gewohnte Bewegung, griff nach dem Becher, schüttete den Branntwein mit einem Zuge hinunter und setzte den Becher ab, leise, ohne daß ein Geräusch entstand. In dieser Stille der Bewegung lag alles das, was er verschwieg.

Stein mit Hörnern erhob sich. Ohne Geräusch und ohne jemanden zu beachten, verließ er den Raum. Er ging nicht zu dem Falben, sondern lief südlich in die Landschaft der Sandhügel hinaus. Dort suchte er sich einen Auslug und spähte stundenlang nach Haus und Fluß. Es wurde Abend. Langsam sank der rotglühende Ball zu den fernen grauen Nebelschleiern über den Rocky Mountains. Von Norden her wehte noch immer ein scharfer Luftzug. Er strich über das kurze Gras, kräuselte Pfützen des Tauwassers und kühlte grau gewordenen Schnee aus, so daß er von neuem hart gefror. Auf den Kämmen der Sandhügel lang noch der Abendschimmer, in den Tälern dunkelten die Schatten.

Stein mit Hörnern vernahm mit seinem scharfen Ohr das Traben eines einzelnen Reiters. Von Nordosten her kam das Geräusch des Hufschlags. Der Reiter war dem Auge des Indianers noch durch die Höhenzüge verborgen, aber es schien dem Beobachter schon sicher, daß der Unbekannte sich auf dem üblichen Wege von Nordosten her der Furt und damit dem Blockhaus näherte. Es währte nicht mehr lange, bis er ihn von der Hügelkuppe aus erblickte.

Der Reiter schien noch sehr jung zu sein. Er war ganz in Leder gekleidet und trug die bei den Grenzern üblichen hohen Stiefel und den hohen, breitkrempigen Hut, den die weißen Männer zum Schutz gegen Hitze, Kälte und Stürme des rauhen Landes benötigten. Die Büchse hatte er am Riemen über die Schulter gehängt, in seinem Gürtel steckten Messer und Revolver. Er ritt einen Braunen. Das Pferd schien das Wasser zu spüren und beschleunigte von selbst seine Gangart.

Der Reiter durchquerte den Niobrara und erreichte am Südufer das Blockhaus. Er suchte offenbar nach einer Möglichkeit, sein Tier für die Nacht unterzubringen, fand an der südlichen Schmalseite des langgestreckten Hauses die große Umzäunung und brachte seinen Braunen in der Koppel bei den anderen Pferden unter.

Dann schlenderte er an der Breitseite des Hauses entlang bis zu der schweren Holztür und öffnete sie. Ein Lichtschein fiel aus dem Innern des Hauses heraus auf die Wiese, die im Dämmer lag. Laute Stimmen wurden hörbar. Sie klangen rauh und

mischten sich mit dem Grölen Betrunkener. Als der junge Mensch eingetreten war und die Tür hinter sich schloß, schwanden der helle Schimmer und der Lärm, und es wurde auch in der Umgebung des Hauses wieder still und dunkel wie in der Wildnis ringsum.
Stein mit Hörnern blieb auf der Kuppe des Sandhügels, während die ersten Sterne am Himmel auffunkelten. Er hatte unter den Stimmen Betrunkener die Stimme seines Vaters herausgehört. Jim befand sich noch nicht im Haus. Stein mit Hörnern wollte warten, ob der Verhaßte in dieser Nacht kommen würde. Die letzten Entscheidungen rückten heran; das wußte Mattotaupas Sohn, weil er es selbst so wollte.
In der Wirtsstube des Blockhauses blieb der junge blonde Mensch, der dort eben eingetreten war, zunächst an der Tür stehen, die er hinter sich zugezogen hatte. Er nahm den Hut ab, fuhr sich durch den Haarschopf und spuckte aus. Der Branntweingestank und der dicke Pfeifenqualm waren ihm widerwärtig. Er verspürte keine Lust, sich an den Tischen niederzulassen, an denen Karten gespielt wurde. Ohne von jemandem beachtet zu werden, ging er nach links hinten in die entfernteste Ecke und ließ sich am Ende der Wandbank unter einer Pechfackel nieder. Mißtrauisch blickte er nach dem Wirt, der auf ihn zukam.
Ben brachte einen Becher Brandy, und der junge Kerl schüttete den Fusel ohne Lust mit einem Zuge hinunter.
„Wartest du auch auf Red Fox?" wollte der Wirt wissen.
Der Bursche, kaum älter als achtzehn Jahre, gehörte zu den Menschen, die sich nicht gerne ausfragen lassen. „Mhm", antwortete er nur.
Aber der Wirt wurde durch diese Einsilbigkeit nicht abgeschreckt. „Sein Kamerad, der alte Indianer, ist schon da", erzählte er, „der große Rote dort am Tisch . . . der Top . . . Kennst du ihn?"
„Mhm."
Obwohl der neue Gast äußerlich in seiner ablehnenden Schweigsamkeit verharrte, begann sein Interesse wach zu werden. Top, von dem die Rede war, saß an dem nächsten der beiden Tische. Er hatte einen geleerten Branntweinbecher vor sich

stehen und nahm die ausgegebenen Karten. Auch in seiner gebeugten Haltung erschien er ungewöhnlich groß. Er hatte den Rock abgelegt, so daß seine braunhäutige Gestalt sichtbar war. Er war betrunken. Laut grölte er und prustete und stritt sich fluchend mit den anderen Spielern.

Während der junge Mensch den Indianer beobachtete, brachte Ben ein gebratenes Büffelrippenstück. Der Bursche griff zu und aß; er hatte Hunger. Das Rippenstück war zart und schmeckte gut. Als der Blondschöpfige fertig gegessen hatte, warf er dem Wirtshund die Knochen hin und wurde zugänglicher für Bens Neugier.

„Das dort soll Top sein?" knüpfte er an und verzog den Mundwinkel geringschätzig.

„Du bist wohl ein feiner Herr? Wenig trinken – nur bedächtig spielen?" Ben setzte sich neben den Blonden und zwinkerte mit den Augen. „Wenn ihr erst alle zusammen Gold gefunden habt, kannst du auch ein bißchen was riskieren!"

„Was für Gold?"

Ben lächelte verschmitzt. „Du denkst doch nicht, daß es hier Geheimnisse gibt? Tops Gold."

„Der alte rote Lump dort sieht nicht aus, als ob er Gold hätte."

„Die Roten können mit Gold nichts Rechtes anfangen. Da muß erst unsereiner kommen. Aber das kann ich dir sagen, der Alte dort, der weiß was!"

„Mir egal. Hab ich was mit ihm zu schaffen?"

„Wenn du auf Red Fox wartest, allerdings."

Der junge Mensch trank nun doch noch einen Becher. „Warum soll ich denn auf Red Fox warten?"

„Nein? Nicht auf Red Fox warten? Ich denke doch. Du bist die Missouriratte, die gestern noch fehlte. Du kommst doch von droben, von den grünen Wiesen, vom oberen Missouri, weiß der Teufel, hier in unsere verfluchte Steppe, und unterwegs bist du am Gold genau vorbeigeritten, will ich dir im Vertrauen sagen. Denn das Gold, das gibt es in den Black Hills."

„Die sind groß."

Ben zog die Augenbrauen hoch. „Das ist es ja, da liegt der Hase im Pfeffer, und du hast den Nagel auf den Kopf getroffen, guter Junge. Die Black Hills sind groß, und wenn man was finden will, muß einer dabei sein, der schon die Stelle weiß. Der alte Top, der weiß was!"

„Kann ja sein. Aber hat er es dir gesagt?"

„Mir? Wozu? Ich suche kein Gold."

„Nein, du suchst kein Gold in den Bergen. Du holst es lieber aus den Taschen."

Ben lachte und nahm die Bemerkung keineswegs übel. „Wenn da was drin ist", meinte er nur. „Mir ist es auch lieb, wenn ihr endlich was findet. Auf eure vollen Taschen warte ich seit zehn Jahren, ebenso wie Jim Fox auf das Wunder der Höhle."

„Kannst du uns helfen?"

Ben zuckte die Achseln. „Jim Red Fox ist nicht der Mann, der meine Hilfe sucht. Aber ich kenne ihn schon lange, und eins kann ich dir sagen: Er spielt ein verdammt gefährliches Spiel."

„Gefährliches Spiel? Ich kenne die Dakota. Mit denen kann man auskommen."

„Das mag schon sein, daß du mit ihnen ausgekommen bist. Du siehst wie ein Farmersohn aus ..."

„Und wenn ich's wäre ... Was dann?"

„Warum sollen die Roten nicht einmal einen Farmer leben lassen? Habt ihr ihnen euer Land bezahlt?"

„Ja, Kaufbrief. Die Dakota haben den immer respektiert. Aber jetzt, die dreimal verfluchten Grundstücksgesellschaften ... die sind schlimmer als die Sioux." Der Bursche spürte, daß er rot anlief vor Zorn, als er auf dieses Thema kam.

„Ach so, daher weht der Wind. Kann mir schon denken, immer das alte Lied, vom großen Daniel Boone bis heute. Aber wirf ihnen doch den Kram vor die Füße, und laß dir eine andere Farm geben nach dem ‚Heimstättengesetz'! Das bringst du schon zusammen."

„Da rede du mit meinem Alten. Aus der Heimat haben ihn die Wucherer vertrieben; er ist ausgewandert in das große Amerika, er hat Land urbar gemacht und hat es den Dakota bezahlt, und jetzt soll er wieder weg oder noch mal bezahlen? Lieber schießt er die Banditen zusammen ..."

„Was für Banditen?"

„Die Landmesser."

„Sind damit die Grundstücksgesellschaften totgeschossen?"

„Nein." Das Nein war bitter gesagt. „Die leben gestern und heute und morgen, und die Regierung hilft ihnen noch."

„Siehst du, deswegen muß man sich mit ihnen vertragen. Ich handle mit den großen Pelzgesellschaften und lebe auch."

„Eine Gemeinheit bleibt eine Gemeinheit", sagte der junge Mensch. Er strich sich eine Haarsträhne aus der Stirn, und sein Ton sollte so klingen, daß er Ben den Abschluß des Themas begreiflich machte.

„Also, wenn du mit Red Fox zusammen Gold findest, ist ja alles in Ordnung", knüpfte der Wirt aber noch einmal an. „Dann könnt ihr der Grundstücksgesellschaft zahlen und bleibt auf eurer Farm. Ich wünsche dir Glück. Du mußt nur vorsichtig sein mit Top und noch mehr mit seinem Sohn, mit Harry!"

„Was gibt's da schon zu fürchten? Mein Vater kannte die beiden, und unsere alten Cowboys, Thomas und Theo, haben mir auch von Top und Harry erzählt. Kann mir nicht vorstellen, daß die besoffene Kreatur dort am Tisch der berühmte Top sein soll."

„Den Sohn wirst du auch noch kennenlernen. Hat vorhin mal reingeschaut, zur Unzeit übrigens, und ist gleich wieder rausgegangen. Aber das Pferd und den Hund hat er hiergelassen. Kommt also vermutlich zur Nacht wieder zurück."

„Wenn das auch so ein liederlicher Trinker geworden ist, wird recht viel damit anzufangen sein."

„Mein Lieber, wenn der Brandy nicht wäre, dann würdet ihr wohl nie zu eurem Gold kommen! Meinst du, ein Roter erzählt nüchtern von seinen Geheimnissen?"

Ben stand auf, er mußte seine zahlreichen Gäste bedienen. Dem Burschen war es recht, daß der geschwätzige Wirt ging. Von seiner stillen Ecke aus beobachtete er jetzt wieder ungestört die Jäger und Goldsucher, die bei Ben eingekehrt waren. Seine Aufmerksamkeit wurde mehr und mehr von dem Anblick des alten Indianers gefesselt. Den hatten sie also betrunken gemacht – und sicher heute nicht zum erstenmal –, damit er das Geheimnis der Goldberge im Dakotagebiet verraten sollte. Auch Top war einmal ein Mann gewesen, den man hoch achten konnte. So hatten Thomas und Theo und der Vater Adamson erzählt. Aber des Goldes wegen mußte man Top zum Lumpen machen,

zum grölenden, fluchenden Trinker und Kartenspieler. War das auch eine Gemeinheit?
Der Anblick des ehemaligen Häuptlings und die Erinnerung an die indianischen Freunde hoch im Norden am Missouri ließen vor dem inneren Blick des Farmersohnes weitere Bilder vorüberziehen. Er glaubte wieder, wie an jenem Dezembermorgen, mit dem Vater auf den Präriehügel zu reiten, der der gewohnte Aussichtspunkt des alten Adams war, um Wetter und Viehherden zu beobachten und etwaige Wolfsrudel oder Banditen zu entdecken. An jenem hellen Morgen hatten Adamson und sein Sohn Adam Adamson plötzlich Baracken in der Ferne erkannt. Eine war fertig, wie über Nacht aus dem Boden gewachsen, andere wurden gebaut.
„Gottes Fluch", hatte der Alte gesagt und die Fäuste geballt, „das sind die Landhaie!" Dann kamen die Verhandlungen, die erbitterten Streitigkeiten, der Hohn der Eindringlinge gegen den unwissenden Bauern, der wirklich glaubte, das Land gehöre ihm, weil er es von den Dakota mit seinem mühsam erworbenen Geld in einem ehrlichen Vertrag gekauft und weil er es mit seiner Hände Arbeit urbar gemacht hatte. In den Baracken saßen Regierungskommissare, die von der Bildung eines neuen Bundesstaates in dem bisher „herrenlosen" Lande berichteten. Das Recht der Dakota auf ihre Heimat schien vor diesen Kommissaren ebensowenig zu existieren wie das Recht des alten Farmers. Die Regierungsvertreter tauschten Blicke innigen Einverständnisses mit den Vertretern der Grundstücksgesellschaften, die ihnen am schmalen Tisch gegenübersaßen, und Vater Adams war sich im Zweifel, wer das Wuchern besser verstehe, die Grundstücksspekulanten oder die Kommissare; sie schienen beide Meister darin zu sein. Die Regierung hatte der kapitalkräftigen Gesellschaft riesige Ländereien billig zugeteilt. Der Farmer aber sollte sehr teuer bezahlen, wenn er auf seinem Grund und Boden bleiben wollte. Es wurde von einem Bahnbau gesprochen, der den Grundstückswert noch ins Ungemessene treiben könne. Landmesser kamen und steckten, ohne zu fragen, Felder ab auf den Wiesen, auf denen das Vieh der Familie Adams seit zehn Jahren weidete. Der alte Adams verjagte die Landmesser mit seinem Schießprügel. Aber im Herbst würden

sie wiederkommen, wenn der Farmer nicht gezahlt hatte. Darum hatte der junge Adams seinen Braunen gesattelt und war fortgeritten. Er wollte Gold suchen, damit der Vater zahlen konnte.
Während der Bursche in seine Gedanken versunken war, hatte er kaum bemerkt, wie sich leise jemand neben ihn auf die Wandbank setzte. Nur von ungefähr fiel sein Blick jetzt auf den Nachbarn. Es war ein junger indianischer Krieger. Er hatte keinen Rock an und alle Waffen griffbereit, als ob er mit einem Kampf rechne. Über der Brust hing eine Kette mit Bärenkrallen. Ben, der Wirt, hatte auch diesen neuen Gast sofort gesichtet und kam mit einem Becher Brandy heran. Der Indianer bezahlte, schüttete den Branntwein auf den Boden und stellte den Becher leer neben sich auf die Wandbank. Der Wirt ging weg.
Donnerschlag, dachte Adams und musterte seinen Nachbarn aufmerksam. Sofort fiel ihm der Messergriff auf, der aus der gestickten Lederscheide am Gürtel schaute. Der Griff war in Form eines Vogelkopfes sorgfältig und kunstvoll geschnitzt. Die Büchse hatte der Indianer zwischen die Knie genommen. Er stopfte seine Pfeife und beachtete Adams gar nicht. Obwohl er die schwarzen Augen offenhielt, hätte kein Mensch zu sagen vermocht, wohin er eigentlich schaute. Wie ein Igel! dachte Adams. Wenn er sich einrollt, sieht man kein Tier mehr, sondern nur noch Stacheln. So hatte der Indianer seine Seele in sich eingezogen. Adams schämte sich, ihn länger neugierig anzustarren, und warf nur hin und wieder noch einen verstohlenen Blick auf ihn.
Die Stunden waren dahingelaufen, und es ging schon gegen Mitternacht. Adams hatte noch zwei weitere Becher Branntwein getrunken, und sein Nachbar hatte zwei weitere bezahlt und ausgeschüttet. Da tat sich die Tür wieder einmal knarrend auf, und herein kam endlich der Mann, auf den der Farmersohn wartete. Es war ein großer, breitschultriger Mensch mit rötlichen Haaren. Er sah Adams sofort, kam auf ihn zu, und die beiden begrüßten sich mit einem „He, auch da?" Dann stellte sich Red Jim vor den jungen Indianer.
„Harry", sagte er mit gezwungener Höflichkeit, „wir haben uns lange nicht mehr gesehen. Ich begrüße meinen roten Bruder!"

Harry und Red Jim sahen sich einen Augenblick an, und Adams, der die kleine Szene scharf beobachtete, erkannte den Haß in dem Blick, mit dem sich beide maßen. Aber das ging sofort vorüber, so daß Adams nicht wußte, ob er sich vielleicht getäuscht habe. Der Indianer erwiderte den Gruß des Weißen mit gemessener Höflichkeit; er vermied das Wort „Bruder". Red Fox ging weg, offensichtlich erleichtert, und setzte sich zu seinem anderen Bekannten an den ersten Tisch bei den Kartenspielern. Dort wurde er mit großem Hallo empfangen. Dem alten Indianer klopfte er auf die Schulter und rief ihn an. „Top! He! Top!" Aber der Betrunkene achtete nicht auf den Anruf. Er stierte auf die Karten, die wieder und immer wieder zugunsten des kleinen schmierigen Kerls entschieden, der den Indianer schon den ganzen Abend betrog.

Adams sah noch einmal auf Harry, der den Branntwein ausgeschüttet hatte wie schmutziges Wasser, und auf den Betrunkenen, der der Vater dieses jungen Kriegers war. Wie stand es mit diesen beiden? Konnte es zwischen ihnen gutgehen? Als der junge Farmersohn das eben dachte, schwoll der Lärm bei den Kartenspielern an, und Adams verstand, daß Top keine Dollars mehr besaß, um seine Spielschulden zu bezahlen. Der schmierige Josef, der gewonnen hatte, schrie und verlangte sein Geld oder das Pferd und die Büchse des Alten. Aber zu diesem Ausgleich konnte sich Top nicht verstehen, und vor Zorn goß der Kleine ihm den Branntwein ins Gesicht. Der grauhaarige Indianer saß stumm da. Er schien seine Spielschulden tatsächlich als Ehrenschulden anzuerkennen. Endlich gab er sich einen Ruck und winkte zu seinem Sohn hinüber, der neben Adams auf der Wandbank saß. Harry stand auf, ohne Eile, aber auch ohne zu zögern, ging auf seinen Vater zu und legte Münzen auf den Tisch. Ohne ein Wort zu sagen, wandte er sich dann ab und verließ das Blockhaus. Leise zog er die schwere Tür hinter sich zu. Aber am Tisch erhob sich schon wieder Lärm. Der schmierige Josef hatte die Dollars in seine Tasche eingestrichen. Jetzt holte er statt der Karten die Würfel hervor. Top grölte und trank, zog einen Beutel aus dem Gürtel und setzte ihn zum Pfand, daß er weiterspielen konnte.

Adams war erregt. Sein Blick heftete sich auf diesen Beutel. Ließen die anderen Spieler das Pfand im Sack gelten, ohne es zu prüfen? Nein, der schmierige Josef öffnete, spitzte hinein, und Adams beobachtete genau, wie er ein Körnchen herausstahl und bei sich verschwinden ließ. Ein Goldkorn! Einen Beutel Goldkörner hatte Top zum Pfand gesetzt! Er kannte also Goldlager ... Adams fieberte.

Als der Wirt sich in diesem Augenblick wieder neben den Farmersohn setzte, fand er ihn gesprächsbereit. „Top soll uns also führen, hast du gesagt?"

Ben grinste. „Ich denke. Aber das eine sage ich euch: Nehmt euch vor Harry in acht. Nehmt euch in acht! Er schießt auf euch, und ich möchte nicht der sein, der ihm in den Wäldern der Schwarzen Hügel begegnet. Es hängen dort schon ein paar an den Bäumen, Männer, die ich hier beim Brandy einmal gesehen, aber nie wiedergesehen habe."

„Harrys Vater Top führt uns."

„Du bist grün; grüne Jungen nehmen keinen Rat an. Macht, was ihr wollt. Es muß jeder wissen, was er tut, und jeder kann sein eigenes Fell verkaufen. Ich habe gesprochen, hau!" Mit dieser Redewendung, mit der er die Indianer nachäffen wollte, stand Ben auf und ging wieder zu den Spielern.

Adams blieb erregt und nachdenklich zurück. Es litt ihn nicht mehr in dem Pfeifenqualm und Branntweingestank. Er lief hinaus in die frische Nachtluft, sah nach seinem Pferd, das friedlich in der Koppel weidete, und ging dann ein Stück am Fluß entlang. Auf dem Rückweg bemerkte er auf einmal Harry. Der Schatten des hochgewachsenen, schlanken Indianers stand schwarz und unbeweglich gegen den flimmernden Sternenhimmel. Adams ging in seiner Nähe vorbei und nahm wahr, daß der Indianer sich auch vom Fleck löste und hinter ihm herkam. Harry hatte den weichen, weit ausgreifenden Gang, der kaum zu hören war und den ein Weißer in seinen schweren Schuhen nie nachzuahmen vermochte. Der Indianer holte Adams ein, und als der junge Bursche die Tür zum Blockhaus öffnete, stand der Dakota unmittelbar hinter ihm und konnte gleichzeitig in den Innenraum hineinschauen.

Adams fuhr zusammen.

In dem von Fackeln beleuchteten Blockhaus herrschte Toten-

stille. Die Spieler standen alle um einen Tisch herum, und die anderen Gäste drängten herzu. Der Mittelpunkt der schweigenden Erregung war Mattotaupa. Auch er war aufgestanden. Seine riesige Gestalt war etwas vornübergeneigt, seine Rechte hatte in den Beutel gefaßt, und unter den gierigen Blicken seiner betrunkenen Spießgesellen zog er zwei Goldkörner hervor und legte sie auf den Tisch.
„Da", sagte er heiser, „damit ist Tops neue Schuld bezahlt."
Der schmierige Josef, der schon ein Korn gestohlen hatte, griff nach dem Gold wie ein Raubtier nach der Beute und verbarg es sorgfältig in einer Innentasche. „Weiterspielen!" sagte er dann und schob Top die Würfel hin.
„Nicht weiterspielen!" schrie da auf einmal ein anderer. „Kerls, Brüder, so wahr ich Bill der Hahnenkämpfer bin, jetzt wird erst einmal gesoffen! Der Rote hat Gold, Gold – Kerle, habt ihr's noch nicht begriffen? Er hat es! Er weiß es!" Der Mensch begann zu schreien wie ein Verrückter. Er schrie, und weil die anderen alle schwiegen, verstand Adams seine Worte um so besser. „Red Fox, Bruderherz, komm her, du bist ein Goldkerl! Es ist also wahr, daß er dir gesagt hat, wo das Gold liegt. Du hast uns nicht betrogen . . ." Weiter kam er nicht. Red Fox schlug den Schreier mit einem Kinnhaken zu Boden. Es herrschte wieder Stille. Einen Augenblick glaubte Adams den Atemzug des jungen Indianers hinter sich zu hören, aber dann war auch das vorbei.

Adams schaute auf Top. Der Indianer reckte sich wie ein Bär, der sich aufrichtete und dann seinen Feind überragt. Die Röte des Trunks schwand aus seinem Gesicht; er sah fahl aus, und seine Augen bekamen einen starren, geraden Blick. „Red Jim", sagte er keuchend, „Roter Fuchs, du hast mein Geheimnis . . . du hast . . ." Er verstummte wieder, als könne er es noch nicht begreifen. Niemand sagte etwas, aber alle Blicke waren jetzt auf Red Fox gerichtet.
Der schien eiskalt. „Ja", antwortete er, „ist dir das wirklich neu, oder gönnst du mir's nicht mehr?" Als er diese Worte gesprochen hatte, wich aus der Gestalt des Häuptlings die Kraft, und sein Blick wurde flackernd und irre.

„Ja", wiederholte er ohne Ton, „ja . . . giftige Schlange!" schrie er dann und bäumte sich auf. „Verraten hast du mich und hast mich zum Verräter gemacht! Vergiftet hast du mich mit deinem Zauberwasser! Das Geheimnis meiner Väter habe ich dir preisgegeben . . . Sterben sollst du! Deine Augen brechen, ehe sie das Gold sehen . . ."

Mattotaupa schwang die Keule hoch und wollte sich auf Red Fox stürzen. Aber viele Fäuste packten den Indianer von hinten und rissen ihn zurück. Das Messer des Red Fox blitzte über der nackten Brust des Alten. „Harka!" schrie der Dakota und schrie noch ein Wort, das Adams nicht verstand. Da traf den Alten auch schon das Messer des Red Fox mitten ins Herz. Mattotaupa wankte; sein großer Körper sank zusammen, und als ihn die andern losließen, schlug er dumpf auf dem Boden auf. Er war tot.

Red Fox hatte sich zu dem Ermordeten gebückt und entzog sich damit den Blicken von Adams und Harry. Die anderen Männer standen herum. Endlich raffte sich Ben als Wirt auf. Er schleifte den Toten in die Ecke, in der vorher Adams gesessen hatte, und ließ ihn dort liegen. Er wagte wohl nicht, ihn aus dem Haus zu schaffen, aus Angst vor dem Sohn. Adams sah sich um. Harry war verschwunden, als ob die Nacht ihn verschluckt habe. Der junge Farmersohn trat in das Haus ein, schloß hinter sich die Tür und ging durch die murmelnden Gruppen mit schweren Schritten direkt auf Red Fox zu.

„Was ist?" fragte er den Rothaarigen rauh. „Weißt du, wo das Gold liegt, oder weißt du es nicht? Und wenn du es schon seit zehn Jahren weißt, warum wolltest du jetzt diesen Indianer noch mitschleppen?"

„Ach, Dummkopf", antwortete Red Fox, noch halb benommen. „Top hat es mir beschrieben, aber seine Beschreibung war sehr besoffen und ungenau gewesen, und ich dachte, ich nehme ihn mit, er wird schon noch etwas Genaueres verlauten lassen. Jedenfalls", die Stimme des Roten Fuchses wurde wieder sicherer, „jedenfalls genügt das, was ich weiß. Wir können uns getrost auf die Suche machen!"

„Und der Sohn?" rief der schmierige Josef. „Der Harry?! Viel Spaß, wenn ihr den auf den Fersen habt. Ich gehe nicht mit."

„Bleib, wo du bist", schrie Red Fox wütend, „solche kleinen räudigen feigen Köter brauchen wir auch nicht."
Ben hatte die Tür abgeschlossen. Einige der Präriejäger waren an die Schießluken gegangen und spähten in die Nacht hinaus. Die anderen setzten sich langsam wieder an die Tische. Red Fox ging in die Ecke zu dem Ermordeten und zog ihm die Kopfhaut ab. „Ein gutes Beutestück", sagte er zynisch, als einer der Männer abwinkte. „Ihr seid alle Pudel, die den Schwanz einziehen. Hast du auch Angst vor Harry, Tom ohne Hut?" Red Jim lachte böse. „Den Skalp von Harry hole ich mir noch dazu. Als Andenken an die Freundschaft." Er kam wieder nach vorn und setzte sich an den Platz, an dem Mattotaupa gesessen hatte. „Ben, mein Freund, schenke nicht so langsam ein!"
Adams begab sich wieder in seine alte Ecke. Die Pechfackel über ihm brannte langsam herunter, ohne daß der Wirt darauf achtete. Der Farmersohn schaute auf den Häuptling, der zu seinen Füßen im Blute lag. Trotz der furchtbaren Entstellung durch den Skalpschnitt des Red Fox wirkte der Kopf des alten Indianers im Tode edel. Alle Verzerrung durch Trunk und Erregung waren aus dem Antlitz geschwunden. Die Augen standen noch offen; niemand hatte sie zugedrückt. Jetzt zum erstenmal erkannte Adams Mattotaupa. Red Jim Fox hatte nicht nur den Körper des Häuptlings getötet. Er hatte lange zuvor einen Charakter und einen Geist durch den Brandy ermordet. Aber jetzt im Tode erschien noch einmal das Bild dessen, was geschehen war. Dieser hochgewachsene Mann mit den offenen, stolzen, von Leid gezeichneten Zügen, das war der einstige Häuptling der Bärenbande.
Was hatte Adams mit dem Mörder zu schaffen? Sollte er mit diesem Schuft in die Berge gehen und Gold suchen? Hatte er etwas anderes zu erwarten, als auch betrogen und vielleicht eines Tages niedergestochen zu werden, wenn Red Fox das Gold für sich allein haben wollte? Nein, dieses Kompaniegeschäft war aus. Aber dennoch befand sich Adams mit Red Fox in der gleichen Gefahr, und er konnte sich nicht aus der üblen Gesellschaft lösen, jetzt nicht mehr. Er war in den Strom geraten und wurde mitgetrieben. Die Rache Harrys bedrohte alle, die als Gesellen Red Fox' gelten mußten, und dazu gehörte Adams auch.

Der junge Bursche wandte den Blick von dem Toten ab und riß sich selbst aus seinem Nachdenken heraus, das ihm keinen Ausweg zeigen wollte. Er beobachtete, wie Ben und Red Fox miteinander berieten. Es wurde bekanntgegeben, daß für den Rest der Nacht mehrere Wachen an den Schießluken bleiben sollten. Die übrigen Gäste konnten sich in die Decken wickeln und schlafen, wenn sie wollten. Zur Pferdewache meldete sich keiner. Niemand hatte Lust, in der Nacht das Haus zu verlassen.
Als die Wachen verteilt waren, kam Ben zu Adams heran. „Verdammter Zustand", sagte er, „der Red Fox, der Idiot, hat mir den ganzen Verdienst verdorben. Jetzt im Frühjahr, wo das beste Geschäft gemacht wird und ich das Haus immer voll habe. Jetzt im Frühjahr, wenn die Jäger mit den Winterpelzen kommen und abliefern . . . Und die Neulinge sich sehen lassen, um Biberfallen zu leihen oder Gold zu suchen . . . Gerade vor dem Indianerkrieg! Ich hätte noch ein paar alte Steinschloßflinten zu gutem Preis bei den Rothäuten absetzen können, ehe der Waffenhandel ganz verboten wird . . . Du mußt wissen, junger Mann, daß ich seit vielen Jahren hier ein sehr gutes Geschäft mache und daß ich mit den Dakota gar nicht schlecht Freund war . . ."
„Das glaube ich schon, wenn sie bei dir Flinten und Pulver einkaufen können", knurrte Adams.
„Ja, wenn schon, die Roten müssen auch leben. Unsereiner, der Wirt oder Händler ist, läßt jede Kreatur leben, ob weiß oder rot . . ."
„Hauptsache, sie zahlt!" warf Adams bissig ein.
„Ja, Hauptsache, es wird gezahlt. Aber nun, was denkst du? Glaubst du, ich bin noch einen Moment sicher in dieser Hundehütte hier? Du kennst den Harry nicht, aber ich kenne ihn. Was wird er jetzt tun? Ich werde dir genau sagen, was er tut. Er geht zu seinem Stamm zurück, zu seiner Bärenbande, und mit der macht er mich und meine Hütte hier fertig. Das Geschäft ist beim Teufel, ich muß mein Geld anders anlegen. Morgen soll sowieso etwas Militär hierherkommen. Dem übergebe ich meinen ganzen Kram und schlage mich in die Büsche."
„Willst du dein Geld nicht in meiner Farm anlegen?" fragte Adams. „Wenn du dich anderwärts umtun mußt . . .?"

Ben räusperte sich spöttisch. „Nein, mein Bester, mit Landwirtschaft mache ich keine Geschäfte. Mit Ackerbau kannst du nicht reich werden, da liegt kein Tempo drin. Und ich sehe schon, du bist Bauer, hoffnungslos Bauer, und du wirst es zu nichts bringen. Wo stammst du denn her?"

„Was kümmert es dich? Von jenseits des großen Teiches, aus einer armen Gegend, Berge und steiniger Boden, viel Arbeit und schlechtes Essen, Geiz und Prügel. Mein Vater war ein Bauer und bleibt es; ich werde ein Bauer, da hast du recht. Ihr Händler seid aus anderem Holz geschnitzt."

„Das sind wir, du geizige Missouriratte. Aber du bist trotzdem ein guter Kerl, und ich will dir einen Gefallen tun. Ich halte dich frei. Die Schnäpse, die du getrunken hast, brauchst du nicht zu bezahlen, und ich gebe dir noch ein paar dazu. Für die drei Stunden, die es noch dunkel ist, habe ich dann eine Bitte an dich. Übernimm die Wache an der Tür. Du bist noch der nüchternste von allen."

Adams sagte nichts mehr, aber er nahm seine Büchse und legte sich an der Tür auf den Boden wie ein Wachhund.

Die Stunden vergingen in unheimlicher Stille. Die Wachen lehnten müde die Stirn an die Luken, die übrigen Männer schnarchten. Adams griff hin und wieder nach dem Türschlüssel, den Ben ihm anvertraut hatte. Er versuchte auch im Dunkeln Red Jim Fox zu beobachten. Der Mörder war noch einmal zu dem Toten gegangen, dann war er wie unschlüssig zweimal in dem langen Blockhaus auf und ab geschlendert. Schließlich hatte er mit ein paar unwirschen Worten drei Jäger aufgestöbert, die sich an einem Platz schlafen gelegt hatten, den Red Fox aus nicht verständlichen Gründen für sich und Ben haben wollte.

Die drei erhoben sich scheltend und murrend und machten sich an andrer Stelle ihr Deckenlager wieder zurecht.

Red Fox herrschte wie ein starker Hund in einer Meute. Adams beobachtete noch, wie der Rote Fuchs sich niederließ und Ben zu sich heranwinkte. Die beiden legten sich unter eine Decke, und Adams nahm an, daß sie auch im übertragenen Sinne unter einer Decke steckten in vielen Geschäften, die das Tageslicht zu scheuen hatten.

Er kümmerte sich nicht länger um die beiden Kumpane, sondern richtete seine Aufmerksamkeit auf etwaige Geräusche von draußen. Die vollständige Stille wirkte ermüdend und einschläfernd. Er zwang sich, die Ohren wach zu halten.
Es war ihm nicht ganz klar, ob er geschlafen hatte, als ihn plötzlich ein Geräusch aufstörte. Es schien ihm, als ob im Haus selbst eine Unruhe entstanden sei. Er richtete sich auf und blickte unwillkürlich zuerst nach der Stelle, an der die Anführer, Red Fox und Ben, gelegen hatten. Die Stelle war leer. Nur eine Decke lag noch dort, aufgeschlagen, so als ob jemand daruntergelegen und sich in Eile entfernt habe. Das Geräusch war von dieser Stelle gekommen und hatte geklungen, als ob Holz auf Holz klapperte. Adams schaute suchend umher, aber er konnte in der Finsternis die beiden Vermißten nirgends mehr entdecken. Trotzdem mußten sie noch im Hause sein, denn die Tür, die Adams bewachte, war ja der einzige Ausgang. Der junge Bursche erhob sich und suchte gründlicher. Red Fox und Ben waren fort. Sollte er Alarm schlagen? Er besprach sich mit dem schmierigen Josef, der an der Schießluke neben der Tür Wache hielt.
„Laß doch die Teufelskerle abziehen", sagte der nur. „Sicherer sind wir ohne die, so wie die Sache jetzt steht."
„Aber es wäre nicht schlecht zu wissen, wie man heimlich aus diesem Hause entkommen kann."
„Warum?" Der Schmierige wurde abweisend. Adams hatte den Eindruck, daß er mehr wußte, als er sagen wollte. Vielleicht kannte er den geheimen Fluchtweg und wollte ihn nicht verraten, vielleicht hatte er den beiden Entkommenen sogar geholfen? Der junge Adams ließ die Sache zunächst auf sich beruhen.
Als draußen der Morgen graute, schloß er die Tür auf, um nach den Pferden zu sehen. Die Morgenluft war kalt, und der Wind blies scharf in der ausgehenden Nacht vor Sonnenaufgang. Die Tiere grasten ungestört in der Koppel, und der Braune begrüßte Adams. Der Bursche sah auf den ersten Blick, daß vier Pferde fehlten: die halbwilden Mustangs der Indianer und des Red Fox und der Gaul des Wirtes. Der Rote Fuchs und Ben hatten sich also tatsächlich aus dem Staube gemacht.

Adams schlenderte um das alte wettergeschwärzte Blockhaus, das er am Abend vorher gesehen und in dem sich seither auch für ihn selbst Entscheidendes abgespielt hatte. Der Vierschrötige, der von den andern Hahnenkampf-Bill genannt wurde, schlug ihm überraschend kräftig auf die Schulter.
„Nicht soviel sinnieren, junger Kerl! Die goldenen Felle sind uns zwar schmählich davongeschwommen, aber es wird sich schon ein neuer Tip finden. Heute soll ja Militär kommen. Vielleicht können wir da Dienst annehmen, als Scout und Rauhreiter in der Miliz. Die Zeiten sind gefährlich, und unsere Blauröcke suchen Verstärkung. Sie brauchen Leute, die den fernen Westen kennen!"
Adams verzog den Mund geringschätzig.
„Mein Lieber, besser eine Laus im Kraut als gar kein Fleisch. Das Militär liegt mir auch nicht, und die Blauröcke sind nichts als verfluchte Besserwisser. Aber den Preis für meine Kneipe in Omaha hab ich schon versoffen und verspielt. Hier gibt's nicht mehr viel zu wählen. Also Gedanken aus dem Kopf und in den Morgen geblinzelt!"
Adams schaute unwillkürlich nach dem Himmel, der sich grau überzogen über der Sandsteppe wölbte. Das hügelige Gelände war sehr unfruchtbar, nur zähes kurzes Gras konnte sich halten. Breit und gelb floß der Niobrara dahin.
Die Tramps und Goldsucher sammelten sich zu einer kurzen Beratung, und zwei Männer namens George und Mike, die Adams ebensowenig kannte wie irgendeinen anderen, wurden zu Anführern gewählt. Ihre erste Maßnahme war, auf den umliegenden Hügeln Wachen aufzustellen. Vorräte waren in der Handelsstation noch genug vorhanden, und die Männer ließen es sich mit Fleisch und Schnaps äußerst wohl sein. Man lag umher und schwatzte hin und wieder ein unnützes Wort. Um das Verschwinden von Red Fox und Ben kümmerte sich keiner mehr. Jeder schien froh, daß man den Hauptschuldigen nicht mehr in der Mitte hatte. Bill und der schmierige Josef schleiften die Leiche Mattotaupas aus dem Hause heraus und warfen sie in den Fluß.
Gegen Mittag meldeten die Wachen das Herannahen des erwarteten Militärs. Adams nahm keine Notiz davon, bis die

kleine Truppe das Blockhaus erreichte. Sie wurde von einem Major geführt, Smith mit Namen. Er gab seinen dreißig Dragonern und den zehn lederbekleideten Rauhreitern Befehl zum Absitzen und ließ sich von Bill dem Hahnenkämpfer und Tom ohne Hut kurz die Situation berichten. Das Blockhaus wurde besichtigt und besetzt, die Militärpferde mit in der Koppel untergebracht. Die Tramps und Goldsucher und die neu angekommenen zehn Rauhreiter fanden sich dann zu einem Pfeifchen zusammen.

Auch Adams hatte sich zu dem Kreis gesetzt. Es gab allerhand Neues zu hören. Aufstände der Dakota, die in Reservationen zurückgedrängt werden sollten, wurden in größerem Umfange erwartet, und jeder rechnete mit harten, jahrelangen Kämpfen, bis der Stamm ganz unterworfen war. Rauhreiter spielen bedeutete bis auf weiteres ein karges und mit Gefahren verdientes, aber ein sicheres Brot, und man blieb auf diese Weise in der Nähe des „gelobten Landes" der neuen Goldfunde, in der Nähe der Black Hills.

Adams schaute nach dem Major, der künftig sein Befehlsgeber sein sollte. Der Bauernjunge war nicht gewohnt, einem Fremden zu gehorchen, und der Gedanke daran war ihm nicht angenehm. Aber was blieb ihm anders übrig? Er wollte sich verdingen, die Indianer totschießen, die ihm sein Land getreu dem Vertrag gelassen hatten, und wollte das tun im Solde der Leute, die ihm sein Land raubten.

Adams vermied es, noch an Harry zu denken. Er schämte sich des Weges, den er jetzt ging, aber er fühlte sich wie ein Stück Vieh, das mit der ganzen Herde vorwärts getrieben und gestoßen wird. Gegen Abend wurde er angeworben. Der Major, merkwürdigerweise schon weißhaarig, hielt den Rücken steif und schaute aus seinen blauen Augen auf Adams herunter. Der Achtzehnjährige empfand dem Offizier gegenüber ein seltsames Gemisch von Sympathie und Abneigung. Smith selbst schien zu Adams rasch Vertrauen zu fassen und gab ihm gleich einen wichtigen Auftrag. Adams sollte mit dem indianischen Kundschafter der Dragoner zum nächsten Fort am Missouri zurückreiten und melden, daß die Station am Niobrara verstärkt und besser befestigt werden müsse.

Der Aufbruch war auf den kommenden Morgen festgelegt. Adams verschaffte sich etwas Proviant und war pünktlich vor Sonnenaufgang an der Koppel. Der indianische Kundschafter wartete dort schon auf ihn. Es war ein langer, schlanker, braunhäutiger Kerl, seine Haare waren nach indianischer Sitte in Zöpfe geflochten. Er trug eine braune Samthose und indianisch gestickte Mokassins, über dem grauen Hemd eine buntgewirkte Weste. Sein Gesicht zeigte eine mürrische, ausdruckslose Gleichgültigkeit. Der Indianer beantwortete Adams' kurzen Gruß nicht. Er schwang sich auf seinen Schecken, ein zierliches Indianerpferd, und begann den Ritt als Führer. Adams folgte auf seinem Braunen, der schneller, aber weniger zähe war.

Tobias, so war der Name des indianischen Kundschafters, blieb den ganzen Tag über schweigsam und behielt das schnelle Tempo bei. Es ging wieder über die Furt zurück, die Adams am Tage zuvor gekreuzt hatte, und durch die kahlen Prärien nordostwärts, Stunde um Stunde.

Wenn Adams, der selbst nicht viel redete, sich vielleicht über die geradezu beleidigende Wortkargheit des Indianers hätte beklagen können, so empfand er es doch auf der andern Seite sehr angenehm, daß sein braunhäutiger Führer mit dem biblischen Namen alle für das Leben in der Wildnis notwendigen Fähigkeiten in ausgezeichnetem Maße besaß. Adams konnte zwar selbst ganz gut reiten und schießen, aber noch besser den Pflug führen und säen. Er wunderte sich immer wieder über die Schärfe des Gesichts und des Gehörs, die Tobias entwickelte. Trotz seiner Unzugänglichkeit war Tobias der brauchbarste Gefährte, den sich Adams denken konnte. Als der Indianer im Laufe der Tage sah, daß der junge Farmersohn keinerlei Anbiederungsversuche machte, ging er aus seiner ausgesprochenen Abwehrstellung zu einer sachlichen Art des gemeinschaftlichen Handelns über, die Adams sehr gut gefiel. Schließlich war Tobias auch nichts weiter als eine heimatlose Kreatur wie Adams selbst.

Mit einer etwas zu schnell und zu großsprecherisch gegebenen Zusage, daß die vorgeschobene Station Material und weitere Mannschaften erhalten werde, machten sich Adams und Tobias

einige Tage später auf den Rückweg zu dem Blockhaus am Niobrara. Von den Dakota wurden sie unterwegs nicht belästigt. Die Geschichte von der Ermordung Mattotaupas erzählte Adams seinem Begleiter bei einem abendlichen Lager noch einmal ausführlich, und Tobias hörte finster zu. „Red Fox flieht vergeblich", urteilte er. „Einmal wird ihn die Rache einholen."
„Wir waren dabei", sagte Adams.
Darauf erwiderte der Indianer nichts. Aber sein Blick sagte genug.

Ein Sohn der großen Bärin

Stein mit Hörnern hatte mit angehört, welche Schuld sein Vater trug. Er hatte mit angesehen, welche Schuld Mattotaupa neu auf sich lud, als er den weißen Männern das Gold aus seinem Beutel zeigte. Harka Steinhart Nachtauge Wolfstöter, als Krieger genannt Stein mit Hörnern, war der Sohn eines Verräters. Er war einem Verräter gefolgt. Er hatte ihn verteidigt, er hatte Blut vergossen. Zehn Jahre hatte er in der Verbannung gelebt für ein vermeintliches Recht. Als er das begreifen mußte, war seine Fähigkeit zu denken und sich zu bewegen wie von einem Axthieb gelähmt worden. Er hatte nicht auf den Mörder geschossen. In dem einen Augenblick, in dem es möglich gewesen wäre, hatte er nichts getan, gar nichts. Als seine Nerven ihm wieder so weit gehorchten, daß er tun konnte, was äußere Umstände erforderten, wandte er sich ab. Er hörte noch, wie Adams, der Sohn des alten Adamson, die schwere Tür des Blockhauses schloß. Halb ohne Bewußtsein, wie ein Mechanismus, der sich bewegt, ging er zu den Pferden. Bei dem Schecken Mattotaupas fand er den Knochenbogen. Die anderen Waffen hatte der Ermordete bei sich getragen, und sie befanden sich jetzt im Blockhaus.
Stein mit Hörnern brachte seinen Hengst und den Mustang des Vaters aus der Koppel. Er zog den Pelzrock über, schwang sich auf den Falben, nahm den Schecken am Zügel und ritt in der Mondnacht westwärts. Der Hund lief hinterher. Die Schimmel-

stute folgte von fern. Der junge Indianer gebrauchte nicht mehr als eine durchschnittliche Vorsicht, um sich gegen einen Schuß aus den Schießscharten des Blockhauses zu decken. So wie er seinen eigenen Ruf und die weißen Männer kannte, fürchteten diese jetzt ihn und seine Rache und würden sich nicht aus dem Hause wagen.

Das Spähernest der Dakota, bei dem sich Antilopensohn befand, war nicht weit von der Stelle versteckt, an der sich der Knabe Harka vor vielen Jahren im Winter eine Schneehütte gebaut hatte, während Mattotaupa und Jim der Fuchs im Blockhaus bei Ben und Mary wohnten. In dieser Schneehütte hatte Tschetan, als Krieger genannt Tschetansapa, den Knaben Harka heimlich aufgesucht, um ihn zu den Zelten der Bärenbande zurückzuholen. Jetzt würde Stein mit Hörnern zu den Seinen zurückkehren, aber der Gang war schwer. Denn Stein mit Hörnern war der Sohn eines Verräters.

Die Strecke bis zu dem Spähernest, dem alten Platz der Schneehütte, konnte Stein mit Hörnern zu Pferd über das Grasland schnell zurücklegen, viel schneller als vor Jahren zu Fuß im Schnee. Als er annehmen konnte, daß er schon beobachtet wurde, hielt er an. Er stieg ab und machte den Schecken fest. Dem Falben ließ er die Freiheit; auch die Decke nahm er ihm noch ab und schnallte sie dem Schecken auf den Rücken; den Zügel machte er dem Falben vom Unterkiefer los, so daß das Tier sich bewegen konnte wie ein wilder Mustang auf der Steppe. Der Indianer wollte nur sein eigenes Leben drangeben, nicht das der Tiere. Als er dies geordnet hatte, legte er den Rock wieder ab, nahm alle Waffen an sich, auch den Knochenbogen, und ging näher an das Gehölz heran, in dem sich das Spähernest befand.

Dabei vermied er sorgfältig den Anschein, als ob er sich verbergen wollte. Er ging über die vom Mondschein erhellten Wiesenstrecken und machte endlich fünfundzwanzig Schritt vor dem Gehölz halt. Hier legte er alle seine Waffen ins Gras, auch das Messer, und entfernte sich dann seitwärts von den Waffen; dreißig Schritt ging er davon weg. In dem Gehölz hatte sich noch nichts gerührt.

Stein mit Hörnern hob die unbewaffnete Rechte und rief: „Hier steht Harka Nachtauge Steinhart Wolfstöter Bärenjäger Büffeltöter, als Krieger genannt Stein mit Hörnern. Red Jim hat meinen Vater Mattotaupa in dieser Nacht ermordet. Red Jim, der Fuchs, ist in dem Blockhaus. Ich, Mattotaupas Sohn, stelle mich der Ratsversammlung. Sie mag urteilen. Ich habe gesprochen, hau."

Der junge Indianer stand gerade aufgerichtet, vom Mondlicht beleuchtet. Um seinen Hals lag die Kette aus Bärenkrallen, die die tiefen Narben des Sonnenopfers nicht ganz verbarg. Aus dem Gehölz antwortete keine menschliche Stimme.

Zwei Pfeile schwirrten und trafen Stein mit Hörnern rechts und links in die Schultern. Er hielt stand, blieb an seinem Platz und rührte sich nicht. Die Geschosse hingen mit ihren Spitzen zwischen Muskeln und Gelenk. Die Spitzen der Kriegspfeile waren mit Widerhaken gearbeitet. Die Pfeile hatten so getroffen, daß Stein mit Hörnern die Arme nicht mehr gebrauchen konnte. Aus den Wunden sickerte Blut. Er rührte sich noch immer nicht, sagte auch nichts mehr, sondern wartete, ob die unsichtbaren Schützen weiter schießen würden. Sie schossen nicht mehr. Aber sie sprangen aus dem Gehölz hervor, und Stein mit Hörnern erkannte beide sofort. Der eine war Antilopensohn, den er schon am Tage beobachtet hatte, der andere war Schonka.

Die beiden fielen über ihn her, wie er erwarten mußte, nachdem sie auf ihn geschossen hatten. Sie rissen die Pfeile aus seinen Schultern und fügten ihm dabei böse Verletzungen zu. Sie warfen ihn zu Boden, fesselten ihm die Hände auf den Rücken, banden ihm die Füße zusammen und traten ihn mit der Ferse. Antilopensohn umschnürte den Gefangenen noch mit dem Lasso. Schonka hatte ein Büschel Gras mit Erde und Wurzeln ausgerissen, brach den Mund des Gefangenen auf, indem er den Unterkiefer hinunterdrückte, und stopfte ihm Gras und Erde bis tief in den Schlund.

„Nun verhöhne mich noch einmal, du Prahler", schrie er dabei und schrie es immer wieder. „Verhöhne mich doch, wenn du kannst! Verhöhne mich noch einmal, wenn du kannst! Verhöhne mich doch . . .!" Schonka war von einem hemmungslosen Jährzorn besessen, in dem der Groll des schon als Knaben immer wieder Unterlegenen und Verspotteten ausbrach. „Verhöhne mich doch, du Kojot und Sohn eines Verräters! Verhöhne mich doch!"

Stein mit Hörnern hatte unter den Händen Schonkas den Gedanken, daß er weiterleben werde, aufgegeben. Auch wenn er es gewollt hätte, er hätte sich jetzt nicht mehr wehren können. Vergeblich suchte der Sohn Antilopes, seinem besessenen Gefährten Einhalt zu tun. Den Ruf „Bring ihn nicht um, er muß an den Pfahl!" schien der Wutgeifernde gar nicht mehr zu hören.

Aber plötzlich schrie Schonka auf. Ein Gebiß drückte sich mit spitzen Zähnen in seinen Nacken. Auch sein Gefährte sah es, schrie und schlug mit der bloßen Faust zu, da er eben keine Waffe in der Hand hatte und es um den Bruchteil einer Sekunde ging. Schonka, der auf der Brust des Gefangenen kniete, wollte sich zur Wehr setzen. Er versuchte sich zu erheben, fiel nach rückwärts und erkannte einen geöffneten Wolfsrachen über sich. Er riß das Messer aus der Scheide, aber der Wolf packte sein Handgelenk und biß zu. Auch der Sohn Antilopes riß jetzt das Messer heraus, um es dem Tier in das Genick zu stoßen, doch das Tier erkannte die Gefahr rechtzeitig und entfloh mit einem großen Satz, über Antilopensohn hinweg. Als dieser sich umdrehte, war der schwarze langbeinige Wolf schon im Gehölz verschwunden. Schonka raffte sich auf. Das Messer war ihm entfallen. Die Pulsader war aufgerissen, das Blut schoß in einem dicken Strahl heraus. Die Hand hing mit zerbissenem Gelenk kraftlos herunter. Sein Gefährte riß das Gürteltuch durch und band mit aller Kraft die Pulsader ab. Bis das gelang, war Schonka von dem Blutverlust schon erschöpft und ließ sich auf den Boden fallen.

„Was war das?" flüsterte er, um Luft ringend, da sein Herz versagen wollte.

„Ein schwarzer Wolf", murmelte Antilopensohn. Er stand bei Schonka und beobachtete gleichzeitig den Gefangenen. Da hatte er nun einen erschöpften, lebensgefährlich verletzten Gefährten vor sich und einen sterbenden, erstickenden Gefesselten, dessen Adern anschwollen und dessen Brust sich im vergeblichen Kampf um Luft dehnte. „Er muß vor den Rat und an den Pfahl", sprach Antilopensohn zu sich selbst. „Wozu haben

wir ihn gefangen? Wer hätte je gedacht, daß der Sohn des Verräters lebend in unsere Hände fällt!"
Er drückte den Unterkiefer des Gefesselten weiter herunter und begann, das Gras und die Erde aus dem Munde herauszuholen. Er entfernte nicht alles, aber doch so viel, daß der Atem laut rasselnd wieder durchziehen konnte.
Schonkas jähe Wut war mit dem Blutverlust gebrochen und machte einem eigensinnigen und beutegierigen Grimm Platz. Er eignete sich die Kette aus Bärenkrallen an, ohne Antilopensohn darum zu befragen, und verlangte: „Nimm den Falben mit, den will ich haben."
Der Sohn Antilopes sah sich auf diese Worte hin nach den Mustangs um. Zweckmäßig schien es, ein Pferd zu haben, dem man den Gefangenen aufladen konnte. Antilopensohn ging also, um die beiden Tiere zu holen. Der Falbhengst äugte und beobachtete den Fremden. Als Antilopensohn das Lasso wurffertig machte, brach dieser Mustang sofort in die Prärie aus. Der Indianer sah den Hengst galoppieren und begriff augenblicklich, daß er ihn nicht einfangen konnte. So legte er das Lasso wieder in Schlingen und holte sich den Schecken, der sich nach geringem Sträuben führen ließ.
Als Antilopensohn mit dem Pferd zurückkam, pfiff Schonka verächtlich: „Warum hast du den Falben fortgejagt?!"
„Bändige deine Zunge und spare deinen spärlichen Atem", erwiderte Antilopensohn verärgert. „Der Falbe war nicht gefesselt. Viel wichtiger und viel übler ist es, daß wir unseren Späherposten verlassen müssen."
„Wegreiten?" fragte Schonka leise.
„Willst du hier bei diesen Blutspuren bleiben, die jeder blinde Hund noch im nächsten Mond finden wird? Jim der Fuchs ist im Blockhaus. Hast du das nicht gehört?"
„Nein."
„Der Haß hat dir die Augen geblendet und die Ohren verstopft. Das war nicht gut, und ich bin deinem schlechten Rat gefolgt. Jetzt müssen wir fort."
„Zurück?"
„Wohin denn sonst? Steig auf dein Pferd, los!"
Schonka mußte sich wohl oder übel fügen. Antilopensohn be-

urteilte die Lage richtig, das konnte er nicht bestreiten. So kletterte er auf seinen Mustang. Es war ihm schwindlig, aber als er sich zurechtgesetzt hatte, fiel er nicht herunter. Antilopensohn packte den Gefangenen, legte ihn quer über den Schecken Mattotaupas und band ihn wie ein erlegtes Tier fest. Dann schwang er sich auf sein Pferd. Er ließ Schonka vorausreiten, so daß der Verwundete und vom Blutverlust Erschöpfte das Tempo bestimmen konnte. Antilopensohn ritt hinterher und führte das Pferd mit dem Gefesselten. Ein Parforcetempo war für die kleine Gruppe nicht möglich. Antilopensohn überschlug im stillen, daß man fünf bis sechs Tage brauchen werde, um das Zeltdorf zu erreichen. Die Bärenbande war zugleich mit den beiden Kundschaftern aus dem Winterlager in den Wäldern der Vorberge aufgebrochen und mußte mit ihren Zelten schon am Pferdebach angelangt sein.
Es wurde hell. Antilopensohn spähte nach dem Blockhaus, aber dort rührte sich nichts, und es schien keine Gefahr von dorther zu drohen. Die Sonne wärmte wenig, da ein feuchter Wind von Norden wehte. Am Himmel zogen graue Wolkenfetzen schnell dahin. Die Landschaft der Sandhügel, die die Reitergruppe durchquerte, war menschenleer, auch Wild ließ sich hier nur wenig sehen, da es an anderen Stellen leichter Futter fand. Es war die Gegend, durch die Mattotaupa, Tobias und Harka vor zehn Jahren die wenigen Menschen geführt hatten, die bei den ersten Erkundungsaktionen im künftigen Bahngelände, von einem der furchtbaren Sandstürme überrascht, noch ihr Leben retteten. Stein mit Hörnern erkannte das Gelände jetzt nicht, dachte auch an nichts, weder an gestern noch an heute, noch an morgen. Wundschmerzen, Durst und Atemnot quälten ihn. Das Blut sammelte sich in seinem herabhängenden Kopf, in den Gliedern stockte es infolge der Fesseln, und er war immer an der Grenze zwischen diesen zermürbenden Empfindungen und einer erlösenden Bewußtlosigkeit. Es war das erstemal, daß er sich als Mann in der Gewalt anderer befand. Schonka ritt zumeist im Schritt, nur hin und wieder in einem leichten Galopp. Nicht nur sein Handgelenk war zerbissen und aufgerissen, auch die Nachwirkungen des Bisses im Nacken machten sich bemerkbar. Von Zeit zu Zeit mußte er sich den Verband lockern

lassen, da sonst die Hand abstarb. Dabei verlor er jedesmal wieder Blut. Seine Hoffnung richtete sich darauf, daß er und Antilopensohn in diesen Tagen im Spähdienst abgelöst werden sollten. Vielleicht begegneten sie Kriegern, die zum Blockhaus unterwegs waren, und konnten Unterstützung erhalten. Als es Abend wurde, heulten die Wölfe. Antilopensohn hielt Wache und wurde schließlich selbst sehr müde.

Um den Gefangenen kümmerte er sich so weit, als er es für unbedingt nötig fand, um ihn am Leben zu erhalten. Er band ihn des Nachts vom Pferde ab, und als Frost einsetzte, wickelte er ihn in eine Decke. Wasser mußte er ihm hin und wieder geben. Nahrung nahm der Gefangene nicht zu sich. Die Wunden hatten geblutet und sich dann aber von selbst verkrustet.

Einmal hörten Schonka und Antilopensohn Galopp. Es mochten zwei oder drei Reiter sein; wahrscheinlich war es die Ablösung. Bens Blockhaus, die am weitesten vorgeschobene Station der weißen Männer außerhalb des Bahngeländes, sollte immer umspäht werden, da die Nachricht gekommen war, es werde Militär erwartet. Der Sohn Antilopes ritt rasch auf einen Hügel; aber als er sich bemerkbar machen wollte, waren die Reiter schon entschwunden.

Schonka brütete Rache, um sein Gefühl der Schwäche und Übelkeit zu übertönen. Je elender ihm bei dem langen Ritt zumute wurde, in desto glühenderen Farben malte er sich aus, was er seinem Feind Harka Stein mit Hörnern am Pfahl alles antun wollte. Dem Sohn Antilopes wurde die unaufhörliche und hemmungslose Prahlerei am dritten Tage zuviel. Als wieder einmal eine Rast eingelegt war und Schonka sich seinen Phantasien in der einen und einzigen Richtung hingab, fuhr Antilopensohn ihn an: „Mattotaupa hat nicht deinen, sondern meinen Vater getötet, und wenn Stein mit Hörnern überhaupt an den Pfahl kommt, verdankst du es nur mir!"

„Nicht dir verdanke ich es, sondern dem schwarzen Wolf", gab Schonka zurück. „Übrigens schleicht die Bestie noch hinter uns her. Willst du sie nicht endlich abschießen?"

„Nein, ich will sie mitnehmen für das nächste Spiel der wahren Begebenheiten." Antilopensohn war erschöpft und mißlaunig genug, um spöttisch zu werden.

„Dieses Spiel haben die bösen Geister der Siksikau erfunden, und wir Dakota werden es nicht noch einmal spielen." Schonka ließ sich den ledernen Wassersack öffnen und trank wieder lange und durstig.

Der Abend des sechsten Tages, den Antilopensohn mit Schonka und seinem Gefangenen unterwegs war, kam heran. Im Zeltdorf am Pferdebach wußte noch niemand von den Ereignissen. Der Tauwind wehte immer noch. Der ganze Himmel war grau überzogen, und die Sonne ließ sich nicht mehr sehen, weder am Morgen noch am Mittag oder Abend. Nur eine unbestimmte farblose Helle lag über der Steppe mit dem gelb und braun gewordenen Gras. Die Kette des Felsengebirges im Westen war in Nebel gehüllt. Feine Wasserteilchen stäubten durch die Luft und verwandelten sich gegen Abend in Eiskristalle.

Die beiden Mustangs, die Schonka und Antilopensohn gehörten, kannten die Gegend seit mehreren Sommern und drängten zum Galopp, sobald der Lauf des Pferdebachs erreicht war. Sie witterten die Herde.

Bei den Zelten der Bärenbande, denen die zurückkehrenden Kundschafter zustrebten, war es an diesem Abend sehr ruhig. Außer den Wachen war kaum jemand mehr außerhalb der Tipi unterwegs. Die Mustangs drängten sich eng aneinander, um Wärme zu finden. Die Hunde lagen wie gewohnt in der Meute zusammen. Die Frauen und Mädchen hatten Wasser geholt und bereiteten in den Zelten die Abendmahlzeit. Dünne Rauchsäulen stiegen aus den Öffnungen an den Zeltspitzen auf.

Schwarzhaut Kraushaar hatte für die ersten Nachtstunden die Pferdewache. Er war ein Krieger geworden, schlank und groß wie die Dakota, unterschieden nur durch sein krauses Haar, die dunklere Hautfarbe, eine andere Gesichtsbildung und die kräftigen, athletischen Schultern. Sein Kriegername war Tschapa, der Biber. Er hatte kein leichtes Leben. Als sein Vater Fremde Muschel als entflohener Sklave zwei Jahre vor Beendigung des Bürgerkrieges bei der Bärenbande aufgenommen worden war, hatte man ihm ein Zelt zur Versorgung übertragen, in dem viele Frauen zu ernähren waren, deren älteste von einem bösen Geist besessen schien. Fremde Muschel war einige Jahre später von den weißen Männern ermordet und verstümmelt worden, seine

Frau war gestorben. Nun hatte Tschapa Kraushaar allein für die Großmutter, drei verwitwete Tanten und deren Töchter aufzukommen. Das ging fast über die Arbeitskraft eines Jägers. Das Fleisch war oft knapp im Zelt, und durch das kranke Gemüt der Großmutter gab es viel Unfrieden. Tschapa Kraushaar trug alles mit Geduld, ohne Murren. Er hatte sich sogar sein Lächeln und die Fähigkeit zu scherzen bewahrt, und die Männer und Frauen der Bärenbande hatten ihn gern. Was sein heimisches Zelt anbelangte, so konnte es ihm niemand verübeln, daß er sich so wenig wie möglich darin aufhielt. Auch jetzt war er schon eine Stunde zu früh auf Wache gekommen. Der vorangehende Posten freute sich natürlich, daß er vorzeitig abgelöst wurde. Tschapa blieb an dem Platz, an dem der Wachtposten für die Pferde sich aufzuhalten pflegte. Da keine Gefahr drohte, schien ein einziger Wachmann bei den Mustangs zu genügen. Auf den Hügeln östlich und westlich des Dorfes lagen Späher, die rings Umschau halten konnten. Es versprach nach Sonnenuntergang sehr kalt zu werden. Tschapa Kraushaar hatte seinen Winterrock aus Büffelfell und seine Pelzmokassins hervorgeholt und sich darin eingehüllt. Er war nicht auf der Steppe geboren, sondern im heißen Süden und fror darum noch immer leichter als seine schon vom Säuglingsalter an im Klima der Hochprärie systematisch abgehärteten Gefährten.
Es wurde Nacht. Mond und Sterne fanden mit ihrem Licht keinen Weg durch die Wolken. So wurde es ganz finster; und das Land lag wie eine schwarze drohende Masse unter Wind und Graupeln. Kraushaar horchte und lauschte umher. Er wollte sich nicht auf die anderen Späher verlassen. In der Ferne heulten Wölfe. Sie waren hungrig, und der Geruch der Pferde zog sie an. Die Hunde rührten sich. Tschapa Kraushaar hielt seine Waffen bereit. In einer solchen Nacht war es leicht möglich, daß sich die Raubtiere anschlichen.
Vom Wachhügel kam ein Warnruf. Tschapa nahm Bogen und Pfeil zur Hand. Aus den Zelten eilte sofort Speerspitze herbei, um den Biber bei der Pferdewache zu unterstützen. Beide lauschten und hörten von fernher Pferdegalopp, der sich dem Dorf näherte. Schon waren auch laute Rufe zu vernehmen, Rufe eines Dakotakriegers, schrille Hilferufe in der Stille der

Nacht. Tschapa Kraushaar durfte seinen Posten nicht verlassen, aber sein Gefährte schwang sich aufs Pferd und jagte hinaus in die Richtung, aus der die Hilferufe erklungen waren. Tschapa sowie die Kundschafter auf dem Hügel riefen die Männer in den Zelten laut zu den Waffen.
Das Dorf war sofort lebendig. Die Krieger schlüpften aus den Tipi und rannten zu den Pferden. In einer langen Reihe, die von dem Alten Raben geführt wurde, ritten sie in die Prärie hinaus. Die Hilferufe verstummten, dafür hörte Tschapa das Geschrei, mit dem die Männer ein Rudel Wölfe zu bekämpfen schienen. Das Geschrei währte nicht lange, es wurde mit einigen Siegesrufen beendet. Bald kamen die ersten Krieger im Galopp zurück; der größere Teil schien jedoch im Schritt zum Dorf zu reiten.
Ein Sohn des Alten Raben war der erste, der mit seinem Mustang die Pferdeherde wieder erreichte. Er sprang dicht bei Tschapa Kraushaar ab. „Sie bringen Harka als Gefangenen!" rief er. „Schonka ist schwerverletzt. Der Antilopensohn hat um Hilfe gerufen. Die Wölfe wollten die Pferde und die Reiter anfallen."
Als Kraushaar den Namen Harka hörte, verschlug es ihm die Sprache. Er war erschrocken. Freuen konnte er sich nicht. Vorsorglich bat er den jüngsten der Krieger, Ihasapa, ihn bei der Pferdewache abzulösen. Er wollte freie Hand haben.
Die große Gruppe der Männer hatte die Zurückkehrenden, Antilopensohn und Schonka samt dem Gefangenen, in ihre Mitte genommen. Auch sie gingen zum Schluß noch zum Galopp über. Die Krieger ritten, wie üblich, erst zur Pferdeherde, um ihre Mustangs gleich dort zu lassen. Tschapa Kraushaar wußte sich sofort durchzuschlängeln, und er war derjenige, der den gefesselten früheren Gespielen und Gefährten vom Pferd hob. Stein mit Hörnern konnte in seinen Fesseln nichts bewegen als Rückgrat und Nackenwirbel. Aber er rührte auch diese nicht, sondern lang schwer und schlaff über Kraushaars Schultern.
„In Hawandschitas Zelt mit ihm", sagte jemand, doch da Tschapa Schonkas Stimme erkannt hatte, gehorchte er nicht, sondern trug den Gefesselten schnell fort und in das Zelt des jetzigen Kriegshäuptlings der Bärenbande, des Alten Raben.

Die Frauen waren alle auf. Auch sie hatten sich nach den Warnrufen der Späher sofort angekleidet. Als Tschapa mit dem Gefangenen in das jetzige Häuptlingszelt eintrat, war die Frau des Raben schon damit beschäftigt, Holz in die Feuerstelle zu schieben, so daß die Flammen lebhafter flackerten.
Tschapa Kraushaar legte den bewußtlosen Gefangenen neben die Feuerstelle. Er knüpfte den Knoten des ledernen Lassos auf, das den Körper umschnürt hielt. Er zerschnitt die Baststricke, mit denen Hände und Füße gefesselt waren. Er zog dem Ohnmächtigen die von Blut und dem Schweiß des völlig erschöpften Körpers beschmutzten Leggings und Mokassins ab, verwahrte den Wampumgürtel und begann, die von Blut und Wasser aufgeschwollenen Beine zu reiben, um den Blutkreislauf wieder in Gang zu bringen. Stein mit Hörnern war völlig abgemagert und glich einem vor Hunger Gestorbenen. Kraushaar fühlte und horchte, ob das Herz noch ging. Da trat der Alte Rabe in sein Zelt ein, und mit ihm zusammen kamen Schonka und Antilopensohn. Sie brachten die Waffen des Gefangenen und die Kette aus Bärenkrallen mit. Der Häuptling trat zum Feuer heran und betrachtete den noch Bewußtlosen, ohne Tschapa zu stören. Schonka murmelte etwas. Aber davon ließ sich Alter Rabe nicht ablenken. Er tat, als ob er nichts gehört habe. Schließlich setzte er sich beim Feuer nieder.
„Hole Hawandschita und Tschotanka!" wies er Tschapa Kraushaar an.
Der junge Krieger beeilte sich. Er lief zunächst zu Tschotanka, dem er die Bitte des Häuptlings schnell mitteilen konnte und der sich sofort auf den Weg zum Häuptlingszelt machte. Sodann begab sich Kraushaar in das Tipi des Geheimnismannes. Auch der alte Zauberer saß schon angekleidet in seinem Zelt. Das Feuer beleuchtete sein weißes Haar mit einem gelbrötlichen Schein. Das Gesicht war mager und unbeweglich wie eine Holzmaske. Jede der Falten erschien tief und für immer eingekerbt, Ausdruck eines langen, nicht umkehrbaren Lebens. Lebendig waren nur die Augen, aber ihr Leben erschien Kraushaar rätselhaft und drohend.
Der junge Krieger wurde erst nach einigen Minuten des Schweigens zum Sprechen aufgefordert. Mit dem vorangehen-

den Schweigen pflegte Hawandschita die Wichtigkeit der Gedanken oder Zaubergespräche zu betonen, in denen er befangen war, und das Vorübergehende und Unwichtige jedes Anliegens, was auch immer vor ihn gebracht werden mochte, deutlich zu machen. Tschapa Kraushaar lud den Geheimnismann mit ehrerbietigen Worten ein, in das Zelt des Alten Raben zu kommen und den Gefangenen zu besehen. Hawandschita hörte sich alle Worte mit Aufmerksamkeit an, versank wieder für einige Minuten ins Schweigen und antwortete endlich leise, aber deutlich:

„Warum sollen meine Füße mich hinübertragen in das Zelt des Häuptlings Alter Rabe, und warum sollen meine Augen den Sohn des Verräters sehen, ehe er am Pfahl steht? Fünfzehn Tage und fünfzehn Nächte werden vergehen. Dann bringen die jungen Männer den Pfahl, sie schlagen ihn ein, und der Sohn des Verräters wird in seiner Schande davor stehen, einen Tag und eine Nacht hindurch. Er soll nicht sterben wie ein Krieger. Unsere Männer sollen ihn anspeien, und die Frauen sollen ihn verspotten. Die Sonne des folgenden Morgens sieht seinen Tod. Die Weiber und Töchter der Männer, die er getötet hat, werden ihn erschlagen. Es bedarf darüber keiner weiteren Beratung. Ich habe gesprochen, hau."

Tschapa Kraushaar hatte die Worte des Zaubermannes zu wiederholen, damit gewiß war, daß er sie verstanden hatte und dem Häuptling weitergeben konnte. Er wiederholte ohne Zögern; seine Stimme war nicht einmal heiser. Er sprach ganz klar. Hawandschita war zufrieden. Der Zaubermann hatte vor zehn Jahren den Vater Kraushaars aus der Gefangenschaft und der Sklaverei gerettet, und er wußte, daß Kraushaar ihm dankbar war. Hawandschita verließ sich auf den jungen Krieger, der anders aussah als seine Gefährten, der aber die Sitten, Gewohnheiten und Vorstellungen der Dakota voll und ganz angenommen zu haben schien. Nach einigen Minuten abschließenden Schweigens, in denen Hawandschita alle seine Anteilnahme an der Außenwelt auszulöschen und wieder in sich selbst zu versinken schien, wurde Tschapa Kraushaar entlassen.

Sobald der junge Krieger das Zauberzelt hinter sich gelassen hatte, wurden seine Bewegungen wieder lebhafter und schnel-

ler. Er lief hinüber in das Tipi des Alten Raben. Schonka und Antilopensohn befanden sich noch dort. Mit dem ersten Blick erkannte Tschapa, daß der Gefangene noch nicht wieder zu Bewußtsein gekommen war. Er war darüber froh, denn er mußte dem Alten Raben die Entscheidung Hawandschitas mitteilen. Tschapa setzte weder ein Wort hinzu, noch nahm er eines weg. Aber es fiel ihm schwer zu berichten, denn Schonka hörte zu. Schon während Tschapa sprach, zeigte sich die gehässige Befriedigung in der Miene Schonkas. Antilopensohn schien unsicher. Er hatte eine blutige, aber rühmliche Rache für den Tod seines Vaters Alte Antilope erwartet. Der Häuptling und Tschotanka blieben ernst und in ihren Empfindungen unzugänglich. „Wie Hawandschita gesprochen hat, so soll alles geschehen!" sagte der Alte Rabe endlich mit Nachdruck. Die Macht des Zaubermannes im Zeltdorf war groß. Alle waren gewohnt, seinen Entscheidungen zu gehorchen.
Ehe Tschapa Kraushaar die Botschaft des alten Zauberers gebracht hatte, schien im Zelte noch nichts verhandelt worden zu sein. Der Häuptling ließ sich jetzt erst von Antilopensohn und Schonkawakon mitteilen, was sich bei dem Spähernest am Niobrara abgespielt hatte. Als die beiden Kundschafter berichtet hatten, sahen sich Alter Rabe und Tschotanka einige Zeit stillschweigend an, schließlich urteilte der Häuptling: „Ihr habt nicht überlegt gehandelt. Wenn ein Mann nicht angreift und sich nicht verteidigt, so sichert man sich seine Waffen und nimmt ihn ohne Kampf gefangen. Statt zweier Schwerverletzter hättet ihr uns lieber den Skalp des Red Jim bringen sollen. Den schwarzen Wolf habt ihr wohl beide geträumt. Es gibt keine schwarzen Wölfe."
Alter Rabe und Tschotanka begannen zu rauchen. Die jungen Krieger wurden entlassen.
Die Zeit der Wache für Tschapa Kraushaar war unterdes verstrichen. Er konnte in sein Zelt gehen und sich schlafen legen. Das tat er aber nicht. Er schaute sich unauffällig um und schlüpfte dann schnell in das Tipi, das einst Mattotaupa gehört hatte und in dem immer noch Untschida und Uinonah wohnten. Das Feuer im Zeltinnern war gedeckt, aber die Frauen waren beide wach, so wie Kraushaar es erwartet hatte. Sie saßen im Dunkeln

an der Feuerstelle. Als der junge Krieger eintrat, brachte Untschida ein paar Funken zum Glimmen, so daß man sich gegenseitig eben erkennen konnte.
Tschapa Kraushaar setzte sich. „Wißt ihr schon alles?"
„Mein Sohn Mattotaupa ist von weißen Männern ermordet worden. Stein mit Hörnern ist gefangen." Untschida hatte gesprochen, als ob sie nicht sie selbst sei, und brach jetzt ab.
„Ja. So ist es. In fünfzehn Tagen soll Stein mit Hörnern sterben. So will es Hawandschita." Tschapa Kraushaar hatte den Kopf gesenkt, als ob ein schwerer Stein auf seinen Nacken drücke. „Alter Rabe und Tschotanka haben dem Zaubermann zugestimmt. Was können wir noch tun? Euch, Uinonah und Untschida, wird niemand zur Pflege des Gefangenen zulassen. Es wird nicht möglich sein, ihn zu befreien."
„Wozu auch?" fragte Untschida, mit derselben fern und fremd klingenden Stimme wie das erstemal. „Wozu? Wo sollte er hin, wenn er aus unseren Zelten wieder fliehen muß?"
„Wo sollte er hin?" Schwarzhaut Kraushaar vergrub das Gesicht in den Händen. „Wo sollte er hin! Er ist unser bester Mann. Endlich kommt er zurück, aber wir töten ihn mit Schande, weil Hawandschita es befiehlt."
Die Frauen antworteten darauf nicht. Die glimmenden Funken in der Feuerstelle verloschen wieder. Es gibt keinen Ausweg mehr, dachte Tschapa.
„Einen Weg gäbe es noch", sagte Uinonah, als ob sie seine Gedanken gelesen habe. „Aber er wird euch zu schwer sein."
„Dir wäre er nicht zu schwer?" fragte Tschapa Kraushaar.
„Ich bin kein Krieger, und Tschetansapa ist auf Kundschaft fort."
„Uinonah – was soll ich tun?"
„Nimm das beste Pferd und reite zu den Schwarzen Bergen, um Tatanka-yotanka und Tashunka-witko Nachricht zu geben."
„Zu reiten ist nicht schwer. Aber die Häuptlinge zu finden! Die Zeit ist sehr kurz, und der Weg ist weit."
„Ich weiß", sagte Uinonah gequält, verzichtend. „Das weiß ich."
Da spürte Tschapa Kraushaar, daß er reiten mußte. Aber er sagte nicht, daß er dazu entschlossen war. Ohne Abschied lief er aus dem Zelt. In der kalten Nacht blieb er stehen und sam-

melte seine Gedanken. Um ihn entstand im Dorf schon wieder Unruhe. Die Wachen von den Hügeln hatten etwas gerufen. Wieder kamen Krieger aus den Zelten heraus, und Kraushaar erkannte auch den Grund. Draußen in der Prärie waren ein falber Hengst und eine weiße Stute erschienen. Der Mond hatte sich einen Hof zwischen den Wolken geschaffen und schien herab; in dem farblosen, unwirklichen Licht standen die Mustangs auf den Wiesen.
„Das Zauberpferd!" rief irgend jemand. Tschapa Kraushaar erkannte Speerspitzes Stimme.
Dann waren der Mustang und mit ihm die Stute auch schon wieder im Dunkeln und zwischen den Wellen des Graslandes verschwunden. Aber die Männer blieben noch draußen und warteten, ob sich die Tiere noch einmal zeigen würden. Alter Rabe selbst stand weit draußen auf den Wiesen, und es wurde hin und her geflüstert.
Mit einem raschen Entschluß ging Kraushaar in diesem Moment noch einmal zu dem Häuptlingszelt, in dem sich jetzt sicher nur Frauen und der Gefangene befanden. Tschapa Kraushaar wußte nicht genau, was er wollte. Vielleicht wollte er nur noch einmal den früheren Gefährten sehen, der ihm auf der ersten großen Jagd einen Büffel geschenkt hatte. Es konnte sein, daß Harka Stein mit Hörnern unterdes zu Bewußtsein gekommen war. Als Tschapa in das Tipi eintrat, fand er die Frau des Häuptlings bei dem Gefangenen beschäftigt, dessen Wunden verbunden, dessen Hände und Füße wieder gefesselt waren, aber so, daß das Blut zirkulieren konnte. Stein mit Hörnern hatte die Augen offen. Sein Ausdruck war völlig abwesend, als ob er seine Umgebung nicht begreife oder sie von sich fernhalten wollte.
Kraushaar wies die Frau weg und kniete sich zu dem Gefangenen. „Stein mit Hörnern!" sagte er. „Stein mit Hörnern! Du bist viel umhergekommen. Wo sind Tatanka-yotanka und Tashunka-witko?"
Er war unsicher, ob der Angeredete die Worte verstand.
„Stein mit Hörnern! Antworte mir! Du bist überall herumgekommen. Wo sind Tatanka-yotanka und Tashunka-witko?"
Es schien, daß der Gefangene etwas sagen wollte, aber er hu-

stete und würgte, schien etwas zu suchen, und als Kraushaar ihm eine Schüssel gab, spuckte er Erde. Er brachte weiter noch keinen Ton heraus.

„Wasser!" befahl Kraushaar der Frau. Er gab es dem Gefesselten selbst zum Trinken und Spülen. Der Gefangene kämpfte um seine eigene Stimme. Er schien im Hals verletzt. Endlich konnte er sich verständlich machen. „Wo wir waren . . . ehe wir hierher . . . gezogen sind."

„Auf der Lichtung unterhalb der Höhle stehen die Zelte der Oberhäuptlinge?"

Stein mit Hörnern gab ein Zeichen, daß Tschapa Kraushaar richtig verstanden habe. Die Frau kam wieder herbei und deutete dem jungen Krieger an, daß sie etwas zu sagen habe. Tschapa zeigte ihr Aufmerksamkeit.

„Hier, er – ist gleich aufgewacht, als du gegangen warst", teilte sie dem jungen Krieger mit. „Er weiß schon, daß er in fünfzehn Tagen an den Pfahl kommt und mit Schande sterben wird."

„Schweig, du quakender Frosch!" schrie Kraushaar zornig auf und lief aus dem Zelt.

Er eilte in sein eigenes Tipi, ließ sich von den fünf anwesenden Frauen mit Pemmikan und Tabak versorgen, nahm seine Waffen an sich und rannte zu den Pferden. Er schwang sich auf den besten der Mustangs aus seinem eigenen Besitz, nahm ein zweites Pferd als Reserve mit und galoppierte in Nacht und Prärie hinaus. Von seinem Vorhaben hatte er weder den Alten Raben noch sonst irgend jemanden unterrichtet. Mochten sie glauben, daß Tschapa Wölfe jagte oder Waschbären suchte!

Tschapa Kraushaar liebte Uinonah. Nie würde er ihr das sagen können, denn sein Zelt war voller Weiber, die zu seiner Familie gehörten und für die die Jagdbeute kaum je ausreichte. Aber er wollte etwas für Uinonah tun, und er wollte seinen Jugendgefährten, wenn nicht vom Tode, so doch vor der Schande retten.

Tschapa Kraushaar strebte in direkter Richtung nordnordostwärts auf die Südhänge der Black Hills zu. Er ritt etwa die Strecke, die der Wanderzug der Zelte zehn Jahre früher unter Mattotaupas Führung in umgekehrter Richtung gezogen war. Kraushaar erinnerte sich im Reiten daran. Er war damals mit seinem Vater Fremde Muschel den weißen Männern entflohen gewesen, in die Hände der Pani geraten, die ihn wiederum weißen Männern, die eine Bahn bauen wollten, auslieferten. Abermals war er geflüchtet und hatte am North-Platte die Zelte der Bärenbande gefunden. Der erste, dem er begegnet war, das war Harka gewesen. Mattotaupa hatte den kleinen ausgehungerten kraushaarigen Flüchtling in sein Tipi aufgenommen und ihm zu essen gegeben. Schonka hatte den Negerjungen, der nur noch in Fetzen gekleidet war, spöttisch angesehen, aber Harka hatte daraufhin Schwarzhaut Kraushaar sofort die eigenen Festkleider geschenkt. Durch Hawandschita war Kraushaars Vater aus den Händen der Pani befreit worden, mit Hilfe eines Goldkorns, das Harka einmal an einem Flußufer gefunden hatte. So war vielleicht Hawandschita der erste gewesen, der die Pani und die Weißen hatte wissen lassen, daß es in den Jagdgefilden der Dakota Gold gab.

Tschapa Kraushaar galoppierte nordwärts. Obgleich er große Eile hatte, blieb er vorsichtig. Von Zeit zu Zeit hielt er an und lauschte, oder er machte auch seine Pferde fest, um auf eine Bodenwelle hinaufzulaufen und auszuspähen. Als er zu dem North-Platte und der Furt kam, die die Bärenbande vor zehn Jahren überquert hatte, legte er eine längere Rast ein. Die Pferde soffen. Es war Tag geworden, wieder ein grauer frostiger Tag. Das Wasser flutete und schäumte dahin. Es war breit über die Ufer getreten. Tschapa Kraushaar fing sich Fische. Das hatten damals die Knaben an dieser Stelle auch getan, und Kraushaar hatte an dieser Furt den Indianerjungen seine Schwimmkünste gezeigt und von Harka das Kraulen gelernt. Harka war der unbestrittene Anführer der Knabenschar gewesen, und Kraushaar hatte sich unter seinem Schutze sicher und wohl gefühlt. Tschetan, fünf Jahre älter, hatte damals den Burschenbund der Roten Feder geführt, jetzt führte er als Tschetansapa den Bund der jungen Krieger der Bärenbande, den Bund der Roten Hirsche, dem auch Tschapa Kraushaar angehörte. Mit Stolz trug der junge Krieger das Büschel rot gefärbter Hirschhaare.

Kraushaar dachte an das alles, während er den letzten großen Fisch verspeiste. Als er fertig gegessen hatte, lief er auf eine Uferhöhe, um noch einmal nach allen Seiten Ausschau zu halten, ehe er weiterritt. Gewohnheitsmäßig legte er auch das Ohr an die Erde, um zu lauschen. Er hörte ein Geräusch, das seine Aufmerksamkeit erregte. Irgendwo galoppierte etwas, ein Pferd, ein Büffel oder ein Elch. Er lauschte gespannt. Das Geräusch kam näher, und zwar aus Nordosten. Je deutlicher Kraushaar es hören konnte, desto sicherer nahm er an, daß es sich um ein Pferd handelte, um ein Pferd, das in gerader Richtung gelenkt wurde, um ein gerittenes Pferd, das scharf angetrieben auf die Furt zukam. Endlich nahm er zwischen den welligen Höhen den schwarzen Haarschopf eines Reiters wahr. Der Haarschopf war geziert von einem Büschel rot gefärbter Hirschhaare. Kraushaar erhob sich. „Hi – je!"

Der Ruf wurde von der anderen Seite her beantwortet. „Hi – je!" Gleich darauf erschien der Reiter am Nordufer der Furt. Kraushaar erkannte Tschetansapa, der sein Tier an der Furt durch das Wasser trieb. Tschapa Kraushaar erwartete ihn am Südufer. Tschetan sprang ab.

„Was ist geschehen?" fragte Tschapa Kraushaar gleich.

Tschetans Pferd war abgehetzt, hatte Schaum vor dem Maul, seine Flanken schlugen, und aus Tschetans Gesichtsausdruck sprang Erregung. „Sind Antilopensohn und Schonka zurückgekommen?" erkundigte er sich hastig bei Kraushaar.

„Sie sind bei den Zelten. Schonka ist schwerverletzt."

„Ah! Wir haben Blutspuren bei dem Spähernest gefunden. Mit wem hat er gekämpft?"

„Mit einem schwarzen Wolf."

„Mit wem?"

„Mit einem schwarzen Wolf!"

„Er träumt wohl nicht gut! Es sind Langmesser zu Bens Blockhaus gekommen. Zahnloser Ben und Jim der Fuchs sind entflohen. Mattotaupa ist tot und skalpiert. Die Fische fressen seinen Leichnam. Die Langmesser bauen Palisaden um das Blockhaus. Es wird harte Kämpfe geben. Ich will dem Alten Raben berichten, und wir müssen auch sofort Boten zu Tashunka-witko und Tatanka-yotanka senden. Von diesen waren keine Späher beim Blockhaus unterwegs. Sie verlassen sich auf uns, scheint es."

Die beiden jungen Krieger waren mit Tschetans Mustang zu den Pferden Tschapa Kraushaars gegangen.

„Du hast ein zweites frisches Pferd!" rief Tschetan. „Wozu

brauchst du es? Kann ich es nicht für mich bekommen? Ich gebe dir meinen abgetriebenen Mustang als Packgaul."
„Das ist kein Packgaul. Das ist mein Reservepferd. Ich reite zu Tatanka-yotanka und Tashunka-witko. Sie sind mit ihren Zelten am Südhang der Waldberge auf der Lichtung unterhalb der Höhle."
„So nahe? Sicher? Gut. Was willst du ihnen melden?"
„Daß Stein mit Hörnern unser Gefangener ist."
„Stein mit Hörnern? Ah . . ." Tschetan schluckte, ehe er weitersprechen konnte. „Wie ist er euch in die Hände geraten?"
„Er hat sich gestellt."
„So weiß er, daß sein Vater tot ist?"
„Ja."
Tschetan, der seinen Parforceritt hatte fortsetzen wollen, fand auf einmal Zeit, sich bei den Mustangs niederzulassen. Er griff zur Pfeife, stopfte sie, kam mit dem Feuerzeug nicht zurecht und ließ sich von Tschapa Kraushaar Funken reiben.
„Wann ist Stein mit Hörnern zu euch gekommen?"
Kraushaar berichtete, was er von Antilopensohn und Schonka erfahren und was er selbst miterlebt hatte.
Tschetansapa brach in Zorn aus. „Was seid ihr alle für jämmerliche Kojoten. Hawandschita braucht nur zu pfeifen, und schon tanzt ihr. In Weiberröcke soll man euch stecken und an den Kochtopf setzen, am besten gleich in die Brühe hinein! Gibt es keine Ratsversammlung mehr bei der Bärenbande? Wer schickt dich zu Tashunka und Tatanka?"
„Uinonah!" gestand Tschapa Kraushaar.
„Uinonah, so." Auch Tschetan hatte Uinonah einmal geliebt und des Abends die Flöte für sie gespielt, aber da sie unzugänglich blieb, hatte Tschetan sich ein Mädchen der Ponka geraubt, das schön, schüchtern und gehorsam war.
Tschetan rauchte weiter. „Wie denkt Stein mit Hörnern jetzt?" wollte er wissen. „Weiß er nicht nur, daß sein Vater tot, sondern auch, daß Mattotaupa in den Schlingen des Red Fox ein Verräter geworden war? Würde er mit uns zusammen gegen die Langmesser kämpfen, um seinen Vater zu rächen?"
„Das kann ich dir nicht sagen, Tschetan."
„Gibt euch euer Gefangener keine Antwort?"

„Es hat ihn keiner gefragt. Alter Rabe hat ihn nur wissen lassen, wie Hawandschita entschieden hat, und die Weiber wiederholen, daß er in Schmach und Schande und als Sohn eines Verräters sterben soll."
„Schimpf und Schande über euch selbst! Es ist unser bester Mann! Behalte dein frisches Pferd und jage wie der Wind zu den Waldbergen, zu Tashunka und Tatanka. Ich bin es, der dich schickt, verstehst du? Ich selbst reite unterdes zu den Zelten. Ich habe gesprochen, hau."
Tschetan klopfte die Pfeife aus, die noch nicht halb fertiggeraucht war, schwang sich auf und setzte seinen Ritt zum Pferdebach fort. Kraushaar überquerte die Furt und strebte nordwärts.
Als Tschetansapa das Zeltdorf erreichte, war es Abend. Die Späher hatten ihn schon angekündigt. Die Wache bei den Pferden nahm sein schweißnasses Tier in Empfang. Tschetan eilte zum Tipi des Alten Raben. Die Burschen, Krieger und Frauen, die ihn sahen, ahnten sofort, daß er eine wichtige und wahrscheinlich keine gute Nachricht brachte. Der Alte Rabe war in seinem Zelt anwesend, zusammen mit seinen beiden jüngeren Söhnen. Der älteste war bei der Strafexpedition gegen das Zeltdorf umgekommen. Der Häuptling empfing Tschetan sehr höflich und bat ihn an die Feuerstelle. Die Frau steckte Fleisch an den Spieß, denn sie sah dem Gast an, daß er nicht nur erregt, sondern auch müde und ausgehungert war. Tschetan ließ sich nieder. Er sah nach dem Gefangenen hin, der nicht weit von der Feuerstelle lag, aber sein Blick wurde nicht erwidert. Tschetansapa wiederholte für den Kriegshäuptling die Mitteilung, die er Tschapa Kraushaar schon gemacht hatte, und setzte hinzu: „An der Furt traf ich Tschapa. Ich habe ihn zu den Waldbergen geschickt, wo er Tashunka-witko und Tatanka-yotanka berichten soll."
Tschetansapa hatte als Anführer des Bundes der Roten Hirsche die Stellung eines Unterhäuptlings. Alter Rabe hatte sich daran gewöhnt, in allen Fragen der Kampfführung auf ihn zu hören. So billigte er auch jetzt, daß die Oberhäuptlinge von der neuen und gefährlichen Lage beim Blockhaus sofort unterrichtet werden sollten. Tschetan fing an zu essen, er aß schnell, und als er fertig war, begannen der Alte Rabe und er zu rauchen.

Die beiden Rabensöhne saßen für sich im Hintergrunde; der eine davon, der schon ein Krieger geworden war und dem Bund der Roten Hirsche angehörte, kam jetzt zum Feuer mit heran. „Wann tritt die Ratsversammlung zusammen, um Stein mit Hörnern anzuhören und über ihn zu entscheiden?" fragte Tschetansapa.

Dem Alten Raben war diese Frage sichtlich unangenehm. Er senkte die Augenlider, schaute ins Feuer, als ob aus diesem besserer Rat kommen könnte, und antwortete endlich: „Hawandschita hat entschieden, und Tschotanka und ich haben zugestimmt. Noch vierzehn Tage, dann wird der Sohn des Verräters am Pfahle stehen. Aber er wird nicht wie ein Krieger sterben. Die Männer werden ihn anspeien und die Weiber ihn verspotten und erschlagen. Nach einem Tag und einer Nacht ist er tot."

Tschetansapa tat zwei Züge, ehe er antwortete; er bereitete sich dadurch vor, in beherrschtem Ton zu sprechen.

„Häuptling Alter Rabe glaubt", sagte er dann, „daß der Geheimnismann und er selbst über diesen Gefangenen hier entscheiden können, ohne die Ratsversammlung zu berufen?"

Der Alte Rabe krauste die Falten seines Gesichts. „Über Kriegsgefangene entscheiden der Kriegshäuptling und der Geheimnismann."

„Hau. Aber Stein mit Hörnern ist kein Kriegsgefangener. Er ist ein Mann unseres Stammes, ein Dakota, ein Sohn der großen Bärin. Er hat sich uns freiwillig gestellt. Über ihn entscheidet nur die Ratsversammlung, nachdem sie ihn angehört hat. Ich habe gesprochen."

Alter Rabe wurde unruhig. „Willst du es unternehmen, Tschetansapa, Sohn des Sonnenregens, die Entscheidung Hawandschitas zu ändern?"

„Hawandschitas Worte waren keine Entscheidung, sondern ein Rat. Er hat Tschapa Kraushaar seine Meinung mitgeteilt, und sobald die Ratsversammlung berufen ist, wird dieser Rat vorgetragen. Die Ratsmänner entscheiden."

Alter Rabe befand sich zwischen zwei Feuern und suchte auszuweichen. „Es liegen noch vierzehn Tage vor uns. Wir werden sehen." Er machte eine Handbewegung, die bedeutete, daß er das Gespräch über dieses Thema beende.

Tschetansapa, der wußte, daß der Rabe sich nicht gern drängen ließ, fügte sich dem Aufschub und schnitt eine andere Frage an. „Da ich zurückgeritten bin, ist nur noch ein Kundschafter beim Blockhaus. Wir müssen wieder einen zweiten schicken. Du bist einverstanden?"
„Ja."
Tschetansapa verabschiedete sich und ging. Alter Rabe wußte, daß Tschetansapa einen harten Schädel hatte und die jungen Krieger ihn, mit ganz wenigen Ausnahmen, aus vollem Herzen bewunderten und ihm anhingen. Wenn Tschetansapa, der als Führer des Bundes der Roten Hirsche der Ratsversammlung angehörte, und Hawandschita gegeneinander sprachen, so gab es eine erbitterte Auseinandersetzung. Fand die Ratsversammlung aber nicht statt, so konnte noch viel Schlimmeres geschehen. Der Alte Rabe sah im Geiste schon den Gefangenen am Pfahl auf dem Kultplatz, davor aber Tschetansapa, Schonka und Hawandschita! Es wurde ihm angst. Er fürchtete weder Wölfe noch Bären, noch Feinde, aber die Zwietracht im Stamme fürchtete er. Wie viele Männer hatte der Zwist mit Mattotaupa bereits gekostet! Das beste wäre gewesen, Antilopensohn hätte nicht den lebenden, sondern den toten Sohn des Verräters gebracht. Beim ersten Bericht hatte der Alte Rabe selbst Schonkawakon im stillen einen Kojoten und unbeherrschten Dummkopf genannt. Jetzt kam er langsam zu der Meinung, Schonka habe dem Gefangenen die Erde nicht schnell und nicht tief genug in die Kehle gestopft. Über einen Toten hätte es keinen Zwist mehr geben können.
Alter Rabe brütete vor sich hin. Was das für ein schwarzer Wolf gewesen sein mochte, mit dem Schonka gekämpft haben wollte? Vielleicht war es auch ein solches Zaubertier wie der falbe Hengst. Untschida war eine Geheimnisfrau, Uinonah verstand schon manches von der geheimen Heilkunst, und der Sohn des Verräters hatte Zaubertiere. Hawandschita aber war ein alter erfahrener Zaubermann. Der Rabe fing an, sich auch davor zu fürchten, daß er zwischen feindlichen Zauber geraten könne. Das schien ihm noch bedenklicher, als zwischen feindlichen Menschen zu stehen. Es war alles verwirrt. In das Blockhaus am Niobrara aber waren die Landmesser eingezogen und

bauten Palisaden. Damit bereitete sich nach der Vollendung des Bahnbaues, den sie nicht hatten verhindern können, ein nächster Schlag gegen die Dakota vor.
Der Verräter Mattotaupa war tot. Endlich war er tot. Vor zehn Jahren hatte der Rabe in der Ratsversammlung für Mattotaupa gesprochen, weil er glaubte, daß dieser zu hart bestraft würde und ein Vergehen während seiner Verzauberung durch Miniwaken mit kühnen Taten wieder gutmachen könnte und auch wieder gutmachen wollte. Aber jetzt verzweifelte der Alte Rabe, weil diese Sache immer noch wie Sumpfwasser unter den Füßen quirlte und die Krieger wieder zu entzweien drohte.
Er haßte Harka Stein mit Hörnern nicht. Aber er hatte Angst vor den Streitigkeiten um ihn. Drüben bei Hawandschita ging die Zaubertrommel, und eben pfiff Tschetansapa am Flußufer, um die Roten Hirsche zusammenzurufen. Sofort erhob sich der Sohn des Alten Raben, der diesem Bunde angehörte, und eilte hinaus zu Tschetan.
Wehe, wenn der Unfrieden ausbrach und Hawandschita die Roten Hirsche mit seinen Geistern zu verfolgen begann! Viel besser wäre es gewesen, wenn Antilopensohn und Schonka ... Und sicher wünschte sich der Sohn des Verräters selbst den Tod herbei, ehe er an den Schandpfahl gestellt und dort von den Weibern erschlagen wurde. Uinonah, seine Schwester, hatte dem Alten Raben mit ihrer Heilkunst einmal das Leben gerettet. Sollte er nicht auch dieses Mädchen davor bewahren, daß sie zusehen mußte, wie ihr Bruder einen Tag und eine Nacht hindurch verspottet und angespien wurde und dann des schmachvollsten Todes starb?
Alter Rabe schickte seinen jüngeren Sohn und seine Tochter unter einem Vorwand aus dem Zelt hinaus. Der Sohn sollte Jagdbeute des Häuptlings zu den vielen Frauen in Tschapa Kraushaars Zelt bringen, die Tochter einen anderen Teil zu Uinonah und Untschida.
Als Alter Rabe mit seiner Frau und dem Gefangenen allein im Zelt war, fragte er: „Frau, wie denkst du? Du hast die Wunden des Sohnes des Verräters verbunden und ihm Wasser und Pemmikan gegeben. Er ist aber sehr geschwächt. Wird er nach vierzehn Tagen und Nächten noch am Leben sein?"

Die Frau verstand den Blick ihres Mannes bei den letzten Worten. Um ihre Mundwinkel erschien ein eigentümliches, überlegen-grausames Lächeln. „Er ist schwach", sagte sie. „Da der Häuptling aber wünscht, daß dieser Kojot noch vierzehn Tage am Leben bleibt, werde ich ihm seine Pfeife geben. Er ist zu rauchen gewohnt; das Rauchen wird ihn beleben."
Die Frau stopfte die Pfeife. Zum erstenmal, seitdem Stein mit Hörnern gefesselt im Zelte lag, verfolgte er die Hantierung der Frau mit seinem Blick. Obwohl ihm das in seinem Schwächezustand niemand zugetraut hätte, richtete er sich in sitzende Stellung auf, ohne die nach hinten gefesselten Hände dabei zu benutzen. Die Zeltinsassen glaubten, daß ihn die Gier des Rauches treibe. Er wartete aber nur, bis die Frau ihm die Pfeife an die Lippen halten wollte, dann machte er eine plötzliche Wendung und stieß von unten her mit der Schulter der Frau die Pfeife aus der Hand, so daß die Pfeife auf den Boden fiel.
Die Frau war auf alles gefaßt gewesen, nur nicht hierauf. Sie schrie unwillkürlich laut auf. Der Schrei mußte draußen gehört worden sein. Viele Zeltbewohner waren sogleich in Bewegung, am schnellsten war Tschetan. Er riß den Zelteingang auf und sprang bis zur Feuerstelle, wo die Flammen noch leuchteten.
„Was ist?"
„Er hat nach mir geschlagen, als ich ihm seine Pfeife geben wollte!" sagte die Frau.
Tschetan erblickte die Pfeife am Boden, das maskenhafte Gesicht des Alten Raben, und er sah, wie der Gefangene nur leise die Mundwinkel verzog, aber das mit dem Ausdruck vernichtender Verachtung in dem Gesicht, in dem sich die Schädelknochen unter der gespannten Haut abzeichneten.
„Frauen taugen nicht dafür, einen Krieger zu bewachen." Tschetansapa zog ebenfalls die Mundwinkel herab. „Der Bund der Roten Hirsche übernimmt es, den Gefangenen zu bewachen und zu pflegen, bis er sich der Ratsversammlung stellen kann. Ich habe gesprochen, hau!" Tschetansapa bückte sich und nahm die Pfeife auf. Die Frau schien ihm helfen zu wollen, aber er war schneller und gab die Pfeife auch nicht wieder her. „Ich bringe sie lieber weg!" sagte er höhnisch. Am Zeltausgang blieb er stehen und pfiff. Die jungen Krieger, die schon durch den Schrei

alarmiert waren, fanden sich gleich bei ihrem Anführer ein. Tschetansapa gab ihnen bekannt, wie sie der Reihe nach den Gefangenen in ihre Obhut nehmen sollten, und daß sie niemand anderen an ihn heranlassen durften. Das Essen und Trinken für den Gefangenen werde Tschetans Frau Mongschongschah bringen. Der erste der zur Wache bestimmten Krieger war der Sohn des Alten Raben, und dieser nahm seinen Platz gleich ein.

Stein mit Hörnern hatte sich hingelegt. Sein Blick erlosch wieder, obgleich er die Augen offenhielt.

Tschetansapa ging mit der Pfeife hinüber in das Zelt von Untschida und Uinonah. Die Frauen hatten schon erfahren, daß er für den Gefangenen eingetreten war, und begrüßten ihn mit zurückhaltender Dankbarkeit und einem Schimmer von Hoffnung.

„Hier!" Tschetan reichte Untschida die Pfeife. „Vielleicht kannst du erkennen, ob der Tabak darin vergiftet ist."

„Er hat geraucht?"

„Nein, er hat die Pfeife weggestoßen. Die Roten Hirsche haben jetzt die Wache übernommen."

Tschetan verließ das Zelt gleich wieder.

Am nächsten Morgen bei Sonnenaufgang erfuhr er von Untschida, daß sie das Gift nachweisen könne. Daraufhin begab sich Tschetansapa zu dem Häuptling und sagte: „Alter Rabe! Zuweilen fährt auch in einen großen Häuptling ein böser Geist, der jedoch von einem guten wieder ausgetrieben werden kann. Du warst gestern in der Nacht böse verzaubert. Das Gift hat dich jedoch verlassen und sich an einer Pfeife festgesetzt, die ich wohl verwahre, damit sie kein weiteres Unheil anrichtet. Du bist wieder frei von dem bösen Geist und wirst in der Ratsversammlung für Stein mit Hörnern sprechen. Denn die Langmesser rücken vor, und wir brauchen jeden tapferen Mann. Hast du mich verstanden?"

„Hau."

Der Alte Rabe sagte nur das einzige Wort. Er war mit sich selbst völlig zerfallen. Die Frau hatte sich weitab gesetzt und schaute ängstlich und zweifelnd umher. Tschetansapa warf ihr einen drohenden Blick zu und verließ das Tipi wieder.

Die Tage und Nächte vergingen. Die Späher schauten aus, ob Tschapa Kraushaar zurückkehren und Botschaft von den Oberhäuptlingen bringen würde. Im Zauberzelt ging Nacht für Nacht dumpf und drohend die Trommel. In der Prärie fanden sich die Roten Hirsche zusammen und sprachen von dem, was kommen müsse und kommen werde.

Zwei Tage vor dem gesetzten Termin gab der Häuptling Alter Rabe Tschetansapa des Morgens bekannt, daß er keine Ratsversammlung einberufen würde. Hawandschita beharre auf seinem Urteil und drohe, alle mit Geistern zu verfolgen, die ihm entgegenhandelten. Am Abend dieses Tages sprengte Tschapa Kraushaar ins Dorf und brachte die Nachricht, daß Tatanka-yotanka komme. Er führe sein Zauberzelt mit und sei zu erwarten, sobald die Sonne das viertemal sinke.

„Er kommt zu spät", sagte Tschetansapa. „Wir müssen selbst bereit sein zu handeln."

Als der Tag anbrach, den Hawandschita für die Schandmarter angesetzt hatte, begab sich Tschetansapa lange vor Sonnenaufgang in das Zelt des Alten Raben. Er hatte für diesen Tag sich selbst als Wache des Gefangenen bestimmt. In seiner Festkleidung mit allen seinen Ehrenzeichen erschien er, mit der Kette aus Bärenkrallen, mit Adlerfedern im Schopf und dem Büschel roter Hirschhaare. Er nahm dem Gefangenen die Fesseln ab, und Stein mit Hörnern erhob sich. Unter der sorgfältigen Pflege war er zu Kräften gekommen, konnte auch seine Arme frei gebrauchen, obgleich die Wunden noch nicht ganz geschlossen waren. Er war wieder eine stolze Erscheinung, aber der Ausdruck seiner Züge war finster und ohne Hoffnung auf eine andere Lösung als den Tod. Er hatte Muße gehabt, jede Frage zu durchdenken. Er wußte, wie groß Hawandschitas Macht war. Tschetansapa nahm Stein mit Hörnern mit an den Pferdebach und bat ihn zu baden, an derselben Badestelle, an der die beiden einst jeden Morgen geschwommen waren und miteinander gespielt hatten. Der Gefangene schoß einmal durch die schnell strömende eiskalte Flut und reinigte sich mit Sand. Tschetansapa reichte ihm Bärenfett zum Einreiben, das bedeutete, daß er dem Gefangenen die mythische Kraft wünschte, die nach dem Glauben der Indianer von dem Bären ausging. Es gab nieman-

den, der sich neugierig in der Nähe aufgehalten hätte. Die beiden waren auf diese Weise allein, zum erstenmal wieder seit vielen Jahren. Die Zeit war kurz.
„Wirst du mir am Pfahle antworten?“ fragte Tschetansapa.
„Dir? Ja.“
„Ich will sie zwingen zu beraten. Es wird hart hergehen, aber du bist den Kampf gewohnt.“
Stein mit Hörnern hätte dem einstigen Freunde am liebsten geantwortet: Ich bin ihn seit meinem zwölften Jahr gewohnt, und ich bin seiner müde. Laßt mich schnell und mutig sterben; wenn ihr das nicht tun wollt, so zwinge ich euch dazu. Aber das konnte er Tschetansapa jetzt nicht sagen, darum sagte er etwas ganz anderes: „Solange ich sehe, daß du es erwartest, werde ich standhalten. Aber das eine mußt du wissen. Du hast mir die Baststricke abgenommen, und ich lasse mich auch nicht zum zweitenmal fesseln, um mit anzuhören, wie Schonka meinen Vater und mich verspottet, oder um mich von seinem Geifer und von den Weibern besudeln zu lassen. Wenn einer mit Stricken an mich herantritt, so kämpfe ich, auch ohne Waffe, und lebendig fesselt ihr mich nicht wieder. Das ist vorbei. Ich hätte mich selbst in Fesseln noch gewehrt.“
Die Zeit für das Gespräch war um. Tschetansapa begleitete Stein mit Hörnern zu dem Platz in der Mitte des Zeltdorfes, wo der Pfahl eingerammt worden war. Der Gefangene trat frei an den Pfahl heran. Er trug weder Schmuck noch Kleider. Er lehnte sich mit dem Rücken gegen den Pfahl und schaute nach Osten, wo nach langen grauen frostigen Tagen die Sonne in all ihrem Glanz hervorbrach. Die jüngeren und älteren Krieger hatten sich schon im Kreise zusammengefunden, weiter ab standen die Kinder und die Frauen. Auch Untschida und Uinonah waren gekommen. Stein mit Hörnern blickte keinen einzelnen an. Er schaute über alle hinweg und an allen vorbei nach der Stelle, wo er seinen jüngeren Bruder Harpstennah hatte töten müssen. Jetzt wurde Harpstennah gerächt. Daran dachte er. Der jüngere Bruder war in seinen Festkleidern gestorben, das Messer in der Hand. Der ältere starb am Pfahl, ohne Waffen. Den Vater dieser beiden Söhne fraßen die Fische.
Hawandschita trommelte in seinem Zelt.

Der Alte Rabe trat vor und wollte zu sprechen beginnen, aber er brachte nur einige Sätze zustande, und dann gab er das Wort an Tschetansapa.
Tschetansapa nahm das Wort. Es war ringsum still, als er zu sprechen begann: „Krieger der Bärenbande vom Stamme der Teton-Oglala im großen Stamme der Dakota! Hier steht Stein mit Hörnern, der Sohn Mattotaupas. Wir haben ihn alle gekannt, als er ein Knabe war. Viele von uns hat er, als wir noch Knaben waren, im Bunde der Jungen Hunde angeführt. Er hat mit elf Sommern die Flinte eines Präriehäuptlings erbeutet und das stärkste Tier eines Wolfsrudels getötet. Er hat mit zwölf Sommern einen grauen Bären gereizt, so daß sein Vater das Untier töten konnte. Wir haben gehört, daß er in seinem vierzehnten Sommer auf seiner ersten großen Jagd mit zehn Pfeilen zehn Büffel erlegte. Noch ehe er ein Krieger war, tötete er den großen grauen Bären mit Kugel und Messer. Er hat viele Männer im Kampf besiegt und ihnen den Skalp genommen. Er ist ein Krieger geworden. Er ist durch den Sonnentanz gegangen. Ihr seht seine Narben. Ich habe gesagt, was gut ist. Ich werde auch sagen, was schlecht war, denn ich will niemanden täuschen noch mit schönen Worten überreden. Mattotaupa, unser ruhmreicher Kriegshäuptling, wurde von Red Jim dem Fuchs überlistet. Er trank Miniwaken und plapperte nicht so viel, daß Jim Gold finden konnte, aber so viel, daß es Jim reizte weiterzusuchen. Mattotaupa hat der Versammlung der Ältesten und Häuptlinge nicht geglaubt und sich selbst für unschuldig gehalten. Jetzt schwimmt seine Leiche in den Wassern des Miniatanka wakpala; er hat seinen Skalp verloren, und die Fische fressen sein Fleisch. Auch sein Sohn Harka hat weder Tatankayotanka noch Hawandschita noch unseren Ältesten und Häuptlingen geglaubt, daß sein Vater schuldig sei. Er ist des Nachts heimlich entflohen. Er hat seinen Stamm verlassen. Nicht nur sein Vater, auch er selbst hat viele Männer der Dakota getötet. Er hat Kundschafterdienste gegen uns geleistet und uns viel Schaden getan. Er hat die Bahn geschützt, die wir zerstören wollten. Als Tashunka-witko gegen das Lager an der Bahn kämpfte, hat Stein mit Hörnern unsere Krieger mit ihrer Muttersprache und mit einer Kriegspfeife, die uns gestohlen

war, irregeführt und vor sein Messer gelockt. Es ist wahr, er hat Tashunka-witko und dessen Männern geholfen, die verwundeten und toten Dakota wegzuschaffen. So wurde er zum Verräter nach allen Seiten. Er wußte nicht mehr, wo er hingehörte, denn er haßte Red Jim und mißtraute ihm, aber er glaubte immer noch an seinen Vater, und uns glaubte er nicht. Er war zu stolz, um als der Sohn eines Verräters zu uns heimzukehren. Lieber beschuldigte er uns weiter der Lüge und tötete seine Brüder. – Stein mit Hörnern!" Tschetansapa wandte sich an seinen einstigen Freund.
„Du bist nun freiwillig zu uns zurückgekommen. Sage uns, ob du keinen Mann der Dakota mehr töten willst, ob du aber bereit bist, mit uns gegen die Langmesser zu kämpfen?"
„Hau", antwortete der Gefangene klar und deutlich. „Seit zwei Wintern und Sommern habe ich es so gehalten. Das können Tashunka-witko und seine Krieger in den Schwarzen Bergen bezeugen. Ich habe mehr als hundert Goldsucher getötet. Ich kann ihre Skalpe vorweisen, und die Männer Tashunka-witkos haben diese Goldsucher an den Bäumen hängend gefunden."
„Weißt du, daß dein Vater schuldig war?"
Stein mit Hörnern überwand sich; er wurde noch bleicher unter seinen braunen Haut, als er gewesen war. „Du hast es gesagt, und ich weiß es."
„Wie denkst du? Ist Mattotaupa wert, gerächt zu werden?"
„Er ist es. Er war ein großer Krieger. Red Jim hat seine Seele und seinen Leib gemordet. Red Jim soll sterben, wo immer wir ihn treffen."
„Warum hast du ihn nicht verfolgt?"
Stein mit Hörnern biß die Zähne zusammen, dann sagte er gepreßt: „Ich bin zu euch zurückgekommen."
Tschetansapa schaute wieder nach den Versammelten. „Ihr habt es gehört. Ich sage euch: Es ist wahr, daß Stein mit Hörnern schon in den letzten drei Sonnen keine Männer der Dakota mehr getötet hat, sondern nur noch Watschitschun, die Gold suchten. Er hat niemals Miniwaken getrunken, das sagen alle Zungen. Es ist gewiß, daß er für jeden Dakota, den er erschlagen hat, zwei Watschitschun und Langmesser für uns erschlagen kann, denn er ist der größte Krieger, der bis heute aus der

Bärenbande hervorgegangen ist. Er ist ein großer Jäger, und leicht wird er ein Zelt versorgen. Die Männer der Dakota pflegen tapferen gefangenen Feinden anzubieten, daß sie in den Stamm eintreten können. Stein mit Hörnern ist zu uns zurückgekommen; er ist ein Dakota und in unseren Zelten geboren. Ich schlage euch vor, Krieger der Bärenbande, daß Stein mit Hörnern als ein echter Sohn der großen Bärin wieder bei uns aufgenommen wird. Die Langmesser stehen in großer Zahl am Minia-tanka-wakpala, und wir werden kämpfen müssen, um unser Land und um die Büffelherden. Stein mit Hörnern wird für uns nicht der Sohn eines Verräters, sondern ein Krieger sein, dessen Waffen unsere Weiber und Kinder und unser Land schützen. Ich habe gesprochen, hau."

Tschetansapa war nicht unterbrochen worden. Das Schweigen dauerte noch an, als er geendet hatte. Schonka wollte vorspringen, und es war ihm anzusehen, was er zu sagen hatte, aber Tschetansapa wies ihn zurück. „Zuerst sprechen die ausgezeichneten Krieger!"

Es kam jetzt darauf an, ob sich nach Tschetansapa noch einer der angesehenen und maßgebenden Krieger zu Worte meldete, dann konnte aus der geplanten Schandmarter nach Tschetansapas Willen eine öffentliche Beratung mit allen Stammesmitgliedern werden.

Das Schweigen dauerte allzu lange. Schonka verzog das Gesicht spöttisch und zuversichtlich.

„Der Kriegshäuptling der Bärenbande, der Alte Rabe, spricht!" sagte Tschetansapa endlich in die gefährlich werdende Stille hinein.

Der Alte Rabe hatte nicht die Absicht gehegt, nach der kurzen Einleitung, die ihm Scham und Pein genug verursacht hatte, noch einmal das Wort zu ergreifen. Er hörte die Zaubertrommel und fürchtete für sich und für seinen Sohn. Er fing aber auch Tschetansapas Blick auf und wußte, daß er sprechen mußte, wenn dieser nicht das schändliche Geheimnis enthüllen sollte. Er wußte, daß er etwas wiedergutzumachen hatte. So trat Alter Rabe vor und begann seine Rede. Die Versammelten hörten mit großer Achtung auf ihn. Alles, was der Häuptling von Mattotaupa und von Stein mit Hörnern seit dessen Knabenjahren

wußte, erzählte er und erzählte es ausführlich. Die großen Taten Mattotaupas als Jäger und Kriegshäuptling wurden vor den Versammelten wieder lebendig, und die Kinder und jungen Burschen, die in den vergangenen Jahren nie etwas davon erfahren hatten, machten erstaunte Augen. Der Alte Rabe gab durch seine Erzählung auch zu, daß sein eigener ältester Sohn mit Mattotaupa zusammen an jenem verhängnisvollen Tage Miniwaken getrunken hatte und auch verzaubert gewesen war, ebenso wie Alte Antilope, den später Mattotaupas Pfeil traf. Jedermann wurde klar, daß diese Krieger nur darum keine Geheimnisse verraten haben konnten, weil sie keine besaßen. Der Alte Rabe sprach über fünf Stunden. Die Folgerungen, die er aus seinem eigenen Berichte zog, konnten auf jede Weise ausgelegt werden, und es schien nach seinen Worten, daß sowohl Hawandschita als auch Tschetansapa recht hatten. Als er endete, ging es schon auf die Mittagszeit zu.
Nachdem der Kriegshäuptling gesprochen hatte, ergab es sich ganz von selbst, daß sich mehrere ältere und angesehene Krieger zu Worte meldeten. Es war bestimmt, daß Stein mit Hörnern vierundzwanzig Stunden am Pfahle stehen sollte, von Morgen zu Morgen. Die ersten sechs Stunden waren vorüber. Achtzehn Stunden lagen noch vor der Versammlung. Es dachte niemand an eine Pause. Die Zuhörer und die Redner lösten sich ab. Nur der Mann am Pfahl mußte die ganze Zeit durchhalten. Da der Alte Rabe lange gesprochen und viele Erinnerungen im Gedächtnis der Krieger aufgerührt hatte, nahmen sich auch die anderen Redner Zeit. Keiner sprach unter zwei Stunden. Der Nachmittag rann dahin, die Sonne neigte sich zum Felsengebirge. Stein mit Hörnern stand unbewegt. Die Sehnen und Muskeln seiner Beine waren so hart und geübt, bis in die letzte Faser ausgebildet, wie nur je die eines freien Indianers. Er konnte sich an den Pfahl lehnen. Durst zu ertragen, hatte er gelernt. Der Tag war nicht heiß.
Während er zuhörte, blickte er noch immer über alle hinweg und an allen vorbei. Das Bild Harpstennahs war verblaßt. Alle sprachen von Mattotaupa, lange, ausführlich, und dem Sohn stand vor Augen, wie dieser, sein Vater, ermordet, skalpiert, von den Fischen gefressen wurde. Stein mit Hörnern aber hatte

den einen Augenblick versäumt, in dem er Red Jim hätte töten können. Einen Augenblick war er schwach gewesen, weil er wie betäubt war.
Im Zauberzelt ging die Trommel.
Stein mit Hörnern begann, sich selbst zu peinigen auf eine Weise, von der niemand etwas ahnte. Er hätte seinen Vater auf der Stelle rächen können, aber er hatte es nicht getan. Gehörte er nicht wirklich an den Schandpfahl?
Der Abendwind erhob sich schon. Der Himmel im Osten wurde dunkler, während sich die Feuerpracht des Sonnenuntergangs hinter dem Gewölk verbarg, das sich über das Felsengebirge gelagert hatte. Der Gegenstand der Beratung bewegte die Männer immer stärker, je mehr Redner dazu gesprochen hatten. Es war nicht nur Stein mit Hörnern, über den sie berieten. Die weißen Männer waren es, die Zaubergeheimnisse, das Geschick der Bärenbande.
Hawandschitas Trommel war verstummt; der Geheimnismann schien müde geworden zu sein. Aber vielleicht bereitete er sich in der beginnenden Nacht auch nur auf die Stunde des Sonnenaufgangs vor, in der nach seinem Willen der Gefangene sterben sollte. Als der Abendschein verblaßt war, wurden große Feuer auf dem Platze angezündet. Der Wind wehte von Norden. Antilopensohn und Schonka verstanden es, einige Brände derart anzulegen, daß der Wind, der die Nacht hindurch zu wehen versprach, die züngelnden Flammen und den Rauch direkt an den Pfahl trieb. Stein mit Hörnern empfand die Hitze, mußte Rauch atmen und unterdrückte den Hustenreiz. Der Kopf begann ihm nach den ersten Nachtstunden zu schmerzen, und es kostete ihn mehr Anstrengung, den Reden zu folgen. Seine Haut an Schulter und Arm wurde versengt.
Als der letzte der sechs angesehenen Krieger, die sich gemeldet hatten, seine Rede beendete, war Mitternacht nahe. Antilopensohn trat vor und erhob seine Anklage. Mattotaupa hatte Alte Antilope mit dem Pfeil getötet. Die Blutrache übertrug sich vom Vater auf den Sohn, und Antilopensohn verlangte den Tod des Gefangenen und dessen Skalp. Die Stimmung verdüsterte sich. Mehrere Männer wiesen darauf hin, daß Mattotaupa und sein Sohn auch Krieger anderer Stammesgruppen der Dakota

getötet hätten und daß die Bärenbande dem Oberhäuptling Tashunka-witko den Tod des Mannes melden müsse, der Tashunka-witko bei dem Kampf um das Lager bei der Bahnstation hinterlistig in eine Falle gelockt hatte.

Als Mitternacht vorüber war, schien die Zeit schneller zu laufen. Mit Sonnenaufgang mußte die Entscheidung gefällt werden. Die Feuer loderten. Stein mit Hörnern stand aufrecht, aber da die brennende Hitze auf ihn einwirkte und er das Einatmen des Rauches nicht vermeiden konnte, wurde ihm der Atem schwer und der Herzschlag durch die giftigen Gase müde. Er wußte, wer darauf lauerte, daß ihm die Kräfte versagten.

Tschotanka hatte zu reden begonnen. Seine Rede war wiederum so angelegt, daß sie lange dauern mußte. Er berichtete, was bis dahin noch niemand berichtet hatte. Er erzählte von dem Verlauf des großen Festes der Dakota, Assiniboine und Siksikau. Er erzählte nicht nur mit Worten, sondern auch mit Gesten. Er spielte die Ereignisse. Die stummen Zuhörer wurden lebendig. Sie traten näher. Ihre Augen glänzten im Feuerschein, und unwillkürlich begannen manche mitzuspielen, so als wären sie selbst Zuschauer des großen Festes, das Tschotanka schilderte. Sie erlebten die Wettkämpfe des großen Festes, das Tschotanka schilderte. Sie erlebten die Wettkämpfe der jungen Krieger mit, aus denen Stein mit Hörnern als Sieger unter allen drei Stämmen hervorgegangen war, am glänzendsten beim Wettschießen und Wettreiten. Bei den Versammelten wiederholten sich Spannung und Jubel der damaligen Zuschauer, denn Tschotanka war ein guter Schauspieler, und sein Sohn Speerspitze unterstützte ihn. Die jungen Krieger jubelten für die Siege des Mannes, der jetzt vor ihnen am Pfahle stand. Tschotanka trug auch das Spiel der wahren Begebenheiten vor. Die Versammelten sahen, wie Harka von Tashunka geraubt werden sollte, wie Mattotaupa und Tashunka-witko miteinander kämpften, wie der Knabe Harka dem gefangenen Tashunka-witko die Büchse gab, wie kühn Tashunka vom Marterpfahl der Siksikau floh. Auch Stein mit Hörnern wurde von dem Spiel gepackt. Er selbst stand jetzt am Pfahl, zwischen den Feuern vor der Menge ... Seine Stirn glühte, seine Zunge klebte am Gaumen, seine Augen brannten, seine Lunge kämpfte gegen das Rauchgift, sein Wille kämpfte

an gegen den langsamer werdenden Herzschlag. Tschotanka hatte die Darstellung des Spiels der wahren Begebenheiten beendet und ließ vor Augen und Ohren der Zuschauer den Jungfrauentanz noch einmal ablaufen. Er spielte Schonka, der Uinonah anklagte, er gab Uinonahs Antwort wieder, und er spielte Stein mit Hörnern. Die Hohnrede ergoß sich noch einmal über Schonka, Wort für Wort:
„Jetzt hat der Tanz zwischen uns begonnen, Schonka, du Hund mit der geifernden Schnauze, Wakon, du Geheimnis der Lüge! Vierundzwanzig Sommer hast du gesehen, aber noch keinen von dir getöteten Feind! Morgen schicke ich dir meine Leggings, damit du die Skalphaare an den Nähten zählen kannst. Welchen Wettkampf zwischen uns soll ich dir anbieten? Ein Pferderennen? Du hast dir einen Mustang eingefangen, der einer Heuschrecke gleicht; zuweilen macht er einen Satz! Oder wie ist es mit dem Stockball? Aber nein, es könnte mich die Lust ankommen, dich für einen Ball zu halten und dich mit meinem Stecken in das Zelt zu treiben. Das wäre meine nützlichste Tat. Schonka, einem Mann wie dir gebe ich keine Rechenschaft, aber den tapferen und angesehenen Kriegern werde ich die Frage beantworten: Ich war es, der in der vergangenen Nacht mit Uinonah, meiner Schwester, gesprochen hat."
Als Tschotanka die Hohnrede wiedergab, lachten ein paar Kinder auf, als erste zwei Jungen, die die Abzeichen von Unterführern beim Bunde der Jungen Hunde trugen, und mit ihnen ein lebhaftes Mädchen. Die Eltern hatten die Kinder nicht schlafen geschickt; wer nicht müde war, durfte des Nachts aufbleiben und alles miterleben. Die Knaben und Mädchen waren erregt durch das, was sich vor ihnen abspielte. Ihre Nerven waren überreizt. Die Hohnrede aber gefiel ihnen, und Tschotankas Spiel machte ihnen Freude. Sie begannen, Stein mit Hörnern zu bewundern, der in allen Wettspielen gesiegt hatte und ein Zauberpferd besaß. Schonka aber hatten sie noch nie leiden mögen. Ihre übermäßige Erregung machte sich jetzt in einem lauten Gelächter Luft, das die ganze Knaben- und Mädchenschar erfaßte. Als die Kinder lachten, war es um Schonkas Fassung geschehen. „Verräterisches Stinktier!" schrie er dem Gefangenen zu. „Du Aas eines Waschbären, du erdschlüpfender Präriehund, du

flatterndes Huhn! Du schleichender Luchs und Mörder! Wie stehst du da an den Pfahl gelehnt, weil dich die Füße nicht mehr tragen! Gestehe doch, was du getan hast, du Wolf, feige und reißend zugleich! Deinem eigenen Bruder hast du aufgelauert und ihm das Messer in den Rücken gestoßen, als er noch ein Kind war. Mit den weißen Männern zusammen hast du Tote zerfleischt, daß man sie nicht wiedererkennen konnte! Das bist du! Willst du es endlich gestehen?!"
Stein mit Hörnern trat einen Schritt vor, so daß er frei vor dem Pfahl stand. Es war ihm lieb, daß Schonka ihm mit seinem Spott den Anlaß dazu gegeben hatte, denn er gelangte damit aus dem dichten Rauch hinaus.
„Schonka! Du lügst! Geifernder Hund."
„Ich spreche die Wahrheit! Haben wir die Toten nicht gefunden? Willst du leugnen, daß du Harpstennah ermordet hast? Willst du leugnen, daß du feige bist? Du hast gewußt, daß Red Jim, unser größter Feind, im Blockhaus des Zahnlosen weilt! Warum hast du ihn nicht getötet? Zu uns bist du gelaufen wie ein jammerndes Weib, waffenlos, um unsere Hilfe zu erflehen! Dein Vater ist ein Verräter. Du aber bist nicht einmal Manns genug, ihn zu rächen!"
„Schweig", sagte Stein mit Hörnern. Seine Stimme war heiser, aber nicht nur von den kaum verheilten Verletzungen und vom eingeatmeten Rauch. „Dir gebe ich keine Rechenschaft."
„Wie hast du mich genannt? Einen geifernden Hund? Es ist Zeit, daß ich Geifer habe; für dich ist dieser Geifer gut genug!" Schonka sprang heran, um den Waffenlosen anzuspucken. Tschetansapa wollte dazwischentreten, aber es war schon zu spät. Stein mit Hörnern hatte Schonka die Faust unter das Kinn gestoßen, so daß diesem die Zähne hart aufeinanderschlugen. Speichel floß Schonka aus den Mundwinkeln; er stürzte.
Antilopensohn, dessen jüngerer Bruder und zwei weitere Krieger sprangen herbei und wollten den Gefangenen packen. Aber der glatte Körper schlüpfte dem einen Krieger zwischen den Beinen durch, und mit einem schnellen Spiel der Füße riß Stein mit Hörnern ihn von hinten aus dem Stand, so daß der Krieger auf das Gesicht fiel. Antilopensohn, der das Messer gezogen hatte, war für einen Bruchteil einer Sekunde verblüfft, und das

war schon zu lange. Ehe er mit der Waffe auf den Waffenlosen eindringen konnte, hatte der Gefangene sie ihm bereits entwunden. Stein mit Hörnern warf das erbeutete Messer Tschetansapa zu, der es geschickt fing. Er stieß Antilopensohn mit der Faust wider die Gurgel, daß diesem der Atem versagte. Dem jüngeren Bruder, der noch ein Bursche und kein Krieger war, wand er blitzschnell die langen schwarzen Zöpfe um den Hals, zog zu und knüpfte sie. Den dritten Krieger, der jetzt mit dem Messer vorging, unterlief Stein mit Hörnern und trieb sein Spiel mit ihm, indem er dem Stoße auswich, einmal, zweimal, dreimal, so geschickt, daß unwillkürlich Beifallrufe laut wurden. Inzwischen waren Antilopensohn und der Krieger, den Stein mit Hörnern zuerst zu Fall gebracht hatte, wieder auf die Beine gekommen und wollten beide mit der elastischen Keule nach dem Gefangenen schlagen. Aber Stein mit Hörnern war schneller. Er trat den ersten kräftig in den Magen, und der Krieger torkelte zurück; er sprang Antilopensohn von hinten an und entriß ihm die Keule. Doch gebrauchte er die Waffe nicht, sondern warf auch diese Tschetansapa zu. Als weitere Krieger herbeieilten, um den Gefangenen zu packen oder zu töten, renkte er dem vordersten die Hand, die das Messer hielt, aus, traf ihn mit der Faust in der Magengrube, wandte sich und sprang durch das größte Feuer. Er jagte zwischen einigen überraschten Umstehenden hindurch, sprang über die Köpfe der beiden Knaben hinweg, die über Schonka gelacht hatten, und gelangte zwischen die Zelte. Ein allgemeiner Aufschrei beantwortete diesen unerwarteten Erfolg. Die beiden Buben, Unterführer der Jungen Hunde, jauchzten Beifall. Die Reihen der Zuschauer lösten sich auf; mehrere machten sich auf die Jagd nach dem Entflohenen.

Tschetansapa beteiligte sich nicht an der Verfolgung. Der tiefe Ton seiner Kriegspfeife rief auch diejenigen Roten Hirsche zurück, die sich hatten hinreißen lassen, Stein mit Hörnern nachzulaufen. Der Alte Rabe, Tschotanka und die übrigen Würdenträger standen mit verkniffenen Mienen auf dem Platz vor dem leeren Pfahl. Schonka kam wieder auf die Beine und wirkte nicht sehr klug, als er sich nach dem leeren Pfahl umsah. Er beschäftigte sich möglichst auffällig mit seinem von dem

„schwarzen Wolf" zerbissenen und noch verbundenen Handgelenk, um zu verdeutlichen, daß er als Verwundeter behindert gewesen sei und nur diesem Umstand seine Niederlage verdanke. Aber plötzlich lief ein Summen des Erstaunens durch die Gruppen der Krieger, die noch im Halbrund vor dem Pfahl standen. Während die aufgeregten Rufe der Verfolger beim Bach zu hören waren, kam Stein mit Hörnern ruhig aus dem Schatten der Zelte hervor. Er atmete noch ein paarmal tief die frische Luft und trat wieder in den Feuerschein vor dem Pfahl. Stein mit Hörnern sah den Männern, die vor ihm standen, jetzt zum erstenmal ins Auge.
„Schonkawakon hat gelogen", sagte er laut, „das mußte ich euch beweisen. Ich bin nicht aus Furcht zu euch gekommen, sondern aus freiem Willen. Darum bin ich auch jetzt zu euch zurückgekehrt, obgleich mich niemand von euch hätte greifen und halten können. Hau."
Tschetansapa trat vor. „Ich wußte, daß du so denkst und handelst. Darum habe ich dich weder verfolgt, noch habe ich dich von Kriegern verfolgen lassen!"
Die kurze Wechselrede wurde von den Kriegern vom Bunde der Roten Hirsche mit lebhaftem Beifall belohnt. Auch ältere Krieger ließen zustimmende Rufe hören. Für den Angeklagten am Pfahl schien alles gewonnen zu sein. Aber Stein mit Hörnern hörte, wie im Zauberzelt die Trommel wieder gerührt wurde, und er wußte, daß der Kampf nicht zu Ende war. Schonka beeilte sich, neues Holz in das Feuer zu schieben. Dagegen vermochte Tschetansapa nicht einzuschreiten; sofort würde sich Hohn und Spott erhoben haben, daß Stein mit Hörnern nicht einmal die einfachste Marter zu ertragen wisse und seine Freunde Angst um ihn haben müßten wie um ein kleines Mädchen.
„Ich frage dich nun, Stein mit Hörnern", begann Tschetansapa wieder, „ob du bereit bist, uns das zu sagen, was wir noch wissen müssen."
„Den tapferen und aufrichtigen Männern unter euch bin ich bereit zu antworten. Auch ich habe dann eine Frage zu stellen."
„Das magst du tun. Sage uns jetzt: Warum hast du deinen Bruder getötet, der noch ein Kind war?"

„Schonkawakon hat meinen Bruder, der noch ein Kind war, so lange als den Sohn eines Verräters verhöhnt, bis Harpstennah seine Festkleider anzog, das Messer darunter verbarg und herbeikam, um einen Watschitschun zu töten und dabei tapfer vor den Augen seines Vaters und seines älteren Bruders zu sterben. Ich habe meinen Bruder getötet , weil mein Vater von mir, seinem Sohn, verlangte, daß ich jeden töte, der uns mit der Waffe in der Hand begegnet. Sonst wollte mich Mattotaupa in den Weiberrock stecken und niederstoßen. Ich war damals selbst noch ein Knabe. Ihr könnt urteilen; auch Harpstennahs Blut verlangt Rache. Hau."
„Warst du dabei, als die Leichen verstümmelt wurden?" fragte Tschetansapa weiter.
„Nein. Mein Vater und ich kamen später."
„Wir glauben dir. Welche Frage hast du an uns?"
Stein mit Hörnern sah sich um. Der Morgen graute. Nach dem Willen Hawandschitas brach die Todesstunde an. Der Gefangene hörte die Trommel und dachte daran, daß er sterben müsse, nachdem er zehn Sommer und Winter seine jungen Kräfte in einem verderblichen und vergeblichen Kampf verzehrt hatte. Er dachte auch wieder an seinen toten Vater. Er dachte an Red Jim, der entwichen war, und er dachte an Hawandschita, der in seinem Zauberzelt trommelte und der mit dem ersten Strahl der Sonne aus dem Zelt hervorkommen würde. Der Geheimnismann war bis jetzt überhaupt nicht auf dem Kultplatz und zur Versammlung erschienen. Das zeigte, daß er unversöhnlich war.
„Wo ist Tschapa Kraushaar?" fragte der Gefangene.
Der Krieger trat vor.
„Tschapa Kraushaar! Sprich die Wahrheit!" rief Stein mit Hörnern ihn, zwischen Feuer und Rauch nach Luft ringend, an. „Wer hat die weißen Männer, und unter ihnen auch Red Jim, wissen lassen, daß es in den Jagdgefilden der Bärenbande Gold gebe und daß der Häuptling Mattotaupa das Geheimnis besitze? Denn nicht von ungefähr ist Red Jim mit großen Geschenken und Miniwaken zu uns an den Pferdebach gekommen! Sprich!"
Tschapa Kraushaar schwieg entsetzt.

„Sprich!" rief Stein mit Hörnern ihm zu. Die Flammen und der Rauch bedrängten ihn noch stärker, denn Schonka schürte das Feuer nach Kräften.
Im Osten kam der erste Schimmer des Tages auf; die Sterne verblichen.
„So sprich!" sagte auch Tschetansapa, heftig und zornig.
„Was soll ich wissen, Männer?" fragte Tschapa wie gelähmt. „Ich habe geschworen zu schweigen!"
Durch die Zuhörer ging eine stumme Bewegung.
„So werde ich sprechen!" sagte Stein mit Hörnern und trat einen Schritt weiter vom Pfahle ab, um noch einmal Atem zu haben. „Das Goldkorn, das ich als Knabe, ganz unwissend, am Flußufer bei den Schwarzen Bergen gefunden hatte, warf mein Vater in das Wasser, damit es für immer verborgen sei. Du, Tschapa Kraushaar, hast es herausgeholt. Hawandschita, ja, Hawandschita, mögen auch alle seine Geister mich verfolgen, ich sage es, Hawandschita nahm das Korn aus deiner Hand, Tschapa Kraushaar! Er wies es den Pani und Watschitschun vor, und so hat er deinen Vater Fremde Muschel befreit, und du hast geschworen und schweigst. Red Jim aber hatte das Gold in der Hand Hawandschitas gesehen und ist zu unserem Verderben in unsere Zelte gekommen. Ich habe gesprochen, hau."
Stein mit Hörnern verstummte. Er trat zurück, zwischen Flammen und Rauch, und plötzlich war er ganz erschöpft. Die Hitze und die Rauchvergiftung wirkten wieder auf ihn ein. Es wirkte das Wissen, daß er nun das letzte Wort gesprochen habe.
Schonka war nirgends mehr zu sehen. Nur Uinonah hatte beobachtet, wie er nach der Anklage gegen Hawandschita sofort in das Zauberzelt gelaufen war. Das Zauberzelt öffnete sich, und der Geheimnismann brach daraus hervor. In der Linken hielt er seinen großen Zauberstab, der mit Schlangenhäuten und Tierfellen behängt war. Er selbst war verkleidet mit Hörnern und Schädeln. So sprang er herbei wie ein tollwütiges, gefährliches Tier. Er tanzte auf dem Platz umher. Alles wich scheu zurück. Die Rechte des alten Zauberers umklammerte das steinerne Opfermesser.
Tschetansapa fuhr zusammen, und Stein mit Hörnern begriff, wie jetzt der Tod auf ihn zukam und daß er ihm nicht auswei-

chen konnte. Niemand, nicht einmal Tschetan, würde auch nur den Gedanken gewagt haben, dem Manne mit dem heiligen Opfermesser in den Arm zu fallen. Die ganze Versammlung schien zu Stein geworden zu sein.

Hinter dem Halbkreis der Krieger aber, dem Pfahle genau gegenüber, standen Untschida und Uinonah. Sie gehörten, wie Tschetansapa, zu den wenigen Mitgliedern der Bärenbande, die den Kult- und Richtplatz nicht einen Augenblick verlassen hatten. Am Tage, von Sonnenaufgang bis Sonnenuntergang, hatten die beiden Frauen sich noch im Sitzen und Stehen abgelöst. Aber seit Sonnenuntergang, als die Feuer angezündet wurden, hatten sie beide unentwegt an ihrem Platze gestanden. Gleich aufrecht, gleich stumm, gleich reglos standen die Mutter Mattotaupas und die Tochter Mattotaupas nebeneinander. Niemand hatte sie angesprochen, niemand sie mit Blicken belästigt. Das weiß gewordene Haar Untschidas und das lange schwarze Haar Uinonahs waren sorgfältig gelegt und geflochten. Beide Frauen trugen ihre Festkleider. Untschidas große Augen lagen tief in den Höhlen unter den Stirnknochen. In ihrem hageren Gesicht drückte sich mehr als der Harm einer Mutter um den ermordeten Sohn und um den vom Tode bedrohten Sohn dieses Sohnes aus. Niemand konnte ganz fassen, was hinter dieser Stirn noch lebendig sein mochte an Denken und Fühlen. Aber jeder hatte gespürt, daß er selbst zu klein sei, um den Gram und den Willen dieser Frau mit seinen Gedanken abzutasten. Untschida war eine Geheimnisfrau. Uinonah glich ihr. Ihre Jugend und ihre Schönheit waren nicht die der anderen Mädchen. Der Kummer und größeres Wissen hatten sie von Kind an ganz und gar durchdrungen.

Der Zaubermann tanzte. Er näherte sich dem Pfahl, an dem Stein mit Hörnern ihn erwartete. Hawandschita warf den Zauberstab durch die Luft, so daß der Speer im Bogen hinaus und herab schwebte und sich mit der Spitze neben Stein mit Hörnern tief in die Erde bohrte. Dann hob Hawandschita das Steinmesser und ging langsam auf den von ihm Verurteilten zu.

Tschetansapa dachte nur noch: Es darf nicht geschehen, und doch wird es geschehen. Seine Nerven, Muskeln, Sehnen spannten sich, sein Mund öffnete sich ein wenig, ohne daß ein

Ton hervorkam. Schonka stand bei Hawandschita. Die Mordgier des Unterlegenen, der den Sinn und die Ursachen seiner Niederlagen noch nie begriffen hatte, sprach aus seinen weiß erscheinenden Augen.
Stein mit Hörnern wußte, daß der Zaubermann kam, um ihm mit dem Opfermesser die Brust aufzuschlitzen und ihm das Herz herauszureißen. Er schloß die Augen nicht. Er wollte sehend sterben. Vor ihm stand die maskenbehängte Gestalt mit dem Opfermesser, unmenschlich wirkend schon dadurch, daß das menschliche Antlitz hinter den drohenden Kultzeichen nicht mehr sichtbar war. Über den Platz erschallte ein langer, tiefer, mächtiger Ton. Niemand wußte gleich, woher er kam. Hawandschita spürte ihn in seinem Nacken, als ob er ihn von hinten anfasse. Er versteinerte selbst mit dem erhobenen steinernen Messer. Ein schriller Laut übertönte den dunklen. Dann erklang es, laut und allen vernehmlich:
„Tatanka-yotanka kommt! Der große Geheimnismann der Dakota! Tatanka-yotanka kommt! Der große Geheimnismann der Dakota!“ So rief es, unaufhörlich wie ein Trommelwirbel.
Tschetansapa drang der Ruf durch Gehirn und alle Glieder. Während er dicht neben dem Jugendgefährten stand und vor sich die dürre maskenbehängte Gestalt mit dem erhobenen Steinmesser sah, überwältigte ihn der Ruf, und er war so besessen davon, daß diese Worte Wahrheit werden müßten, daß er sie schon für Wirklichkeit hielt. Gellend antwortete er dem Rufe Untschidas, von dem der Zauberer im Nacken gepackt worden war: „Tatanka-yotanka kommt! Der große Geheimnismann der Dakota! Tatanka-yotanka kommt.“
In die Krieger vom Bunde der Roten Hirsche schoß es wie ein elektrischer Strom, und sie stimmten im Chor in den Ruf ihres Anführers ein: „Tatanka-yotanka kommt! Der große Geheimnismann der Dakota! Tatanka-yotanka kommt! Der große Geheimnismann der Dakota!“ Der Platz dröhnte von ihrem Ruf.
Tschetansapa sang mit seiner kräftigen Stimme weiter: „Tatanka reitet durch die Furt! Tanze, Hawandschita, tanze! Tatanka reitet durch die Furt! Tanze, Hawandschita, tanze!“
Der alte Geheimnismann wurde von dem Chorgesang erfaßt und getrieben, und die von ringsum an ihn heranbrandende

Vorstellung der besessenen Menge überwältigte ihn, so daß er seinen Zauberstab wieder ergriff und mit diesem und seinem Opfermesser einen neuen, noch wilderen Tanz vollführte. Es waren nicht mehr normale Kräfte eines alten Mannes. Es war eine Wahnvorstellung, wie er sie sonst selbst erzeugte und wie sie jetzt ihr Spiel mit ihm trieb.
„Tatanka reitet durch die Furt! Tanze, Hawandschita, tanze!"
Auch die älteren Krieger waren schon gepackt. Tschotanka hatte die Signaltrommel herbeigeholt und trommelte zu dem Gesang der Männer: „Tatanka reitet durch die Furt! Tanze, Hawandschita, tanze!" Die Krieger und Burschen begannen im Rhythmus zu stampfen, wie sie es bei ihren tage- und nächtelangen Kulttänzen gelernt hatten und gewöhnt waren. „Tatanka-yotanka, Tatanka-yotanka, Tatanka-yotanka! Er reitet durch die Furt, tanze, Hawandschita, tanze!"
Stein mit Hörnern lehnte an dem Kultpfahl in der Mitte des Platzes. Seine Brandwunden an Arm und Schultern spürte er kaum. Aber der Rauch, die Feuerhitze, der Chorgesang, die Trommelschläge, das Stampfen der Männer, der tanzende Zauberer wirkten auf seine Nerven und sein Gehirn. Er sah sich inmitten eines großen Totenfestes, als dessen Ende ihm noch immer das steinerne Messer erschien, das seine Brust aufschlitzte, damit der Zauberer das Herz herausreißen konnte. Er glaubte, daß er sterben müsse, aber er wußte, daß ihm keine Schande mehr drohte. Die Schande hatte nicht nur er selbst von sich abgewehrt. Die Söhne und Töchter der großen Bärin hatten sie alle gemeinsam von ihm genommen.
Schonka schürte das Feuer, obgleich es längst heller Tag war.
„Tatanka-yotanka! Tatanka reitet durch die Furt! Tanze, Hawandschita, tanze!"
Die Männer hatten sich zu Gruppen und Kreisen formiert, so wie sie es beim Kulttanz immer taten. Den Kreis unmittelbar um den Pfahl führte Tschetansapa an, und er sang wie ein Instrument, das nicht ermüdet: „Tatanka reitet durch die Furt! Tanze, Hawandschita, tanze!"
Die jungen Krieger zogen ihren Tanzkreis jetzt um Pfahl und Feuer. Schonka war es dadurch verwehrt, noch einmal an die Feuerstellen heranzukommen. Die Feuer brannten nieder.

Den zweiten, weiter gezogenen Kreis der Krieger führte Tschotanka. Außerhalb der beiden Kreise hatten sich Burschen aufgestellt. Sie hoben alle die Messer in die Luft, so wie sie es beim Tanz der Bälle mit den Ballschlägern taten, und sangen dazu: „Tatanka reitet durch die Furt! Tanze, Hawandschita, tanze!"
Tschotanka trommelte.
Hinter den Tanzkreisen und Tanzgruppen der Männer fanden sich die Frauen unter Führung Untschidas und die Mädchen hinter Uinonah als Vortänzerin zusammen. Auch die Frauen hatten ihre Kulttänze, von denen der wichtigste der Skalptanz zur Versöhnung der getöteten Feinde war. Sie schritten im Rhythmus und sangen: „Tatanka reitet durch die Furt! Tanze, Hawandschita, tanze!"
Tschotanka trommelte immer leidenschaftlicher.
Gegen Mittag brach der tanzende Hawandschita zusammen. Er fiel zu Boden und blieb mit Zauberstab und Messer wie leblos im Grase liegen. Niemand würde ihn angerührt haben, denn alle glaubten, das sei Zauber, und man müsse warten, bis die Geister den Geheimnismann wieder weckten. Die übrigen Tänzer begannen sich abzuwechseln. Auch das war Sitte und Gewohnheit. Nur Tschetansapa, Untschida und Uinonah ließen sich nicht ablösen. Wie von einem Traume befallen, sangen und tanzten sie unaufhörlich weiter: „Tatanka reitet durch die Furt ..."
Stein mit Hörnern lehnte an dem Pfahl. Seine Haltung war die eines Menschen, der in Stricken hängt. Seine Knie zitterten, seine Schultern hingen vornüber, sein Blick war glasig geworden, aber er stürzte nicht.
Es wurde endlich wieder Abend. Auf der Prärie galoppierten drei Reiter heran, in gestrecktem Galopp. Sie sprengten auf einen Hügel, um das ganze Dorf mit einem Blick zu übersehen. Der Chorgesang der Tänzer wallte zu ihnen herauf: „Tatanka-yotanka ..."
Der eine Reiter hob die Hand: „Tatanka-yotanka kommt! Er kommt!"
Gesehen hatte den Rufer von allen Tänzern nur Tschetansapa. Er brüllte auf: „Er kommt! Er kommt!"
Die Tänzer hielten inne. Der Jubel brauste auf, so wie wenn der

Büffeltanz, tagelang getanzt, Erfolg gehabt zu haben schien und eine Büffelherde sich zeigte. Hawandschita erhob sich aus dem Grase und sah sich verwirrt um. Er hob das Messer wieder und versuchte noch durch den innersten Kreis der Tänzer hin zum Pfahle durchzudringen, aber erneuter Gesang schlug ihm entgegen wie ein Feuer- und Bannkreis, und die Männer tanzten wiederum dicht aufgeschlossen: „Tatanka-yotanka! Tatanka-yotanka! Tatanka-yotanka! Tatanka-yotanka!"

Hawandschita torkelte. Als er ganz zu begreifen schien, was vorging, kam schon eine kleine Gruppe fremder Krieger und Häuptlinge über den Pferdebach. Sie hatten Lastpferde bei sich, die von jungen Burschen geritten wurden. Die Pferde schleppten Rutschen hinter sich her, die mit Stangen eines großen Zeltes auch die Planen, Decken und sonstiges vielfaches Zubehör transportierten. Die Reiter begleiteten diese Transporttiere. Unter ihnen fiel ein Mann mit der Adlerfeder auf, dessen ernstes, gewichtiges Aussehen, dessen fest verschlossener Mund die Würde ebenso ausdrückten wie seine reiche Kleidung. Die Sänger verstummten, die Gruppen der Tanzenden lösten sich auf. Das große Ereignis war eingetreten, der Zauber schien gelungen. Tatanka-yotanka glitt vom Pferd und ging langsam auf Hawandschita zu, der allein stand.

„Wo du stehst, baue ich mein Zauberzelt", sagte der größere und stärkere Geheimnismann. „Bleib stehen!"

Hawandschita gehorchte. Die jungen Burschen, die die Lastpferde ritten und Gehilfen des großen Häuptlings und Geheimnismannes waren, nahmen den Tieren die Rutschen ab, und im Nu war das Zauberzelt Tatankas aufgeschlagen. Die Spitzen der Stangen kreuzten sich über Hawandschita. Die Planen wurden aufgelegt, und Hawandschita verschwand im neu entstandenen Zelt für die Blicke der Umstehenden.

Tatanka-yotanka trat an den Kultpfahl heran. Zwei Krieger kamen herbei. Sie gossen Stein mit Hörnern eiskaltes Wasser über Kopf und Nacken und gaben ihm zu trinken. Er hob den Kopf und sah Tatanka-yotanka in die Augen. Tschetansapa und der Alte Rabe traten hinzu.

„Ich habe gehört, daß ihr gesungen, getanzt und auf mich gewartet habt", sprach Tatanka-yotanka. „Ich bin gekommen.

Habt ihr als Krieger gründlich über Stein mit Hörnern, den Sohn Mattotaupas, beraten?"
„Wir haben es", erwiderte Tschetansapa. „Die Söhne der großen Bärin wollen Stein mit Hörnern, den Sohn Mattotaupas, wieder in ihre Zelte aufnehmen. Seit drei Sonnen und Wintern hat er keinen Dakota mehr getötet, aber in zwei Sommern starben mehr als hundert Goldsucher im Zeichen der großen Bärin. Stein mit Hörnern ist bereit, mit uns zusammen gegen die Langmesser zu kämpfen."
„Hat er bekannt, daß er schuldig ist und daß auch Mattotaupa, sein Vater, schuldig war?"
„Das hat er."
„Was sagt Hawandschita?"
„Sein Spruch lautete gegen Stein mit Hörnern. Er hatte entschieden, daß der Sohn des Verräters nicht mehr mit Namen genannt werde und keines rühmlichen Todes sterben sollte. Die Männer sollten ihn anspeien und die Frauen ihn verspotten und erschlagen. Aber als wir Stein mit Hörnern nicht der Schande preisgegeben, sondern als Männer über unseren besten Mann beraten hatten, da wollte Hawandschita ihn töten."
„Hawandschita hat die Zeichen der Geister falsch ausgelegt. Ich werde ihn in meinem Zauberzelt heute nacht noch lehren, die Geister besser zu verstehen. Hau. Bringt Stein mit Hörnern in sein Tipi. Wenn die Sonne das zweitemal aufgegangen und gestiegen sein wird, versammelt sich der Rat; ich will die Söhne der großen Bärin hören und habe noch einiges zu sagen."
„Hau!"
Tatanka-yotanka begab sich, von drei älteren Kriegern mit der Adlerfeder geleitet, in sein Zauberzelt.
Tschetansapa und Tschapa Kraushaar brachten Stein mit Hörnern in das väterliche Tipi.
Untschida und Uinonah bereiteten das Lager. Stein mit Hörnern ließ sich hinfallen, und die Freunde verabschiedeten sich, da er zu Tode erschöpft war. Er hatte sechsunddreißig Stunden am Pfahl gestanden, viele Stunden unter Einwirkung von Feuer und Rauch. Er trank Wasser, das Untschida ihm brachte, und ließ es zu, daß sie Heilkräuter auf die Brandwunden legte. Dabei sah er ihr in das Gesicht und begegnete ihren Augen, denen

er zum letztenmal nach dem Tode Harpstennahs begegnet war. In diesem Augenblick wußte er, daß er nun wirklich heimgekommen war. Er schlief ein. Sein Kopf war heiß, und er träumte schlecht. Die Vergangenheit bäumte sich im Traume noch einmal auf. In seinen Traumgesichten füllte sich das Zelt mit den Gestalten der Betrunkenen, wie er sie als Knabe heimlich beobachtet hatte: Alte Antilope und der älteste Sohn des Alten Raben erbrachen sich und beschmutzten alles. Es erschien ihm sein Vater, als Bezwinger des grauen Bären, im Schmucke der Adlerfeder, und dann prustend und grölend mit den Trinkern im Blockhaus. Er glaubte wieder am Pfahl zu stehen, aber Tatanka-yotanka kam nicht. Er kam nicht. Alle verließen Stein mit Hörnern und spien nach ihm, und Schonka schlich sich heran, um ihm Erde in den Mund zu stopfen und das Herz aus dem Leibe zu stechen.
Stein mit Hörnern fuhr aus dem Schlaf, und seine Hand griff nach den Waffen, die Tschetansapa ihm gebracht hatte. Er packte das Messer. Es dauerte einige Zeit, bis er begriff, wo er war und daß er geträumt hatte. Untschida stand neben ihm. Die Frauen hatten sich nicht hingelegt. Sie hatten gehört, was Stein mit Hörnern im Traume gesprochen hatte, aber das wußte er nicht.
Er mochte nicht mehr einschlafen, denn er fürchtete sich vor den Träumen. So starrte er in das matt erleuchtete Zelt. Im Hintergrund, an einer der Zeltstangen, hing das Fell des riesigen Grizzlys, den Mattotaupa erlegt hatte. Harka hatte als Knabe an der Jagd teilgenommen. Auch der Knochenbogen hing dort, der Bogen, mit dem Mattotaupa und Harka „in die Sonne geschossen" hatten!
Von Tatanka-yotankas Zauberzelt her erklang ein eintöniger, hypnotisierend wirkender Gesang.
Es wurde Morgen. Untschida löste, wie gewohnt, die Zeltplane von den Spannpflöcken und schlug sie von unten her auf. Das Morgenlicht flutete herein. Vom Bach her erklang das fröhliche Geschrei der Knaben. Stein mit Hörnern verspürte noch keine Kraft, zu dem Badeplatz zu gehen. Er blieb liegen. Er schlief nicht mehr, aber er sprach auch nicht.
Gegen Mittag, als Untschida ihm wieder eine Stärkung gegeben

hatte, machte er sich auf den Weg zum Bach. Das ganze Dorf war auf den Beinen, und alle schauten nach ihm. Aber er spielte vor sich selbst eine große Gleichgültigkeit, um sie auch nach außen hin zeigen zu können. Der langbeinige schwarze Wolfshund tauchte auf und lief ihm nach, und ein paar Stimmen riefen: „Der schwarze Wolf! Der Zauberwolf!"

An der Badestelle traf Stein mit Hörnern Tschetansapa und Tschapa, die ihn beobachtet hatten und erstaunt waren, ihn schon wieder auf den Beinen zu sehen. Er wollte sich nicht lange aufhalten, schaute aber dann doch nach zwei Knaben, einem schlanken, fast mageren, dunkelhäutigen Jungen und einem stämmigen kleinen Kerl, die sehr gewandt Schwimm- und Taucherkünste vorführten, besonders als sie bemerkten, daß die Männer auf sie aufmerksam geworden waren. Stein mit Hörnern erinnerte sich, daß diese Jungen auf dem Kultplatz die Abzeichen von Unteranführern der Jungen Hunde getragen, daß sie über Schonka gelacht und über den Kampferfolg des Gefangenen vor dem Pfahl gejauchzt hatten. Der eine der Knaben sah Tschetansapa sehr ähnlich.

„Dein Sohn?" fragte Stein mit Hörnern.

„Mein Sohn. Acht Sommer hat er gesehen."

Stein mit Hörnern lächelte, zum erstenmal wieder seit Jahren, und die beiden Jungen strahlten.

Als Stein mit Hörnern wieder im Zelt war, schlief er bis zum Abend, ohne Träume. In der Nacht darauf blieb er wach. Hin und wieder stellte er an Untschida und Uinonah eine Frage, die die Frauen ruhig und einfach beantworteten. Der Falbe, der keine Decke trage, und die Schimmelstute, sagten sie, seien noch in der Nähe, scheuten aber die fremden Menschen. Stein mit Hörnern könne sich die Tiere leicht wieder einfangen. Die Kette aus Bärenkrallen und der Wampumgürtel fanden sich wieder an. Die Schwanzfedern des Kriegsadlers waren verschwunden. Tschetansapa habe sie sich geben lassen, sagte Uinonah, alle, auch die beiden alten zerzausten.

Das Mädchen stickte an einem Festrock aus Elenleder. Er wurde in der Nacht fertig und schien für einen Häuptling bestimmt zu sein. Stein mit Hörnern fragte nicht danach.

Am Morgen ging der Heimgekehrte wieder zur Badestelle,

noch ehe die Sonne hervorbrach, denn er wollte niemandem begegnen. Es war der Tag der Ratsversammlung, und er erwartete unruhig, was sie beschließen würde. Am Pfahl hatte ihn eine Ruhe durchdrungen gehabt, die einer finsteren Nacht glich. Aber jetzt waren schon die ersten Hoffnungsschimmer eingedrungen. Er war in seinem Zelt. Er hatte Untschida und Uinonah wiedergesehen. Er hatte mit seinen alten Gefährten gesprochen. Leise knüpften sich die Fäden, die ihn wieder an das Leben in der alten Gemeinschaft banden, und schon wäre es schmerzhaft erschienen, sie wieder zerreißen zu müssen.

Ehe Tschetansapa, der Ratsmann war, zu der Versammlung ging, suchte er mit Tschapa zusammen Stein mit Hörnern im Zelt auf. Die drei Jugendgefährten setzten sich an die Feuerstelle und rauchten. Stein mit Hörnern fühlte sich dabei wohler, wenn die Pfeife auch nur mit Tabak aus roter Weide gestopft war.

„Die Ältesten und Häuptlinge werden über dich beraten", erklärte Tschetansapa, „und du wirst vor die Versammlung gerufen werden, vermutlich nach einigen Stunden. Hast du einen Rock, den du anlegen kannst?"

Stein mit Hörnern blies die Luft durch die Lippen: „Ist euch der Rock wichtig? Ich habe mich den Regeln einer Zeltgemeinschaft wohl sehr entwöhnt."

Uinonah kam herbei und zeigte Tschetansapa den fertigen Festrock, den sie gestickt hatte. Der Krieger war sehr zufrieden. Stein mit Hörnern war es jedoch nicht. „Es ist ein Häuptlingsrock; ich ziehe ihn nicht an." Es erschien ihm grotesk und lächerlich, über eine solche Frage überhaupt ein Wort zu verlieren.

„Nimm diesen Rock", rief Tschapa Kraushaar, „und mache dich darauf gefaßt, daß wir dich als Kriegshäuptling wählen! Es steht uns ein schwerer Kampf mit den Langmessern bevor. Du kennst sie und verstehst zu kämpfen."

Tschetansapa ergänzte: „Der Alte Rabe gibt sein Amt ab", und er warf seinem Freund einen Blick zu, als wollte er sagen: Du weißt, warum.

Stein mit Hörnern aber fühlte sich unsicher und war sehr erregt. „Du hast immer gern Scherze gemacht", antwortete er Tschapa

Kraushaar, „doch was du jetzt zu mir gesagt hast, war überflüssiger Spott. Ich werde nie ein Häuptling sein, das weißt du so gut wie ich. Tschetansapa wird gewählt werden, und wem würde ich lieber gehorchen als ihm, wenn ich je als ein Krieger bei den Söhnen der großen Bärin leben sollte!"
Tschetansapa verabschiedete sich, da die Versammlung im Beratungszelt begann. Tschapa Kraushaar blieb noch sitzen, aber es wollte kein weiteres Gespräch zustande kommen. Die kurze Auseinandersetzung zwischen den beiden Jugendfreunden lähmte noch die Zungen. Die Gedanken von Stein mit Hörnern waren langsam, das Denken machte ihm Mühe, und er ärgerte sich noch ziemlich lange über die Bemerkung Tschapa Kraushaars zur Frage eines neuen Kriegshäuptlings. Tschapa seinerseits würgte daran, daß er den Zurückkehrenden gekränkt hatte, wo er ihn hatte erfreuen wollen.
Der kraushaarige Krieger mochte aber nicht weggehen und den Jugendfreund allein lassen, während die Versammlung drüben im Beratungszelt über das Schicksal des Heimgekehrten beriet. Tschapa merkte wohl, wie Stein mit Hörnern zu lauschen begann. Die Stimmen der Redner waren zu hören, aber Worte waren nicht zu verstehen. Während Tschapa den Freund, der ihm gegenüber an der Feuerstelle saß, unbemerkt beobachtete, erkannte er, daß für Stein mit Hörnern die beiden Tage und die Nacht am Pfahl, das endlos erscheinende Gericht über ihn, alle die heraufbeschworenen Erinnerungen nicht damit abgetan waren, daß der Heimgekehrte lebend vom Pfahl weggebracht worden war, daß er wieder daheim war, schlafen und seinen Durst löschen konnte. In seinem Körper und in seiner Vorstellungskraft mußte noch alles nachzittern. Tschapa verstand auf einmal die Schärfe, mit der der Freund ihm geantwortet hatte. Er glaubte, sich jetzt besser in ihn einfühlen zu können. Stein mit Hörnern war noch immer müde, das sah er auch, und der Heimgekehrte hätte, was seinen Körper anbetraf, sich am besten hingelegt und geschlafen. Doch die Ratsversammlung tagte und beriet über sein Schicksal, und in diesen langen Stunden gab es wohl nur eines, was würdig und aufrichtend war: ein Gespräch der Freunde über die am schwersten wiegenden Fragen, die beide bewegen mußten und die noch gewichtiger waren als die

eines einzelnen Lebens, weil sie das Leben vieler betrafen.
Als Tschapa Kraushaar mit seinen Gedanken so weit gekommen war, sagte er: „Du bist zwei Sommer und zwei Winter in den Black Hills gewesen, Stein mit Hörnern. Du weißt mehr als wir. Ist es wahr, was die Zungen flüstern, daß jetzt viele Watschitschun dorthin ziehen wollen?"
Der Angeredete wurde offenbar aus irgendeinem eigenen Gedanken herausgerissen. Er nahm die Pfeife aus dem Mund.
„Es ist wahr. Nicht an dem Platz, den Mattotaupa kannte und den ich kenne, aber in den nördlichen Black Hills haben die Watschitschun Gold entdeckt. Nicht solches Gold, das man wie Kiesel auflesen kann und nach dem die Räuber und Mörder wie Red Jim und seine Gesellen und andere einzelne Goldsucher unterwegs sind. Die weißen Männer haben Gold aufgespürt, das fest in den Steinen steckt und das die weißen Männer mit ihren Werkzeugen gewinnen. Das vermag kein einzelner. Viele müssen dabei zusammen arbeiten; sie müssen ständig zusammen wohnen; sie brauchen große Mengen an Essen und Trinken. Sie werden sich eine neue Bahn bauen müssen, wenn sie ihre Pläne durchführen wollen. Wenn es ihnen gelingt, sich festzusetzen, so werden sie den Dakota alles Wild in den Waldbergen wegschießen. Sie werden uns die Zeltplätze wegnehmen. Sie werden uns überhaupt nicht mehr in den Bergen dulden wollen. Darum werden jetzt die Besatzungen der Forts verstärkt und neue Stationen für die Milahanska eingerichtet."
„Das ist also wahr." Tschapa Kraushaar war zumute, als ob der Tag sich verdüstere. „Stein mit Hörnern", fragte er nach einer Pause, „wie denkst du? Du bist viele Sommer und viele Winter bei den Watschitschun gewesen. Du kennst ihre Zahl, ihre Waffen, ihre Werkzeuge. Auch ich habe unter Watschitschun gelebt, unter der Peitsche der Watschitschun, bis zu meinem elften Jahr. Dann kam ich zu euch Dakota. Ich habe mit den Dakota zusammen gelebt und gekämpft. Ich sage dir aber offen, ich habe nie geglaubt, daß wir die Watschitschun hindern können, eine Bahn zu bauen oder uns unser Land wegzunehmen, wenn sie fest dazu entschlossen sind und wenn der Große Vater in Washington ihnen hilft."
„Was willst du mit deinen Worten sagen?" Auf der Haut, die

sich über die Backenknochen spannte, erschienen wieder heiße Flecke.

„Ich will dir sagen, was ich unseren Männern, unseren Häuptlingen, unseren Zaubermännern schon oft und oft gesagt habe, allerdings ohne mit meinen Worten ihr Ohr zu finden. Wir dürfen nicht nur auf unsere Waffen vertrauen. Wir müssen etwas lernen."

„Was willst du lernen?" Stein mit Hörnern ging die Pfeife aus. Er klopfte den Rest den Tabaks in die Feuerstelle. Seine Gedanken, die langsam angelaufen waren, wurden aus der neuen Anspannung heraus überhastet.

„Wir müssen lernen, mit weniger Land zu leben", begann Tschapa zu erklären. „Wir jagen Büffel; die Watschitschun züchten sie. Wir fangen Mustangs; die Watschitschun züchten sie. Warum wollen wir das nicht auch tun? Wir können auf dieser elenden Prärie, auf der wir jetzt leben, keinen Mais bauen, wie einst eure Väter an den Seen und Strömen und auf fruchtbarem Land. Aber Büffel und Pferde züchten, das können wir. Warum beginnen wir nicht damit, solange es Zeit ist?"

„Warum fragst du das mich?"

„Weil du außer mir der einzige Krieger unter den Söhnen der großen Bärin sein wirst, der die Watschitschun wirklich kennt. Alle anderen träumen."

„Glaubst du, Tschapa Kraushaar, daß der Sohn des Verräters, an dessen Händen noch Blut klebt, ein guter Bundesgenosse für dich sein wird?"

„Gut oder schlecht! Was kümmert es mich. Ich stehe jetzt ganz allein. Auch Tschetansapa versteht mich nicht."

„Wer ist euer Friedenshäuptling?"

„Hawandschita."

„Dann höre auf zu hoffen, Tschapa Kraushaar. Hawandschita wird einen jeden verfolgen, der seinem Jagdzauber die Kraft und das Ansehen nehmen will. Niemals billigt er deine Pläne."

„Hast du Angst, Stein mit Hörnern?"

In den Augen des Heimgekehrten blitzte ein Funke auf. „Was willst du von mir!" Er wurde heftig.

„Daß du dich zu dem bekennst, was du in Wahrheit selbst denken mußt. Hast du nicht schon als Knabe in der Schneehütte zu

Tschetansapa gesagt, daß wir die Watschitschun nicht vertreiben können, denn so oft wir sie auch vertreiben, stets kommen andere wieder."
Stein mit Hörnern sprang auf. „So gehe doch hinüber in die Ratsversammlung und sage euren Häuptlingen und Ältesten, Stein mit Hörnern wolle nicht zum Schlachtbeil greifen und glaube nicht an den Sieg der Dakota! Stein mit Hörnern habe zwar die Waffen geführt, aber nun, nachdem die Watschitschun seinen Vater Mattotaupa ermordet und skalpiert hätten, wolle er lieber zahme Büffel und Mustangs züchten! Die Zaubermänner und Ältesten möchten dies bedenken, ehe sie einen solchen Mann wieder in ihre Zelte aufnehmen. Sage ihnen doch, daß meine Zunge gelogen hat, als sie die Worte sprach: ‚Ich bin bereit, mit euch gegen die Langmesser zu kämpfen.'"
Tschapa wußte lange nicht, was er antworten sollte. Endlich sagte er traurig: „Mein Bruder, ich kämpfe ja selbst." Dabei schaute der kraushaarige Krieger seinen Jugendfreund voll an. „Ich verstehe. Ich habe dich zu früh mit meinen eigenen Sorgen überfallen. Aber verstehe auch mich. Viele Sommer und Winter habe ich keinen gefunden, der mich auch nur anhören wollte."
Der Heimgekehrte setzte sich noch nicht wieder. Er ging in seinem Zelt auf und ab. Schließlich fragte er: „Wie denken Tatanka-yotanka und Tashunka-witko heute?"
„Sie wollen kämpfen, und weiter denken sie nicht. Sie haben die Verträge mit den Watschitschun über all unser großes Land vom Platte im Süden bis zum Missouri im Norden in der Hand, und sie wollen mit Flinten und Messern darauf bestehen, daß diese Verträge eingehalten werden. Du mußt dich daran erinnern, daß unsere Oberhäuptlinge noch nie in einer Stadt gewesen sind."
Stein mit Hörnern blieb stehen. „Tschapa Kraushaar! Als Knabe habe ich gegen die Beschlüsse unserer Häuptlinge und Ältesten gehandelt. Ich habe meine Kraft und meine Geschicklichkeit verschwendet. Ich habe Dakotablut vergossen. Ich war einsam geworden wie ein Mordhirsch, der alle Herden angeht. Ich bin einen falschen und verderblichen Weg gegangen. Wenn die Söhne der großen Bärin mich jetzt wieder bei sich aufnehmen sollten – du hörst die Stimmen im Beratungszelt, und noch

weiß ich nicht, was unsere Krieger beschließen werden –, wenn sie mich aber wieder in unsere Zelte aufnehmen sollten, so werde ich unseren Häuptlingen und Ältesten gehorchen, und ich werde tun, wozu sie mich und all unsere Krieger aufrufen. Ich will sühnen. Ich will meinen ermordeten Vater rächen, ich will gegen die Watschitschun kämpfen, die die Schwüre und Verträge zu brechen und uns auch die letzte Zuflucht zu rauben gedenken. Ich habe gesprochen, hau. Wenn du aber unsere Männer dafür gewinnen willst, etwas Neues zu lernen und ein anderes Leben zu beginnen, so werden dir deine Worte wenig und meine Worte gar nichts nützen. Fange an und züchte Mustangs. Wenn dir das in unserem Lande hier und bei unserer Lebensweise gelingt, so werden die Krieger darauf aufmerksam werden. Hast du bei den Watschitschun als Kind gelernt, Tiere zu züchten?"

„Nein, ich habe Baumwolle gepflückt."

„Glaubst du, Tschapa Kraushaar, daß die weißen Männer uns die Prärien und Wälder etwa nicht streitig machen werden, wenn wir Mustangs und Büffel züchten?"

„Dafür brauchen wir nicht soviel Land wie zur Jagd."

„Nein, so viel nicht, das ist wahr." Stein mit Hörnern setzte sich wieder zur Feuerstelle. „Aber die Männer und Frauen vom Stamme der Seminolen haben in jenen Gegenden, die die Watschitschun heute Georgia nennen, das Land bebaut, und sie sind vertrieben worden. Sie sind in die Sümpfe Floridas geflohen und haben wiederum gepflanzt und sind nach sieben Jahren schweren Kampfes abermals vertrieben und auf eine Reservation fern von ihrer Heimat eingesperrt worden, nachdem die Langmesser den Häuptling Osceola verraten und gefangen hatten. Einige hundert Seminolen halten sich noch in den Sümpfen verborgen, das ist alles. Die Watschitschun wollen kein freies Volk neben sich dulden, ob es nun jagt, Vieh züchtet oder den Acker bebaut. Sie morden und verraten jeden, der sich ihnen nicht unterwirft."

Tschapa Kraushaar krümmte den Rücken und senkte den Kopf. Aber er sagte: „Und dennoch wäre es gut, mehr zu lernen, als wir können."

„Fange damit an, Kraushaar, wie ich dir gesagt habe, und glaube nicht, daß ich dich nicht verstehen kann. Aber ich hege Gedanken, von denen keiner etwas hören will. Ich weiß, was es bedeutet, mit seinen Gedanken allein zu sein." Stein mit Hörnern spielte mit dem Wampumgürtel, während er sprach.

„Willst du mich etwas von deinen Gedanken wissen lassen?"

Der Heimgekehrte überlegte. „Ich will es", sagte er dann. „Vielleicht wirst du, Tschapa Kraushaar, mich nicht um dieser Gedanken willen für ein schwankendes Rohr und einen Verräter halten. Ich denke, daß die Krieger der Prärie sich nicht mehr untereinander morden sollten!"

„Wir können aber die Pani nicht in unseren Jagdgründen dulden. Sie schießen uns das Wild weg."

Der Heimgekehrte senkte die Augen, schnitt das Gespräch mit einer Handbewegung ab und stopfte seine Pfeife neu. Auch Tschapa sagte nichts mehr, und Stein mit Hörnern versank wieder ganz in das Schweigen, aus dem der kraushaarige Krieger ihn aufgestöbert hatte.

Drüben im großen Zelt wurde die Beratung über den Sohn Mattotaupas fortgesetzt. Die Stimmen waren wieder deutlich vernehmbar, nachdem die Freunde ihr eigenes Gespräch abgebrochen hatten. Auch als zwölfjähriger Knabe hatte Stein mit Hörnern im Zelt gesessen, damals war es das Zauberzelt gewesen, und hatte Stimmen der Männer gehört, die im Beratungszelt über die Schuld oder Unschuld seines Vaters berieten. Das Bild seines ermordeten und skalpierten Vaters, den die Fische fraßen, stieg wieder auf und begann, ihn von neuem zu verfolgen. Überall lauerten die Erinnerungen auf ihn. Es war Zeit, daß er etwas zu tun bekam, sonst mordeten ihn die Gedanken.

Tschapa Kraushaar verabschiedete sich und ging. Stein mit Hörnern blieb mit den beiden schweigsamen Frauen allein. Da er warten sollte, bis er zu der Versammlung gerufen wurde, mußte er in seinem Tipi bleiben. Die beratenden Stimmen schienen ihm wie Messer, die an ihm schabten. Er wollte nichts mehr als eine Entscheidung, eine Entscheidung, die unabänderlich war. Erst am späten Nachmittag kam der erwartete Bote aus der Versammlung. Es war Tschetansapa selbst.

Stein mit Hörnern erhob sich. Er trug die Kette aus Bärenkrallen und die Leggings mit den Skalphaaren. Den Rock hatte er nicht angelegt. Es war ihm durchaus gegenwärtig, wie er bei dem großen Fest Schonka seines übermäßig gestickten Rockes wegen verspottet hatte. Er wollte sich nicht selbst auf die gleiche Weise lächerlich machen. Alles, was sein Ansehen mindern und seinen Stolz demütigen konnte, traf ihn wie einen Menschen, der keine Haut mehr hat. Es war allerdings auch nicht üblich, ohne Rock in einer Ratsversammlung zu erscheinen, aber jedermann wußte, auf welche Weise und in welchem Zustand Stein mit Hörnern zu den Zelten gebracht worden war, und da er selbst nicht zur Ratsversammlung gehörte, erschien es ihm würdiger, nichts zu verbergen als sich aufzuputzen.

Tschetansapa wollte Uinonah ein Zeichen geben, aber er hatte nicht mit den Kundschafteraugen seines Jugendgefährten gerechnet, und als er dessen Blick wahrnahm, unterließ er alle Heimlichkeit, ergriff selbst den umstrittenen Rock und nahm ihn über dem Arm mit in die Ratsversammlung. Stein mit Hörnern wunderte sich über diese kindische und sinnlos erscheinende Hartnäckigkeit eines erfahrenen Kriegers, der allem Vermuten nach schon zum Kriegshäuptling der Bärensöhne gewählt war und sich jetzt benahm wie eine Frau, die ein eigensinniges Kind anziehen will. Stein mit Hörnern fühlte sich noch fremd zwischen den besten seiner alten Freunde.

Die beiden Krieger gingen zusammen in das Beratungszelt. In dem großen Zelt saßen die angesehenen Männer rings im Kreis, alle in ihren Feströcken, alle mit Adlerfedern im Schopf oder mit der Adlerfederkrone oder auch mit der langen Adlerfederschleppe und den Büffelhörnern ausgezeichnet. Am oberen Ende des Kreises hatten sich Tatanka-yotanka, Hawandschita, auch jene Krieger, die Tatanka-yotanka begleitet hatten, sowie Tschotanka und der Alte Rabe niedergelassen. Tschetansapa nahm neben Tschotanka Platz.

Stein mit Hörnern blieb stehen.

Tatanka-yotanka erhob sich und sprach, während sich wieder alle Blicke auf den Heimgekehrten richteten: „Stein mit Hörnern, Mattotaupas Sohn! Die Versammlung der Söhne der großen Bärin und die Häuptlinge der Dakota haben beschlossen, dich in unseren Zelten und in den Reihen unserer Krieger wieder aufzunehmen. Du wirst uns den Skalp des Jim bringen, so-

bald dieser Fuchs es wagt, in unsere Jagdgründe zurückzukehren. Die Langmesser sind mit einer großen Schar zum Miniatanka-wakpala gekommen und bauen Palisaden. Wir werden beraten, wie wir sie bekämpfen können. Du bist im Kampf erfahren und verstehst mit Waffen umzugehen. Darum hat mir Tashunka-witko dieses Geheimniseisen hier für dich mitgegeben. Er sagt, du kennst es gut."
Tatanka-yotanka hob eine doppelläufige Büchse hoch. Stein mit Hörnern nahm sie mit steifer Bewegung in Empfang.
Tatanka-yotanka sprach weiter: „Der Alte Rabe hat uns gebeten, die Würde des Kriegshäuptlings abgeben zu dürfen. Er ist müde; wir werden seinen Wunsch erfüllen. Tschetansapa hat vorgeschlagen, daß die Söhne der großen Bärin dich, den Sohn Mattotaupas, zum Kriegshäuptling wählen. Wie du als Krieger kämpfen kannst, haben unsere Männer nicht nur gehört. Sie haben es selbst erfahren müssen, und vor dem Pfahl haben es alle noch einmal gesehen. Wir vertrauen dir."
Stein mit Hörnern schoß das Blut ins Gesicht. Da es bleich gewesen war, erkannten alle, wie es sich färbte, und der Heimgekehrte fühlte sich in seinen Empfindungen bloßgestellt.
„Willst du etwas sagen?" fragte Tatanka-yotanka.
„Ja."
„So sprich!"
Stein mit Hörnern antwortete jedoch nicht sogleich. Er wollte seine Antwort genau formulieren und ohne Stocken aussprechen. Das Gesicht Tschapa Kraushaars erschien ihm, obgleich Tschapa nicht im Zelt anwesend war. Aber Stein mit Hörnern sah das Gesicht des Jugendfreundes, und er hörte dessen Frage: „Hast du Angst, deine wahren Gedanken auszusprechen?" Wie war es? Hatte der Heimgekehrte wirklich Furcht, alles wieder zu verlieren, was er eben gewonnen hatte, wenn er Gedanken laut werden ließ, die niemand hören wollte – Oder dachte er in Wahrheit gar nicht an seine eigenen Zweifel noch an das, was Tschapa von ihm verlangte, sondern war mit allen diesen Männern hier eins, zu kämpfen, sich zu rächen und die Feinde zu töten, wo er sie nur fand – war er entschlossen, dies und nichts anderes zu tun?
Stein mit Hörnern stand vor den Häuptlingen und Ältesten und

durfte nicht länger schweigen. Was er sagte, war keine Lüge und war doch eine Lüge. „Wie sollen Antilopensohn und Schonka mir gehorchen?“
„Sie gehorchen dem Beschluß des Rates und ihren Oberhäuptlingen, hau. Wir erwarten von dir, daß du die Männer führst, weil du es kannst und weil sie von dir geführt sein wollen. Gibt es einen Weg, auf dem du besser sühnen und die Toten besser versöhnen kannst?“
Stein mit Hörnern schwieg.
Tschetansapa erhob sich. Er hatte eine Adlerfederkrone in Händen, die auf einer Decke bereitgelegen hatte. „Hier“, sagte er, „die Federn dazu haben wir bei dir gefunden. Du hast über hundert Goldsucher in den beiden vergangenen Sommern getötet. Deine Narben erzählen uns, wie oft du verwundet warst und daß du das Sonnenopfer gebracht hast. Sieh dir die Federn an! Deine Taten und Wunden sind daran verzeichnet.“ Tschetansapa wies auf die Kerbschnitte und auf die roten Flaumbüschel an den Spitzen. „Komm! Du sollst die Adlerfedern tragen und den Rock eines Häuptlings dazu anlegen. Tokei-ihto wird von nun an dein Name sein. Du gehst uns als erster voran, das wissen wir!“
Tokei-ihto schlüpfte in den gestickten Rock und griff nach der Adlerfederkrone. Er zählte und besah die Federn noch einmal. Es waren auch zwei ältere, besonders große, aber weniger schöne, weil etwas zerzauste, dabei, und nur Tokei-ihto selbst wußte, daß diese beiden Federn aus dem Jahre stammten, in dem der Knabe Harka der Freund eines Adlers gewesen war. Tokei-ihto hob die Adlerfederkrone mit beiden Händen und setzte sie auf.
Die Blicke ringsum belehrten ihn, daß die Männer ihren neu gewählten Kriegshäuptling bewunderten. Sein ausgezehrtes Gesicht bildete einen merkwürdigen Gegensatz zu der Pracht seiner Kleidung; aber auch in der geringsten seiner Bewegungen lag schon wieder Spannkraft. Er ließ sich neben Tschetansapa nieder und nahm die doppelläufige Büchse, Tashunka-witkos Geschenk, in den Arm.
Es wurden noch einige Reden gehalten. Tokei-ihto nahm sie nur oberflächlich in sein Bewußtsein auf. Er hatte wieder zu

Menschen gefunden, die ihm vertrauten. Er war wieder Sohn, Bruder und Freund, Mitkämpfer und Anführer. Er hatte eine neue Aufgabe erhalten, eine große und ehrenvolle Aufgabe. Sie entsprach dem, was er als Knabe gelernt und als Mann geübt hatte. Sie lag auf dem Gebiet, auf dem er alle übertraf. Dennoch war in dieser Aufgabe eines Kriegshäuptlings eine Frage enthalten, die unlösbar blieb. Die Zahl der Watschitschun war unendlich. Die Dakotakrieger waren demgegenüber gering an Zahl, und sie waren schlecht bewaffnet; es fehlte ihnen an Munition. Stein mit Hörnern war im Beratungszelt der einzige, der die Watschitschun wirklich kannte und darum auch um die Aussichtslosigkeit des Freiheitskampfes seines Stammes wissen mußte, den zu führen er trotzdem entschlossen war. Er hatte nicht alles gesagt, was er wußte und dachte, und so kam wieder Schweigen und eine neue Lüge in sein Leben. Aber er wußte noch nicht, wie er diese Lüge zerbrechen sollte, denn gegen die Mörder seines Vaters und gegen die Landräuber wollte er kämpfen, und wenn es sein und aller Leben kostete. Wenn er an seinen toten skalpierten Vater dachte, den die Fische fraßen, so haßte er ohne Besinnung.
Die Beratung wurde geschlossen. Der Einladung zu einem Gastmahl bei dem Alten Raben, die alle Würdenträger annahmen, konnte auch Stein mit Hörnern sich nicht entziehen. Sobald es die Höflichkeit gestattete, verließ er das Zelt aber wieder. Er legte den Adlerfederschmuck und den Festrock in seinem eigenen Tipi ab und ging mit seinen Jugendgefährten Tschetansapa und Tschapa Kraushaar zu dem Hügel in der Nähe der Pferdeherde. Über diese Anhöhe hatte einmal ein denkwürdiges Pferderennen der Burschen geführt, an dem Harka mit zwölf Jahren schon teilgenommen hatte.
Von der Kuppe des Hügels aus hielt Stein mit Hörnern Umschau und sang leise das Zauberlied, mit dem er sich den Falbhengst gezähmt hatte. Nach einer Stunde schon tauchten der Falbe und die Stute auf. Der Falbhengst witterte und stellte die Ohren. Dann kam er mit freudigen Sprüngen, übermütig wie ein Fohlen, heran. Stein mit Hörnern ging ihm langsam entgegen. Das Tier erwartete ihn und kam auch wieder ein Stück näher. Endlich legte es die Nüstern an den Hals seines Herrn.

Stein mit Hörnern schwang sich auf und ritt es zur Herde. Seine Freunde schüttelten den Kopf, denn dergleichen hatten sie noch nie erlebt. Aber Stein mit Hörnern war auch nicht willens, ihnen die Geschichte dieses Pferdes und damit ein Stück der Geschichte seiner Blutsbrüderschaft mit Donner vom Berge zu erzählen. Alles, was die Zeit seines Verbanntenlebens betraf, verschloß er ganz in sich.

Der neue Kriegshäuptling der Bärenbande schlief die dritte Nacht in seinem Zelt. Es war ihm zu warm, und er ließ auch des Nachts die Plane aufgeschlagen. Die Kopfstütze schob er weg und hieß den schwarzen Wolfshund sich an diese Stelle legen, so wie es die letzten beiden Jahre stets der Fall gewesen war. Der Hund war nicht weniger wert als zwei Wachtposten. Der junge Häuptling schlug sich in die abgenutzte Decke ein, auf der die Taten seines Vaters verzeichnet waren, und legte mit den Waffen auch den Wampumgürtel aus der Hütte des verratenen Häuptlings Osceola griffbereit zur Hand.

Er schlief sehr fest. Vor Morgengrauen war er wach und frisch. Das Erinnern und jegliche Untätigkeit waren nun zu Ende. Der junge Häuptling hielt die erste Beratung über Jagd- und Kampfpläne in seinem Tipi ab. Der Frühling und die Büffeljagden standen bevor. Die Jagdspäher wurden eingeteilt. Es war hohe Zeit, daß man Büffel fand; auch Stein mit Hörnern selbst brauchte Jagdbeute für sein Zelt. Das kleine Fort, das aus Blockhaus und Palisaden am Niobrara entstand, wollte er nicht stürmen, weil das zu hohe Verluste kostete. Aber er würde die Milahanska dort nicht in Ruhe lassen. Mit den Roten Hirschen zusammen wollte er die Langmesser einzeln abschießen oder überfallen, sobald sie sich unvorsichtig von den Palisaden weg wagten, auf Wache standen oder badeten. Wie Gefangene sollten sie hinter ihren Pfählen leben, und die Söhne der großen Bärin würden die Munitionstransporte abfangen.

Nach einigen Tagen schon gedachte der junge Kriegshäuptling zum Niobrara zu reiten und den Kampf aufzunehmen.